I0269135

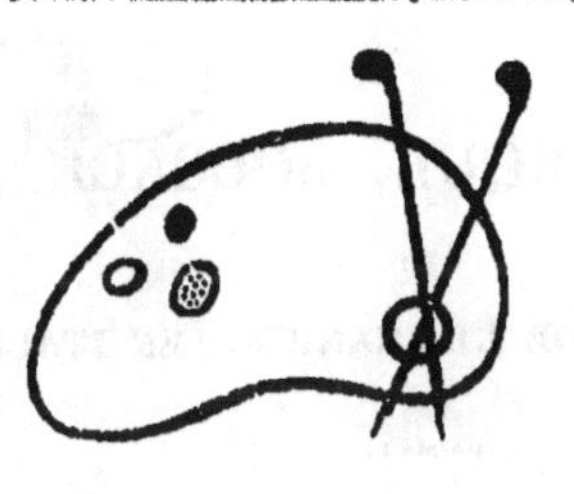

PÉTRARQUE, BOCCACE

ET

LES DÉBUTS DE L'HUMANISME EN ITALIE

D'APRÈS LA

WIEDERBELEBUNG DES CLASSISCHEN ALTERTHUMS

DE

GEORG VOIGT

TRADUIT SUR LA 3e ÉDITION ALLEMANDE

PAR

M. A. LE MONNIER

PARIS

H. WELTER, ÉDITEUR

59, RUE BONAPARTE, 59

1894

LIBRAIRIE UNIVERSITAIRE [illegible] | H. WELTER | 59, rue Bonaparte, 59 PARIS

NOUVELLE ACQUISITION

LES BIBLES ET LES INITIATEURS RELIGIEUX DE L'HUMANITÉ

Sept beaux volumes in-8

20 francs net au lieu de 70 francs

PAR **LOUIS LEBLOIS**, DE STRASBOURG

7 volumes grand in-8, sur beau papier, avec 57 dessins dans le texte et 41 planches hors texte dont une en couleurs rehaussée d'or et d'argent, et 8 cartes. Paris, 1883-1888.

Voici le plan et le contenu de l'ouvrage :

Tomes I et II avec 7 dessins et 10 planches hors texte. Prix : 15 fr.

Le livre Ier, après des considérations générales sur le but de l'éducation, expose la méthode traditionnelle d'instruction religieuse dans les pays où l'Église chrétienne est dominante. L'auteur remonte à la source du Christianisme, à l'enseignement de Jésus de Nazareth; il expose successivement l'origine du catholicisme, la naissance de ses dogmes, sa transformation en Église papale, la Renaissance et la Réforme, enfin les grandes découvertes scientifiques, faites depuis Copernic jusqu'à Darwin.

Tome III, avec 2 dessins et 10 planches hors texte. Prix : 10 fr.

Le livre II raconte la découverte de la littérature sacrée des peuples en dehors du Christianisme, et passe en revue les diverses Bibles qui servent de base à la foi des nations restées étrangères à l'influence de l'Église chrétienne.

Tome IV avec 4 dessins et 4 planches hors texte. Prix : 10 fr.

Le livre III donne une série d'extraits de ces Écritures saintes. C'est comme une collection de fleurs variées, mais épanouies sous le même soleil et cueillies dans le vaste jardin de l'âme humaine. C'est la parole des représentants les plus respectés des nations civilisées; c'est donc le témoignage de la conscience et de la raison universelle. Ces extraits constituent en quelque sorte le résumé de la Bible de l'humanité.

Tome V, avec 5 dessins, 3 planches hors texte et 5 cartes. Prix : 10 fr.

Le livre IV s'occupe de l'origine des Livres sacrés. Ceux qui les vénèrent les attribuent à une révélation surnaturelle. L'auteur, fidèle à sa méthode, distingue le domaine de l'imagination de celui de l'histoire, et il établit la succession chronologique des éléments divers dont se compose chaque littérature sacrée.

Tome VI, avec 13 dessins, 9 planches dont 1 en plusieurs couleurs, et 3 cartes hors texte. Prix : 15 fr.

Le livre V poursuit son travail sur le Coran, sur les Livres sacrés des Israélites, et sur le Nouveau Testament des chrétiens.

Tome VII, avec 19 dessins et 5 planches hors texte. Prix : 10 fr.

Le livre VI pénètre plus avant dans la difficile question des origines. Il traite de celle de l'écriture, du langage, de la morale dans la famille humaine, et, en particulier, de l'origine des dieux, de la religion, de la littérature et de l'art dans la branche aryenne.

L'auteur, on le voit, s'est livré à une étude approfondie du Christianisme et de son histoire, mais aussi des sept autres religions qui, en dehors de l'Église chrétienne, exercent leur domination sur les esprits. Sa méthode est essentiellement historique. Il puise aux meilleures sources.

L'œuvre considérable, que nous recommandons à l'attention du public, résume les travaux de l'histoire et de la critique sur les grands génies religieux, sur la Bible chrétienne et sur les littératures sacrées de l'Orient. De ces études patiemment poursuivies à travers des difficultés de toute sorte, découlent sous une forme toujours claire et souvent éloquente, les vues les plus impartiales et les plus larges.

La lecture de l'ouvrage de M. Leblois ne restera ni sans intérêt, ni sans profit pour aucun de ceux qui ont souci des hautes questions, soient qu'ils aient à entretenir le public, par la plume ou par la parole, des rapports de la religion et de la société, soit qu'ils se proposent uniquement d'aborder eux-mêmes les problèmes éternels.

EN VENTE A LA MÊME LIBRAIRIE

BLONDEAUX. **LE CHRISTIANISME, sa valeur morale et sociale.** 1 volume in-8 de 468 pages. Paris 1887. Au lieu de 7 fr. 50 .... **2 fr.**

SOREL (E.). **Contributions à l'HISTOIRE DE LA BIBLE.** 1 volume in-8 de 315 pages. Paris. 1889. Au lieu de 7 fr. 50 .... **2 fr.**

DURER. **La grande passion.** Album très grand in-folio avec 12 planches gravées sur bois (70 sur 50 c.) dans un emboîtage. Au lieu de 50 fr. .... **22 fr. 50.**

La librairie Universitaire H. WELTER entretient les relations les plus régulières avec tous les éditeurs, libraires et antiquaires de la France et de l'étranger. Elle est tout spécialement organisée pour servir de correspondant ou commissionnaire aux bibliothèques, aux savants et aux amateurs de tous pays et se met à leur service pour leur fournir, dans les conditions les plus avantageuses et le plus bref délai, tous les livres français, anglais, allemands, italiens, espagnols, etc., etc., dont ils peuvent avoir besoin.

La maison a publié depuis 1885 *soixante-quinze* catalogues de livres anciens, et elle continue d'en faire paraître un tous les mois. (Envoi franco sur demande).

CATALOGUE COMPLET DES LIVRES DE FONDS ET EN NOMBRE

Qui seront, pendant quelque temps, fournis avec très forte remise

N°	Ouvrage	Prix d'édition	Prix de faveur
1	**Acta Sanctorum** (Édition Palmé). Quelques volumes séparés jusqu'au tome 54e à		15 »
	et du 55e au 61e à		50 »
2	**Adam de Saint-Victor.** Œuvres poétiques, publ. p. Léon Gautier. 2 vol. in-16. 1858	12 »	5 »
2 bis	**Analecta Bollandiana.** Tomes 1 à 10, 1881-91	150 »	100 »
3	**Analecta Juris Pontificii.** 30 volumes in-4. 1855-91. Le volume	20 »	15 »
4	**Analecta Liturgica**, publ. par Weale et Misset. 2 vol. in-4, 1888-92	75 »	60 »
5	**Aruch Completum**, sive lexicon, vocabula et res, quæ in libris Targumicis, Talmudicis et Midraschicis continentur, illustr. et ed., Dr A. Kohut. 10 vol. in-4, 1878-92	200 »	60 »
6	**Beaufort.** Dissertation sur l'incertitude des 5 prem. siècles de l'hist. rom. In-8, 1866	15 »	1 »
7	**Belfort.** Archives (Cartulaire) de la Maison-Dieu de Châteaudun. 1881	10 »	2 »
8	**Bibliothèque elzévirienne.** Beaucoup de volumes non épuisés au choix et d'occasion	6 »	3 »
9	**Bibliothèque grecque vulgaire.** Exploits de B. Digénis-Akritas, p. p. Legrand. 1892	15 »	12 »
10	**Bladé (J.-F.).** Épigraphie de la Gascogne. 1885	7 50	4 »
12	**Blanc.** Bibliographie italico-française. 2 vol. in-8, 1886	30 »	12 »
13	**Blondeaux.** Le Christianisme. In-8, 1837	7 50	3 »
14	**Bosens.** L'art de vivre. Traité complet d'hygiène. 1890	5 »	2 50
15	**Bompois.** Sur quelques monnaies anépigraphiques. In-4, 1878	8 »	3 »
16	— Les types monétaires de la guerre sociale. In-4, avec 3 pl., 1873	15 »	7 50
17	— Des monnaies frappées par la communauté des Macédoniens. In-8, 6 pl. 1876	15 »	7 50
18	**Burguy.** Grammaire de la langue d'oïl, 3e éd., 3 vol. in-8, 1882	33 »	20 »
19	**De Bury.** Philobiblion, ou de l'amour des livres. Trad. fr. p. Cocheris, 1856	12 »	4 »
	Catalogue des thèses soutenues en France depuis 1805		
20	I. — Pharmacie (Paris), par le Dr Dorveaux. In-8, avec planche. 1890	5 »	4 »
21	II. — Sciences physiques et naturelles, par A. Maire. In-8, 1891	10 »	8 »
—	Le même, sur papier de Hollande	20 »	15 »
22	III. — Pharmacie (Province), par le Dr Dorveaux. 1893		7 50
23	**Charles d'Orléans. Poésies**, publ. par Champollion-Figeac. In-8, 1842	15 »	4 »
24	**Chevalier** (l'abbé Ulysse). Repertorium hymnologicum. Vol. I. 1892	25 »	18 »
25	**Coffinet et Baudot.** Armorial des évêques de Troyes et de Dijon, avec 53 blasons. In-4, 1869	6 »	3 »
26	**Costa de Beauregard.** Les habitations lacustres du lac du Bourget. In-8, 1870	5 »	3 »
27	**Durer (Alb.).** La grande passion. 12 pl. sur bois, très gr. in-fol., 70 sur 50 c., en carton, 1875	50 »	22 50
28	**Estienne (Henri).** Deux dialogues du nouveau langage françois italianizé (1578). Réimpression, publ. par A. Bonneau. 2 vol. in-8, sur Hollande, 1883	25 »	5 »
29	**Fesch** (l'abbé). De l'ouvrier et du respect. In-12. 1889	1 50	» 75
30	**Foulché-Delbosc.** Grammaire espagnole complète. 2e éd., 1889, brochée	4 »	2 »
	Reliée	5 »	2 50
31	**Gallia Christiana.** Réimpression Palmé. Tomes 1 à 5, 11 et 13. Chaque vol.	50 »	30 »
33	**Harrisse (H.). Excerpta Colombiniana.** Bibliographie de 400 pièces gothiques du commencement du XVIe siècle. In-8, avec fac-similés et planches, 1887	35 »	20 »
—	Le même, sur véritable papier de Hollande	60 »	40 »
34	— Notes pour servir à l'histoire, la bibliographie et la cartographie de la Nouvelle-France (Canada). In-8, sur papier de Hollande, 1872	30 »	12 »
35	— History of the Discovery of North America. With a Cartographia Americana Vetustissima. In-4, avec 23 pl. 1892. Reliure anglaise, tête dorée, non rog. (presque épuisé)		150 »
	8, sur papier de Hollande, à		250 »
	2, sur papier du Japon, à		400 »
36	**D'Hérisson** (le comte). Relation d'une miss. archéolog. en Tunisie. In-4, avec 9 pl., 1881	25 »	8 »
37	**Holder.** Trésor du vieux celtique (Altceltischer Sprachschatz). 3 liv. parues. 1891-92	30 »	24 »
38	**Journal des savants.** Table générale, par Cocheris In-4, 1861	25 »	8 »
39	**Kastner.** Paréméologie musicale de la langue française. In-4, 850 pages, relié, 1866	60 »	20 »
40	**Kastner.** Manuel général de musique militaire, avec une histoire des instruments de musique. In-8, avec 27 planches, 1848	20 »	2 »
41	— Sa vie (en allemand) par H. Ludwig. 3 forts vol., avec fac-sim. et portraits, 1886	50 »	5 »
42	— Le même, relié	61 50	7 50
43	**De Laborde** (le comte). Athènes. Gr. in-8, avec planches, 1854. Très rare		10 »
44	**Lajard (F.).** Rech. sur le culte du cyprès pyramidal chez les peuples civilisés de l'antiquité. In-4, avec atlas de 21 pl. in-fol., 1854	50 »	30 »
45	**Lasteyrie (F.).** Description du trésor de Guarrazar. In-4, avec 5 pl., col., 1860	15 »	4 »
46	**Legrand (E.).** Bibliographie hellénique. 2 forts vol. gr. in-8, 1885	60 »	30 »
47	**Lemaître (A.).** Le Louvre. Fort vol. in-4, 1874	15 »	10 »
48	**Lescarbot (Marc).** Hist. de la Nouvelle-France, 3 vol. in-8, av. 4 cartes, pap. vél., 1866	60 »	20 »
49	**Lot (F.).** L'Enseignement supérieur en France. In-16, 1892	2 »	1 50
50	**Lydus.** De ostentis, de mensibus, et Boethii de diis et praesensionibus. Graece ed., et lat vertit C. B. Hase. 1823	24 »	3 »
51	**Marchant** (l'abbé). Notes sur les Vestales. In-4, 1877	8 »	2 50
52	**Maze.** Poteries et faïences. Avec marques et monogr. In-4, 1870	7 50	2 »
53	**Molière.** Les intrigues de Molière et celles de sa femme. Préf. et notes, p. Livet 1877	12 »	3 »
54	— Les points obscurs de la vie de Molière, par Loiseleur. 1877	15 »	3 »
—	Le même sur papier de Hollande	24 »	5 »
54 bis	**Mystère de la Passion.** p. Arnoul Gréban, p. p. Paris et Raynaud. Gr. in-8. 1878	25 »	5 »
56	**Peintures de Pompéi.** Texte p. Raoul Rochette. In-fol., av. un choix de 20 planches (sur 78) en couleurs, 1867	175 »	25 »

N°	Ouvrage	Prix d'édition	Prix de faveur
56 *bis*	**Pélissier (Léon G.)**. Documents annotés ; lettres de La Condamine, au Magistrat de Strasbourg, de Suarez, de Nicaise, de Dom de Vic, de Bayle et Baluze, de Ménage ; la Société populaire d'Aix ; les papiers de Huet ; le Tartuffe de Gigli ; l'Escalade de Genève de 1602 ; quelques manuscrits d'Italie. 12 parties in-8 et table génér. 1887-93.	36 »	16 »
57	**Perrot et Chipiez**. Le Temple de Jérusalem. In-fol., av. 12 gr., pl. En carton. 1880	100 »	48 »
58	— Le même, sur papier Japon	200 »	65 »
59	**Pétrarque**. Sonnets trad., av introd., p. Philibert-le-Duc. 2 vol. in-8, av. 2 portr. 1877.	16 »	5 »
60	— Le même, sur papier *Whatman*	50 »	8 »
61	**Poésies gasconnes**, recueill. et publ. p. A. Tross. 2 vol. gr. in-8, sur *Hollande*. 1867-69	60 »	10 »
62	**Ponton d'Amécourt**. Vies de sainte Geneviève, saint Adalard, saint Oyen. In-4, 1870.	6 »	2 »
63	**Pottier**. La faïence de Rouen. — **Bizemont**. Les faïences d'Orléans. In-4, 1869.	4 »	2 »
64	**Potthast**. Regesta pontificum Romanorum. 2 vol. in-4, 1873-75	102 75	45 »
65	**Poydenot**. Découverte d'un cimetière antique à Garin (Haute-Garonne). In-8, 1869	5 »	2 50
66	**Rabiet (E.)**. Le patois de Bourberain (Côte-d'Or). 2 vol. in-8, 1889-91	10 »	4 »
67	**Reboul**. Recueil d'inscriptions lybico-berbères, av. 23 pl. et carte. In-4, 1870	12 »	4 »
68	**Rivière**. L'antiquité de l'homme dans les Alpes-Maritimes. In-4, 388 pag. et 96 fig. (pas de planches). 1887	60 »	10 »
69	**Ronsard**. Œuvres inéd., publ. p. Blanchemain. In-fol. facs. 1855. *Tiré à 25 ex.*	25 »	8 »
70	**Rougé (de)**. Moïse et les Hébreux. — *De Saulcy*. Les prédications du Christ. In-4, 1861	5 »	2 »
71	**Rooses**. Christophe Plantin. Très beau vol. in-fol., avec 100 planches 1883	160 »	40 »
72	**Sagard**. Le grand voyage au pays des Hurons, avec le dict. 2 vol. in-8, pap. *Holl.* 1868.	50 »	25 »
73	**Salzmann**. Jérusalem. Pet. in-fol., av. 40 planches, 1856	150 »	50 »
74	**Saulcy (de)**. Voyage autour de la mer Morte. Texte (2 vol. in-8) et atlas in-4 de 11 pl. 1853	186 »	48 »
75	— Les monnaies datées des Séleucides. In-8, 1871	5 »	2 »
76	— Les livres d'Esdras et de Néhémie. In-8, 1868	5 »	1 »
77	**Schilling**. Grammaire complète espagnole. Gr. in-8, av. clef des exercices, 2 vol., 1888.	7 »	3 50
	(Prix par 10 exemplaires)	7 »	1 50
78	**Société française de Numismatique et d'Archéologie**. Annuaire et comptes rendus. 21 vol. 1866-91	630 »	150 »
	Nombr. vol. sépar., variant de 15 à 30 chacun.		
79	— Mémoires de la même Société. 11 vol. ou plaquettes in-4 et 3 vol. in-8. (Voyez le détail, sous les nos 7, 25, 20, 47, 51, 52, 62, 63, 65, 67, 70 et 75 de la présente liste).	85 »	35 »
80	**Sorel (E.)**. Contributions à l'étude de la Bible. 1880	7 50	1 »
81	**Souhart**. Bibliographie générale des ouvrages sur la chasse, la vénerie et la fauconnerie. Beau vol. gr. in-8, sur vélin, 1886	25 »	7 »
82	— Le même, sur papier de Hollande	50 »	9 »
83	**Table des mémoires de l'Académie** des Inscriptions et Belles-Lettres et de l'Académie des sciences morales et politiques, par de Rozière et Chatel, 1856	25 »	5
84	**Table** générale de la **Revue des questions historiques**, de 1866 à 1888, 2 vol. in-8	20 »	10 »
	(Prix par 5 exemplaires)	20	4 »
87	**Journal de Micrographie**, publié par le Dr Pelletan. 1875-91. 15 vol.	315 »	160 »
88	**Encyclopaedie der Naturwissenschaften** (en cours de publication, éditée par E. Trewendt de Breslau). Les 27 vol. parus, in-8, illust., brochés et neufs. 1878-93.		
—	Ou séparément : Botanik., 5 vol. (115 fr.) 50 fr. — Mathematik., 2 vol. (48 fr. 75) 27 fr.	485 »	180 »
	— Zoologie, tomes I à VI (117 fr. 50) 55 fr. — Mineralogie, Geologie, Paleontologie, 3 vol. (60 fr.) 30 fr. — Pharmacognosie (28 fr. 25) 12 fr. — Physik. tome I. (30 fr.) 15 fr. — Chemie, tomes I à IX	185 »	100 »
89	**Mas-Latrie**. Trésor de chronologie. In-fol. 1889	100 »	50 »
90	**Gautier (Léon)**. Les épopées françaises. 2e édit. 4 vol., 1874-94		80 »
91	**Caesar**. Texte latin, édité avec notes et comment., par *Dubner*. 2 vol. in-4. 1867	40 »	10 »
92	**Lacurne**. Dictionnaire hist. de l'ancien langage français. 10 vol. In-4, 1878-83	200 »	60 »
	(par 5 exemplaires à 40 fr. net, par 10 exemplaires à 35 fr. net).		
93	**Revue des Questions historiques**. 1866-88 et tables, 46 vol.	460 »	200 »
94	**Annuaire de la Société française de Numismatique**. 1866-91, av. les comptes-rendus, 21 vol. in-8, nombr. planches	630 »	150 »
95	**Revue des patois gallo-romans**. Coll. complète, 1887-1893	105 »	50 »
96	**Gazette anecdotique**. Collection complète. 1876-91, 32 vol.	288 »	88 »
97	**Recueil des Historiens des Gaules**. 23 vol. fol., 1869-94	1150 »	575 »
98	**Du Cange**. Glossarium latinitatis. 10 vol. in-4, 1883-87. papier fort	600 »	200 »
99	**Leblois**. Les Bibles. 7 vol. avec planches et gravures, 1883-89	70 »	20 »

PUBLICATIONS DE MA LIBRAIRIE QUI NE SONT ET NE SERONT PAS MISES AU RABAIS

MAIS SUR LESQUELLES JE FAIS LA REMISE D'USAGE

100	**Meyer-Lübke**. Grammaire des langues romanes. Tome I : Phonétique. In-8, 1890	20 »
	Sous presse le tome II : Morphologie. 1894	20 »
101	**Amiaud** et **Scheil**. Les Inscriptions de Salmanasar II, roi d'Assyrie. In-8, 1890	12 »
102	**Scheil**. Inscription assyrienne de Samsi-Ramman IV, roi d'Assyrie. In-4, 1886	8 »
103	**Koerting**. Dictionnaire latin-roman. Gr. in-8 à 2 col., 1890	27 50
104	**Catalogue des Incunables de la Bibliothèque Mazarine**. par Paul Marais et A. Dufresne de Saint-Léon. Fort beau vol. gr. in-8, de 824 pages. 1893	40 »
—	Quelques exemplaires sur papier de Hollande. Prix	65 »
105	**Koschwitz (E.)**. Les parlers parisiens. Anthologie phonétique. In-8, relié. 1893	4 50
106	**Amélineau (E.)**. Géographie de l'Égypte à l'époque copte. In-8, 1893	35 »
107	**Mariette (A.)**. Voyage dans la Haute-Égypte. 2e édit. 2 vol. in-fol., avec 83 planches. 1893	300 »
108	**Voigt (Georg)**. Pétrarque et Boccace. In-8, 1894	10 »
109	**Paris (Gaston)**. Le haut Enseignement. In-8, 1894	25 50
110	**Behrens (D.)** Bibliographie des patois gallo-romans. In-8, 1894	7 50

MACON, PROTAT FRÈRES IMPRIMEURS

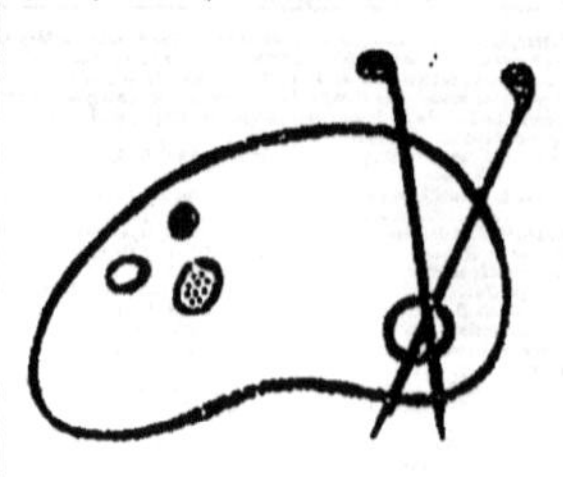

Fin d'une série de documents
en couleur

PÉTRARQUE, BOCCACE

ET

LES DÉBUTS DE L'HUMANISME EN ITALIE

MACON, PROTAT FRÈRES IMPRIMEURS

PÉTRARQUE, BOCCACE

ET

LES DÉBUTS DE L'HUMANISME EN ITALIE

D'APRÈS LA

WIEDERBELEBUNG DES CLASSISCHEN ALTERTHUMS

DE

GEORG VOIGT

TRADUIT SUR LA 3e ÉDITION ALLEMANDE

PAR

M. A. LE MONNIER

PARIS
H. WELTER, ÉDITEUR
59, RUE BONAPARTE, 59

1894

AVANT-PROPOS DU TRADUCTEUR

Nous avons jugé utile pour le public français de mettre à sa disposition, à défaut de l'ouvrage complet, la première partie de l'œuvre classique de Georg Voigt sur les premiers temps de l'Humanisme. La traduction a été faite sur la 3ᵉ édition de l'ouvrage, confiée, après la mort de l'illustre professeur de Leipzig, aux soins de M. Max Lehnerdt, qui a su y faire les rectifications et additions nécessitées par les progrès de l'érudition et les publications multipliées sur le sujet depuis douze ans, en Italie, en Allemagne et en France. Les deux volumes de cette troisième édition viennent de paraître (Berlin, G. Reimer. 1893).

La partie que nous publions forme un tout complet qui embrasse les origines de l'Humanisme en Italie au XIVᵉ siècle et dans les premières années du XVᵉ. Nous croyons servir, en la donnant, le mouvement d'études qui se manifeste en France sur un domaine de l'histoire littéraire, très cultivé à l'étranger, mouvement à la tête duquel s'est mis chez nous M. Pierre de Nolhac par ses nombreux travaux et notamment l'ouvrage intitulé Pétrarque et l'Humanisme, d'après un essai de restitution de sa bibliothèque, *Paris,* 1892. *La plus grande partie de notre volume, il est vrai, est précisément consacrée à Pétrarque. Mais elle ne fera double emploi avec aucun des travaux existant en français; elle pourra être lue avec fruit même par ceux qui possèdent le livre de M. de Nolhac, celui-ci ayant traité un sujet analogue à un point de vue tout différent, beaucoup plus documentaire et moins accessible, en somme, au grand public que l'œuvre de Voigt. M. Lehnerdt a eu, d'ailleurs, souvent occasion de tirer bon parti des recherches si neuves du savant français, ainsi que des travaux non moins importants de M. Eugène Müntz sur les papes du XVe siècle; on peut regretter peut-être qu'il n'ait pas utilisé un peu plus l'ouvrage d'un autre de nos compatriotes, M. Henry Cochin,* Un ami de Pétrarque, lettres de Francesco Nelli, *Paris,* 1892.

Quelques additions bibliographiques, qui ont paru nécessaires au traducteur, complètent celles de M. Lehnerdt et se trouvent imprimées entre crochets.

INTRODUCTION

L'Italie héritière de l'ancienne Rome. L'Italie est le berceau de la Renaissance. Survivance de la littérature latine dans le moyen âge. Opposition que lui fait l'Église. Les livres classiques dans les couvents. Ils n'ont aucune influence sur l'esprit public. L'Église combat le développement de l'individualité. Émancipation de celle-ci par la société laïque. Dante Alighieri et l'antiquité. Dante et la langue latine. Dante et l'idée de la gloire. Dante laïc. Les précurseurs de l'Humanisme : Albertino Mussato, Ferreto de Vicence, Giovanni de Cermenate.

Nulle contrée d'Europe n'a été le théâtre de changements aussi variés et aussi profonds que l'Italie. La plus importante des révolutions qu'ait traversée l'humanité, la chute de l'antique puissance impériale et l'apparition d'un nouveau pouvoir vivifié dans le sang du Christ, devait amener, en Italie plus qu'ailleurs, des secousses et des perturbations violentes. L'Italie était appelée alors à devenir le trait d'union entre l'antiquité païenne et le monde chrétien. Pour ce dernier, elle gardait dans son sein le palladium de l'avenir, la pierre angulaire sur laquelle était fondée l'Église ; de l'antiquité, elle conservait des restes précieux, héritage plus considérable qu'on eût pu le supposer à première vue. S'il y avait un pays où l'esprit antique pût revivre et s'insinuer dans les rouages du nouvel organisme social, ce devait certainement être l'Italie.

En dépit des fréquentes invasions de l'étranger, l'Italie plus que tout autre avait conservé, dans sa pureté native, l'idiome des anciens Romains. Centre de la vie religieuse et civile, elle fut l'héritière légitime de la langue universelle du Latium, de cette langue, organe à la fois de la politique, de la science et de la religion. En outre, la première et la dernière, et, à côté de la domination universelle, la plus gigantesque création du génie romain, le droit et la science juridique ne furent jamais complètement abandonnés en Italie, quoique relégués parfois dans les archives des notaires. Et, pendant que le sang des peuples anciens se mêlait à celui des envahisseurs, ce même droit exerçait encore, tantôt plus et tantôt moins, une influence latente, il est vrai, mais continuelle sur les esprits des derniers venus et sur leur vie sociale et politique.

Mais, même en faisant abstraction de ces détails, mille autres souvenirs de l'héroïque descendance de Romulus échurent en héritage aux nouvelles générations. Tantôt c'est une ruine monumentale qui se dresse comme un sphinx mystérieux, telles que les légendes du moyen âge sur la statue équestre de Marc-Aurèle ou sur la construction du Panthéon. Tantôt c'est une réminiscence obscure et vague, comme celle du césarisme, tel qu'il fut rétabli au temps de Charlemagne, ou de l'ancienne république, telle que voulait la relever Arnaud de Brescia avec le Sénat, avec les consuls et avec le peuple romain. Souvent c'est une institution qui a survécu sans que nous puissions nous rendre compte de sa première origine, comme les écoles des grammairiens, les formules consacrées des notaires et une foule d'autres usages de la vie sociale, politique et religieuse. Mais, avant tout, l'Italie et Rome en particulier n'ont jamais perdu de vue le souvenir de l'antique puissance avec laquelle elles dominèrent autrefois l'univers. Même aux époques de la plus grande barbarie, l'ancien paganisme se montra avec l'attrait d'une vision magique : l'esprit du mal séduit un maître d'école, Vilgardo de Ravenne, le pousse à chercher la renommée et une gloire immortelle dans le culte de Virgile, d'Horace et de Juvénal, et le met, fier et dédaigneux, en révolte contre l'Église. Rome voit paraître des démagogues et des tyrans qui l'invitent à reprendre le sceptre sur le Capitole, tels qu'Albéric et les Crescentius, des courtisanes qui rappellent les Phryné et les Aspasie des temps anciens, et des papes qui mènent une vie d'Héliogabale et jurent par Jupiter et par Vénus.

Enfin, non seulement la hiérarchie ecclésiastique, mais encore l'Empire germanique (deux institutions que vit naître l'Italie avant d'assister à leur conflit et à leur chute) ne doivent leurs tendances à la domination universelle qu'à cet esprit de cosmopolitisme qui était dans les idées des anciens Romains et s'était insinué dans la première comme dans le second. De cette manière la langue, le droit et l'Église de Rome furent les trois forces qui préparèrent le terrain à la formation d'une grande famille européenne, en étreignant les peuples dans un lien spirituel dont l'Italie était le centre et qui lui donnait de droit l'hégémonie sur toute l'Europe.

Il suffit de jeter un coup d'œil sur l'histoire politique de l'Italie au XIVe et au XVe siècles pour se convaincre que la péninsule était devenue tout à fait impuissante à remplir la mission qui lui avait été confiée.

Elle a, d'une extrémité à l'autre, l'aspect d'un champ ouvert à toutes les passions les plus insensées et les plus cruelles. Ses petits états et ses villes n'ayant plus l'appui de l'autorité impériale, ne se servent de la liberté que pour se tourmenter avec une rivalité jalouse et s'opprimer à tour de rôle. L'éternel antagonisme des princes et des usurpateurs contre les républiques, et au sein de ces dernières les luttes incessantes entre la noblesse et le peuple, celles des patriciens comme celles des représentants du peuple entre eux, la guerre civile en un mot sous toutes les formes les plus variées, contribuent à maintenir le désordre et à augmenter l'anarchie. La péninsule est déjà mûre pour la domination étrangère et prête à obéir à plus d'un maître. L'absence de la curie de Rome et le différend ecclésiastique fomentent le trouble dans les consciences, et les symptômes précurseurs du grand schisme présagent un divorce complet entre les peuples en ce qui concerne la foi et le culte. Comment Rome pouvait-elle continuer à être le temple de l'idée chrétienne universelle ?

Mais précisément alors s'éveillait en Italie le germe d'une civilisation nouvelle qui devait avant tout porter ses fruits sur le terrain littéraire et artistique et grouper ensuite, sous le drapeau des lettres et des sciences, non pas seulement l'Italie, mais tout le monde connu. A mesure que ce nouveau courant tend à prévaloir, la politique de l'Église et les révolutions voient diminuer leur influence. Faire renaître de ses cendres le monde grec et romain pour l'attirer dans le sein du christianisme qui lui servirait de base, restaurer la science antique, répandre le parfum de l'art païen sur les premiers germes de l'art chrétien, joindre le culte de la forme et de la beauté matérielle, tel que l'avaient compris les anciens, à l'esprit des idées nouvelles, tel est le but où tendent désormais les plus nobles intelligences, tel est l'idéal vers lequel se tournent les efforts de l'Arioste, du Tasse, de Bramante, de Palladio, de Léonard de Vinci, de Raphaël.

Toutefois, nous avons l'intention de n'étudier qu'une époque et un côté de ce développement historique, c'est-à-dire la renaissance de l'antiquité classique et son action sur la vie intellectuelle de l'Italie. En d'autres termes, nous bornons notre travail aux premiers pas faits dans cette voie par les savants, en apprenant d'abord, et ensuite en imitant, avec l'expérience hardie et parfois téméraire de leurs propres forces. C'est donc une période d'évolution et de développement que nous allons suivre; on y chercherait en vain les créations qui portent l'empreinte de la maturité et de la durée.

Au fond, la Renaissance, d'après les idées mêmes d'alors, n'est que l'expression de ce qu'il y a de purement humain dans l'esprit et dans le cœur de l'homme, de l'humanité prise dans le sens grec et romain du mot, et par conséquent en contradiction flagrante avec les idées du christianisme et de l'Église.

Il s'agit donc d'une œuvre d'assimilation. Nous ne sommes pas en présence d'idées nouvelles qui se manifestent dans le domaine de l'histoire, mais d'une époque disparue depuis longtemps et d'une littérature oubliée, qui reparaissent au grand jour et exercent sur les générations nouvelles un attrait irrésistible. Un phénomène à peu près semblable s'était produit dans le monde antique, lorsque l'Asie fut envahie par le courant de la civilisation hellénique et quand le Latium, malgré son orgueil, subit à son tour la domination de l'esprit grec. Le XIVe siècle sortit transformé de son contact avec le monde antique, et rejetant les idées surannées du moyen âge, engagea les esprits dans une voie tout à fait nouvelle.

Les gloires de l'antiquité classique sont inséparables de ses monuments; oubliée avec eux pendant longtemps, elle devait partager leur sort et profiter de leur réveil. Son histoire donc et celle de sa littérature ne font qu'un. Quant à l'oubli dans lequel furent plongés, sept siècles durant, les noms et les œuvres des écrivains grecs et latins, ceux-là seuls en parlèrent (comme d'un fait incontestable) qui les rappelèrent à la vie. Et leur calcul était juste : avec l'Empire romain disparaît également toute étude des lettres latines et on peut dire qu'au VIIe siècle il n'en restait pas la moindre trace. Mais pour nous, nous ne partageons pas cette opinion sans réserves. Ces hommes, debout au milieu de la flamme, n'aperçurent pas les étincelles qui brûlaient au dehors. Or, il est certain que, tout comme les livres de jurisprudence, beaucoup d'autres œuvres d'histoire, de philosophie et de poésie latine ne furent jamais entièrement oubliées; au contraire, au milieu des chroniques, des travaux ascétiques et de la scolastique, dans le silence des cloîtres, on continua toujours de lire Salluste et Pline, Cicéron et Sénèque, Virgile et Lucain, Horace et Ovide, Térence et Pline. Les Pères de l'Église eux-mêmes citent fréquemment les auteurs profanes auxquels ils sont en grande partie redevables de leur érudition. Au moyen de leurs écrits et de ceux des compilateurs ecclésiastiques qui vinrent après eux, et surtout d'Isidore de Séville, certaines traditions du savoir antique ne cessèrent point d'être maintenues. D'autres, plus ou moins mutilées et défigurées, il est vrai, subsistèrent toujours dans les légendes et dans la poésie, comme les récits confus de la guerre de Troie, d'Alexandre le Grand et de quelques empereurs romains. De plus, Boèce, par son livre de la *Consolation*, toujours grandement apprécié, donna, grâce à ses commentaires, une impulsion vigoureuse à l'étude de la philosophie d'Aristote. Enfin, à toutes les époques du moyen âge, il est facile de trouver des copies manuscrites des auteurs classiques qui nous montrent l'importance qu'on attachait à l'ancienne littérature.

Si nous voulions énumérer tous les écrivains du moyen âge qui pratiquèrent les classiques de l'antiquité et leur firent des emprunts plus ou moins importants, nous nous trouverions en présence d'une longue suite de noms, dont plusieurs sont vraiment considérables, et nous serions ainsi presque amenés à regarder comme superflue, dans une certaine mesure, l'ardeur impétueuse avec laquelle le xve siècle entreprit de faire revivre l'antiquité. A la cour de Charlemagne on lit avec avidité les poètes latins et on essaye de les imiter. On ne voit pas qu'ils aient été oubliés, à partir de cette époque. Plus d'une cour épiscopale et les célèbres couvents de Bénédictins offrent à la poésie et à la philosophie latine un nouvel asile, et on les retrouve soit dans les collections des bibliothèques, soit dans les discussions des écoles. Les imitations sont faibles et imparfaites, mais n'en trahissent pas moins le désir de reproduire les bons modèles[1]. Eginhard se propose d'imiter Suétone; Witikind, Salluste; il cherche l'effet avec de pompeux discours à l'antique; les images et les sentiments de l'ancienne Rome l'exaltent au plus haut point. Adam de Brême, assurément le plus heureux disciple de Clio dans le moyen âge, s'est formé visiblement à l'école de Salluste. Eccardo d'Aura se pare des maximes de Cicéron, et chez plusieurs autres la forme et la pensée, ou des citations témoignent clairement d'un certain commerce avec les anciens. On connaît le zèle avec lequel Raterio, de Vérone, et Gerbert se consacrèrent à recueillir et lurent assurément un grand nombre de livres anciens, surtout les poètes, tels que Plaute et Térence, Perse et Juvénal. Et quel trésor de connaissances classiques Jean de Salisbury ne possédait-il pas! Ses vers sont façonnés sur ceux d'Ovide, sa prose sur celle de Cicéron, et il a étudié les règles de l'éloquence dans Quintilien[2]. Les poètes

1. Cf. Dümmler, *Geschichte des ostfränkischen Reichs*, vol. II, Berlin 1865, p. 652 sqq.
2. Schaarschmidt, *Johannes Saresberiensis*, Leipzig, 1862, p. 82, etc., où se trouve une indication minutieuse de ses connaissances.

épiques ne savent trouver d'autres modèles à imiter que Virgile, Lucain et Claudien; par conséquent, c'est à corps perdu qu'ils s'adonnent au culte de l'antiquité, et Gauthier de Châtillon parle des Dieux et du Destin, comme s'il vivait au sein même du paganisme[1].

Plusieurs ont voulu voir d'un autre côté des précurseurs de la Renaissance dans les clercs ribauds ou goliards, qui exaltent effrontément les plaisirs mondains, mettent continuellement en scène les déesses de l'antiquité païenne, et se moquent des freins que l'école et l'église leur imposent[2]. Mais, en y regardant de plus près, il n'y a dans ces natures mobiles et ennemies du joug qu'un débordement de sensualité étourdie, telle qu'on la rencontre dans la jeunesse, et les quelques réminiscences classiques qu'on aperçoit çà et là ne suffisent pas pour attester une grande connaissance de l'antiquité. De semblables manifestations n'ont pas une efficacité durable et ne peuvent exercer aucune influence sur les siècles à venir.

Et, en effet, personne n'a jamais eu l'idée, parmi les humanistes, de regarder les poètes, les historiens et les érudits dont je viens de citer les noms, comme les précurseurs de la Renaissance. Il ne s'agissait pas d'avoir une connaissance plus ou moins étendue de l'antiquité : la question véritable était de comprendre dans toute son extension l'esprit du monde antique, de le rappeler à la vie et de s'identifier en lui de toutes les puissances de l'âme. Un seul fait suffira à en donner la preuve : aucun des hommes désignés ci-dessus, ni Raterio, ni Gerbert, ni Abailard, ni Jean de Salisbury, ne savait le grec et, qui plus est, n'exprima jamais le désir de s'approprier les trésors de la littérature grecque, dont il rencontrait cependant l'éloge à chaque page des écrivains latins. Que nous sommes éloignés de ces humanistes, chez lesquels le seul nom d'Homère suffisait à exciter les transports du plus vif enthousiasme !

Remarquons que pendant toute la durée du moyen âge prévalut un courant d'idées tout à fait contraires à celles du monde antique. La foi chrétienne et l'Église ne s'étaient pas encore réconciliées avec lui. Leur opposition n'avait fait que grandir contre le paganisme dont on n'apercevait que quelques rayons fugitifs à travers les débris de ses temples. Malgré sa défaite, il demeurait donc, toujours, avec la beauté idéale du passé, un ennemi redoutable. Déjà même, à l'époque

1. V. Pannenborg, sur le *Ligurinus*, dans les *Forschungen zur deutschen Geschichte*, vol. XI, Göttingen, 1871.

2. D'abord Burckhardt, vol. I, p. 197, 226, puis Bartoli, *I precursori del Rinascimento*, Florence, 1877.

de sa décadence, il avait exercé la fascination de ses charmes séduisants sur plusieurs Pères vénérés de l'Église, qui avaient été d'abord rhéteurs ou sophistes. Quelques-uns même n'avaient pas voulu renier entièrement le sein maternel, où ils avaient sucé les premiers germes de la vie intellectuelle : saint Basile écrivit un livre pour sa défense ; saint Grégoire de Nazianze, saint Jérôme et saint Augustin nourrissaient pour l'antiquité les sentiments d'un culte tout particulier. Si plus tard on allègue le rigorisme de saint Grégoire le Grand comme la preuve du mépris dans lequel étaient tombés de son temps les poëtes païens, le fait même qu'il éprouva la nécessité de s'élever énergiquement contre la lecture de leurs œuvres est une preuve qu'ils n'avaient pas tout à fait cessé de fasciner les âmes. Alcuin reproche très souvent à l'archevêque de Trêves son amour pour Virgile, dont les fictions poétiques l'éloignent de l'Évangile, quoiqu'il doive lui-même sa culture intellectuelle précisément à l'étude de Virgile, de Cicéron et des autres anciens[1]. L'abbé Vibald de Korvey, qui avait été vivement frappé des pensées et du style de Cicéron et qui en recueillit les œuvres, était continuellement tourmenté par la crainte de paraître plutôt cicéronien que chrétien, et déclarait qu'il ne s'occupait de ces études que comme s'il eût exploré un camp ennemi[2]. Enfin, lorsque la lutte contre les souvenirs de l'antiqué cessa de préoccuper à ce point les esprits, tournés exclusivement vers les démêlés de la Papauté avec l'Empire, et lorsqu'à propos du différend survenu entre les autorités ecclésiastiques, la science n'eut plus d'autre pensée que de tremper les armes canoniques et théologiques, — enfin alors on ne sut plus se défendre d'un sentiment de crainte mystérieuse, en face de ces puissances vaincues, qui, quoique rivées à la chaîne infernale, continuaient toujours à vivre et préssageaient de terribles représailles. Les temps de l'antiquité grecque et romaine apparaissaient comme une nuit dans laquelle les hommes avaient adoré des esprits impurs ; mais ces esprits, mis jadis au ban de la foi chrétienne, s'étaient réfugiés en silence dans le secret des superstitions. Non, jusqu'au jour où en présence des intrigues de ce monde, elle n'eut plus d'autre objectif que de représenter ici-bas le règne de Dieu, l'Église ne put jamais tendre amicalement la main à l'antiquité. Elle ne put jamais souffrir que les esprits se tournassent avec amour vers un passé qui n'était

1. Epist. 216, 243, *Monum. Alcuiniana*, édit. Wattenbach et Dümmler. En outre *Vita Alchuini*, 10.

2 Ecrit de Raynald de Hildesheim à Vibald et réponse de ce dernier dans *Monum. Corbeiensia*, éd. Jaffé. Nos 207, 208.

pas le sien, et que les regards de tous fussent détournés de se fixer sur ce royaume que le Christ lui avait promis dans l'avenir, et dont elle seule tenait les clefs.

De plus, tant qu'elle demeura fidèle à ses principes et n'aspira qu'à gouverner les âmes, l'Église dirigea et fit servir à ses desseins les deux éléments les plus puissants de l'activité humaine, le sentiment et l'imagination. L'intellect était tenu en laisse par sa servante, la scolastique. Elle préférait étouffer tout sentiment du beau, plutôt que de le laisser se développer à l'ombre de l'antiquité classique. Ce ne fut donc pas un simple hasard (et nous le répèterons encore dans le cours de ce travail) qu'au moment où pâlissait la lumière qui venait de l'Église, aient pu revivre les plus modestes lueurs du paganisme, qu'elle avait étouffées depuis si longtemps.

Autrement, on ne saurait comprendre ni expliquer comment les efforts des savants du moyen âge, pour remettre la littérature classique en honneur, restèrent complètement stériles et n'exercèrent aucune influence sur l'esprit général de cette époque. Mais, notons-le bien, l'antiquité est un monde à part; c'est à ce point de vue qu'il faut se placer pour la connaître telle qu'elle est. Aucune branche de la science ne peut se développer tant qu'elle est condamnée à en servir une autre.

Il faut reconnaître que nous devons la conservation des lettres classiques (ce qui nous en reste) spécialement aux corporations religieuses; avec un soin qui les honore, elles ont gardé pendant des siècles et multiplié par l'écriture le patrimoine reçu de leurs prédécesseurs. Mais là ne fut jamais leur mission principale, elles n'y mirent jamais un véritable enthousiasme. La copie des livres n'était qu'une occupation pénible, imposée quelquefois par la règle de l'ordre pour adoucir les mœurs farouches du temps, pour remplir les loisirs des moines d'une santé délicate, ou même pour procurer quelque argent à la communauté; tantôt elle n'était que permise et souvent défendue. Si donc dans les célèbres couvents bénédictins du Mont Cassin, de Cluny, de Saint Gall et de Fulda, on copia, à côté des livres de théologie, des missels et des œuvres ascétiques, une foule de travaux classiques, ce fut autant par l'ordre des abbés que pour passer simplement le temps de quelque amateur, ce n'était au fond qu'un exercice stérile et matériel. Et il arrivait fréquemment que, pendant que le fastueux abbé se promenait le faucon à la main dans ses terres, ou se rendait aux tournois et aux fêtes de la cour, ou assistait au milieu de somptueux repas aux farces des gouliards, et pendant que les moines restaient désœuvrés ou arrosaient d'un vin généreux leurs conversations oiseuses, que les livres restaient dans la poussière ou se gâtaient au fond de quelque cellule humide et sale ; il n'y avait d'exception que pour les registres du cadastre où étaient consignés les rentes et les privilèges du couvent, pour les missels et les rituels. Il n'est donc pas douteux qu'on ait, pendant le cours des siècles, perdu autant de classiques que les copies nous en ont conservé. Ces couvents consentaient à leur donner l'hospitalité, mais ne leur accordèrent jamais le droit de cité.

En général, on n'attachait guère plus d'importance à ce qui en constituait la partie substantielle. Tant que la science et surtout l'instruction restèrent uniquement entre les mains du clergé, la littérature ancienne n'inspira que défiance et soupçon. Voilà pourquoi sa renaissance apparente à l'époque des Carolingiens et le contre-coup qui se fit sentir au temps des Othons, restèrent stériles comme le contact avec les archives de l'hellénisme, à Byzance, ne produisit en Occident qu'une velléité éphémère et sans durée. Ce qui manquait, c'était la continuité des efforts, c'était la concentration des forces appliquées à un but commun. La plupart étaient convaincus que la langue latine ne pouvait servir que de formation préparatoire pour le clergé. On l'étudiait dans Donat et dans ses barbares successeurs, et l'on y ajoutait la lecture de plusieurs écrits de Cicéron et de quelques poètes, pour y puiser des exemples de l'application des règles de la grammaire. Ainsi l'étude des auteurs latins se faisait péniblement, comme le premier pas de l'instruction des ecclésiastiques, ou comme une occupation tout à fait secondaire et insignifiante. Les choses ne changèrent pas davantage lorsqu'ils furent transportés, au dehors des couvents, dans les écoles et dans les universités. On ne les y employait que pour le service des autres sciences, et ils n'y jouissaient jamais d'une complète indépendance même de la part des esprits les plus élevés, d'un Abailard et d'un Jean de Salisbury. Les connaissances qu'on avait de l'antiquité servaient tout au plus à combler les lacunes des systèmes de théologie ou de philosophie, comme les colonnes de marbre des palais et des temples étaient employées sans pudeur aux usages les plus vils et à la construction d'édifices médiocres.

Nous ne répèterons pas ici le vieux préjugé qui refuse toute espèce de jugement, de critique et de goût au moyen âge. Mais, quoiqu'il ait été la plupart du temps exprimé avec une impardonnable légèreté, on ne peut cependant nier absolument que le patrimoine intellectuel et esthétique de l'antiquité ne soit demeuré comme tout à fait perdu pendant plusieurs siècles. Nous avons voulu faire ressortir ici plusieurs faits insuffisamment observés jusqu'alors, et qui nous montrent une fois de plus l'action toute puissante de l'Eglise; nous donnerons dans les chapitres suivants un fondement plus solide et plus sûr à nos assertions.

L'Église, devenue maîtresse, ne tolère pas le développement individuel de l'homme. Tous doivent se résigner à devenir de simples anneaux dans la longue chaîne de son système et obéir aux lois de ses institutions. Elle ne reconnaît aucun patrimoine intellectuel particulier et veut appliquer ce principe même à la littérature classique. Dans ce but, les œuvres des anciens furent abrégées à son gré et augmentées, christianisées et mutilées; sans une intention avouée de falsification, on mit en avant les noms d'auteurs illustres pour donner créance à des superfétations postérieures. On sait, par exemple, que Donat devint le type de toutes les grammaires, Servius le modèle de tous les commentaires de Virgile. La force qui résiste à de tels abus est la critique dont s'arme l'individu confiant en lui-même pour tenir tête au despotisme de l'autorité.

En outre, l'Église elle-même s'appuyait sur une foule d'autorités opposées entre elles, et la science ecclésiastique avait entrepris de concilier leurs contradictions et de construire l'édifice doctrinal d'après certaines tendances déterminées. Pour ne renverser aucune de ces autorités, elle les mit toutes sur le même pied. Les classiques mêmes durent se résigner à être traités de cette manière. La morale philosophique d'Aristote ne devait pas se trouver en contradiction avec celle de l'Église; Cicéron, Sénèque, Boèce furent considérés comme des écrivains de même valeur. Florus, Eutrope et Valère-Maxime furent mis à part comme Salluste et Tite-Live; à côté de Virgile, de Stace, de Lucain, de Juvénal et de Perse, on plaça sans distinction Marbode de Rennes, Alain de l'Isle et Jean de Salisbury. Distinguer entre ces autorités eût été le devoir de la critique et, mieux encore, d'un certain goût individuel pour la perfection de la forme et la profondeur des pensées. Mais l'Église ne tolérait même pas le goût, parce que c'était toujours un privilège individuel.

Pour procurer à cette force individuelle la liberté d'action, la science nouvelle, qui recueillit l'héritage des nations classiques, dut sortir du cloître et se soustraire au joug de la discipline ecclésiastique et des écoles. Ses adeptes durent se dépouiller des vêtements sacrés et revêtir, comme les fils de l'ancienne Rome, la tunique et la toge.

La société vit alors paraître dans son sein une nouvelle classe avec un esprit qui lui était propre, tantôt favorable, tantôt contraire à l'Église, mais toujours profondément séparée d'elle. Ce phénomène ne pouvait se produire qu'en Italie où coulaient encore dans les veines du peuple quelques gouttes du sang romain, où le sol conservait beaucoup de monuments classiques et où le souvenir des gloires passées flattait l'orgueil national. Pour les ecclésiastiques et les moines des provinces françaises, britanniques et allemandes, l'étude de l'antiquité restait comme une affaire d'érudition et çà et là comme un modèle de beau style. En Italie, c'était une affaire de cœur; en y excitant l'enthousiasme, elle allait y prendre comme une seconde naissance.

On ne peut jeter un regard sur le développement progressif de l'Italie moderne sans s'arrêter un instant, quel que soit le but qu'on se propose, sur le nom de Dante Alighieri. Il ne faudrait pas le mettre toutefois au nombre des restaurateurs de l'antiquité classique. Ses connaissances ne sortent pas encore des enseignements du trivium et du quadrivium; ses livres préférés sont la Bible et le « Philosophe », et en seconde ligne il suit tour à tour saint Augustin et saint Thomas, Boèce et Cicéron. Il s'en tient à l'étude de la science ecclésiastique et de la scolastique, et peut encore se plonger entièrement dans les finesses et les subtilités de l'école, mais n'en éprouve pas moins une profonde horreur pour les sectaires et les hérétiques et aurait certainement renié cette liberté de pensée tant recherchée des humanistes futurs. Sans doute, aucun de ses prédécesseurs et de ses contemporains n'a étudié Virgile avec plus d'ardeur que lui; il l'exalte comme son maître, comme une source « qui répand un fleuve d'éloquence[1] »; il l'appelle encore « notre divin poète[2] »; mais il en fait bientôt à ses yeux une autorité, comme Aristote ou un docteur de l'Église, un ascète mystique, un précurseur du Christ. Il s'approprie quelques idées des auteurs anciens qu'il peut connaître, et, d'après elles, se forme une opinion de la manière dont le patrimoine intellectuel se recueille des générations passées et s'augmente avant de passer aux autres[4]. Mais, quant à la science des anciens, il

1. *Paradiso*, ch. VII.

2. *Inferno*, ch. I, *De Monarchia*, liv. II, 3.

3. Ces écrivains n'étaient pas nombreux, comme l'indiquent Witte dans son édition du *De Monarchia*, édit. alt., Vienne, 1874, p. LXXV, et Schück, *Dantes klassische Studien und Brunetto Latini*, dans les *Neue Jahrbücher fur Phil. und Padag.*, 1865, IIe part., p. 253, etc.

4. *De Monarchia*, liv. I, chap. I.

ne s'en sert que dans certaines circonstances, son esprit ne la possède jamais entièrement. Il est encore très éloigné de voir dans les écrivains anciens les représentants d'un temps meilleur. De plus, la langue la plus parfaite et la plus polie des anciens n'exerce aucun ascendant sur lui et ne charme nullement ses oreilles. L'esprit de Dante est majestueux et sévère; les attraits de la forme perdent leur grâce à ses yeux; il cherche, dans les profondeurs, le trésor de la science et n'est point séduit par les beautés attrayantes du dehors. Chez lui, pas une goutte de sang hellénique ou des poètes latins hellénisés. Son imagination subit continuellement le joug des règles de la logique et il n'accorde jamais à son génie des allures trop indépendantes.

Pourtant (tel est l'ascendant des grands génies) on sent déjà, dans les œuvres de Dante, comme un souffle de ce courant mystérieux qui semble entraîner irrésistiblement vers les trésors de l'antiquité classique. Il a lu les meilleurs poètes latins, Ovide, Virgile, Horace et Juvénal, et, quoiqu'il ne les goûte que d'après la valeur réelle de leurs pensées, tandis que les humanistes le feront plus tard pour l'harmonie de leurs vers et le prestige de leur style poétique, il convient de remarquer qu'il n'hésite pas à citer, à côté des sources habituelles, les pensées d'un poète et ose s'en servir à l'appui de ses savants syllogismes. Nous en avons un grand nombre d'exemples, tant dans son poème que dans ses écrits en prose. Son poème contient même un singulier mélange du profane et du sacré, d'histoire ancienne et moderne, de mythologie païenne et de traditions chrétiennes. Il introduit l'antiquité, partiellement du moins, dans la poésie italienne, à peu près de la même manière que son contemporain Brunetto Latini traduisit d'abord, en idiome vulgaire, plusieurs écrivains latins, Ovide, Boèce et quelques discours de Cicéron, puis s'appropria les pensées de ce dernier et se fit ainsi regarder comme un grand maître de rhétorique[1]. La lecture de Tite-Live ne pouvait pas ne point remuer profondément l'âme de Dante ; là se révèle, en effet, l'idéal de ce sentiment patriotique à la lumière duquel brillent les gestes de l'ancienne Rome. Nous en avons la preuve dans le second livre de la Monarchie.

Dante a reconnu que la langue latine l'emporte en noblesse et en beauté sur l'idiome vulgaire encore dépourvu de règles fixes et de son plein développement[2]. Il avait commencé la Divine Comédie en

1. Jean Villani, *Cron.*, liv. VIII, chap. 10 : « Il quale fu gran filosofo e fu sommo maestro in rettorica, tanto in bene sapere dire come in bene dittare. »

2. Convito, tr. 1, ch. V.

hexamètres latins : *Ultima regna canam*, etc. Toutefois, plus tard, il changea d'idée et « prit l'idiome du peuple ». Qu'il y fût amené par un sentiment d'orgueil, en voyant que les grands poètes de l'antiquité n'étaient point compris et par là même insuffisamment appréciés de ses contemporains, que ce fût là la pensée qui le persuada de laisser de côté la lyre classique pour en prendre une nouvelle plus appropriée aux esprits modernes, parce qu'on offrirait vainement des viandes solides à un enfant[1], comme il disait un jour, nous ne le croyons pas. Nous pensons plutôt, au contraire, que cette résolution lui fut dictée par une considération non moins orgueilleuse, celle de donner du crédit et de la vogue à la langue vulgaire jusque-là méprisée, en la choisissant pour exprimer ses hautes conceptions. Lorsque Jean de Virgile le dissuadait d'abandonner les nobles productions de son intelligence entre les mains de la plèbe ignorante et, selon le mot de l'Évangile, de jeter les perles aux porcs, ou de parer les sœurs de Castalie d'un habillement trop vulgaire, Dante rejeta le conseil en plaisantant dans sa première églogue[2]. Vers la fin de sa vie, dans le traité *De Vulgari Eloquio*, il loua en théorie, et dans un latin barbare, le triomphe de l'idiome populaire. Toutefois, les deux églogues latines que nous possédons de lui sont d'autant plus remarquables qu'il y essaie d'imiter l'élégance des anciens et que Virgile lui sert de modèle, même pour la forme. Enfin, l'emploi de l'idiome populaire dans la Divine Comédie a porté un fruit, qui certainement n'était pas prévu par le poète, mais qui eut une grande influence sur l'avenir, celui d'éloigner le grand poème des cercles ecclésiastiques et de le rapprocher de cette partie de la nation qui était appelée à représenter le mouvement de l'Humanisme.

Sur un point seulement, les opinions religieuses de Dante sont en contradiction flagrante, et il s'y mêle une idée antique qui provoqua l'activité des savants, qu'ils s'approprièrent et cherchèrent, avec un zèle infatigable, à faire accepter universellement. C'est la pensée de la gloire et de la renommée. L'Église soutient le croyant qui obéit à ses lois par la promesse d'une récompense à venir. C'est un désir

1. D'après le récit bien connu de frère Hilarion, dans une lettre à Uguccione della Faggiola, Mehus, *Vita Ambros. Traversari*, p. 327. Évidemment il sert de base même à l'opinion si souvent commentée de Boccace (*Comento sopra la Commedia di Dante. Opere*, vol. IV, Florence, 1724, p. 17), sans compter que ce dernier l'a un peu accommodé à sa manière de penser. Si la lettre est apocryphe, elle est du moins très ancienne. *Cf.* Gaspary, *Gesch. d. ital. lit.*, I, 285, 300.

2. L'églogue de Jean, dans Mehus, *l. c.*, p. 320. Œuvres latines de Dante, éd. Giuliani, II, p. 301.

absolument païen de vouloir trouver le prix digne de ses actions dans la louange des contemporains et de la postérité, dans l'immortalité de son nom.

Rien de plus naturel que ce sentiment de tous les poètes soit passé dans le nôtre et que leurs noms, célébrés encore après plus de mille ans, aient allumé dans son cœur une étincelle de généreuse envie. Ce fut avant tout celui du poète de Mantoue, « dont la renommée durera autant que le monde[1]. » Parmi les païens vertueux, les poètes forment un groupe à part, à cause « du nom glorieux » dont ils jouissent encore sur la terre : Homère d'abord, puis Horace, Ovide, Lucain. Ils donnent à Dante « un salut amical » et l'introduisent « dans leur compagnie[2] ». Virgile avertit son élève que « la mollesse et le repos ne donnent point la gloire » et que sans elle la vie « se dissipe comme la fumée dans l'air et comme l'écume dans l'eau[3] ». Il n'est pas dans la nature de Dante de provoquer les louanges par les petits artifices de la vanité. Il a pleinement conscience de sa force et de sa valeur, il brigue ouvertement la couronne, et comme cette aspiration ne peut constituer l'objet de la prière chrétienne, il conjure Apollon de l'en rendre digne[4]. Sans plus de cérémonie, il se fait prédire, par Brunetto Latini, qu'il abordera un jour au « glorieux port de la renommée et qu'à Florence les blancs et les noirs le désireront et seront fiers de le posséder[5] ». Poète, il sent au dedans de lui-même la force avec laquelle l'homme « s'éternise » et prend, après la mort, une autre vie dans l'immortalité de son nom[6]. Dans la théorie, Dante fait encore un pas en avant et les humanistes le suivront avec joie sur ce terrain : le poète a le pouvoir d'immortaliser, même les autres noms, en les citant dans son poème[7]. Ainsi il se crée, pour lui d'abord, et ensuite pour les autres, un ciel qui le dispute à celui de l'éternelle béatitude.

Toutefois, Dante ne se dissimule pas l'antagonisme de ses idées avec celles que prêche le Christianisme, et il met dans le Purgatoire sur les lèvres du peintre Oderisi, de Gubbio, des accents de repentir

1. *Inf.*, c. II : *Di cui la fama ancor nel mondo dura,*
E durerà quanto 'l moto lontana.
2. *Inf.*, c. IV. Il faut y joindre les paroles de Stace, *Purg.*, c. XXI.
3. *Inf.*, c. XXIV.
4. *Parad.*, c. I.
5. *Inf.*, c. XV.
6. *Parad.*, c. IX : *Vedi se far si dee l'uomo eccellente,*
Sì ch'altra vita la prima relinqua.
7. Cf. par ex. *Inf.*, c. XXIX, XXXI, XXXII.

pour avoir trop aimé la gloire dans sa vie et avoir distrait sa pensée de Dieu ; et il lui fait dire que la gloire ici-bas n'est qu' « un léger souffle qui vient tantôt d'un côté, tantôt d'un autre » et qu'une « herbe qui se fane », paroles dont il se sert pour rehausser d'autant plus l'humilité chrétienne[1]. Or, il faut remarquer que l'orgueilleux peintre se reproche précisément ce que le poète trouvait tout à fait naturel, à l'exemple de ses prédécesseurs; on sait du reste que Dante ne chercha jamais à étouffer en lui le désir de la gloire, mais l'avoua bien des fois ouvertement[2].

Ce qui dans la personne de Dante frappe et séduit davantage les esprits modernes, c'est cette révélation hardie de lui-même à la face du monde entier, c'est l'homme qui a conscience de ce qu'il vaut : c'est la majesté du penseur et du poète, que ses contemporains voyaient peinte sur son large front et sur les traits brunis de son visage. Et ce solitaire, qui avait atteint une si haute perfection dans les sciences et les arts, et pour lequel la connaissance du monde était le fruit de ses études personnelles et de l'activité de son esprit, était un laïque, qu'aucun lien n'attachait ni à l'Eglise, ni à l'école, ni à la patrie, et dans une vie pleine de vicissitudes il allait se placer dans une situation nouvelle comme poète[3].

De Dante à Pétrarque la transition semble naturelle, parce que, dans sa jeunesse, ce dernier pouvait avoir connu le vieux maître. Mais leur culture et leur manière de vivre sont différentes. Bien plus que Dante, participe au mouvement humaniste, auquel est assuré l'avenir, un groupe de poètes et d'historiens qui appartiennent à l'Italie septentrionale et qui ont évidemment grandi à l'école des lettres classiques.

Le premier parmi eux est Albertino Mussato. Né à Padoue, de basse extraction, il sut, grâce à son propre mérite et sans exemples sous les yeux, s'élever au dessus de ses contemporains. Il aidait dans ses pénibles fonctions un vieux maître d'école, lorsque, par la mort de son père, il se vit, à l'âge de 21 ans, à la tête d'une famille composée de sa vieille mère, d'une sœur et de deux jeunes frères, qu'il devait entretenir. Cette circonstance l'obligea de s'adonner avec zèle à l'exercice de la jurisprudence et de chercher une source de gain dans les affaires, les procès et les charges publiques. Enfant du peuple

1. *Purg.*, c. XI.
2. Cf. Burckhardt, I, p. 154, etc., où sont cités encore d'autres passages.
3. Jean Villani, *Cronica*, IX, 136. Il dit, en faisant remarquer l'étrangeté du fait : « Questi (Dante) fu grande letterato quasi in ogni scienza, tutto fosse *laico*, » etc.

et excellent citoyen, il eut vite gagné tous les cœurs, s'éleva aux plus hautes dignités et aux premiers honneurs de la cité et fut, à diverses reprises, chargé de missions importantes auprès des princes, des papes et des républiques. Il fut envoyé jusqu'à cinq fois au seul Henri de Luxembourg, mais rien ne put étouffer en lui la voix intérieure, qui l'appelait à la poésie et aux lettres. Il offre peut-être le premier exemple d'un esprit chez lequel le culte de la poésie contraste avec le désir du gain, quoiqu'il sût les concilier tous les deux. De pareilles oppositions ne sont pas rares dans la vie des humanistes. Versé dès sa jeunesse dans la grammaire et dans la versification, Mussato ne tarda pas à réunir autour de lui un petit groupe de poètes, parmi lesquels on distingue particulièrement le jurisconsulte Lovatto et Bonattino[1]. Mais sa réputation ne sortit pas de l'étroite enceinte de son pays. Il n'eut pour leur dédier les fruits de ses veilles, que l'évêque de Padoue et la corporation des notaires de la ville. De Mécènes à large vue, qui considèrent la littérature comme le patrimoine de tout un peuple, il n'était pas question alors.

Outre ses travaux historiques, qui placent son nom en évidence, Mussato a écrit une tragédie imitée des élégies de Sénèque, des épîtres en mètre élégiaque, plusieurs églogues et d'autres poésies, et quelques traités philosophiques : *De lite naturæ et fortunæ*, *De casibus fortunæ*, qui lui ont été certainement inspirés par la lecture de Cicéron et de Sénèque[2], et qui ne renfermaient rien qui fût emprunté de la morale chrétienne. Mais il faut noter encore avec plus de soin qu'il a écrit *De vita et moribus suis*. C'est la première autobiographie que nous offre le moyen âge, à moins de regarder comme telle la « Vita Nuova » de Dante. Malheureusement ce livre, comme tant d'autres de ses productions poétiques et philosophiques, a été perdu. Mais sur ce point, nous n'en saurions douter, il est l'unique prédécesseur de Pétrarque, et il n'est pas sans importance qu'un poète et un homme d'État d'une petite république se préoccupe à ce point de raconter lui-même, au besoin, les différentes phases de sa vie pour la postérité. Cependant il a devancé Pétrarque encore d'une autre

1. C'est de lui que Pétrarque a dit : *Rer. memorand.*, l. II : « *Lovatus patavinus fuit super poetarum omnium, quos nostra vel patrum nostrorum vidit ætas, facillime princeps, nisi juris civilis studium amplexus cum novem Musis duodecim tabulas immiscuisset, et animum ab Heliconiis curis ad forensem strepitum deflexisset.* » Selon Mehus, il faut lire ici *Lovatus* et non *Donatus*. (*Vita Ambr. Travers*, page 232). Cf. Cloetta, *Beiträge zur Litteraturgesch. des Mittelalters und der Renaissance*, II, p. 5. Halle, 1892.

2. Le titre de l'ouvrage cité en dernier lieu d'après Zardo, *Albertino Mussato*, Padoue 1884, p. 276. Les dix Églogues publiées sous son nom appartiennent à une époque plus récente. Gaspary, *Gesch. d. ital. Lit.* I, p. 401,537.

manière : en 1316, par l'entremise de ses amis et en vertu d'une délibération de l'université, il fut solennellement et publiquement déclaré poète et couronné d'une couronne de lierre et de myrte. A partir de ce moment le peuple ne l'appela plus autrement, et, dans les documents de l'époque, il est qualifié de poète et d'historien de Padoue. Toutefois, entraîné dans la lutte des partis qui divisaient la ville, il mourut en exil à Chioggia le 31 mai 1329, mais ses restes furent rapportés dans sa patrie et inhumés à Sainte-Justine. Son nom demeura longtemps célèbre à Padoue et l'on y montrait la maison qu'il avait habitée. Mais, en dehors de son pays, sa renommée ne put jamais s'étendre, comme il l'avait si ardemment désiré[1].

Nul doute que, pour le style et le goût, il ne soit resté de beaucoup au dessous des anciens. Il mit à l'étude un zèle inconnu jusqu'alors ; on le voit à ses réminiscences et à la structure plus correcte des phrases et des vers. Du reste il imite plutôt le langage gonflé, pompeux et obscur des papes et de Pierre des Vignes, que la transparente limpidité de Cicéron et de Salluste. Les barbarismes du latin du moyen âge ne le choquent point et il les entremêle sans scrupule aux phrases et aux images classiques. Il ne lui paraît pas hors de propos d'écrire les trois livres de son histoire en vers héroïques et d'y introduire des allusions mythologiques et surannées. L'art historique consiste tout entier pour lui dans les expressions techniques empruntées à l'antique constitution romaine, dans les mouvements pathétiques des discours et en toute sorte d'ornements poétiques. Et de cette manière, s'il est, en sa qualité de novateur, un phénomène digne d'attention, il n'offre point l'image d'une puissante individualité comme écrivain.

A Mussato se rattache Ferreto de Vicence, qui, tout jeune encore, lui adressa quelques vers qu'il avait composés sur la mort d'un autre poète de Vicence, Benvenuto Campesano, auquel il prédisait une

1. Le résumé de la vie de Mussato, que Sicco Polentone a inséré dans son grand ouvrage *De scriptoribus latinis* et que Muratori, *Script. rer. Ital.* t. X, p. 1, etc., et Novati, *Arch. stor. Triestino*, t. II, 1883, p. 70, d'après un Cod. Riccard, bien différent, ont publié, est tiré en partie de l'autobiographie. L'époque du couronnement du poète dans Zardo, p. 153. Cloetta II, p. 17. De même Facciolati, *Fasti gymn. Patav.*, t. II, p. xv, qui toutefois, p. xvi, place la mort de Mussato au 31 mai 1330. Le document du 9 juillet 1329, rapporté par Gloria dans les *Atti d. r. Istit. Veneto*, t. VI, sér. V, p. 45, est décisif. Du reste les nouveaux résultats obtenus par Gloria, surtout l'interprétation des vers, p. 30, ne me paraissent pas concluants. Pour les éditions des œuvres qui nous restent de Mussato, cf. Böhmer, *Fontes rer. Germ.*, vol. I, p. xix, et Potthast, *Biblioth.* Le détail concernant la sépulture à Padoue est emprunté à Guillaume de Pastrengo, *De originibus rerum*, Venise, 1547, fol. 13. Pour les appréciations v. Dönniges, *Kritik der Quellen für die Geschichte Heinrichs VII*, Berlin, 1841, p. 37, etc. Les dernières publications sur Mussato dans Cloetta II, p. 11.

gloire éternelle, mais qui, ce semble, n'a survécu que dans les vers de son ami. Il était doué d'un esprit fécond; malheureusement, ses poésies, comme celles de Mussato, ont été perdues en grande partie. Il célébra en vers hexamètres la mort de Dante, mais se permit aussi des chants d'une extrême licence. Quand il loue dans Mussato l'amour de la gloire, il s'avoue possédé du même désir. Il n'était, à ce qu'il paraît, qu'un simple poète[1] et s'imaginait qu'il devait vivre à la manière de Virgile et d'Horace. Aussi le voyons-nous déplorer amèrement l'absence de Mécènes à son époque, ne trouvant pas les princes assez désireux d'être glorifiés auprès de la postérité[2]. Si les poètes, s'écrie-t-il, outre l'espérance de la gloire, qui seule les anime aujourd'hui, pouvaient espérer une récompense, leur nombre ne manquerait pas de s'accroître. Puis il ajoute, sur le ton de la plaisanterie, qu'en ce cas les historiens n'auraient plus l'occasion de falsifier l'histoire pour faire plaisir à quelque prince. Il semble donc que son poème, où il chante Can Grande avec une emphase digne de Lucain et de Claudien, ne fut pas trop largement récompensé. Son histoire, dans laquelle, à l'exemple de Mussato, il raconte d'un style alerte les évènements dont il a été témoin, est dédiée à un personnage influent de Vicence. Dans Ferreto, nous avons l'image d'un écrivain qui cherche un Mécène généreux et le premier type du poète courtisan, qui trouva tant d'imitateurs dans le camp des humanistes.

Ferreto n'est pas davantage à l'abri d'une certaine enflure et de la manie de faire un étalage inutile d'érudition classique. Mais dans l'histoire son style brille d'une certaine vivacité; il apporte un soin judicieux à la disposition de ses matières et il surprend par la pureté de son langage puisé à l'école des classiques[3].

Pour l'excellence de la forme, Mussato et Ferreto furent également surpassés par un notaire et syndic milanais Jean de Cermenate, qui se proposa d'imiter Tite-Live et Salluste, et qui sut mettre de

1. Préface à l'*Hist. rerum in Italia gestarum*, Muratori, *Script.*, t. IX, p. 941 : « *Nos autem soli Poeticæ jugiter intendentes, calis in ea more nostro profecimus*, » etc.

2. Id., p. 1061 : « *Neque enim apud principes nostros tanti est sapientia ut per virtutis semitam ambulantes fama se decorari velint.* » Semblables plaintes, p. 941, 1019, 1119.

3. Cf. Dönniges, *l. c.*, p. 73, etc. Relativement à Ferreto il faut voir à la monographie qu'en a écrite Zanella (*Scritti vari*, Florence, 1877, p. 91, etc.); l'étude de Max Laue, *Ferreto von Vicenza, seine Dichtungen und sein Geschichtswerk*, Halle, 1884, et les travaux de K. Wenck, *Deutsche Literaturzeitung*, 1885, n. 22, et de Carlo Cipolla, *Giorn. stor. della letter. ital.*, vol. V, p. 223, etc. V. encore le mémoire de Cipolla dans le vol. VI du même *Giornale*, p. 53 et suiv., où sont plusieurs comparaisons importantes entre le poème de Ferreto en l'honneur de Can Grande et l'*Ecerinis* de Mussato.

la vie dans ses récits au moyen de discours artificiels et remplis d'une grande vigueur de sentiment. Il n'est qu'historien, et l'esprit vivifiant de l'antiquité est à peine visible en lui. Comme les deux autres, il ne représente qu'un seul côté de l'Humanisme. Le véritable humaniste, au contraire, se montre pénétré de l'esprit nouveau, non pas seulement comme homme, mais encore comme écrivain.

LIVRE PREMIER

FRANÇOIS PÉTRARQUE, SON GÉNIE ET SON INFLUENCE

CHAPITRE PREMIER

Œuvres de Pétrarque. Ses lettres. Diverses biographies de Pétrarque. Son importance historique. Convenevole de Prato, son maître. Éducation musicale de Pétrarque. Ses études juridiques : Virgile et Cicéron. Pétrarque défenseur de la poésie; idée qu'il s'en fait. Son style. Enthousiasme de Pétrarque pour l'antiquité. Ses recherches relatives aux écrits de Cicéron. Les livres *De laude philosophiæ* et *De gloria* de Cicéron. Les discours et les lettres de ce dernier. Pétrarque et sa bibliothèque. Sa première idée d'une bibliothèque publique. Pétrarque numismate. Pétrarque et la langue grecque. Barlaamo. Pétrarque et Homère. Pétrarque à Rome. Pétrarque et Cola di Rienzo. Pétrarque défenseur de la liberté romaine. Pétrarque patriote italien. Pétrarque et Charles IV.

Ce fut tout au plus un vague pressentiment qui porta Dante à jeter un regard sur la terre promise de l'Humanisme ; il ne put y entrer. La découverte de ce nouveau monde était réservée à François Pétrarque[1]. Non seulement il en a ouvert les horizons, mais il a

1. Les citations des œuvres latines de Pétrarque ont été ordinairement prises de l'Édition des *Opera omnia* de Bâle, 1554, non pas qu'elle soit absolument la meilleure, les éditions antérieures, dont elle a été composée, étant préférables, mais parce qu'elle est la plus complète et la plus répandue. Il serait vraiment à désirer qu'une académie italienne nous donnât une édition nouvelle qui fût une édition modèle tout à fait complète. Pour les *Epistolæ de rebus familiaribus* je me sers de l'Édition Fracassetti, et, à cause des notes, de la traduction italienne qu'il en a faite (*Lettere di Franc. Petrarca, etc.*) Mais peut-être eût-il mieux valu les joindre à l'original qu'à une traduction, que peu de gens liront. Quant aux *Epistolæ sine titulo* et à celles *De rebus senilibus*, nous sommes toujours obligés de recourir aux vieilles éditions si mesquines, et la traduction qu'en a faite Fracassetti n'a pu compléter suffisamment cette lacune. Il ne faudrait pas croire que l'édition de Fracassetti ne laisse rien à désirer. Si l'on faisait un catalogue et une classification des manuscrits, il serait facile de voir que ceux de second ordre ne sont pas tout à fait inutiles à côté de ceux de Florence et de Paris. Ainsi j'ai eu l'occasion de consulter le ms. C. 123 de la Bibliothèque royale de Dresde qui appartient au commencement du XVe s. et qui, quoiqu'il ne contienne que les trois premiers livres des *Epist. rer. famil.* et les six premières lettres du 4e livre, n'en offre pas moins, dans un texte corrompu, plusieurs variantes très importantes. En outre, ce manuscrit porte cinq adresses que Fracassetti ne connaît point et qu'il a dû remplacer par autant de *ad ignotum* : l'*Epist. famil.* III, 9, est adressée dans ce manuscrit *ad Matthæum Patavinum* ; la III, 12, *ad Marcum Januensem* (comme les autres XVII, 9, et XX, 4) ; les III, 16 et 17, *ad Paganinum Mediolanensem* et *ad eundem* ; l'autre III, 19 *ad Lelium suum*. La place assignée à plusieurs lettres par Fracassetti dans son édition n'est pas toujours la plus convenable, ni la date toujours juste. Enfin les lettres adressées à Pétrarque font défaut ; Baldelli seul (*Del Petrarca*, p. 221) a signalé dans un manuscrit de Paris du XIVe siècle une trentaine de ces lettres presque toutes de Francesco Nelli de Florence. [Elles viennent d'être publiées avec une introduction et des notes par Henry Cochin, Paris, 1892.] Les *Poemata minora* de Pétrarque sont cités d'après l'édition de Bâle ; je les ai confrontés

tracé la route à ceux qui viendraient après lui. Cette figure imposante nous donne la meilleure preuve de l'action féconde qu'exerce le génie sur l'histoire de l'humanité et nous montre qu'il doit être considéré plutôt comme une apparition extraordinaire que comme un phénomène dont il est facile d'analyser les causes. Pour s'en convaincre, il suffit de s'affranchir des jugements de convention, adoptés encore aujourd'hui en Italie et en France quand il s'agit de Pétrarque, et d'accepter au contraire l'opinion qu'avaient de lui la plupart de ses contemporains.

En effet, nous n'avons pas l'intention de nous occuper ici du chantre de Laure et de l'harmonie enchanteresse de ses sonnets et de ses canzones. Outre leur charme irrésistible, ces compositions nous révèlent encore le maître le plus achevé de cette langue mélodieuse, qu'il trouva déjà formée, le créateur incomparable de ce monde de conceptions amoureuses, auxquels il sut donner tant de prestige par l'inspiration sentimentale de sa poésie. La tentation qu'il éprouva, de jeter aux flammes ses « rimes » comme des frivolités, ne dut pas être bien vive ; toutefois on sait qu'il en parla toujours comme d'une « erreur juvénile », dans laquelle il avait suivi le mauvais goût de son époque et dont il n'attendait point l'immortalité de son nom[1]. C'était la pensée des meilleurs esprits de son

avec profit avec l'édition de Rossetti, qui, n'a été faite que sur un seul manuscrit, mais contient quelques éclaircissements pour la correction du texte. — Pour les *Rime*, je me suis servi de l'édition de Marsand. D'autres éditions seront encore utiles à leur endroit.

Les détails biographiques sont empruntés à Baldelli. Son travail sur Pétrarque est encore aujourd'hui en Italie le plus complet, quoiqu'on ait publié depuis plusieurs lettres dont il s'était servi en consultant les manuscrits. En tout cas, il mérite plus de foi que le fameux De Sade. La *Vita del Petrarca* par Campbell (2 vol. Londres, 1841) est écrite pour le peuple et imprimée avec soin, mais n'a aucune valeur et est pleine d'erreurs. Mais nous avons de Blanc un excellent article sur Pétrarque dans l'*Allgem. Encyclop. der Wissensch. und Künste* (1844). Mézières (*Pétrarque*, 2e éd. Paris, 1868) est très superficiel et s'est bien peu servi des trésors que renferme la Bibliothèque nationale de Paris. Le travail de L. Geiger sur Pétrarque (Leipzig, 1874) a été composé à l'occasion de l'anniversaire du poète et le présente sous divers aspects à un grand public de lecteurs. La dernière et la plus considérable biographie faite et à un large point de vue renfermant en même temps des extraits considérables de ses œuvres, est celle de Körting, *Petrarca's Leben und Werke*, Leipzig, 1878. Tout le monde connaît les travaux de Bartoli : *I due primi secoli della lett. ital.*, Milan, 1880, vol. 1, et la *Storia della lett. ital.*, vol. VII, Florence, 1884. Nul n'a mieux parlé des études classiques de Pétrarque que Pierre de Nolhac, *Pétrarque et l'humanisme*, Paris, 1892 (Bibl. de l'École des hautes études, fasc. 91). [Le dernier ouvrage est indispensable à consulter, même pour compléter les indications bibliographiques contenues dans cette note].

1. Sonnet 1 ; *Epist. de rebus famil.* VIII, 3, identique à *Append. litt.* de Fracassetti, *epist.* 6 ; *epist. var.* 9 ; *epist. metr.* III, 27 ; *de rebus senil.* V, 3, XIII, 10, XV, 1 (p. 1047). La dédicace du traité De *vita solitaria* parle encore des canzones en langue italienne.

temps ; c'était encore le jugement qu'on en portait deux siècles après sa mort avec raison ou, si l'on veut, avec un sentiment profond de reconnaissance pour les autres services plus considérables qu'il avait rendus aux lettres. Mais ceux-ci demeurent cachés à nos regards parce qu'ils sont comme les fondements invisibles du temple, dont l'accès nous est maintenant si facile.

Pour tout dire en un mot, le mérite de Pétrarque, c'est d'avoir ressuscité les lettres. Non seulement, il a fait revivre l'antiquité plongée dans un long sommeil, mais il a mis aux prises le passé avec le présent qui l'entourait, dans la prévision que de cette lutte sortirait un âge nouveau. Tâche immense et difficile, mais féconde, s'il en fut jamais ! Il a montré la route à une multitude d'esprits, et si, plusieurs générations après lui, il a été surpassé, on peut dire qu'il rappelle Christophe Colomb, lequel, au bout de quelque temps, se trouva, sur le terrain des connaissances positives, devancé par le premier enfant venu qui fréquentait l'école. Le nom de Pétrarque brille comme un astre au premier rang, non seulement dans l'histoire littéraire, mais encore dans celle du monde civilisé, je dirai mieux, dans l'histoire de l'humanité tout entière, et sa gloire ne serait pas moins éclatante, s'il n'avait jamais écrit même un seul vers en langue italienne.

Quiconque entreprendra d'étudier l'activité d'un tel homme et voudra suivre le cours de ses pensées sera toujours obligé de l'envisager sous des aspects entièrement isolés et devra confesser son ignorance sur une foule d'autres points réservés peut-être à des investigateurs plus heureux. Mais c'est déjà beaucoup de pénétrer l'enveloppe et d'aller jusqu'au cœur. Pour nous, nous nous estimerons satisfaits, si nous réussissons à mettre surtout en lumière cette époque de la vie et des œuvres de Pétrarque, qui fut comme la première impulsion donnée aux futurs représentants et aux écoles de l'Humanisme. En effet, ce qui excite le plus l'admiration, c'est qu'en lui se rencontrent non seulement certaines tendances générales, mais encore les sentiments et les pensées qui se retrouveront désormais à chaque instant dans le domaine de la littérature.

Les premiers pas d'un esprit supérieurement doué sont souvent les plus décisifs et toujours les plus difficiles à saisir. Plus tard, Pétrarque lui-même avait la conviction intime de s'être élevé à la hauteur qu'il avait atteinte, seul et sans autre appui que ses livres ; s'il se reconnaissait redevable envers les anciens, il croyait ne rien devoir à la génération contemporaine et à Dante lui-même. Quant à son premier maître, dont il fréquenta l'école quatre ans environ à

Carpentras, dont il reçut les premiers rudiments de la grammaire et qui continua dans la suite à lui apprendre le latin, la rhétorique et la poésie, il ne nous a pas même laissé son nom. Et il aurait certainement été perdu, si Filippo Villani ne l'avait conservé[1] ; il se nommait Convenevole ou Convennole de Prato. A l'époque où Pétrarque n'était encore qu'un enfant, il y avait déjà soixante ans qu'il avait ouvert son école, mais il n'en était pas moins demeuré pauvre. Le père du poète lui donnait de temps en temps quelque subside, et cet exemple, après sa mort, fut suivi par le fils, qui du reste était tout l'orgueil du maître. Quand celui-ci fut plaisamment interrogé par le cardinal Giovanni Colonna : « Maître, dites-moi, parmi vos illustres disciples, que vous aimez si tendrement, n'y a-t-il pas aussi notre François? » le bon grammairien éclata en sanglots, se retira à l'écart, tout ému, et affirma solennellement qu'il était celui de ses élèves qu'il avait le plus aimé. Tous savaient que le jeune Pétrarque était, de la part du bon vieillard, l'objet d'une affection poussée jusqu'à la folie[2].

Pétrarque aimait à évoquer ces souvenirs dans les dernières années de sa vie, mais cela ne l'empêcha point de parler de son maître, du trône où il était assis, plutôt avec une compassion orgueilleuse, qu'avec un filial respect. Convenevole nous semble avoir été dominé par l'idée — commune du reste à tous les maîtres de latin — qu'il devait écrire des livres, mais ne paraît pas avoir été au-delà de plusieurs inscriptions singulièrement étranges et de quelques préfaces. Toutefois Villani le qualifie du nom de poète[3]. Et il existe encore une poésie polymétrique, qui très probablement fut composée par le vieux maître d'école de Carpentras, lorsqu'il était retourné dans un âge très avancé, vivre à Prato, sa patrie[4]. C'est un hommage

1. P. 13, édit. Galletti.

2. Pétrarque, *Epist. rer. sen.*, X, 2, et XV, 1, de 1374.

3. Il l'appelle *vir mediocris poesis peritus.*

4. Elle a été publiée sur deux manuscrits de la Collection Magliabecchi et de l'Ambraser Sammlung de Vienne par Mehus, *Vita Ambros. Traversari*, p. 208, etc., par Primisser (*Archiv. für Geogr. Hist. etc.* (dirigé par Hormayr) en 1818, n°s 78 et 79, et par D'Ancona dans ses *Studi sulla letteratura ital.* Ancône 1884, p. 105. (Ou *Il maestro del Petrarca* ; *Rivista ital. di scienze, lettere et arti*, 1re année, Milan, 1874.) Rigoureusement, on ne peut affirmer que Convenevole en soit l'auteur. Mais il n'était pas seulement *Professor Pratensis*, c'est à dire *Grammaticus*, il était encore originaire de Prato, et dans les vers cités par Mehus, il s'intitule *terrigena Prati*, et la ville de Prato prie pour lui : *supplico pro nato, qui regia carmina cudit, etc.* Convenevole est aussi mort à Prato, car ses concitoyens le jugèrent digne d'avoir de magnifiques obsèques et du laurier poétique, et prièrent Pétrarque de composer son épitaphe. Il n'y a rien de surprenant si plus tard ses souvenirs chronologiques se confondent et s'il paraît ignorer cette poé-

rempli d'allégories adressé au roi Robert de Naples; le poète, le Christ, le saint Esprit et une foule d'autres personnages allégoriques et mythologiques le pressent de venir au secours de Rome abandonnée et de procurer le retour du Pape. Le style en est boursouflé et obscur, le latin barbare, les maigres hexamètres rimés pour la plupart d'après le mauvais goût du moyen âge et on sent d'un bout à l'autre l'influence de l'école. Pour l'auteur, le rôle de la poésie consiste tout entier dans les personnifications allégoriques. On y rencontre cependant çà et là quelques réminiscences virgiliennes et des passages où le sentiment domine, quand il parle de Rome qui, recouverte d'habits de deuil et la poitrine déchirée, montre ses temples tombant en ruines, et quand il représente l'Italie avec sa chevelure en désordre et ses vêtements réduits en lambeaux. Il évoque les héros de l'antiquité, les Fabius, Brutus, Horatius Coclès, les Décius et les Scipions, et met en parallèle avec eux le peuple actuel de Rome. Ici ce n'est plus le maître d'école, qui chaque année forme une génération nouvelle; c'est un esprit passionné qui communique aux autres sa propre énergie. Assurément, pour la forme, Pétrarque le laisse bien loin derrière lui, mais, pour les idées, il a gardé au fond de son âme quelques souvenirs de ses entretiens avec son premier maître.

Le père de Pétrarque possédait plusieurs écrits de Cicéron et ils lui étaient chers surtout à cause de leur valeur juridique. Ils tombèrent entre les mains de l'enfant avant qu'il pût même en soupçonner l'importance, et, pendant que ses compagnons de jeu étudiaient péniblement la grammaire et les fables d'Esope, il admirait déjà l'allure imposante et les cadences harmonieuses des mots latins. Plus son intelligence se développait et plus il demeurait persuadé que la langue de Cicéron surpassait de beaucoup toutes les autres[1]. Ainsi donc l'oreille, ou plutôt le sens de l'harmonie et du rythme, fut l'organe qui réveilla chez lui le sentiment de la beauté de la forme, que le moyen âge avait complètement oubliée. Le vers et l'harmonie étaient en lui comme une chose innée[2]. Le luth et le chant furent ses délices pendant toute sa vie; son luth fut l'objet d'une disposi-

sie. Certainement il serait difficile de trouver à la même époque un poète latin né et mort à Prato. Puis le rapport de quelques-unes de ses pensées avec celles de Pétrarque semble être un argument à l'appui de notre hypothèse.

1. *Sola me verborum dulcedo quædam et sonoritas detinebat, ut quicquid aliud vel legerem vel audirem, raucum mihi longeque dissonum videretur.*

2. Il disait avec Ovide :

Sponte sua carmen numeros veniebat ad aptos :
Quidquid tentabam dicere, versus erat.

tion spéciale dans son testament, et il avait coutume de s'en accompagner pour déclamer ses sonnets. Le chant même des oiseaux, au rapport de Boccace, lui causait un plaisir extraordinaire[1]. Il changea son nom de Petracco contre celui de Petrarca qu'il trouvait plus harmonieux. Sa voix était si douce et si mélodieuse, raconte Filippo Villani, qu'on ne se lassait jamais de l'entendre. Même sous ce rapport, on découvre l'analogie de ce qu'il cherchait dans la langue latine et dans la langue italienne. Les hexamètres latins rimés, qu'il écrivit dans sa jeunesse, probablement sous la direction de Convenevole, peuvent être considérés comme la transition d'une langue à l'autre.

Cette passion pour le côté musical de la langue de Rome et de la poésie antique s'accrut encore de l'opposition que lui suscita son père. Celui-ci voulait que Pétrarque se vouât à l'étude lucrative du droit et exigea qu'il fréquentât, soumis pendant sept ans à une discipline sévère, les Universités de Montpellier et de Bologne. Alors les œuvres de Cicéron et des poètes latins devinrent un fruit défendu qu'il était contraint, pour éviter le mécontentement de son père, de dissimuler et de goûter en secret. Toutefois, un jour, une scène violente éclata entre eux, le père arracha du lit et de sous le lit, où ils étaient cachés, tous les livres qui semblaient distraire le fils de ses études juridiques et les jeta dans le feu en sa présence. Mais, quand il vit François fondre en larmes et demeurer immobile comme un hérétique destiné au bûcher, il en retira un Virgile et un traité de Rhétorique de Cicéron, et les lui remit en disant : « Accepte le premier pour te récréer l'esprit à l'occasion, et le second pour t'aider dans tes études juridiques. » A quoi bon ? Le génie se traça lui-même sa voie, mit de côté le droit civil et s'éleva d'un vol rapide sur les hauteurs du Parnasse[2]. Virgile et Cicéron étaient les deux astres qui brillaient encore au milieu des ténèbres épaisses qui enveloppaient l'antiquité. Partant de là, Pétrarque voyait s'ouvrir devant lui tout un nouveau monde étincelant de beauté et de perfection merveilleuse. L'un et l'autre sont pour lui les pères de l'éloquence romaine, les lumières de la langue latine[3]. Virgile fut tenu en grand honneur durant tout le moyen âge, mais tantôt comme un devin

1. Joh. Bochacii. *De vita et moribus Franc. Petrarchæ*, dans Rossetti, p. 323 : *In musicalibus vero, prout in fidiciniis et cantilenis, et non dum (solum) hominum tantum sed etiam avium, delectatus ita ut ipsemet se bene gerat et gesserat in utrisque.*

2. Pétrarque, *Epist. rer. senil.*, XV, 1.

3. Pétrarque, *Rer. memorand.*, liv. II (*Op.* p. 461) ; *Trionfo della fama*, cap. III, 16, et suiv.

sinistre et un magicien, qu'on pouvait invoquer dans des apparitions mystérieuses, et dont le tombeau, situé sur la route de Pouzzoles, inspirait une secrète horreur à quiconque passait près de là, tantôt presque comme un saint. Un savant, Jean de Salisbury, lui attribuait une sagesse divine, parce que, sous le voile de la fable, il enseignait de profondes vérités philosophiques[1]. Dante lui rendait une mystique adoration. Pétrarque lui-même ne sut jamais s'affranchir entièrement des idées qui avaient cours alors, quoiqu'il reconnût en même temps dans Virgile un génie d'une inépuisable fécondité et le modèle le plus achevé de la forme et du rythme, et éclatât en amères invectives contre le cardinal Alberti, plus tard Innocent VI, qui le traitait de magicien et de nécroman, parce qu'il étudiait ce poète[2]. Dès sa jeunesse, Pétrarque avait chargé son Virgile, outre les commentaires de Servius, de nombreuses remarques que lui suggérait le texte. Ce fut le livre le plus cher à son cœur, celui dont il ne se détacha jamais pendant sa vie, — sauf les dix ans qu'il lui fut soustrait, — le livre qu'il avait sauvé des flammes au prix de ses larmes. Il y inscrivit le jour où il lui fut enlevé et celui où il le retrouva de nouveau, le jour de la mort de son fils, de celle de son Socrate et autres amis, de celle de Laure; même avancé en âge, il y ajouta des apostilles aux commentaires de Servius, ou les réfuta[3].

Sur Virgile et sur son caractère, il n'osa jamais se permettre la plus légère observation : c'était son saint de prédilection.

Le nom de Cicéron avait été l'objet d'une grande vénération, mais Pétrarque eût pu dire avec raison qu'avant lui bien peu en avaient étudié les œuvres et que personne n'avait professé un vrai culte pour sa mémoire. Ce que les autres disent avec une brièveté toute laconique, Cicéron le dit avec sa vive et merveilleuse éloquence; à l'utile il joint l'agréable et à la majesté de la pensée s'unit toujours l'éclat et la dignité de la forme[4]. C'est un soleil d'éloquence devant lequel pâlissent Salluste, Tite-Live et Sénèque. « O père illustre de l'éloquence romaine, s'écrie Pétrarque, ce n'est

1. Schaarschmidt, p. 97.
2. Pétrarque, *Epist. rer. fam.*, IX, 5, XIII, 6, *senil.*, I, 3.
3. Les plus anciennes remarques sur le Virgile de l'Ambrosienne sont les lettres des 17 et 18 octobre 1460 et du 14 février 1471 dans les *Indagini sulla libreria Visc. Sforz.*, P. 1, p. 119, 130 : *4 etiandio ghiosato de mano del Petrarca*; en outre la lettre de Decembrio à Caselli, 1468, dans Sassi, pp. 294, 377, et dans Baldelli, *Petrarca*, p. 178, etc. Dans l'inscription de Pétrarque, il faut lire III au lieu de *in*. Description et détail dans Nolhac, ch. III (*Pétrarque et Virgile*) et p. 405.
4. Pétrarque, *De vita solitaria*, liv. II, sect. VIII, chap. II. *Præfat. in epist. famil.*, éd. Fracassetti, vol. I, p. 18, 21, etc.

pas moi seul, mais tous ceux qui aiment à s'entourer des fleurs de la langue latine, qui vous rendent grâces. Votre génie rafraîchit et vivifie notre pays. C'est à votre exemple, à vos conseils et à la lumière qui nous est venue de vous, que nous nous reconnaissons redevables des progrès que nous avons faits dans le domaine des arts, quelque faibles qu'ils soient[1]. »

Si Pétrarque se permit quelques critiques sur le caractère politique et personnel de Cicéron, comme autrefois Augustin dans la Cité de Dieu s'était gardé d'en admettre toutes les opinions et toutes les idées, les noms de Cicéron et de Sénèque n'en étaient pas moins à ses yeux « presque comme les noms de deux divinités[2] ». Et ce sentiment, qui fut celui de sa première jeunesse, ne l'abandonna pas dans l'âge le plus avancé. Lorsque « dans le Triomphe de la Renommée » il fit défiler devant lui les héros de l'antiquité, l'illustre citoyen de Mantoue s'avançait en compagnie d'Homère, et après lui venait immédiatement Marcus Tullius, sous les pas duquel « l'herbe fleurissait », comme pour montrer clairement « que l'éloquence produit et des fruits et des fleurs ».

En réalité, la notion vraie de la poésie était perdue et son nom même ne trouvait plus aucun crédit. Le poète, entendait-on souvent répéter, n'a d'autre objet que de débiter des mensonges, et les anciens, la plupart du temps, ramènent au paganisme et à toute sorte de vices honteux. Quelques-uns ne voulaient pas même consentir à une exception en faveur de Virgile. Tout jeune encore, Pétrarque se vit contraint de prendre la défense de la poésie et de faire son panégyrique[3]. Nous le verrons, dans les dernières années, déployer le même zèle contre ceux qui s'offensaient des légèretés et des passages obscènes des poètes latins. Aux théologiens sévères il répond que saint Jérôme, Lactance et saint Augustin se sont adonnés à l'éloquence, à la poésie, à la philosophie et à l'histoire; que ces études les ont mis en état de combattre victorieusement l'hérésie, et qu'enfin la poésie est appelée à chanter, par la bouche de tous les génies du christianisme, les louanges du Christ et de la vraie religion[4]. Il cite les paraboles du Sauveur dans l'Évangile, lesquelles ne sont autre chose que la forme allégorique de la poésie. Il serait presque tenté de dire que la théologie, dans son ensemble, n'est que la poésie de Dieu[5]. Et que de fois Pétrarque s'est jeté dans la mêlée

1. Lettre à Cicéron du 19 décembre 1345. *Epist. rer. famil.*, XXIV, 4.
2. Pétrarque, *Epist. rer. famil.*, XXIV, 2, *Variar.* 33.
3. *Epist. rer. senil.*, IV, 4.
4. *Epist. rer. senil.*, I, 4; XIV, 11.
5. *Theologiam poeticam esse de Deo.* — *Epist. rer. famil.*, X, 4, à son frère Gérard, chartreux à Montrieu.

pour défendre la poésie contre ses détracteurs ! C'était là l'un de ses thèmes favoris ; il y trouvait l'occasion de plaider sa cause et l'intérêt de sa propre renommée. Plus d'un siècle après lui, ses partisans soutenaient encore la lutte, combattant avec les mêmes armes et contre les mêmes ennemis, en Italie d'abord, puis, plus longtemps qu'ailleurs, en Allemagne, en Angleterre, en France et en Espagne. L'Église surtout et la scolastique étaient sans pitié pour les poètes anciens, mais à la fin, force leur fut de les tolérer.

Pétrarque était fier du titre glorieux de poète : entre un « poème » et des « rimes », à ses yeux, la différence est immense. Un poète suppose la connaissance de la langue latine et de la forme ancienne ; encore faut-il, autant que possible, en emprunter la notion substantielle à l'antiquité et s'approprier en foule les images et réminiscences de la poésie latine. Cet idéal du poète ne s'obtient qu'au prix de grands travaux. Les *rimes* ne sont qu'une étude agréable de ménestrel, un badinage et des jeux de mots, d'images, de sentiments. Voilà pourquoi les « rimes » de Pétrarque n'ont pas péri et font encore aujourd'hui, après plusieurs siècles, les délices d'une infinité de lecteurs ; ses poèmes, au contraire, ne sont connus que des savants qui les étudient, non pour leur agrément, comme on fait des poètes anciens, mais uniquement pour y puiser, çà et là, des renseignements utiles et pour s'en former une idée dont le poète lui-même n'aurait pas lieu de s'enorgueillir. Et, en effet, s'il y a certaines œuvres où son talent poétique est moins apparent, c'est surtout dans les *Bucoliques* et dans l'épopée où il s'est proposé d'imiter Virgile. Au contraire, dans celles de ses lettres politiques où il dévoile son caractère et les tempêtes de son cœur et où l'on sent, sous les hexamètres latins, l'inspiration et l'enthousiasme lyrique du *Canzoniere*, il y a quelque chose qui accuse la présence sacrée des muses[1]. Mais les poèmes seuls pouvaient alors créer les grandes renommées, les poèmes seuls, conduits sur le modèle des anciens, pouvaient mener au couronnement si recherché du Capitole. Lui-même a parlé plusieurs fois, et d'un ton solennel, des honneurs que la société doit aux poètes. « Les poètes jouissent de la gloire, de l'éclat et de l'immortalité qu'ils peuvent procurer, non seulement à eux-mêmes, mais encore aux autres, parce qu'ils ont le privilège de sauver les noms de l'oubli[2]. »

1. Voir surtout l'*Epist. met.*, I, 7, la poésie *De statu suo*, dont il s'applaudit lui-même dans le dialogue III *De contemptu mundi*.

2. *Lib. I. Invectivarum contra medicum quemdam* (*Op.* p. 1205).

Il est étrange que, tout en assignant au poète un rang si élevé, Pétrarque ait conservé de la poésie cette idée basse qui, dans les siècles précédents, résultait de l'admiration de Virgile et d'un christianisme entièrement mystique. En effet, il se montre persuadé que l'essence de la poésie consiste dans l'allégorie et que son but suprême est la morale, jugement qui se rencontre, du reste, chez tous les transfuges de la poésie païenne et chez tous les interprètes de la pensée chrétienne à partir de Prudence, et qui domine encore à travers le moyen âge. Mais en Italie, le premier qui ait employé l'allégorie dans des proportions un peu grandioses, semble avoir été Brunetto Latini. Dante, à son tour, voit en elle l'âme de la poésie. Toutefois, les figures symboliques et une certaine obscurité mystérieuse ne sont familières qu'aux esprits les plus profonds. Mussato et Ferreto de Vicence s'en tiennent tout à fait éloignés : pour le premier, la poésie réside dans l'éclat du style, dans l'expression classique accompagnée d'un grand apparat d'érudition mythologique; Ferreto la place dans l'élégance de la phrase et la structure harmonieuse des vers[3]. Mais pour Pétrarque, l'emploi des figures est plus qu'une question de forme, c'est un vrai besoin du cœur. On connaît certes bien d'autres poètes qui ont préféré s'exprimer d'une manière énigmatique et mystérieuse, précisément en vertu de ce sentiment de pudeur instinctive, qu'on éprouve lorsqu'il s'agit de faire connaître tout ce qui se passe au fond de notre cœur. C'est ainsi qu'il aimait la forme de l'églogue pour cacher sous un voile suffisamment sûr, mais attrayant néanmoins, ses attaques contre la papauté d'Avignon, ses opinions politiques et tant d'autres circonstances personnelles. Même dans ses autres ouvrages, soit en prose, soit en poésie, sa personne n'apparaît la plupart du temps que dans un demi-jour; il ne se montre que sous la forme énigmatique et parle de lui-même et des autres avec des images suffisamment voilées et obscures, et sans jamais prononcer le nom de qui que ce soit.

De cette manière, il n'y a plus lieu de s'étonner si pour Pétrarque, au point de vue théorique, la poésie et l'allégorie se confondent ensemble et ne font qu'un. Il appelle esprits vulgaires ceux auxquels échappe le sens allégorique qui est dans toutes les

1. Cf. Ebert, *Geschichte der christlich-lateinischen Literatur*, Leipzig, 1874, p. 271, 277, etc.

2. *Inf.*, ch. IX : *Mirate la dottrina che s'asconde*
Sotto 'l velame degli versi strani.

3. Ferretto développe cette pensée dans son *Histoire*, dans Muratori, *Scriptt.*, t. IX, p. 1018.

meilleures productions poétiques ; il le trouve partout, au contraire, jusque dans Virgile et dans la Bible. « Le but suprême du poète est d'envelopper la vérité sous un voile éclatant, de sorte qu'elle reste invisible au vulgaire ignorant, sans être cependant trop facile à saisir pour les lecteurs les plus instruits, lesquels se féliciteront d'autant plus de leur découverte [1]. » En réalité, ce n'était pas toujours chose aisée, et Pétrarque, en plus d'un endroit, déclare impossible l'intelligence de ses églogues dont il n'aurait pas lui-même donné l'explication. Son frère Gérard demeura tout interdit quand on lui apprit que la première églogue de ses *Bucoliques*, où il met en scène deux bergers, Silvius et Monicus, les désignait eux-mêmes. En effet, le poète s'était donné le nom de Silvius, parce qu'il avait toujours détesté la ville et aimé les bois. En continuant ainsi, pour épargner à son frère Monico des efforts inutiles, il lui explique le sens caché des divers passages et des mots, lui montrant même que l'adverbe *inde* ne se trouvait pas à sa place « sans une raison cachée ». Il expliqua de même au tribun Cola di Rienzo le sens de la cinquième églogue, qu'il lui avait dédiée, sous le titre de *Pietas pastoralis*. Ce n'était pas inutile : nous le voyons par les interprétations tout à fait erronées de Benvenuto d'Imola et de Donato degli Albanzani, qui avaient été pourtant autrefois amis de Pétrarque [2]. Cette poésie était donc pour tous une énigme inexplicable, un vrai mystère. A propos des autres églogues nous apprenons de Boccace que le poète, sous la forme de dialogues entre bergers, célébrait les louanges du vrai Dieu et de la Trinité et chantait leur indignation contre les mauvais timoniers de la barque de Pierre [3]. Au fond, les allusions à Avignon, à ses papes et aux cardinaux, et la signification symbolique du pasteur et de la bergerie et autres semblables ne

1. Nolhac, p. 112. Quelque chose de semblable se trouve dans le *Privilegium laureae*, écrit par lui le 7 avril 1341 (*Op.*, p. 1254) : *Virtutem rei sub amœnis coloribus absconditam.... altisonis celebratam carminibus et dulcis eloquii suavitate respergat, quæ sit quæsitu difficilior magis atque inventa dulcescat*. Et dans l'*Africa*, IX, 100, éd. Corradini :

.....sub ignoto tamen ut celentur amictu,
Nuda alibi et tenui frustrentur lumina velo,
Interdumque palam veniant fugiantque vicissim.

2. Pétrarque, *Epist. rer. fam.*, X, 4, et *Epist. var.*, 42, éd. Fracassetti. Il y est dit : *quoniam id genus est, quod nisi ex ipso qui condidit auditum, intelligi non possit*, et ainsi dans les autres lettres. Les *arguments* des églogues, publiés par Hortis dans les *Scritti ined. di F. Petrarca*, p. 359, etc., me paraissent être l'œuvre d'Albanzani. Si Pétrarque les avait écrits, comme le voulait l'évêque d'Olmütz, Boccace en aurait su quelque chose.

3. *De Genealogia Deorum*, XIV, 10, 22, et *Comento sopra la Commedia di Dante*, ch. I. (*Opere*, vol. V, p. 35).

sont point difficiles à reconnaître. Le secret se réduit donc uniquement à ce que Pétrarque répète si souvent et si clairement en prose. Mais, si nous appliquons la même hypothèse au poème de l'*Afrique*, nous sommes obligés d'avouer que l'allégorie, s'il y en a, est tout à fait inintelligible. Il y aurait, au contraire, moins de difficulté à regarder comme symbolique le langage des « Rimes », et déjà l'un de ses amis avait émis que dans Laure, la dame de ses chants, il fallait voir le laurier, et dans celui-ci le désir ardent d'acquérir la réputation de poète. Quant aux « Triomphes », il est certain que Pétrarque prit plaisir à les envelopper d'allusions à double sens, mais celles-ci n'ont pas un caractère symbolique, comme chez Dante, avec lequel il voulait sans doute rivaliser ; ce sont autant d'énigmes assez faciles à saisir pour quiconque possède un peu de finesse naturelle et d'érudition classique.

Les poètes sont rares, écrivait un jour Pétrarque, mais les orateurs le sont encore plus [1]. Sous le nom d'art oratoire, il désigne moins l'art de remuer un auditoire avec la parole que le talent de donner un tour vigoureux et séduisant à sa propre pensée moyennant le prestige de la forme, c'est-à-dire avec l'éloquence. Il n'attendait pas moins de gloire de ses traités et de ses lettres que de ses poésies, et la couronne de laurier qui lui fut décernée ne lui vint pas seulement de ses dernières, mais encore de ses ouvrages en prose. En réalité, il a fait revivre dans son temps l'antique éloquence et a inauguré celle des temps modernes.

On a cru ne pouvoir jamais se moquer assez de la vanité avec laquelle Pétrarque était habitué à parler de son style et des applaudissements que lui décernaient ses amis, en exagérant la perfection qu'obtint le style dans les siècles suivants. On a trouvé à redire sur sa manière d'écrire en latin, on lui a reproché quelques fautes de grammaire et plus d'un barbarisme, on a dit que sa période était obscure et embarrassée, sa manière d'écrire pénible et contournée, trop remplie de réminiscences classiques, et trop surchargée de lieux communs dans les traités comme trop prétentieuse et ampoulée dans les lettres. Enfin, par un sentiment de compassion et de respect pour son nom, on a renvoyé la cause de toutes ses imperfections au mauvais goût et à la barbarie de son siècle, et on ne lui a laissé qu'une faible partie de la gloire que lui avaient décernée ses disciples. Ces jugements commencent à se faire jour dès le commence-

1. *De remediis utriusque fortunæ*, liv. II, dial. 102 : *insignis poetarum, major oratorum raritas.*

ment du xve siècle, c'est-à-dire dès le jour où l'engouement pour Cicéron commence à prévaloir[1].

Mais si dans le style nous cherchons une personnalité, si nous mesurons sa valeur moins à la satisfaction esthétique qu'il nous procure qu'à l'influence qu'il a exercée sur les générations suivantes, Pétrarque nous apparaîtra sans contredit comme le premier écrivain de l'âge moderne qui ait un style. En effet, il écrit comme un homme vif et animé a coutume de parler, de raconter, de causer. Pendant que tous les autres, élevés à l'école de la scolastique, sont esclaves des règles d'une logique rigoureuse et ne s'avancent point un pas au delà, Pétrarque se dégage de ces liens et parle selon les aspirations de son cœur. En écrivant, il ne veut pas seulement servir son siècle et l'instruire, il aspire à quelque chose de plus : il veut donner un libre cours à sa pensée, mais ne veut pas être d'abord un homme et ensuite un écrivain; écrire et vivre, pour lui, ne sont qu'une seule et même chose[2]. Tous ses écrits, mais principalement ses lettres, sont utiles et importants à ses yeux. Ce qu'on a blâmé en lui comme enflure et verbiage inutile, était plutôt le bavardage ingénu d'un enfant à qui l'usage de sa langue est enfin devenu familier et qui s'y exerce comme d'instinct. L'abondance extraordinaire de ses connaissances et de ses idées jointe à la possession d'un langage facile, le pousse à en faire part aux autres. Alors toute idée, c'est-à-dire ce phénomène du travail de l'intelligence, qu'un dogmatisme scolastique aurait condamné, acquiert ses droits. Si Pétrarque veut raconter au cardinal Colonna dans quel but il s'est promené dans Rome, à ce mot « se promener » il se rappelle l'école péripatéticienne et il ne peut s'empêcher de donner son opinion sur les divers systèmes de la philosophie ancienne et sur les rapports qu'ils ont avec les enseignements du christianisme, puis il interrompt brusquement cette digression et continue à parler des antiquités de Rome[3]. Il fallait précisément un esprit de cette trempe pour rompre tout à fait avec les aridités de la méthode scolastique. La mission de Pétrarque et le plus noble résultat de ses études classiques étaient de lui opposer l'homme entièrement libre de lui-même.

1. Nous reviendrons sur plusieurs de ces jugements dans le liv. III. Ils ont été reproduits dans les modernes histoires de la littérature. Cf., par exemple, Tiraboschi, t. V, p. 820, où « d'infinite notizie » utiles pour l'étude de cette époque doivent servir à contrôler la sincérité de Pétrarque.

2. *Epist. de reb. famil.*, VI, 4, *Præfat. in epist. famil.*, p. 25 : *scribendi enim mihi vivendique unus finis erit.*

3. *Epist. de reb. famil.*, VI, 2.

Et cette induction ne nous est pas personnelle : Pétrarque lui-même s'en était rendu compte. Si parfois on lui reprochait de n'écrire pas assez clairement pour être compris de tous, il rejetait hautement cette accusation loin de lui, disant qu'elle s'adressait plutôt aux légistes ; à son avis, on ne devait guère estimer un livre qui n'exigeait pas un certain effort d'esprit, et il préférait n'être pas compris plutôt que d'être loué par la multitude [1]. Toute pensée vraiment profonde doit être revêtue d'une forme semblable. Et quoiqu'il ait étudié les ouvrages de Cicéron et de Tite-Live de manière à les retenir par cœur, à se les approprier et à s'en nourrir, il déclare vouloir conserver néanmoins son style personnel, quoique imparfait, plutôt que d'en emprunter un meilleur aux autres. Chacun, en effet, doit se former un style qui lui soit propre et naturel comme les traits du visage, comme l'attitude et le mouvement du corps, comme le langage et la voix [2].

À côté de cet effort prodigieux, qui n'échappa point à ses contemporains, malgré leur incompétence naturelle en pareille matière, le latin et le style de Cicéron n'est qu'une chose secondaire et insignifiante. Cet effort seul suffirait à mettre Pétrarque au rang des plus grands novateurs qui aient jamais paru. Il avait à cœur de rétablir une langue ou plus pure ou plus noble ; et si d'autres allèrent plus loin que lui dans cette réforme, on ne peut nier qu'il n'y ait largement contribué. Sans doute, il ne faut pas mettre son latin en parallèle avec celui de Politien, de Bembo et de Muret, mais au contraire avec celui des moines des époques antérieures, qu'il compare en un endroit à un arbre mutilé, qui ne porte ni fruit, ni feuillage [3]. Il importe de se rappeler qu'il apprit l'ancienne langue sans le secours d'aucune grammaire, — les premiers rudiments ne méritent pas ce nom, — que livré à lui-même il réussit peu à peu à se procurer quelques auteurs anciens et de meilleurs manuscrits, et qu'il aspirait

1. *Epist. rer. famil.*, XIV, 2, à laquelle appartient la lettre XIV, 1.

2. *Epist. rer. famil.*, XXII, 2, à Boccace : *Suus (stilus) cuique formandus servandusque est... Et est sane cuique naturaliter ut in vultu et gestu, sic in voce et sermone quiddam suum ac proprium, quod colere et castigare quam mutare cum facilius tum melius atque felicius sit... eum qui aliorum scriptis non furtim, sed precario uti velim in tempore, sed dum liceat, meis malim.* Un certain sentiment de la grandeur de cette idée ne se retrouve, au XVe siècle, que chez Paolo Cortese, *De hom. doct.*, éd. Galletti, p. 224, lorsqu'après toutes les accusations lancées contre Pétrarque, il ajoute : *quanquam omnia ejus, nescio quo pacto, sic inornata delectant.*

3. Un *Lexicon Petrarchicum*, sorte de dictionnaire de ses fautes de style, nous a été donné par Ch. Schneider dans son édition de l'*Historia Julii Cæsaris Franc. Petrarchæ*, Leipsig, 1827, p. XLII, etc.

à s'approprier moins le style de l'âge d'or que celui de l'antiquité en général. Malgré cela, ses écrits nous sont arrivés dans un tel état de ruines, qu'il serait difficile de distinguer ses fautes personnelles de celles des copistes et des typographes. On sait enfin qu'il couvrait la plupart du temps la marge de ses œuvres de corrections ou les insérait à grand'peine dans le texte, et ce fait mérite d'être signalé, quel que soit le résultat, du reste, qu'il puisse en avoir obtenu.

Pétrarque avait commencé par se passionner pour la douce harmonie des vers de Virgile et de la prose de Cicéron. La beauté des formes rhythmiques et la richesse mélodieuse du latin classique le séduisaient chaque jour de plus en plus, pendant que son oreille était ravie et qu'il s'exerçait avec une ardeur toujours croissante à les imiter. Ce premier contact avec l'antiquité fut tel, que son admiration ne connut plus de bornes ; il se sentait comme poussé par une main invisible et par un attrait mystérieux à se donner tout entier, cœur et âme, à ce monde antique, dont la grandeur éveillait en lui tant de fanatisme. Quand il lisait Virgile, il croyait converser avec les Fabius, les Métellus et les Scipions, et il oubliait les temps malheureux dans lesquels une mauvaise étoile l'avait fait naître[1]. Il était fermement convaincu que la venue du Christ avait été précédée par un grand nombre d'hommes que distinguaient le génie et la vertu, mais il croyait, en même temps, qu'à son époque, le génie et la vertu n'étaient plus de ce monde. Le fait, pour lui, n'était pas douteux ; il cherchait le moyen de l'expliquer[2]. Ce qu'il avait appris des anciens avait à ses yeux une valeur pour le moins égale à ce qu'il pouvait créer de lui-même ; souvent il ne savait plus distinguer l'un de l'autre[3]. Il sentait qu'il n'était parvenu à la hauteur où il se trouvait que grâce à la lumière de l'antiquité, et confondait ainsi facilement la valeur de celle-ci avec la haute idée qu'il avait de lui-même. Il aurait fini par donner dans une foule d'extravagances, si le sentiment puissant de son propre mérite ne se fût élevé en même temps dans son âme et ne l'eût mis en relation avec le monde qui l'entourait. De cette manière, il entreprit avec enthousiasme, mais aussi avec une activité circonspecte, l'œuvre qui lui apparaissait comme la plus haute mission de sa vie, le réveil de l'antiquité disparue et ensevelie.

En Provence, où son génie s'éveilla, les livres étaient les seuls

1. *Epist. rer. famil.*, XXIV, 8, adressée à T. Live.
2. *Epist. rer. famil.*, XVI, 4.
3. *Epist. rer. famil.*, VI, 2, p. 315 : *Testatus sum tamen, me nihil novum, nihil fere meum dicere, immo vero nihil alienum ; omnia enim, undecunque didicimus, nostra sunt, nisi forsan abstulerit ea nobis oblivio.* De même encore XXII, 2.

monuments qui rappelassent le souvenir de l'ancienne Rome[1]. Il comprit que les écrits des anciens, ensevelis dans la poussière et rongés par les vers, et en partie déjà perdus, allaient périr inévitablement et sans ressource, s'il ne s'appliquait immédiatement à les sauver. Naturellement, cette œuvre de préservation devait commencer par les livres de Cicéron, lequel, plus que tous les autres, était tombé dans l'oubli. Jean de Salisbury lui-même, certes le plus versé, avant Pétrarque, parmi les écrivains du moyen âge, dans le commerce de l'antiquité, connaissait, il est vrai, un nombre considérable des œuvres philosophiques de Cicéron, mais bien peu de ses traités de rhétorique, ses lettres familières seules, et probablement aucun de ses discours[2]. Brunetto Latini semble avoir traduit en langue vulgaire plusieurs de ces derniers et une partie de ce qu'on appelle la Rhétorique à Hérennius ». Dante n'avait connu que les livres du Souverain Bien, de l'Amitié, de la Vieillesse, des Devoirs, les Paradoxes et la Rhétorique[3]. Gautier Burley, de peu postérieur à Pétrarque, cite le titre d'un plus grand nombre des œuvres de Cicéron, mais il est évident qu'il ne les a pas vues, pour la plupart; il connaît très peu les discours, et il n'a jamais eu, ce semble, les lettres entre les mains[4]. En général, si les écrits philosophiques de Cicéron jouissaient encore de quelque crédit, on voit que ses œuvres oratoires étaient entièrement oubliées. Enfin, la France, entièrement soumise à l'influence de l'Université de Paris, semble avoir été bien pauvre de manuscrits et de lecteurs de l'antiquité, comme cela résulte de l'inventaire de ses bibliothèques au moyen âge. Dans celles des rois et des autres princes, le nom de Cicéron ne figure jamais. Si quelque ancien monastère, comme celui de Corbie, conserve un petit nombre de ses traités de philosophie et de rhétorique, ils y demeurent comme ensevelis[5]. Par là s'explique comment Pétrarque crut avoir été le premier, pour ainsi dire, à exhumer Cicéron.

Tout jeune encore, il avait mis le plus grand zèle à recueillir les œuvres de Cicéron, parce que l'admiration qu'il professait pour cet illustre Romain augmentait à mesure qu'il lisait ses œuvres ou en

1. « Il n'a point parlé des monuments romains de la Provence, déguisés, je pense, à ses yeux sous les appellations médiévales. » Nolhac, p. 19.

2. Schaarschmidt, p. 87, 92.

3. Je ne vois en effet que ces seuls ouvrages cités dans les écrits en vers et en prose de Dante. Schück arrive à la même conclusion, *Klassische Studien und Brunetto Latini*, dans les *Neue Jahrbücher für Philol. und Pädag*, 1865, part. II, p. 264.

4. Cf. *Ciceronis opera rec. Orelli, ed. alt.*, vol. III, Zurich, 1845, p. xx.

5. Deschamps, p. 25, 29, 38. Cf. Delisle, *Le Cabinet des manuscrits*, t. III, p. 61-63, pour les ouvrages de Cicéron conservés à la Sorbonne.

entendait parler. Quelle joie, par exemple, ne fut pas la sienne, quand il découvrit que Quintilien le plaçait beaucoup au-dessus de Sénèque! Toute allusion aux œuvres de Cicéron, qu'il ne possédait pas encore, était pour lui un motif puissant pour les rechercher. S'il était en voyage et voyait s'élever dans le lointain le toit de quelque vieux monastère : Qui sait, se disait-il en lui-même, s'il n'y a pas là quelque chose de ce que je désire avec tant d'ardeur? A l'âge de 29 ans environ, l'idée lui vint d'aller à Liège, et ayant appris qu'il y avait beaucoup de livres anciens dans cette ville, il résolut immédiatement de se les procurer. Deux nouveaux discours de Cicéron furent le prix de ses démarches; il en copia lui-même un de sa main, l'autre fut transcrit par l'un de ses amis, et tous les deux furent vite répandus en Italie[1]. Ils étaient en grand danger d'être perdus, car, dans cette ville industrielle et riche, il eut toutes les peines du monde à trouver un peu d'encre, encore était-elle de couleur safran plutôt que noire[2]. Il ne cessait de stimuler ses amis et admirateurs à faire des recherches dans les vieux monastères et à interroger les savants. A Rome et en Toscane, en France et en Espagne, en Allemagne et en Angleterre, il envoyait des prières, des exhortations, de l'argent et des lettres, dans lesquelles il indiquait les manuscrits qui lui étaient plus à cœur. Il fit chercher jusqu'en Grèce les œuvres de Cicéron, mais trouva cette fois un Homère en langue grecque. Souvent même, sans avoir la plus petite espérance de découvrir ce qu'il désirait, il sollicitait de nouvelles tentatives; souvent encore, après une longue attente, il recevait des ouvrages dont il avait déjà plusieurs exemplaires[3]. Presque de chacun de ses voyages un peu considérables il rapportait quelque écrit de Cicéron qui lui était inconnu jusque-là; quant aux autres, il n'avait pu en savoir que le titre, et il ne lui restait plus qu'à en déplorer la perte[4]. Tel avait été le sort des livres de la République, après de longues et infructueuses recherches[5].

1. A ce sujet il raconte dans son *Epist. famil.*, XIII, 6, p. 233, qu'il avait rapporté de son excursion en Allemagne le discours *pro Archia*.

2. *Epist. rer. sen.*, XV, 1. Körting, p. 89. Nolhac, p. 182.

3. *Epist. rer. fam.*, III, 18, XVIII, 13, 14; *senil.*, III, 9, XV, 1. Même le volume des écrits de Cicéron que Boccace lui adressa et qu'il avait copié de sa propre main, paraît n'avoir renfermé que des choses déjà connues, quoique Pétrarque (*Epist. rer. famil.*, XVIII, 1) parle poliment d'*opusculis eximiis prorsus et raris*.

4. *Rer. memorand.*, liv. I (*Op.* p. 447).

5. Personne désormais ne voudra croire qu'il les ait possédés. Dans l'*Apologia contra Gallum*, il les cite en énumérant tous les écrits de Cicéron avec ceux qu'il n'avait jamais vus, comme Burley fait de son côté. Malgré cela, Schio prétend, p. 74, que Loschi connaissait les livres de la *République* et qu'ils n'ont été perdus qu'au XVe siècle. Les passages cités de Lactance et de saint Augustin l'ont de nouveau induit en erreur.

Pour les traités « De la Consolation » et « l'Éloge de la Philosophie », il ne désespérait pas de les découvrir. Il trouvait le dernier cité par saint Augustin d'une manière qui redoublait encore ses désirs : que de choses importantes ne devait-il pas contenir, lorsque, de l'aveu même de ce vénéré Père de l'Église, il lui avait été d'un grand secours pour sa conversion et pour arriver à la connaissance de la vérité! Pendant de longues années, Pétrarque avait cru posséder cet écrit, mais il ne pouvait jamais trouver le passage qui avait si puissamment agi sur l'esprit d'Augustin. Finalement, il découvrit dans le livre *de la Trinité* de ce dernier une citation empruntée à ce traité, dont son exemplaire ne contenait même pas un mot. Alors il s'aperçut de son erreur : un titre faux l'avait trompé. Que l'œuvre fût de Cicéron, il le reconnaissait, à n'en pas douter, « à sa divine et inimitable éloquence. » Plus tard, il apprit par un manuscrit, qu'on lui offrit à Naples, que l'œuvre qu'il avait prise pour « l'Éloge de la Philosophie » n'était qu'un extrait des Académiques, et, irrité de son mécompte, il se permit un jugement assez sévère sur ce dernier écrit[1].

Pétrarque ne pouvait se consoler de la perte des livres de Cicéron *De Gloria*. Un jour, il reçut à titre de présent, de Raymond Sopranzo, vieux magistrat, qui possédait beaucoup de livres, mais, en sa qualité de juriste, ne goûtait parmi les anciens que Tite-Live seul, un volume contenant plusieurs écrits, parmi lesquels étaient les livres *De l'Orateur* et *Des Lois*, dans cette forme imparfaite où on les lisait alors, et « les deux excellents livres » *De Gloria*[2]. Ce volume et un autre, qui renfermait également des écrits de Cicéron et qui était un héritage précieux de son père, Pétrarque les prêta un jour à son vieux maître, dont nous avons déjà parlé. La pauvreté poussa celui-ci à une action peu délicate : il engagea les livres, et lorsque Pétrarque les lui redemanda, il inventa des excuses et des prétextes

1. Lui-même, dans son *Epist. rer. senil.*, XV, 1, l'appelle *subtile opus, magis quam necessarium aut utile*. P. de Nolhac — *Pétrarque et l'humanisme*, p. 202 — a retrouvé dans un volume de la Biblioth. de Troyes le manuscrit qui trompa Pétrarque, tandis qu'il contient en réalité une partie des Académiques sous le titre *De laude philosophiæ*. — Les indications du livre de Cicéron *De Consolatione* reposent sans doute sur un malentendu : peut-être le livre de Boèce a-t-il été transcrit sous le nom de Cicéron. Si le seul monastère de Corbie possédait trois manuscrits de ce traité, comment pouvait-il avoir été perdu? V. Deschamps, p. 38, 41 et 103.

2. Il faut regarder comme tout à fait arbitraire le détail donné par Manetti, qui écrivit la vie de Pétrarque vers la moitié du XVe siècle, éd. Galletti, p. 87, à savoir que les livres « de Gloria » auraient été trouvés par Pétrarque *in extremo fere Germaniæ angulo abstrusos*, et qu'ils auraient été de nouveau perdus après sa mort.

pour en différer la restitution, puis il rougit d'avouer sa faute et, pendant que son élève se récréait sur les bords de la Sorgue, il s'éloigna à l'improviste d'Avignon. Il reprit le chemin de la Toscane, sa patrie, et ne donna plus de ses nouvelles. Mais les volumes prêtés, en dépit de toutes les recherches, ne purent se retrouver, et les livres *De Gloria* furent perdus pour toujours. — Pétrarque était persuadé de les avoir possédés. Pour nous, nous ne pouvons nous empêcher de douter qu'un titre supposé n'ait été la cause d'une nouvelle erreur. En effet, la possession de cet ouvrage remonterait aux années de sa première jeunesse. Dans un âge plus avancé, il ne pouvait se rappeler aucune particularité du contenu de l'ouvrage : preuve évidente qu'il ne lui avait jamais été familier. Il est donc permis de dire que l'existence des livres *De Gloria* lui avait été révélée par la lecture assidue du *De Officiis*. Rien de plus facile de voir un fantôme, quand on est persuadé qu'il existe. Si Pétrarque avait poussé plus avant ses investigations personnelles, qui sait si les livres *De Gloria* ne se seraient pas réduits à n'être plus que quelques chapitres des *Tusculanes*[1] ? Les titres donnés arbitrairement par les copistes à telle partie d'un livre, qui leur semblait particulièrement importante, ont été la source de plus d'une erreur de ce genre[2].

1. Par ex : *Tuscul.*, liv. I, III, 2, V. 15, etc.

2. Pétrarque, *Epist. rer. senil.*, XV, 1. Cf. *Epist. rer. famil.*, XXIV, 4, p. 267. Remarquons que chez Pétrarque il s'agit toujours d'un souvenir des premières années, peut-être de l'année 1331, lorsqu'il écrivait l'*Epist. rer. famil.* I, 2 à Sopranzo, qui alors était déjà vieux, car l'adresse du manuscrit de Dresde est ainsi conçue : *Venerando seni Raymondo superano jurisconsulto*. Alors Pétrarque connaissait-il déjà les Tusculanes, comme le veut Hortis (*M. T. Cicerone*, p. 55), il est impossible de le savoir, puisque nous n'avons pas sur ce point de preuves plus anciennes. Un manuscrit avec le titre *De Gloria* existait, selon Paul Manuce, encore cent ans plus tard dans la bibliothèque de Bernardo Giustiniani, ou du moins figurait sur son catalogue. A cela s'ajoutent les bruits répandus parmi les lettrés que Philelphe ou P. Alciono l'auraient brûlé. Mais Bernardo était fils du célèbre humaniste et bibliophile Leonardo Giustiniani, et était lui-même un humaniste distingué. Comment le livre de Cicéron, si longtemps recherché, eût-il pu demeurer caché dans une semblable maison, si réellement il y avait été? Quirini, *Diatriba*, p. 37. Deschamps, p. 41. Cf. P. de Nolhac, p. 216-223. — Reste encore la question de savoir ce que Pétrarque avait vu de Varron. Sa lettre à ce dernier, du 1er octobre 1343, existe en deux versions, qui du reste l'une comme l'autre sont de Pétrarque. Dans l'édition de Venise (1501) et, après celle-ci, dans celle de Bâle qui contient toutes les œuvres, page 785, il est dit : *nullæ tamen extant vel admodum laceræ tuorum operum reliquiæ, licet divinarum et humanarum libros, ex quibus sonantius nomen habes, puerum me vidisse meminerim et recordatione torquear, summis ut aiunt labiis gustatæ dulcedinis. Hos alicubi forsitan latitare suspicor, eaque multos jam per annos me fatigat cura*, etc. Il y a moins d'assurance dans l'édition des *Epist. Lugduni*, 1601, et dans Fracassetti, *Epist. rer. famil.*, XXIV, 6 : *nullæ tamen extant vel admodum laceræ tuorum operum reliquiæ, e quibus aliqua pridem vidi et recordatione torqueor summis ut aiunt labiis gustatæ dulcedinis. Et ea ipsa, præcipue divinarum et humanarum rerum libros .. adhuc*

On n'a jamais pu se mettre d'accord pour préciser ceux des écrits de Cicéron que Pétrarque avait retrouvés. En réalité, il est difficile de parler de découverte, lorsqu'on ignore le nombre et le titre de ceux qui étaient connus avant lui. Pour plusieurs, le fait n'est pas douteux, ils furent tirés du silence de quelque bibliothèque monacale à la lumière du jour, ils furent copiés une ou deux fois, puis oubliés de nouveau pour reparaître ensuite et être ainsi découverts pour la seconde fois; souvent le mérite de la découverte se réduisait à les répandre, à les faire connaître davantage, car on ne peut considérer comme nouveaux que ceux dont le souvenir avait été entièrement perdu, ou qui, découverts dans d'autres contrées, avaient été apportés en Italie.

De cette manière on ne saurait douter que les œuvres de Cicéron, même les traités de rhétorique et de philosophie, grâce à l'impulsion donnée par Pétrarque, n'aient alors été lues et copiées beaucoup plus qu'auparavant : nous en avons la preuve dans leur diffusion au commencement du siècle suivant. Mais pour deux catégories, les discours et les lettres, il fit plus encore. Si, pendant toute la durée du moyen âge, Cicéron n'avait cessé d'être regardé comme un grand orateur, ses discours et ses compositions oratoires avaient été absolument négligés, sans doute parce qu'alors le talent de la parole n'avait d'autre champ pour se développer que le sermon. Ce ne fut qu'au XIIe et au XIIIe siècles que commencèrent à se répandre les Catilinaires, les Philippiques, plusieurs Verrines, le *Pro lege Manilia* et quelques autres discours moins importants. On eût pu difficilement trouver plus de douze discours réunis dans un même endroit et il y en a plus de vingt, en général, qui ne sont pas nommés une seule fois pendant tout le moyen âge[1]. Les bibliographes de ce

alicubi latitare suspicor, etc. Probablement, en cette occasion, Pétrarque songeait de nouveau au vieux Sopranzo dont il avait reçu, d'après l'*Epist. rer. senil.*, XV, 1, *Varronis aliqua*, à titre de prêt et non de présent, comme les livres supposés *De Gloria*. En tout cas, il est évident que Pétrarque ignorait le contenu de ce manuscrit, et qu'il ne lui était rien resté dans l'esprit des œuvres de Varron. Je rappelle ici la lettre de Coluccio Salutato à Pasquino de' Cappelli (25 sept. 1390) dans les *Opusc.* de Haupt, vol. II, p. 115, d'après laquelle, dans l'héritage laissé par Pétrarque, devait se trouver le livre de Varron *De Mensuris orbis terræ*, pendant qu'Antonio Loschi croyait que c'était le *De lingua latina*. Nolhac, p. 316. — Il ne faut pas accorder plus d'importance au passage de Pétrarque, *Rer. mem.*, liv. I, ch. 2, dont on a conclu qu'il connaissait les épigrammes et les lettres de l'empereur Auguste. C'est encore une réminiscence juvénile dont il se souvient dans sa vieillesse : *quod opus inexplicitum et carie semesum adolescenti mihi admodum in manus venit frustraque postmodum quæsitum*, etc.

1. Cf. *Adami Clerici Flores historiarum*, dans Mehus, *Vita Ambr. Traversari*, p. 212. Niebuhr dans l'édition des *Orationes Ciceronis pro M. Fonteio et pro C. Rabirio*, Rome, 1820, p. 36.

temps ne se donnent même pas la peine de les recueillir et d'en dresser une liste aussi complète que possible. Il fallait un homme qui ressuscitât cette littérature et employât tous ses efforts à la faire revivre. Pétrarque se souvenait toujours, avec une secrète et douce complaisance, de la découverte qu'il avait faite à Liège du *Pro Archia poeta* et d'un autre discours[1]. Plus tard il reçut du jurisconsulte Lapo di Castiglionchio, quatre autres discours qu'il ne connaissait pas encore : les Philippiques et la Milonienne. Il lui envoya en échange le discours pour Archias. Mais il ne savait se détacher des manuscrits reçus : il en garda un définitivement, se contentant d'en adresser à son ami une copie mieux écrite et corrigée; pour les autres, il ne se décida de les rendre que quatre ans après, sinon plus. Du reste, il était encore éloigné de posséder la collection complète qu'il eut dans la suite, et qu'il ne put réunir que peu à peu[2].

Mais ce fut un vrai triomphe pour Pétrarque de découvrir, en 1345, dans la bibliothèque de la cathédrale de Vérone, un vieux manuscrit tout en lambeaux qui renfermait des lettres de Cicéron. Il connaissait par plusieurs citations des anciens l'existence de collections semblables, et il en est question dans plusieurs écrivains du moyen âge. Pendant de longues années, Pétrarque les avait inutilement cherchées ; le hasard venait de les lui offrir. C'étaient les lettres à Atticus, à M. Brutus et au frère de Cicéron, Quintus : qu'il y eût une autre collection, Pétrarque l'ignorait entièrement. Le contenu du recueil, qu'il se hâta de parcourir, lui révéla sous un nouveau jour la personnalité de l'illustre Romain, et il apprit à le connaître, non plus seulement comme un philosophe, mais comme un homme faible et d'un caractère mobile et changeant. Toutefois, son admiration pour le père de l'éloquence romaine l'emporta sur toute autre pensée. Quoique malade et sans forces, il copia le manuscrit de sa propre main : il ne voulait pas confier à des écrivains mercenaires le soin de déchiffrer ces pages mutilées, et tenait à s'en assurer la prompte et parfaite possession, averti par l'expérience qu'il pouvait, quand il avait sous la main de précieux manuscrits, les voir tout à coup disparaître. Cette copie fut désormais l'un de ses livres

1. En somme cette découverte était peu importante; en effet, pour l'édition de Halm de ce discours, les manuscrits d'Erfurt et de Bruxelles furent plus utiles que tous ceux d'Italie.

2. Pétrarque, *Epist. rer. famil.*, VII, 16, XII, 8, XVIII, 12; *Epist. var.*, 45. Ces questions sont développées dans le *Cicerone* d'Hortis, p. 38-42. Mais il ne faut pas omettre les détails sur l'héritage laissé par Pétrarque des discours de Cicéron dans la lettre de Salutato à Lombardo de Serico, *Epistolario di Coluccio Salutati a cura di Francesco Novati*, vol. I, p. 330. Cf. Nolhac, p. 76, 209, 402.

préférés, elle eut une place à part dans sa bibliothèque et il la conserva avec un soin si jaloux que personne, de son vivant, ne put obtenir la permission d'en tirer un second exemplaire[2]. Toutefois, Pétrarque introduisit dans ses œuvres de nombreux extraits des lettres de Cicéron et, à ce titre, il enrichit les lettres d'un élément entièrement nouveau et fécond. Ce fut avec un véritable orgueil qu'aussitôt après une première lecture, il fit connaître au monde sa découverte, l'annonçant au moyen d'un écrit adressé à Cicéron lui-même, et quand il fut devenu vieux, il se réjouissait vivement encore de son heureuse trouvaille de Vérone[1].

Ce n'est pas sans raison que nous nous sommes étendus sur le soin particulier que donna Pétrarque aux écrits de Cicéron : on peut dire, en effet, en toute vérité, que Cicéron lui ouvrit la route et lui facilita l'intelligence des autres écrivains latins. Dans les Académiques, il apprit à apprécier Varron; dans les Devoirs, il lut pour la première fois le nom d'Hérennius, et les Tusculanes lui inspirèrent un goût prononcé pour Térence. S'il s'appliquait de préférence à retrouver la trace des livres perdus de Cicéron, les classiques latins n'en formaient pas moins déjà dans sa pensée comme une seule famille, dont la moindre lacune lui causait une impression douloureuse. Ses voyages et ses fréquents changements de résidence, le nombre de ses relations suivies, sa renommée, qui sans peine lui ouvrait toutes les portes, lui facilitaient l'acquisition et l'usage des manuscrits. C'est ainsi qu'il parvint à avoir à sa disposition des trésors littéraires, que personne n'avait possédés avant lui[3]. Il avait les raretés les plus précieuses, ignorées de tous, excepté de lui seul. Seul, il lisait les poésies de Catulle, qui, autrement, auraient continué de rester ensevelies dans la bibliothèque de la cathédrale de Vérone : tous les manuscrits de Properce semblent dûs à Pétrarque[4].

1. La lettre à Cicéron a été imprimée dans l'éd. Fracassetti comme *Epist. rer. famil.*, XXIV, 3 v., XXI, 10. J'ai développé les questions de critique ayant trait à ce point dans un discours « sur la tradition manuscrite des lettres de Cicéron » dans *Bericht. der k. sächs. Gesellsch. der Wiss.*, 1879, p. 41, etc. J'ai été agréablement surpris de voir qu'en même temps le doct. Viertel, suivant la même route, était arrivé dans toutes les questions principales au même résultat, qu'il a publié dans son discours-programme : *Die Wiederauffindung von Cicero's. Briefen durch Petrarca*, Königsberg, 1879. — On voit que ce que Pétrarque savait en général sur les écrits de Cicéron, surtout dans l'*Apologia contra Gallum* (1372); ce qu'il pensait des ouvrages perdus, qu'il cherchait, et de ceux dont il n'avait que des débris, se retrouve dans l'*Epist. rer. famil.*, XXIV, 4, adressée à Cicéron. Les détails dans Hortis, *M. T. Cicerone* et Nolhac, *Pétrarque et l'humanisme*.

2. *Epist. rer. famil.*, III, 18.

3. P. de Nolhac, chap. V (*Pétrarque et Cicéron*), en a montré l'importance décisive. Cf. Körting, p. 481, etc.

4. V, pour des détails plus exacts, Nolhac, ch. IV : *Pétrarque et les poètes latins*.

De Tite-Live, Dante n'avait connu que les quatre premiers livres[1]. Pétrarque en possédait 29. Mais ses richesses ne servaient qu'à augmenter ses désirs. Il savait que Tite-Live avait écrit 142 livres; que de peine ne se donna-t-il pas pour les retrouver tous[2]. Comme il déplorait la perte des Histoires de Salluste[3], et comme il était malheureux d'avoir une fois possédé les antiquités de Varron et de ne pouvoir plus se les procurer!

On s'imagine facilement combien devait être chère à son maître une collection de livres cherchés, acquis et recueillis avec tant de peine. Les premiers qui furent admis à puiser aux richesses scientifiques qu'ils contenaient, furent les amis, voisins ou éloignés, du poète. Pétrarque avoue que son désir de posséder des livres est insatiable; ils lui fournissent la plus agréable des conversations et il se trouve, parmi eux, comme au milieu d'amis tendrement aimés[4]. C'est là que son esprit cherche et trouve toujours un asile sûr aux heures de découragement et de défaillance. Mais il ne les a pas tous continuellement sous la main; ses fréquents voyages ne lui permettent pas de les emporter avec lui. Pendant de longues années, les uns restent à Vaucluse, les autres çà et là en Italie. Dans sa retraite, près des sources de la Sorgue, ils étaient confiés à la garde de son vieux fermier, « le plus fidèle animal qui fût au monde. » Quoique dépourvu de toute culture littéraire, celui-ci connaissait par la pratique les ouvrages des anciens et ceux de son maître, et, grâce à ce contact avec les livres, paraissait devenir de jour en jour plus instruit et content, comme on voit si souvent les vieux serviteurs s'inféoder à la vie et aux goûts de leurs maîtres. Quand il mourut à l'improviste, Pétrarque accourut immédiatement d'Avignon à sa villa, ne voulant pas que ses livres restassent sans gardien[5]. Nous ne sommes plus au temps où un moine, enfermé dans sa pauvre cellule, copie les livres de son couvent et en multiplie les exemplaires à l'usage de ses plus jeunes confrères. Pétrarque se fit un agréable cabinet d'étude, où il était entouré de ses livres, comme des fidèles compagnons de sa vie, et d'où il adressait ses productions à un nombre considérable de lecteurs. Il pouvait presque se figurer que les grands génies de l'antiquité se tenaient là personnellement réunis autour de sa chambre, échangeant avec lui, comme avec l'un d'entre eux, leurs pensées, à

1. Schück, *l. c.* p. 270.
2. *Epist. rer. famil.*, XXIV, 8, adressée à T. Live.
3. *Rer. memorand.*, liv. 1 (*Op.* p. 447, 448).
4. *Epist. rer. famil.*, III, 18.
5. *Epist. rer. famil.*, XVI, 1, du 5 janvier 1353.

la lueur incertaine de sa lampe. Tous les humanistes qui le suivirent ambitionnèrent le titre de bibliomanes, et le monde n'a jamais manqué de gens de cette espèce. Une tradition, plus poétique que fondée rapporte que, le dernier jour de sa vie, Pétrarque fut trouvé dans son cabinet de travail, la tête appuyée sur un livre.

Mais, à un autre point de vue, sa collection figure comme la première bibliothèque moderne. Il avait constamment cette préoccupation, qu'elle ne devait pas seulement servir à son usage personnel, mais rester encore intacte après sa mort et être accessible à tous les savants. Il avait toujours jugé Pisistrate et Ptolémée Philadelphe plus grands et plus estimables au milieu des trésors littéraires qu'ils avaient recueillis, que Crassus parmi ses richesses. Un jour il conçut le projet de déposer ses livres, réunis à ceux de Boccace qu'il voulait acheter, dans quelque pieux asile « pour éterniser son nom[1] ». Plus tard, il se persuada que Venise pouvait être cet endroit privilégié. Lorsqu'en 1362 la peste et les violences, auxquelles s'abandonnait la « Grande Compagnie », le contraignirent à quitter Milan, il désira se retirer à l'ombre de la République et pria le sénat de lui assigner un palais. En retour, il promettait de léguer ses livres à l'évangéliste saint Marc, afin qu'ils fussent conservés dans un lieu sûr et mis à la disposition du public. Il eût été facile, par de nouvelles acquisitions et au moyen de sacrifices, d'augmenter ces richesses et, de cette manière, la République eût pu se vanter de posséder une grande et célèbre bibliothèque[2]. Le Grand Conseil accepta cette offre et lui assigna le palais des *Due Torri*. Pétrarque y séjourna longtemps, mais rien ne prouve que ses livres soient restés à Venise, ni qu'ils lui aient été cédés après sa mort. Il paraît plus probable, au contraire, qu'ils furent vendus par ses héritiers et dispersés[3]. Toutefois son idée ne fut plus abandonnée. Et nous verrons qu'elle fut reprise et réalisée à Florence et qu'on lui doit la conservation d'un grand nombre de précieux monuments littéraires.

1. *Epist. rer. senil.*, I, 4, à Boccace.

2. *Atque ita facile poterit ad unam magnam et famosam bibliothecam ac parem veteribus perveniri.*

3. La décision du Grand Conseil du 14 septembre 1362, dans laquelle figure la proposition de Pétrarque, se trouve chez Agostini, I, p. XXVIII, dans Fracassetti, note de la traduction de *Var.* 43 à Benintendi, 28 août 1362, dans Nolhac, p. 80. D'autres détails chez Valentinelli, *Biblioth.*, t. I, p. 2 et suiv. et chez Barozzi, *Petrarca a Venezia*. Son doute si les livres de Pétrarque ont jamais été à Venise est suffisamment justifié (p. 289.) Ce que trouva Tomasini, *Petrarca redivivus*, p. 72, n'est confirmé par aucun témoignage du possesseur, comme Morelli et Baldelli (*Petrarca*, p. 139) l'ont démontré. Il semble qu'après le départ de Pétrarque de Venise (1367) le contrat fut résilié des deux côtés d'un commun accord. P. de Nolhac reprend le sujet et donne une autre explication,

Pétrarque ne manqua point d'ouvrir les yeux sur les autres trésors de l'antiquité et de persuader à ses contemporains qu'ils devaient être conservés avec soin. Sans doute, il ne fut pas, à proprement parler, le premier qui fit avec une véritable passion des collections de monnaies et de médailles anciennes, mais il fut le premier qui les considéra pour quelque chose de plus qu'une simple rareté et en reconnut la valeur et le prix[1]. Ses amis, qui les lui envoyaient, pouvaient être assurés de toute sa reconnaissance. Quand il était à Rome, les vignerons accouraient pour lui vendre toutes les monnaies d'or et d'argent qu'ils trouvaient en travaillant dans les champs, on le priait d'expliquer les figures des empereurs dont elles portaient l'empreinte. Elles rendaient à ses yeux un témoignage vivant et immédiat en faveur de ce monde qu'il n'avait appris à connaître que par les livres. Il était fier d'avoir offert à Charles IV plusieurs monnaies d'empereurs romains comme des monuments de la grandeur de ses ancêtres, et il espérait qu'elles le pousseraient à réaliser de grandes choses[2].

De très bonne heure Pétrarque avait appris que les Romains, dont il lisait les œuvres avec tant d'enthousiasme, admiraient dans les écrivains grecs leurs incomparables modèles. Combien d'autres avant lui ne le savaient pas! Mais aucun n'avait eu l'idée d'étudier la langue de ces Grecs, de ce peuple toujours vivant et si sympathique, pour s'approprier les trésors de leur poésie, de leur philosophie, de leur histoire, et de les mettre, au moyen d'une traduction, en contact avec le monde latin de l'Occident. Les quelques traductions qu'on avait faites d'Aristote et de saint Jean Chrysostome n'avaient aucunement suggéré le désir de continuer. Or cette idée seule, tout en restant une simple tentative et un projet, était un évènement littéraire d'une importance capitale. En effet, elle constituait le pre-

p. 80-85. C'est ainsi que Boccace, aussitôt après la mort de Pétrarque, demanda à son gendre ce qu'on avait fait de la bibliothèque : *nam apud nos alii varia credunt, alii referunt* (*Lettere*, éd. Corazzini, p. 283). Salutato traita encore avec ce dernier pour plusieurs livres de l'héritage de Pétrarque. Mais Poggio, qui certainement tenait ce détail de Salutato, dit positivement dans son oraison funèbre : *Petrarcha habuit ingentem copiam librorum qui post ejus obitum omnes venundati et variis hominibus dispertiti sunt.* Ceci se trouve confirmé par les recherches de P. de Nolhac, *Pétrarque et l'Hum.*, p. 74-104, *De patrum et medii aevi scriptorum codicibus in bibliotheca Petrarcae olim collectis*, Paris, 1892, qui a retrouvé 37 manuscrits ayant autrefois appartenu à Pétrarque.

1. Müntz (*Les arts à la cour des Papes*, part. II, p. 169) fait mention d'un riche citoyen de Trévise, qui s'occupait de semblables collections, mais son latin grossier est bien inférieur à celui des humanistes. Il s'appelait Oliviero Forza ou Forzetta.

2. *Epist. rer. famil.*, XVIII, 8, XIX, 3, 12. Cf. Nolhac, p. 265.

mier pas de la rencontre de l'ancien monde hellénique avec la civilisation de l'Occident.

La langue grecque n'avait jamais été complètement ignorée en Italie, et surtout dans les provinces méridionales où le besoin s'en faisait sentir à cause des anciennes relations ecclésiastiques, puis à Venise et à Gênes, où cet idiome servait pour les transactions commerciales. Certainement ces hellénistes n'étaient ni des lettrés, ni des maîtres, mais des hommes exclusivement adonnés à la pratique des affaires. Mais la Provence ne présentait à Pétrarque aucune occasion de satisfaire le désir qu'il caressait depuis longtemps. Cette occasion s'offrit enfin, lorsque, en 1339, un moine de l'ordre de saint Basile, nommé Barlaam, Calabrais de naissance, qui avait passé une partie de sa vie à Constantinople, arriva à Avignon, chargé, par l'empereur Andronic III le jeune, d'entamer des négociations avec le pape Benoît XII pour l'union des deux Églises. Il s'agissait de convoquer un concile où l'on discuterait sur la procession de l'Esprit saint, du Père et du Fils. Mais l'envoyé devait d'abord retourner à Constantinople ; il devait encore négocier avec d'autres puissances, spécialement avec la France et avec Naples, et ainsi les choses traînèrent plusieurs années en longueur[1]. Pétrarque ayant fait la connaissance de ce personnage, le choisit à son retour, en 1342, pour être son propre maître. Il apprit, par un travail assidu de tous les jours, les éléments de la langue grecque, mais bientôt Barlaam fut nommé évêque de Gerace, en Calabre, et dut abandonner Avignon. Pétrarque lui-même avait contribué à son élévation, en le recommandant à l'attention du roi Robert de Naples. Toutefois il était encore éloigné de pouvoir avancer seul dans l'étude d'une langue pour laquelle il n'avait à sa disposition ni grammaire ni lexique. Aussi avoue-t-il n'avoir bu que le premier lait de la science grecque[2]. Il semble pourtant que son enthousiasme ait été quelque peu refroidi par un maître qui n'était autre qu'un théologien vaniteux et sans goût. Pourquoi ne le suivit-il pas ? Il était libre de lui-même. En parlant de Barlaam, il se perd en mille circonlocutions étranges, comme s'il éprouvait le besoin de s'excuser de n'avoir pas conduit à terme ses études de grec. A diverses reprises il répète que la mort lui ravit son maître, mais ceci n'arriva que cinq ans après la promotion de celui-ci à l'évêché de Calabre. Ailleurs il fait remarquer que

1. Les documents se trouvent dans Rainaldi, *Annal. eccles.*, 1339, n. 19, 31, 32.

2. *In ipso studiorum lacte ego tum primum inchoabam*, — puis il ajoute qu'il resta toujours un *elementarius Graius*. Mais cet aveu semble exagéré, si l'on tient compte de ses notes écrites en marge de son exemplaire de la traduction d'Homère par Pilate. Nolhac, *Pétrarque et l'hum.*, p. 366 et suiv. V. tout le chap. VIII, *Pétrarque et les auteurs grecs.*

son maître même ne connaissait point l'éloquence latine, puis il ajoute, avec une certaine complaisance, que Barlaam confessait avoir beaucoup appris dans ses entretiens avec son élève, chose qui, en réalité, avait peu d'importance pour les études dont il s'occupait. Toutefois Boccace, dans son désir passionné d'apprendre, parle tout autrement de Barlaam et nous le représente comme un grand érudit. Nul doute que, pour un poète couronné, ce ne fût une grosse question d'amour-propre de redevenir élève; d'un autre côté, il lui eût fallu s'imposer beaucoup de fatigue et de grands sacrifices, avant d'avoir assez étudié pour comprendre et apprécier les lettres grecques, et pour obtenir de ce côté les lauriers qu'il avait remportés d'un autre avec tant de facilité. Quoi qu'il en soit, il se contenta de beaucoup moins, laissant à d'autres l'honneur de consacrer leur zèle à une entreprise aussi ardue.

Un nouveau stimulant fut encore offert à Pétrarque, en 1353, par un illustre Byzantin, Niccolò Sigeros, préteur d'Albanie, qui était venu à Avignon pour traiter de la réunion de l'Église grecque avec l'Église latine. Pétrarque l'avait chargé, prié de rechercher à Constantinople les écrits perdus de Cicéron. Ces écrits ne lui parvinrent jamais, mais en revanche Sigeros lui adressa, à titre de présent, un exemplaire des chants d'Homère. Malgré le schisme religieux et malgré la haine enracinée des siècles, cette fois l'Orient et l'Occident se serrèrent affectueusement la main, et l'intermédiaire de cette réconciliation fut le chantre inspiré de Troie. C'est le premier exilé qui cherche un asile en Occident contre l'invasion menaçante de la barbarie musulmane et, quoiqu'il ne fût pas transporté par la main des anges, comme la sainte maison de Lorette, Pétrarque ne l'en accueillit pas moins avec une vénération profonde. Ce fait isolé est l'origine et le signal de cette émigration littéraire, si féconde en résultats merveilleux. La littérature hellénique menacée, comme la politique de Byzance, d'une complète destruction, vint chercher en Italie un abri sûr et une vie nouvelle. Pétrarque, tenant entre les mains son Homère, qu'il savait lire à peine, a été le premier à inaugurer l'étude du grec. Son enthousiasme pour ce livre était sans bornes, et pourtant il ne pouvait en savourer les beautés : il lui suffisait de savoir à quel point l'avaient estimé Cicéron, Horace et Pline. Il possédait encore plusieurs traités de Platon écrits en grec, et avait coutume de dire que le prince des poètes et le premier des philosophes lui faisaient l'honneur d'habiter sous son toit. Cet envoi lui inspira la pensée de demander encore à Sigeros les œuvres d'Hésiode et d'Euripide, et lui fit concevoir l'espérance, malgré son âge avancé, d'apprendre le grec. Mais tous ses efforts se bornèrent à exhorter Boccace à traduire Homère en latin, selon son habitude d'encourager, de sa hauteur, et de protéger de semblables tentatives. Et, en effet, le mérite d'avoir donné à l'Italie par l'entremise de Léonce Pilate une traduction d'Homère, si imparfaite qu'elle soit, revient sans aucun doute en premier lieu à Boccace, quoique Pétrarque n'hésite pas à s'en attribuer la gloire. Dans ce but, il avait acheté à Padoue un exemplaire grec d'Homère et avait fait faire une copie de la traduction latine à ses frais, tout en contribuant aux honoraires donnés au traducteur[1]. Il enrichit ainsi sa bibliothèque d'une mine de nouvelles connaissances qu'il exploitait pour la composition de ses œuvres[2]. S'il est vrai qu'Homère fut pour lui l'objet d'une profonde vénération sans qu'il ne le comprît jamais, on ne saurait lui refuser l'honneur impérissable de l'avoir le premier introduit dans le monde occidental et d'y avoir éveillé le désir d'étudier les lettres grecques[3]. Nous aurons l'occasion de voir de quelle manière et avec quelle ardeur son exemple fut suivi, comment les Italiens allèrent à Constantinople et les Grecs vinrent en Italie, les premiers pour apprendre, les seconds pour enseigner, et comment tous, jeunes et vieux, s'adonnèrent à l'étude du grec, de telle sorte que le génie de l'ancienne Grèce, rappelé de nouveau à la vie par Pétrarque, ne fut plus désormais négligé et inactif.

Dès sa jeunesse, Pétrarque avait toujours vivement souhaité de visiter Rome, qui, à ses yeux, n'avait jamais cessé d'être la capitale du monde. Ce désir ne put être satisfait pour la première fois qu'au mois de janvier 1337[4]. Il parcourut la ville aux sept collines, comme un homme ravi hors de lui-même, et retrouva tout ce qu'il connaissait par la lecture des anciens, tout depuis le palais d'Évandre et la caverne de Cacus jusqu'aux lieux saints où Pierre et Paul reçurent la couronne du martyre. Son imagination seule l'aidait à découvrir

1. La lettre à Boccace n'affirme rien de plus (*Epist. var.*, 25, *Et nunc cœptis vestris pro virili parte libens faveo*). Cf. Nolhac, p. 344, etc.

2. Nous voyons comment il fit dans Körting, p. 476.

3. Il s'écrie dans l'*Africa*, IX, 144, éd. Corradini :

Millibus en tantis unus mihi summus Homerus,
Unus habet, quod suspiciam, quod mirer amemque.

Plus que dans ses autres ouvrages, Pétrarque parle de ses études de grec dans le remerciement qu'il adresse à Sigeros, le 10 janvier 1354, *Epist. rer. famil.*, XVIII, 2, et dans sa lettre à Homère, au nom duquel quelqu'un lui avait écrit de Bologne (*Epist.* XXIV, 12, 9 octobre 1360). Outre cela dans les *Epist. rer. senil.*, III, 6, V, 1, VI, 2, XI, 9. *Rer. memorand.*, liv. II. (*Op.* p. 464). *De ignorantia sui ipsius* (*Op.* p. 1162).

4. Sur la seconde résidence de Pétrarque à Rome, voir Körting, p. 264.

les ruines; les Romains de son temps ne s'en inquiétaient aucunement : l'ignorance et la superstition avaient mis comme un bandeau sur leurs yeux. Il n'y a pas d'endroit, s'écrie Pétrarque, où Rome soit moins connue qu'à Rome même[1]. Elle avait toujours été l'antique reine du monde, et n'était plus telle alors. Les vieux palais, qui avaient été la résidence de tant de « grands hommes », tombaient en ruine, les temples et les arcs de triomphe s'écroulaient, les murs de la ville jonchaient le sol. Et les Romains d'alors ne rougissaient pas de faire un trafic honteux de ces vénérables débris, des colonnes de marbre, des degrés des temples et des monuments funèbres, pour embellir la voluptueuse Naples. Encore un peu de temps, se disait-il, et les derniers restes auront disparu[2]. Il suppliait les papes d'Avignon d'avoir pitié de la reine du Tibre, de plus en plus misérable[3]. Il la comparait à une matrone déjà vieille et les cheveux grisonnants, qui, sous la pâleur de ses traits amaigris et les vêtements en lambeaux, conservait ses grands airs d'autrefois et se montrait fière de ses souvenirs[4]. « Mais comment douter que Rome ne retrouve sa splendeur passée, si elle commence à se connaître elle-même[5]? »

Ces paroles étaient comme une prophétie, dont Pétrarque crut entrevoir l'accomplissement dans la grande tentative de Cola di Rienzo. La secousse politique qui agita Rome et l'Italie fut pareille au déchaînement d'une tempête, qui éclate avec violence, portant çà et là la désolation, et disparaît ensuite sans laisser aucune trace. Par contre, l'esprit qui entraîna les cœurs dans cette révolution devait lui survivre; et c'est celui au nom duquel Pétrarque parlait et écrivait. De là cette merveilleuse affinité entre ces deux grandes individualités, qui, malgré la diversité de leur carrière, n'en personnifient pas moins la même idée.

Il n'est pas invraisemblable que la première étincelle ait jailli dans l'esprit de Cola, à l'instigation de Pétrarque. Ce ne furent pas

1. *Epist. de reb. fam.*, VI, 2, au cardinal Giovanni Colonna.

2. *Ad Nicolaum Laurentii de capessenda libertate hortatoria* (*Op.* p. 596). *Epist metr.*, II, 18 :

Et quanta integræ fuit olim gloria Romæ,
Relliquiæ testantur adhuc, quas longior ætas
Frangere non valuit, etc.
Funditus ....
....*ita ruent* (*labentis patriæ fragmenta*) *manibus convulsa nefandis.*

3. *Epist. metr.*, I, 2. *Benedicto XII*; II, 5. *Clementi VI et al.* En outre, la pompeuse glorification de Rome dans l'*Epist. metr.*, II, 92.

4. *De pacificanda Italia exhortatio ad Carolum IV* dans l'*epist. rer. famil.*, X, 1, du 24 février 1350.

5. *Epist. rer. famil.*, VI, 2, p. 314. De même dans les passages de l'*Africa*, II, 305, 315, 324, qui certainement se rapportent à Cola.

seulement les canzones et les vers de l'illustre poète qui, à Rome et dans toute l'Italie, enflammèrent tant de nobles cœurs. On peut, en outre, regarder comme certain que Cola ne resta pas étranger au fameux couronnement du jour de Pâques 1341, au Capitole. Et il ne faut pas davantage attribuer à un simple hasard le fait qu'il ait lui-même cherché plus tard à se faire couronner *à titre de tribun*, et qu'il ait mis sur ses écrits cette marque « donné au Capitole », qu'on lisait sur le diplôme de poète délivré à Pétrarque. L'année suivante éclatèrent à Rome les premiers symptômes de la révolution, qui eut pour résultat de députer Cola à Avignon, comme envoyé du peuple et des Treize, afin de presser le pape de transporter de nouveau sa résidence au siège de saint Pierre. Il parla dans le consistoire public avec autant de chaleur que d'habileté, produisit une impression profonde et vit ses avis partagés par le plus grand nombre, quand il retraça l'état malheureux de la ville abandonnée et la férocité sauvage des factions qui partageaient la noblesse. Il ne s'emporta pas néanmoins contre le pape; il reçut une réponse favorable, qu'il se hâta de porter à Rome, et on lui accorda l'office de notaire de la Chambre romaine qu'il avait sollicité, et dont les riches émoluments le mettaient désormais à l'abri du besoin. On ne le désigna plus que sous le nom de camérier et de familier du pape, mais dans sa lettre aux Romains il prend le titre de consul romain. Ce fut précisément à cette époque qu'il fit la connaissance de Pétrarque et qu'ils échangèrent l'un l'autre leurs idées relatives à Rome, à son abandon et à sa nouvelle mission dans le monde. Un jour, Cola et Pétrarque se rencontrèrent à la porte d'une vieille église; le premier développa, avec animation et dans des termes émus, son dessein de faire revivre l'antique splendeur de Rome. Le poète frémissait en entendant exprimer ses propres pensées par un homme qui était décidé à tout oser pour réussir dans son entreprise. » Il me semblait, écrivait-il peu après, qu'un oracle se faisait entendre du fond du sanctuaire, et que c'était Dieu lui-même et non pas un homme qui parlait. Chaque fois que je me souviens de vos paroles, mes yeux se remplissent de larmes et la douleur se ravive dans mon âme. Mais les larmes que verse mon cœur, sont celles d'un homme de cœur. Partagé entre l'espérance et le découragement, je m'écrie : Oh! s'il pouvait jamais se faire — oh! s'il arrivait de mes jours — oh!

1. L'objet de la légation de janvier 1343 est rapporté par Villani, XII, 90. *Cf.* Gregorovius, *Geschichte der Stadt Rom*, vol. VI, p. 226, etc.

si je pouvais avoir ma part de la noble entreprise et de la gloire dont elle sera suivie[1] ! »

Si différentes qu'aient été la vie et la culture intellectuelle de ces deux hommes, qui se rencontrèrent pour la première fois à Avignon, ils offrent cependant sur plusieurs points des analogies frappantes, qui justifient la réciprocité de leurs sympathies. Pour son temps, Cola était très versé dans la lecture de Tite-Live, de Salluste et de Valère-Maxime, et il connaissait à fond Sénèque et Cicéron. Notaire de profession, il aimait éperdûment la rhétorique et la haute éloquence ; son goût, toutefois, laissait à désirer[2]. Il nous reste de lui toute une série de lettres, écrites durant sa carrière politique, et dont quelques-unes ont l'étendue d'un discours. Il avait une estime singulière pour tout ce qui sortait de sa plume, témoin le soin jaloux avec lequel il conservait, d'après un usage suivi par Pétrarque et d'autres écrivains, jusqu'à l'ébauche de ses œuvres[3]. Toutefois, sa manière d'écrire ne montre pas qu'il ait profité beaucoup de la lecture des classiques ; il se sert de préférence des termes employés journellement dans la pratique de ses affaires et dans les écoles de philosophie scolastique : c'est un langage ampoulé et artificiel, qui souvent devient tout à fait inintelligible.

Son style est l'image exacte de ce singulier mélange d'éléments divers dont se composait sa propre nature ; il nous montre l'homme tel qu'il était, avec ses ardeurs sentimentales et mal réglées, et nous fait ainsi comprendre l'ascendant qu'il exerça sur Pétrarque[4]. Toutefois, dans le domaine scientifique, Cola chercha une voie qui lui fût personnelle. Comme ses pensées le portaient toujours à rêver à la suite des héros de l'antique Rome, son attention fut attirée puis-

1. L'*Epist. sine tit.*, ? (éd. de Bâle) et rapportée par Fracassetti dans l'*Append. litt.* (vol. III), *Epist.* 2, adressée *amico suo*, peut être considérée comme adressée à Cola et être assignée à l'année 1343. Alors on comprend que Pétrarque, dans l'*Epist. ad Nicolaum Laurentii hortatoria* (Fracassetti, *Epist. var.*, 48, p. 427), dise : *Testis ego sibi sum, semper eum hoc, quod tandem peperit, sub præcordiis habuisse*, et plus tard, en 1352, il ajoute dans la lettre à Nelli : *ut qui in illo viro ultimam libertatis italicæ spem posueram, quem diu ante mihi cognitum dilectumque*, etc., et ensuite : *seu sola veteris eisque ipsis in locis* (Avignon, où Cola était alors prisonnier) *contractæ olim amicitiæ memoria*. Cf. les *Lezioni universitarie* sur Cola, de G. Lumbroso, Rome, 1891.

2. L'auteur de la vie de Cola di Rienzo, liv. I, ch. I, dit : « Fu da sua gioventudine nutricato di latte d'eloquenza ; buono grammatico, megliore retorico, autorista buono (*excellent écrivain.*) »

3. Pétrarque recommande cette méthode dans l'*epist. var.*, 38, à Cola.

4. *Epist. rer. famil.*, XIII, 6 : *Nicolaus Laurentii vir facundissimus est et ad persuadendum efficax et ad oratoriam pronus, dictator* (*litterarum*) *quoque dulcis ac lepidus, non multæ quidem, sed suavis coloratæque sententiæ.*

samment par les ruines et les décombres de la grande cité, dont personne ne s'était, pour ainsi dire, occupé avant lui. Il s'appliqua à déchiffrer les vieilles inscriptions sur les murs, sur les pierres, sur les monnaies, et à donner un nom aux statues et aux ruines de Rome et des lieux voisins. On ne saurait désormais révoquer en doute que la première « description de la ville de Rome et de ses merveilles » (la première après l'ancienne *Mirabilia Romæ*) et la première collection littéraire des inscriptions de Rome, commencée dès le IXe siècle par les soins d'un pèlerin allemand et insérée dans cette œuvre, n'ait eu pour auteur le célèbre tribun[1]. De cette manière, Cola apparaît comme le premier fondateur d'une branche importante de l'archéologie, qui, parvenue aujourd'hui à l'apogée de son éclat, aime encore à se rappeler ses services.

Jeune alors, et plein d'heureuses dispositions, Cola se serait peut-être fait un nom comme archéologue et comme écrivain, s'il n'en avait été détourné par son désir de briller dans la politique et par la recherche des applaudissements populaires en qualité d'orateur. Plongé, comme Pétrarque, dans les souvenirs de la vieille Rome, il s'indignait à la vue de sa misère, et : où sont donc, s'écriait-il, les grands hommes d'autrefois, qu'est devenue leur sublime justice? Oh! que n'avons-nous pu naître et vivre avec eux! En pleurant ainsi amèrement, il arrachait des larmes de tous les yeux.

Au milieu des agitations politiques, il ne cessa d'être poète et admirateur passionné de l'ancienne Rome. Il fit placer dans le palais du Capitole un tableau allégorique. On y voyait une mer en tempête, sur laquelle naviguait un navire sans pilote et sans rames, une femme en habits de deuil et les cheveux épars y était agenouillée, fondant en larmes, les mains croisées sur la poitrine dans l'attitude de la prière, et au-dessus de sa tête était cette inscription : voilà Rome! Il y avait encore une figure allégorique de l'Italie et plusieurs autres. Cet usage de représenter Rome veuve et désolée avait été adopté par Dante, et Pétrarque s'en servait volontiers[2]. Mais le mot d'ordre de Cola, à partir de ce moment, ne cessa jamais d'être la sainte Italie, la sainte Rome, le saint peuple romain, la sainte Répu-

1. La preuve qu'en donne avec tant de finesse J.-B. de Rossi, dans le *Bollettino dell. Istit. di corrisp. archeol.*, pour l'année 1871, Rome, 1871, p. 13, etc., est acceptée par Henzen dans le *Corpus inscript. Latin.*, V, VI, P. I, p. XV, et par Jordan, *Topographie der Stadt Rom in Alterthum*, vol. I, ch. I. Berlin, 1878, p. 76. Mais nous en avons une preuve positive dans les paroles du vieux biographe : *tutte scritture antiche* (*antichi pitaffi*) *vulgarizzava* (*publicava*), *queste figure di marmo giustamente interpretava.*

2. Dante, *Purgat.*, c. VI. On le trouve encore dans le *Dittamondo* de Fazio degli Uberti, probablement imité de Pétrarque.

blique romaine, quoique, entraîné par les exigences de la rhétorique, il qualifiât parfois Rome du nom de « caverne de voleurs », selon la phrase consacrée par Pétrarque. Puis il ordonna que la table de bronze portant la *lex regia*, au moyen de laquelle le peuple romain avait investi Vespasien du pouvoir impérial, et que le pape Boniface VIII avait employée à la construction d'un autel dans l'église de Saint-Jean de Latran, fût enlevée et placée dans un lieu tout à fait apparent dans la même église. Il expliqua ensuite au peuple et lui démontra par là son inaliénable souveraineté, sans doute avec l'intention de lui offrir une nouvelle occasion de conférer la dignité impériale[1]. On ne saurait nier que le sentiment, d'après lequel il exaltait si haut les vertus, la liberté, l'éclat de l'ancienne République, ne le portât à se regarder lui-même comme le restaurateur de ce monde idéal, comme le libérateur de Rome et de l'Italie[1]. Tantôt il songeait, dans le trouble de ses idées, à un Brutus et à un tribun du peuple, tantôt à Rome redevenue maîtresse du monde, et parfois même il parlait avec chaleur de Jules César. Il n'avait aucun discernement précis des limites où pouvait aller son enthousiasme déclamatoire et en dehors desquelles commençait à sombrer sa vanité personnelle ; ce fut précisément ce manque d'équilibre dans ses jugements qui lui fit commettre ses plus grandes sottises.

On le sait, Cola rétablit le tribunal en sa faveur, et fit régner dans Rome, avec l'ordre, une justice rigoureuse ; il soumit, ou du moins réduisit à l'impuissance les factions des nobles, et ses ambassadeurs annoncèrent aux Républiques italiennes et aux autres gouvernements l'existence d'un nouvel État. Ce moment d'ivresse nous a été dépeint au vif par le vieux biographe, il nous montre tous les cœurs remplis des plus douces espérances ; on se croit revenu aux plus beaux jours de l'antiquité ; d'illustres personnages sont envoyés au tribun à titre d'ambassadeurs ; les opprimés l'implorent et il leur promet à tous aide et protection, affirmant hautement qu'il veut ramener le règne de la justice sur la terre[3].

Mais pour comprendre entièrement l'enthousiasme avec lequel on salua les premiers pas de Cola, non seulement à Rome et en Italie,

1. *Vita di Cola*, chap. 2, 3. Il montra comment il savait tirer profit de l'antiquité à son avantage, par l'interprétation dérisoire qu'il donna des lettres S. P. Q. R. : *Sozzo popolo conchagato* = *sconcacato*, d'après une aimable communication [de M. Fr. Novati] *romano*, dont parle Benv. Rambaldi, *Comm. sulla Div. Comm. Parad.*, c. XVI. (éd. Lacaita, vol. V, p. 182.)

2. Cf. son écrit à Charles IV, de 1350, chez Papencordt, *Cola di Rienzo, Docum.* 12, p. XXXIII : *nichil actum putavi, si que legendo didiceram, non aggrederer exercendo*, etc.

3. *Vita di Cola*, chap. 21, 22.

mais partout où retentissait le bruit de ses exploits, nous devons tenir compte de plusieurs circonstances qui, après plusieurs siècles et tant d'essais du même genre, ne semblent plus avoir pour nous la même importance, c'est-à-dire de la première apparition sur la scène du monde de Cola, alors accueilli au loin comme le champion de la liberté, comme le sauveur du genre humain, et du prestige extraordinaire du nom de Rome qui, à la honte des papes d'Avignon, se relevait entourée d'une nouvelle auréole. Pétrarque nous raconte qu'en Avignon même, l'étonnement était général : les lettres que Cola adressait à la curie étaient aussitôt copiées et répandues de toutes parts, comme si elles fussent tombées du ciel : on ne savait plus ce qu'on devait admirer davantage des discours ou des actions du tribun : on l'appelait un Brutus, parce qu'il avait donné la liberté à Rome, et un Cicéron, parce que ses paroles respiraient toute la majesté si imposante du peuple romain[1].

Pétrarque était lui-même le plus actif promoteur de cet enthousiasme; il était étonné et ravi, comme celui qui, s'éveillant d'un songe agréable, en voit la réalité sous ses yeux. Du milieu d'un siècle si grossier et si pauvre d'idées, il voyait surgir un héros, tel qu'il l'avait rêvé dans ses livres, pour rendre Rome une seconde fois maîtresse du monde. Il l'appelait alors un troisième Brutus, un second Camille, un autre Romulus. Vous brillez comme un phare, lui disait-il un jour; le présent et l'avenir seront pleins de votre gloire[2]. Dans la nouvelle république, il voyait une transformation de la vie publique, le commencement de l'âge d'or, « la face de la terre entièrement changée[3]. » Il se sentait transporté, quand il voyait le tribun dater ses lettres du Capitole et de la première année de la nouvelle république[4]. Les félicitations qu'il adresse à « la fameuse ville aux sept collines » et à son tribun, dans un discours qui respire l'indépendance, nous montrent assez clairement qu'il entendait la politique à la manière de Tive-Live et qu'il se contentait du rôle de spectateur éloigné, en lui exprimant les espérances les plus exagérées[5].

Mais, malheureusement, ces illusions devaient être suivies du

1. Pétrarque à Cola, *Epist. var.*, 38. *Apologia contra Galli cujusdam calumnias* (*Op.* page 1181).

2. *Epist. var.*, 38, année 1347.

3. *Epist. sine tit.*, 4. *Append. litter. epist.* 8, éd. Fracassetti.

4. Comme dans les lettres, Gaye, *Carteggio*, t. I, pages 395, 397, 402. On y trouve toujours : *Datum in capitulo*; ou c'est une erreur de lecture ou un caprice de Cola peu lettré.

5. *Epist. var.*, 48.

désenchantement le plus amer. Cola laissa bientôt, sous le masque de l'homme antique, percer de plus en plus ouvertement sa folle vanité et gâta son œuvre en l'entourant de farces ridicules. C'était dans son esprit une succession ininterrompue de pensées et d'idées toujours nouvelles. La Rome ancienne et la Rome des papes, Tite-Live et l'Apocalypse, et une foule d'idées tout à fait contradictoires le préoccupaient en même temps : il voulait une Italie libre et une Rome maîtresse, la souveraineté du peuple et le régime impérial, une église et un pape avec une autorité universelle, mais aussi des tribuns du peuple tout puissants, la liberté au nom de la paix universelle et de la justice, mais en même temps le despotisme et le terrorisme, la simplicité républicaine et un luxe sans bornes, un soin spécial de la tranquillité et du bonheur domestiques, et un orgueil dédaigneux, souvent puéril, l'inspiration continuelle de l'Esprit saint et l'arbitraire le plus capricieux. Ce fut précisément lorsque le bonheur et le succès commencèrent à lui manquer, qu'il chercha davantage à se mettre en relief, n'aspirant qu'à prendre de nouveaux titres et de nouvelles dignités, à s'entourer de pompe et de fêtes, à ceindre la couronne des empereurs et à se donner une cour impériale. Les épithètes qu'il ajouta publiquement et solennellement à son nom ne manquent pas d'être caractéristiques, et il ne se faisait pas toujours une idée exacte de leur signification. Par contre, il refusa toujours le titre de recteur de la ville de Rome, que le Pape lui avait donné, mais qui n'avait pas une couleur antique. Il se nommait tribun, mais ne prit jamais de collègues : pour lui ce mot désignait d'une manière générale un défenseur de la liberté et de la justice, et une charge, dignité républicaine, qui le plaçait à la tête de la ville. Le 1er août 1347, il se donna le collier de chevalier et prit le bain de la consécration dans le baptistère de l'empereur Constantin; le 15, jour de l'Assomption, il devait être décoré de la *couronne* que tous les tribuns, disait-il, recevaient autrefois; mais en cette occasion il se fit inopinément ceindre de six couronnes de feuilles de chêne, de lierre, de myrte, d'olivier, de laurier et d'argent doré[1]. Quand il portait le sceptre des sénateurs, le pommeau étoit orné d'une croix d'or avec une relique, et sur le blason figuraient les clefs de saint Pierre et la devise S. P. Q. R. Non content de cela, il inventait toujours de nouveaux titres pour les ajouter au principal. Pour se justifier aux yeux du pape Clément VI d'avoir pris le nom d'Auguste, il alléguait pour prétextes : que l'Esprit-Saint avait, par son inter-

1. Papencordt, *Docum.* 10, page xx.

médiaire, délivré en peu de jours la République romaine qu'il l'avait créé chevalier aux calendes du mois d'août, qu'il avait pris le bain de la consécration dans le baptistère de Constantin[1]. Mais que voulait-il dire par ces mots *tribunus augustus*? Il s'appelait en outre *candidatus*, parce qu'il aimait surtout à s'habiller de blanc. Il s'attribuait encore d'autres titres, uniquement par ostentation, comme ceux de « *severus* et de *benignus*, de libérateur de la ville, d'Italien enthousiaste, d'ami de l'univers », mais de manière cependant que ces qualificatifs entrassent toujours dans la formule officiellement adoptée[2]. Puis, l'occasion s'étant présentée, il recourut à d'autres titres honorifiques, comme par exemple : « celui de tribun de la liberté, de la paix, de la justice; d'illustre libérateur de la sainte république romaine[3]. » Tels étaient les titres ambitionnés par l'ancien notaire et encouragés par le poète qui trouva pour chacun d'eux une signification symbolique.

Quant à sa chute, Cola se la prépara lui-même, lorsque, ivre de pouvoir et de vanité, il commença à renverser le dernier soutien de la puissance terrestre. Toujours, « derrière les inspirations de l'Esprit-Saint, » il voulait que les jurisconsultes de la ville soumissent à l'examen les droits du saint peuple romain. Et comme ils jugèrent que le Sénat et le peuple de Rome avaient les mêmes droits sur toute la terre, droits qui avaient été reconnus par les anciens Romains, il manifesta l'intention de les faire valoir. Il invite Charles IV, « lequel, dit-on, s'intitule roi de Rome, » à se rendre dans cette ville avec sa cour. En même temps, il déclare citoyens Romains tous les habitants de la sainte Italie et les invite à prendre part à l'élection de l'empereur à Rome, où 20.000 représentants devaient, sous l'inspiration de l'Esprit-Saint, élire un Italien avec le titre d'Auguste[4]. Ce fut alors que le peuple de Rome se mit à murmurer. Plusieurs, dit son biographe, l'accusèrent de folie, et lui-même paraît se ranger à cette opinion, quand il fait remarquer qu'on avait toujours observé sur le visage de Cola un sourire qui avait quelque chose d'étrange[5].

1. Lettre à Clément VI, Papencordt, *Docum.* 6, page x.

2. *Candidatus*, *Spiritus Sancti Miles*, *Nicolaus Severus et Clemens*, *Liberator Urbis*, *Zelator Italiæ*, *Amator Orbis et Tribunus Augustus*. De même dans la lettre à Clément VI, Papencordt, *Docum.* 6, page xi, dans une ordonnance publique, ibid., *Docum.* 7, page xiii, dans un écrit à la Seigneurie de Florence, Gaye, t. I, page 398.

3. Gaye, t. I, page 53, Papencordt, *Docum.* 1, page i.

4. Voir l'écrit à Florence, du 19 sept. 1347, chez Gaye, t. I, page 402.

5. *Vita di Cola*, liv. I, ch. 1, 27 : *in sua bocca sempre riso appariva in qualche modo fantastico*. Plusieurs l'ont appelé « fantastico e pazzo ». Même, d'après J. Villani (XII,

Il est évident que chez Cola di Rienzo une sorte d'énergie instinctive et la passion de la gloire chez Pétrarque éveillèrent le désir de renouveler les hauts faits de l'antiquité, mais il est manifeste, d'un autre côté, que leurs forces n'étant pas à la hauteur de leurs prétentions, leur entreprise aboutit à une ridicule mascarade. Sans doute, le tribun eut ses moments d'enthousiasme où il n'avait d'autre objectif que le bien général et le bonheur du peuple; alors il rêvait certainement un état, dans lequel les bons seraient protégés et les méchants punis, où la justice serait égale pour tous, la tyrannie écrasée, les pauvres, les veuves et les orphelins secourus, les églises et les monastères en sûreté, les rebelles rappelés au sein de l'Église, les haines domestiques apaisées et ainsi de suite[1]; utopies politiques qui rappellent ces utopies morales, que Pétrarque déduisait de ses idées sur la vertu et de l'opinion qu'il s'était formée de la philosophie. Mais, au milieu de ces rêves, il y avait toujours quelque chose de personnel, il y avait un homme préoccupé de lui-même. En effet, il se souvient des chantres et des poètes qui célèbrent ses actions[2]. Il se flatte d'être adoré par les Romains et par les Italiens; il proclame l'immortalité de son nom et s'imagine que ses adversaires combattent moins la république que sa gloire, semblable à Pétrarque qui se fait de tout ennemi de la poésie un ennemi personnel[3]. De même que Pétrarque, dans son couronnement, se donnait l'air de ne l'avoir point désiré et de croire qu'il n'avait été qu'un hommage rendu à la poésie, ainsi le tribun faisait ouvertement cet aveu : « Si j'ai eu l'ambition d'être chevalier et de recevoir la couronne de tribun, Dieu m'est témoin que je n'ai pas pris ce titre par vaine gloire, mais seulement pour l'honneur et la gloire de ma charge et de l'Esprit-Saint, à l'inspiration et au nom duquel je dois ma nomination de chevalier[4]. » Mais lorsque, tombé du pouvoir, il implore humblement la protection et l'aide de Charles IV, il confesse son orgueil et son outrecuidance, sa vanité et son ambition, les séductions des jours heureux[5], et enfin, dans son abandon, va jusqu'à

90), les personnes les plus raisonnables se persuadèrent « che la detta impresa del tribuno era un' opera fantastica e da poco durare ».

1. Papencordt, *Docum.* 11, page XX, et *Docum.* 13, page XXXVI.

2. *Vita di Cola*, liv. I, ch. 10.

3. Papencordt, *Docum.* 12, page XXVI; *Docum.* 13, page XXXV : *Quanquam multi preeminentes in mundo illam (famam mei nominis gloriosam) extinguere sitiant ob invidiam et timorem, ne videlicet nomen meum gratum in Italia atque clarum nomen eorum obscurum faciat et neglectum.*

4. Ibid., *Docum.* 11, page XXII.

5. Ibid., *Docum.* 12, page XXVI.

se glorifier de son infortune et de sa renonciation spontanée à tout désir de gloire[1].

L'issue malheureuse d'une entreprise, dont il espérait de nouveaux honneurs sur la terre et le commencement d'un âge d'or, fut pour Pétrarque un coup d'autant plus pénible qu'il l'avait encouragée et que sa gloire allait en être amoindrie. Il était cruel de renoncer aux rêves de son imagination et de se convaincre de la terrible réalité des choses. En recevant une copie de l'un des plus pompeux et des plus grotesques manifestes du tribun : « Je frissonne, disait-il; je ne sais ce que je dois répondre. Je vois le malheureux sort qui pèse sur la patrie, et de quelque côté que je me tourne, je ne trouve que matière à m'attrister davantage. Si Rome est déchirée par les partis, où se trouvera l'Italie? Et si l'Italie est accablée d'opprobre, quelle vie me reste-t-il? Dans ce deuil universel, les uns payeront de leur argent, les autres de la vigueur de leur personne; ceux-ci emploieront la force, ceux-là la prudence : pour moi, que pourrai-je faire, sinon verser des larmes[2]? »

Accourir à Rome et mettre la main à l'œuvre, n'était pas un parti qui pût convenir à Pétrarque. Il était toujours théoriquement cet utopiste que Cola di Rienzo avait été dans la pratique. Aussi ne sut-il lui suggérer que des expédients vulgaires, comme de se jeter dans les bras du peuple, d'avoir soin de sa valeur et de sa gloire, d'éviter toute démarche ridicule, etc[3]. Un jour il lui avait écrit dans une lettre de chasser les Romains ennemis de la liberté, et alors il prétendait attribuer l'insuccès du tribun à ce qu'il n'avait pas suivi son conseil et avait laissé les armes aux mains de la noblesse, pendant qu'il était tout puissant. La fuite de Cola, de Rome, le mécontenta fort; il eût désiré au contraire que le tribun, au lieu de se présenter comme un suppliant au roi de Bohême et comme prisonnier au pape, à Avignon, préférât une mort glorieuse au Capitole. Toutefois, fidèle à son ardeur enthousiaste des premiers jours, il avoue l'avoir encouragé par ses écrits dans une entreprise dont il croyait partager la gloire. Il ne peut méconnaître celui dans lequel

1. Il écrit à l'archevêque de Prague (Ibid., *Docum.* 20, page LXV : *Nullus est enim hominum, qui tantum (sibi) in pompe et vane glorie presumptione detraxerit, quantum ego meis accusationibus michi ipsi, nec plura de sumptis honoribus et operibus virtuosis, quam de huiusmodi meis delictis, scripture mee undique iam redundant.* — Les lettres de Cola ont été réunies dernièrement : Epistolario di Cola di Rienzo a cura di Annibale Gabrielli, Rome, 1890. (Fonti per la storia d'Italia pubbl. dall' Istituto storico ital.)

2. *Epist. rer. famil.*, VII, 5, 22 novembre 1347.

3. *Id.*, VII, 7, à Cola (29 nov. 1347).

il avait placé ses dernières espérances pour le salut de l'Italie, et qui avait su réduire en acte les aspirations de son cœur : « Grande faute, en vérité, — s'écrie-t-il indigné, — faute qui mérite la croix et le gibet, pour un Romain, de n'avoir point su se résigner à voir sa patrie, qui devrait être reine, asservie par les plus méprisables des hommes ! — Quelle qu'en puisse être la fin, je ne puis changer d'opinion et j'admirerai toujours ces heureux débuts[1] ! » Toutefois, lorsque Cola fut emmené prisonnier à Avignon et réclama son appui, il ne fit rien en sa faveur, et, avec une résignation égoïste et avec des regrets qui expiraient sur le papier, il se déclara impuissant à le secourir. Il se borna à prier les Romains de se rappeler la majesté de leur nom, de ne pas se laisser ravir leur liberté reconquise, s'ils avaient encore quelques gouttes de sang dans les veines, et de s'interposer pour la délivrance du tribun qui avait tant fait pour eux. Pour lui, il eût été disposé à donner sa vie pour la vérité, si sa mort avait pu être utile à la république[2].

S'il est certain que les larmes de Pétrarque et le sacrifice qu'il offrait de sa personne n'aidèrent en rien ni la république, ni son tribun, il n'est pas sans importance de voir comment le poète continua néanmoins d'être toujours fidèle à la cause perdue désormais de la liberté romaine. Nous y trouvons la trace de cette affinité de sentiments qui le rapprochait de Cola, et nous y rencontrons la preuve qu'ils étaient tous deux fils du même temps et de la même idée, et qu'on ne saurait admirer l'un et rester indifférent vis-à-vis de l'autre.

Nous devons nous représenter une époque où l'on n'avait pas encore fait l'expérience qu'un homme peut être un grand savant, posséder même toute la science du monde, tout en étant un politique souverainement inepte, et où l'on voyait le pouvoir, alors si populaire, appuyer sa politique sur des principes tout à fait excessifs. De cette manière seule, nous arriverons à comprendre comment Pétrarque se crut infaillible même dans les affaires de l'État, et comment, chose surprenante encore, il passa pour tel aux yeux de ses contemporains. L'œuvre de Cola, qu'il avait si chaleureusement applaudie, tombée dans le ridicule, et le rôle important qu'il avait joué lui-même dans cette entreprise comique, ne modifièrent point ses sentiments. Il demeura toujours persuadé que l'insuccès provenait uniquement des erreurs et des faiblesses personnelles de Cola ;

1. *Epist. rer. famil.*, XIII, 6 (10 août 1352).
2. *Epist. s. tit.*, 4, dans Fracassetti, vol. III, *Append. litter. epist. 1.*

que dis-je, il se reposait tranquille, avec la conscience d'avoir conseillé sans cesse la modération et la justice, et, de cette manière, les larmes littéraires, dont il honorait habituellement la mémoire du tribun, étaient, à ses yeux, le plus digne hommage qu'un Romain pût rendre à sa patrie.

Il se considérait comme lié d'une manière irrévocable, par le droit de citoyen qui lui avait été accordé à l'occasion de son couronnement au Capitole. Il lui semblait que Rome, après la mort du tribun, concentrait sur lui seul toutes ses espérances, comme une mère séparée de son fils aîné implore ses conseils et son appui. Aussi se crut-il obligé d'élever au moins la voix en sa faveur, s'il ne pouvait l'aider en réalité. Le pape avait nommé une commission de quatre cardinaux, afin de rétablir l'administration entièrement désorganisée de la ville; Pétrarque leur adressa deux mémoires, où se reflète toute sa science politique puisée dans l'histoire de Tite-Live, pour mettre sur la bonne voie ces prélats dépourvus de toute culture littéraire[1]. Rien ne sert mieux que ces écrits à montrer la présomption de Pétrarque et en même temps son incapacité à distinguer le monde réel de celui de ses études. La question principale était de décider si l'on devait admettre dans l'administration de la ville les nobles seulement ou leur adjoindre les bourgeois. Or Pétrarque le déclare explicitement, si l'on veut relever Rome de son abaissement, il faut avoir présent à la pensée le souvenir du temps où la ville « s'éleva de rien jusqu'aux astres ». Comme règle de conduite, il cherche ensuite à inculquer à la commission ce principe, qu'aucun nom ne peut soutenir le parallèle de celui de Rome, *sonantius*, et que le nom seul de l'ancienne Rome commande encore le respect pour la Rome moderne. Le peuple de Rome, la bourgeoisie — il ne dit pas quelle classe il entend par ce nom — figure à ses yeux l'ancienne plèbe, parce que les nobles sont désignés comme « des tyrans étrangers », pleins d'orgueil et de rapace avidité. Cette noblesse abuse de la soumission excessive du peuple romain et le traite comme autrefois furent traités les Carthaginois et les Cimbres. Il désire que l'on sache qu'il ne hait point les Orsini, qu'il chérit et vénère les Colonna, mais que par dessus tout il aime le bien de Rome et de l'Italie. Mais comment peut-on demander si les citoyens romains peuvent faire partie du Sénat? Ils doivent le former au contraire exclusivement ou au moins en grande partie, et tout au plus tolérer quelque élément étranger. Il cite à ce sujet un mot célèbre de Manlius Torquatus,

1. Mémoires du 18 et 24 nov. 1351, *Epist. rer. famil.*, XI, 16, 17.

et, après avoir proposé aux nobles des états de l'Église l'exemple de Valérius Publicola, Ménénius Agrippa, Cincinnatus, Fabricius et Curius, il rappelle à la plèbe, qui avait montré ce dont elle était capable sous Cola di Rienzo, la gloire du peuple romain de Tite-Live. Comment ce peuple, s'écrie-t-il, ne devrait-il pas prendre part à l'administration publique, ce peuple qui a dominé autrefois toutes les nations des hauteurs du Capitole, qui a humilié l'orgueil des Gaulois Sénonais, qui a traîné tant de rois vaincus attachés au char de ses triomphateurs, qui a reçu les hommages des peuples asservis ?

Le bon peuple de Mars, qui n'eut pas d'égal au monde, les hommes vertueux et les héros qui suivent le char triomphal de la renommée [1], Scipion l'Africain l'ancien, plus que tous les autres, s'étaient emparés de l'esprit de Pétrarque jusqu'à le transporter dans un monde tout à fait idéal, où les illusions n'en devenaient encore que plus faciles. Très versé dans le commerce de l'antiquité, il se regardait comme un oracle infaillible, et, en tant qu'homme célèbre, se croyait appelé à faire prévaloir son opinion personnelle dans toutes les questions d'ordre patriotique. Plus d'une fois, il conjura les papes d'Avignon de mettre un terme au veuvage de l'Église de Rome, mais ses prières étaient reçues comme les pieux désirs d'un poète, et, en réalité, elles n'étaient pas autre chose. Quoiqu'il possédât le droit de cité, il ne fixa jamais sa demeure à Rome, et, malgré tout son patriotisme, il resta pendant de longues années, pour y jouir à l'aise de ses prébendes, dans cette même ville d'Avignon, qu'il reprochait si amèrement aux papes et qu'il déclarait l'endroit le plus détestable de l'univers. Il faut donc admettre qu'il n'avait pas échappé à ce poison que l'avare Babylone savait inoculer à tous ses habitants [2], sans compter qu'il eût été pour lui beaucoup plus facile de s'enfuir et de gagner Rome qu'aux papes, qui en étaient empêchés par un grand nombre d'obstacles politiques.

Pétrarque a souvent été loué comme un grand patriote, et, en en effet, personne ne s'est rencontré pendant bien des siècles après lui, qui ait déploré avec tant de passion les maux de sa patrie et qui ait cherché autant que lui à la ramener à son ancienne et glorieuse unité, en rendant à Rome son siège primitif. Mais de sacrifices personnels, il n'en fit jamais ni à l'Italie, ni à Rome. Il ne se servit

1. *Trionfo della Fama*, chap. I, II, 3.
2. *Epist. rer. famil.*, XII, 11. Il n'est pas vrai qu'il ait pris Avignon en dégoût, seulement après la mort de Laure. Il en parle toujours avec indignation, au point de vue patriotique comme au point de vue moral.

jamais du crédit dont il jouissait dans les cours et auprès des républiques, et de la faveur que lui accordèrent les princes, pour les pousser à réaliser son idéal politique. Esprit vaniteux, il ne pensait qu'à sa propre renommée ; aussi malgré l'importance qu'il attachait à sa parole, l'interposant volontiers dans les affaires les plus graves, on l'accueillit toujours comme un beau rêve de poète, et, même quand il s'abandonnait au dédain et au reproche, on lui répondait par un sourire et tout était fini. Il voulut s'immiscer dans la guerre qui avait éclaté entre Gênes et Venise, comme si, pour faire la paix, il suffisait de phrases polies et de périodes bien arrondies ; mais Venise le remercia poliment de son offre[1]. Il en parut satisfait de son côté. Au fond, il ne se fâcha avec aucun des deux partis, et finalement se réjouit avec celui qui eut la victoire. Il lui suffisait de pouvoir proclamer en face du monde sa grande idée politique : la guerre civile entre Italiens terminée, tous devaient s'unir ensemble pour la grande lutte contre les infidèles et pour la délivrance de la Terre-Sainte, idée très commune, en vérité, très souvent prêchée par les Papes, mais toujours restée sans exécution.

Lorsqu'après avoir entièrement perdu sa cause, Cola languissait à Prague, Pétrarque, emporté par les rêves de son patriotisme idéal, eut la pensée de recourir à un personnage dont le prosaïsme surpassait encore le côté poétique du tribun romain. Pour aider Rome et l'Italie à se relever de l'abaissement où les avaient plongées les réformes inconsidérées de Cola, il invita Charles IV à passer les Alpes, dans la persuasion qu'il serait homme à rétablir l'ancienne puissance impériale. Mais la chose eut une tout autre issue, et, pendant que le poète demeurait seul avec ses rêves, l'autre se hâta de se soustraire à une catastrophe tragique ou tout à fait ridicule. En tout cas, la correspondance littéraire avec l'empereur et roi était un honneur bien différent de celui qu'il devait à l'amitié du pauvre notaire rencontré en Avignon. Qu'il ait été conduit à cette démarche par l'exemple de Dante, il est permis de le croire, quoiqu'il ne nous en reste aucune preuve. L'écrit de Dante à Henri VII est un manifeste politique et il adressa en même temps un appel aux Italiens[2]. Pétrarque, au contraire, aborde l'empereur plutôt comme un écrivain qui volontiers se met sous la protection d'un puissant Mécène, et s'il cherche à s'insinuer à titre de conseiller politique, il

1. La correspondance est dans le *Lib. epist. variar.*, 1-4 de l'édition de Bâle : les deux écrits de Pétrarque figurent encore comme *Epist. rer. famil.*, XI, 8, et XVIII, éd. Fracassetti. Voir en outre l'*Epist.* XIV, 5, au Doge et au Conseil de Gênes.

2. *Dantis Allígherii Epistolæ cum notis Caroli Witte*, Padoue, 1827, p. 19, 30.

agit d'une manière tout à fait privée et par le moyen d'une lettre confidentielle. Il aurait entendu dire que Charles et les doctes ecclésiastiques qui l'entouraient avaient témoigné un intérêt particulier au tribun prisonnier, qui avait essayé de l'amener à ceindre la couronne d'Italie et à rétablir l'antique empire romain. Rome, la noble matrone, couverte de haillons, adressant la parole au roi et l'invitant à affranchir l'Italie, lui retrace en même temps la suite glorieuse de son histoire. Il exalte la sagesse du roi, mais cherche à le gagner encore à une plus haute sagesse dont il est lui-même le représentant : l'amour de la gloire. Il le flatte en lui disant qu'étant donnée sa culture intellectuelle, il ne le considère pas comme un Allemand, mais comme un Italien, lui qui a prêché tant de fois le bannissement des étrangers de l'Italie et qui voyait des étrangers jusque dans les Orsini et dans les Colonna[1]. Une année s'étant écoulée sans réponse il répète au roi, dans une seconde lettre, « ce qui tournerait à l'avantage de sa gloire et du bien public[2]. » Mais la réponse, expédiée sans retard au poète ne lui arriva que trois ans après[3]. Charles accordait volontiers ses faveurs au célèbre « habitant de l'Hélicon », mais tenait poliment à distance le conseiller qui voulait s'imposer, l'avertissait sagement que les temps de l'ancien empire romain n'étaient plus, que les héros d'alors se présentaient à nous transfigurés par les charmes de la poésie, et enfin lui donnait à entendre de son mieux que le monde ne se gouverne point avec des phrases de rhétorique. Pétrarque, malgré son penchant au dogmatisme, déclara tout de suite que sur ces matières il n'était pas de taille à discuter avec un empereur ; mais néanmoins il conserva toujours l'opinion que le monde était invariablement resté le même, les hommes seuls avaient perdu de leur ancienne énergie, et il eut la malencontreuse idée de citer à l'appui de ses paroles l'exemple de Cola, qui, selon lui, montrait comment, même alors, on pouvait accomplir de grandes choses, surtout si, au lieu d'un pauvre tribun, c'était un empereur qui se mît à l'œuvre[4].

1. Dans l'*Epist. rer. famil.*, XI, 13, à Acciajuoli, il invoque l'assistance du ciel, *ut corpus italicum labe barbarica purgatum medullitus agnoscam*. On sait que cette pensée revient souvent dans les *Rime*. — Sa première lettre à Charles IV, *Epist. rer. famil.*, XI, 1, se trouve dans Jäger et dans Palm (*Italienische Ereignisse in den ersten Jahren Karl IV*, Göttingen, 1873, p. 58, 60), plus justement datée du 24 février 1351 que dans Fracassetti en 1350. On ne peut nier toutefois qu'elle ne puisse avoir un certain rapport avec la situation de Cola à Prague.

2. *Epist. rer. famil.*, XII, 1.

3. G. Voigt, *Die Briefsammlungen Petrarca's*, p. 41, 99. D'après l'indication des manuscrits, la réponse est de la plume de Cola di Rienzo.

4. *Epist. rer. famil.*, XVIII, 1, du 23 novembre. Nous ne pouvons placer, avec Fracas-

Après un tel échange d'idées, il n'y a plus lieu d'être surpris que Pétrarque n'ait été chargé d'aucune négociation politique, lorsque Charles IV passa effectivement les Alpes, au mois d'octobre 1354, et que le poète, qui voyait dans sa démarche une adhésion tacite à ses vues personnelles, l'ait accueilli avec enthousiasme et avec la promesse d'une gloire impérissable, quoiqu'il ne fût pas venu à la tête d'une armée, mais seulement accompagné d'une suite peu nombreuse. Arrivé à Mantoue, et après avoir terminé les négociations avec les ambassadeurs, le roi désira connaître personnellement l'illustre homme de lettres et le fit appeler. Pétrarque arriva le 16 décembre[2], fut accueilli avec des marques de déférence et passa tout un jour à s'entretenir confidentiellement avec Charles. On avait toute raison de croire que le patriote ne laisserait pas échapper l'occasion de présenter encore une fois ses vœux si ardents « pour l'Italie, notre commune mère, et pour Rome, capitale de l'Italie ». Mais on n'en trouve aucune trace dans la lettre qu'il écrivit, à propos de cette entrevue, à Lélio Colonna. Le roi se montra de beaucoup supérieur au poète dans la pratique des hommes et des choses, l'apprécia tel qu'il était, une illustration littéraire de premier ordre, et paraît même s'être amusé de sa vanité. Tout d'abord, on parla naturellement du temps et des rigueurs inaccoutumées de la saison, puis le roi interrogea Pétrarque sur ses travaux et lui exprima le désir qu'il lui dédiât une de ses œuvres, et principalement le livre *De Viris illustribus* qui était encore bien loin d'être achevé. Il accepta plusieurs monnaies impériales, dont Pétrarque lui fit présent, mais ne parut pas comprendre, comme le voulait le poète, qu'elles devaient lui servir de stimulant pour conquérir l'empire du monde et s'entourer d'une gloire immortelle. Il se fit raconter tout au long par Pétrarque l'histoire de sa vie, et, au moyen de questions qui flattaient son amour-propre, le laissa croire qu'il était un personnage connu même au-delà des Alpes. Mais quand le poète se mit à parler de son thème favori, de la solitude qu'il aimait à chercher sur les montagnes et dans les bois, et parfois même, comme alors,

setti, cette lettre en 1354, parce qu'alors Charles était déjà en Italie. Elle est donc de 1353 et le calcul de trois ans fait par Pétrarque n'est pas exact.

1. *Epist. rer. famil.*, XIX, 1.

2. La présence de Pétrarque à Udine, assignée par Huber (*Regesten Karl's IV*) au 14 octobre 1354, repose sur un calcul erroné et cette indication se rapporte, au contraire, au second voyage de Charles à Rome, comme le prouve Werunsky (*Der erste Römerzug Kaiser Karl IV*, Innsbruck, 1878, p. 2) et Huber lui-même le reconnaît dans le *Lit. Centralblatt*. Peut-être est-ce encore une erreur de date qui fixe l'entrevue de Mantoue au 24 décembre, comme on le pourrait conclure de la date de l'*Epist. rer. famil.*, XIX, 2.

au sein des villes, le roi ne put s'empêcher de sourire, et lorsque Pétrarque, dans le long et vif entretien qui suivit, en vint à citer le livre qu'il avait récemment publié sur cette matière, le roi l'interrompit en ajoutant qu'il le connaissait et que, s'il lui était tombé entre les mains, il l'eût tout de suite jeté au feu. Évidemment, il trouvait ridicule que le philosophe de la solitude eût fixé pendant des années sa demeure à la cour des Visconti, à Milan, et recherchât avec tant d'empressement la faveur des princes et des grands. L'adroite bienveillance du roi ne laissa pas Pétrarque soupçonner à quel point était tombé dans son estime le défenseur classique d'une politique tout à fait idéale. Les sublimes aspirations venaient plutôt de sa plume que de son cœur[1].

Pétrarque ne répondit pas à l'invitation qui lui fut faite d'accompagner le roi à Rome, au moins s'épargna-t-il ainsi le spectacle grotesque du couronnement et du départ précipité du prince avant la tombée de la nuit. On sait que cette cérémonie était une conséquence des accords pris antérieurement à Avignon. Le poète ne semble pas s'être jamais souvenu que le roi, qu'il voulait engager dans le parti gibelin, avait les mains liées et était esclave du clergé. De là sa cruelle déception, lorsque l'empereur, ayant atteint le but principal et ne considérant l'Italie que comme un moyen de rétablir ses finances, s'empressa de regagner ses états comme un fuyard. Pétrarque donna libre cours à sa colère dans une lettre pleine de reproches amers et d'invectives[2]. Il a souvent été loué du courage vraiment viril dont il avait fait preuve en cette occasion. On eût pu croire, après cela, que leurs rapports étaient désormais rompus pour toujours, et, en réalité, nous trouvons dans leur correspondance une lacune de six années. Mais l'empereur en vint ensuite spontanément à pardonner et envoya des présents au grand homme, en l'invitant à la cour de Bohême. Nous aurons ailleurs l'occasion de montrer les conséquences importantes qu'amena cette correspondance dans le domaine des lettres. Qu'il nous suffise de faire remarquer ici que Pétrarque se rendit aux vœux du prince et accepta la réconciliation. Mais, nullement éclairé par l'expérience et incorrigible dans ses utopies, il pria de nouveau l'empereur de venir en Italie pour y rétablir la grandeur de Rome et de l'Empire. La pensée d'avoir jusqu'alors

1. La relation de cet entretien se trouve dans l'*Epist. rer. famil.*, XIX, 3, à Lelius Colonna, 25 février 1355. Notons encore que Pétrarque, *Epist.*, XIX, 4, recommande cet ami à l'empereur. Sur ces événements, voir l'ouvrage de Friedjung, p. 229, etc.

2. *Epist. rer. famil.*, XIX, 12.

« prêché dans le désert » ne diminuait en rien ses illusions. Il était satisfait d'avoir accompli son devoir et d'avoir fait tous ses efforts pour donner au monde un nouvel Auguste[1].

1. La seconde série des lettres dites de l'empereur commence avec l'*epist. rer. famil.*, XXIII, 2, le 21 mars 1361, année qui a été adoptée par Jäger. On y l't encore : *Surge, inquam, surge iam Imperator, et clamorem urbis atque orbis te vocantis exaudi*, etc. Viennent ensuite les *Epist.*, XXIII, 8, 15, 21. Mais l'ordre de ces lettres n'est pas sûr.

CHAPITRE DEUXIÈME

Pétrarque et l'Humanisme. Luttes contre la Scolastique, contre les astrologues, les alchimistes et toute sorte de superstitions, contre les médecins, contre les juristes, contre la philosophie des écoles, contre Aristote. Prédominance de Platon. Situation de Pétrarque vis-à-vis de la religion et de l'Église. Pétrarque et saint Augustin. Sa situation en face de la théologie des écoles. Lutte contre les Averroïstes. Pétrarque défenseur du Christianisme.

Nous avons assez longuement raconté jusqu'ici l'intervention toute spontanée de l'idéologue dans les démêlés de l'Église avec le peuple, à l'époque de Cola et de Charles IV; nous pouvons étudier maintenant les événements secondaires dont ses lettres font mention. Quant aux résultats, chaque fois que Pétrarque voulut se mêler de politique, il échoua toujours et dut se contenter de voir apprécier le sublime élan de ses pensées et de ses discours. La politique réelle était réservée à des hommes de la trempe du cardinal Albornoz, digne successeur des anciens Romains, sans le savoir et peut-être sans avoir rien lu de leurs œuvres.

Les monuments de l'ancienne Rome avaient été non seulement étudiés par Pétrarque, mais il en avait l'esprit profondément pénétré, nous le verrons à chaque page de ce livre. Tout prend dans la langue classique et à travers le prisme de la « Romanité », un autre coloris, et Pétrarque à cette lueur encore douteuse se fût avancé comme un somnambule, si la lutte contre les préjugés traditionnels, à laquelle il se croyait appelé, et si l'enthousiasme d'un esprit convaincu de sa mission n'avaient maintenu l'équilibre entre ses utopies propres et le monde réel.

Un trait caractéristique de l'homme de génie est de n'avoir pas conscience de son influence, considérée soit en elle-même, soit dans ses effets. Le progrès qu'il fait faire à une branche de la science, tout en étant de la plus haute importance, s'étend encore aux autres qu'il a touchées à peine, et c'est alors seulement qu'il se montre sous son véritable jour. Lorsqu'il s'agit de résultats visibles et palpables comme, par exemple, dans les arts mécaniques, le point de départ est facile à reconnaître. Mais le travail et le progrès dans le domaine des puissances abstraites et intellectuelles ne se mesurent point et tiennent du prodige. On les surprend dans les discours et dans les livres, dans la manière de penser et d'agir, mais on ne réussit pas toujours à les faire connaître. Ainsi l'on a bientôt dit que Pétrarque marque le commencement de l'Humanisme dans les luttes intellectuelles du monde moderne. Mais, au lieu d'expliquer ce que nous entendons au fond par ce mot d'Humanisme, et d'analyser cette expression dans ses éléments caractéristiques, nous aimons mieux représenter Pétrarque, tel qu'il se montre à nous dans la lutte qu'il soutient contre tout ce qui s'oppose à l'Humanisme ou tend à en arrêter l'essor. De plus, nous nous bornons au domaine purement scientifique de chaque connaissance en particulier, parce que c'est sur ce terrain principalement que Pétrarque vit plus clairement lui-même ce qu'on devait renverser et anéantir, comme préjugé et comme abus traditionnel tout à fait condamnable.

Il se mit à l'œuvre avec un esprit résolu. Il ne se proposait pas de détruire telle ou telle branche de la science, mais tout le savoir, tel que l'avait réuni la scolastique; c'était à ses yeux un amas informe de débris où il n'y avait pas une ombre de vérité, et qui, par là même inutile et dangereux, devait être impitoyablement renversé. Pour lui, tout ce qui n'est pas en rapport immédiat avec l'homme, est sans valeur, et la science n'est digne d'égards, que si elle s'accorde avec le but suprême de la vie. Aussi son mépris est-il au comble, quand il lui arrive de parler de la méthode suivie par les scolastiques. Il est impossible qu'un esprit qui raisonne en soit satisfait. Ces gens, dit-il, traitent la science comme une marchandise et par intérêt. Ceux d'entre eux, qui se consacrent à ce qu'on appelle les arts libéraux, songent à la récompense, à peine entrés dans l'école. Ces marchands de science en détail font bon marché de leur esprit et de leur langue et sont plus méprisables que le marin et le laboureur qui ne vendent que leurs bras et leurs forces physiques[1]. Pétrarque se moque de la dignité de maître et de docteur, qui, sous des dehors pompeux, transforme tout à coup un idiot en savant présomptueux[2]. Les universités pour lui sont des repaires d'ignorance crasse. Si par hasard il lui arrive d'appeler la célèbre université de Paris « la mère de toute science » ou « l'immense université », ce n'est qu'au moment où la couronne de poète lui est offerte et où il ne peut la rabaisser sans amoindrir sa propre gloire[3].

Le vrai savant pour lui, c'est l'homme actif, la vraie science, celle qui sert la vertu. Aussi croit-il qu'on peut être tout à la fois historien, philosophe, poète et théologien. Pendant que la scolastique

1. *Rer. memorand. Lib.* I (*Op.* p. 456); *De vita solitaria, lib.* I, *sect.* IV. *cap.* 1, *et al.*
2. *De vera sapientia, Dial.* I (*Op.* p. 365).
3. *Epist. rer. famil.*, IV, 5, 6.

cherche le plus qu'elle peut à séparer les sciences entre elles, il tend, en sa qualité d'humaniste, à fondre ses connaissances dans une culture générale. Si on lui demande à quel art il se consacre, il répond qu'il veut être, non pas un maître, mais simplement l'humble disciple d'un art seul, qu'il veut le désirer uniquement, non le posséder : l'art de devenir meilleur. Il le caractérise ensuite d'une manière générale comme l'art « de la vertu et de la vérité[1] ».

Avec cette règle il mesure les efforts scientifiques des autres, et en démontre la faiblesse ou le néant. Le grammairien, dit-il, est esclave des lois du langage, mais avec quelle facilité ne transgresse-t-il pas les lois éternelles de Dieu ! Le poète aime mieux faire un faux pas dans sa conduite privée que dans ses vers. L'historien s'occupe des gestes des rois et des peuples, mais ne sait se rendre compte de sa courte existence. Le mathématicien et le géomètre veulent tout calculer, tout mesurer, mais ne savent estimer leur esprit. Les amateurs de musique mettent l'harmonie dans leurs accords, mais ne savent la mettre dans leurs actes. Les astronomes déduisent du mouvement des astres les destinées des républiques et des empires, mais ne savent ce qui leur arrive dans la vie de chaque jour : ils prévoient les éclipses du soleil et de la lune, mais ne s'aperçoivent pas de celles de leur esprit. Les philosophes recherchent la cause première de toute chose et ne savent ce qu'est Dieu, le créateur ; ils décrivent les vertus, mais ne les pratiquent point. Les théologiens sont devenus des dialecticiens, disons mieux, des sophistes ; ils ne veulent être les fils de Dieu reconnaissants, mais scruter sa nature, et cela seulement en apparence. Enfin ceux qui se consacrent à l'éloquence — et ici Pétrarque ne s'exclut pas lui-même — se gardent bien d'employer dans leurs discours des expressions basses et vulgaires, mais ne savent échapper aux plus communes trivialités de la vie. « Oh ! si tu savais, dit-il à son ami, comme cela me peine et m'accable et comme j'aurais besoin de m'exprimer plus au long sur ce chapitre[2] ! »

Ce désir ardent, cette aspiration continue, nous montre Pétrarque dans toute sa grandeur. Mais, quand il entreprend de développer cette idée sublime qui transporte son âme, ou il s'arrête embarrassé, ou il se perd dans sa vaniteuse loquacité. Toutefois, avant tout, montrons-le aux prises avec chacune des sciences, qui, dans les universités ou dans l'opinion publique, jouissaient alors du plus grand crédit. Il nous apparait dans cette lutte plutôt comme polémiste que comme

1. *Epist. rer. senil.*; XII, 9 (*Op.* p. 1004).

2. *Epist. rer. famil.*, XVI, 14. Ces paroles rappellent jusqu'à un certain point celles de saint Augustin (*Confess.*, Lib. I, *ch.* 18, 19).

réformateur : c'est un juge plein de finesse, mais parfois acerbe et exclusif; il faut se rappeler que partout, avant d'entreprendre une construction nouvelle, il faut déblayer le terrain, ôter les décombres; il faut se rappeler que le doute scientifique a toujours été le point de départ de toute grande découverte, et qu'un homme seul peut ouvrir de nouveaux horizons à la science en général, mais non renouveler toutes les sciences. Cette lutte a été soutenue par Pétrarque, non pas toujours directement et par des œuvres écrites dans un but spécial déterminé, mais son esprit batailleur se révèle, plus ou moins, dans tous ses livres et particulièrement dans ses traités et dans ses lettres, où, tantôt par de sérieuses attaques et un sarcasme amer, tantôt avec des mots piquants et un mépris hautain, il ne cesse de poursuivre le même but.

Les premiers qu'il cite à la barre de son tribunal sont les astrologues, les alchimistes et tous ces faux prophètes, qui, s'abusant eux-mêmes, font croire qu'ils possèdent l'art de connaître la destinée de l'homme ou d'arracher à la nature ses secrets. Nous serions tentés de sourire des invectives qu'il lance continuellement à leur adresse, et, en réalité, il n'y a là qu'une série de lieux communs. Mais il écrivait à une époque où l'astrologue de cour occupait le premier rang parmi les savants, où Bologne et Padoue possédaient des chaires spéciales d'astrologie, où l'Église n'osait pas encore séparer de la foi, par une ligne précise, la thaumatologie orientale, que les relations avec l'Orient avaient fait pénétrer dans la science et dans la vie pratique, où elle prenait part à la superstition et en acceptait les fictions comme des réalités, tout en les condamnant et en les punissant comme l'œuvre du démon, et où elle avait encore besoin des hallucinations diaboliques pour faire mieux ressortir sa vertu libératrice. C'était certainement alors un acte de grand courage de flétrir ouvertement, comme le fit Pétrarque, de tels procédés et de semblables superstitions. Si, malgré ses efforts, elles durèrent encore plusieurs siècles, la lutte, qu'il avait inaugurée, n'en trouva pas moins chez les humanistes des partisans fermes et résolus.

Indifférent aux difficultés que l'Église se créa d'elle-même avec ses idées sur les superstitions, Pétrarque s'appuie d'un côté sur les autorités anciennes, mais beaucoup plus sur le bon sens. Il fait remarquer qu'un homme tel que Cicéron se raillait des superstitions grossières de la plèbe; Augustin lui-même les avait vivement combattues au nom de la raison et de la foi[1]. Les augures et les pro-

1. Pétrarque répète la même chose dans l'*epist. rer. famil.*, III, 8. Cf. *Rer. memorand.*, lib., IV, cap. 3, 4, 8.

diges, cités par Tite Live, et les oracles et les réponses des sybilles n'étaient pour Pétrarque qu'autant de mensonges; la critique, qui en avait dévoilé les secrets, le faisait rire des horoscopes qu'on tirait encore de son temps. Alors, au lieu de voir là l'influence des esprits malins, il n'y reconnaissait, à l'exemple de Cicéron, que la malice et la folie des hommes. Y ajouter foi lui paraissait indigne de tout homme raisonnable, à plus forte raison d'un philosophe. Même les songes et les pressentiments ne reposent sur aucun fondement solide. Il ne change même pas d'avis sur ce point, lorsqu'il lui arrive de voir en songe, comme mort, son ami préféré, Jacques Colonna, évêque de Lombez, et de recevoir, au bout de vingt-cinq jours, la confirmation de son rêve; il a tout au plus le sort de Cicéron, qui a eu un songe du même genre. Ainsi il ne se servait que du sens commun, qui, instruit par l'expérience, se forme une philosophie pratique pour se convaincre de l'imposture des uns et de la crédulité des autres. Ces astrologues, poursuit-il, ne savent pas ce qui passe dans le ciel, mais n'hésitent pas à le faire croire, et persistent effrontément dans leurs mensonges pour garder leur crédit. Ils parlent de choses que Dieu seul connaît, et aiment mieux dire des absurdités que de confesser leur ignorance. Les esprits sensés, et principalement ceux qui se targuent de posséder une culture scientifique, devraient rougir de prêter l'oreille à leurs fanfaronnades, comme, par exemple, lorsqu'ils voient le présage de grands malheurs dans la conjonction de Mars et de Saturne. Seul, le vulgaire ignorant se préoccupe de ce que porte en son sein l'avenir. Les astres et les hommes sont régis par une volonté souveraine, et c'est de ses justes décrets que nous devons attendre et recevoir notre destinée; tel est l'enseignement des livres saints. Le sort aveugle et injuste n'existe pas. — Et il cite triomphalement l'histoire d'un vieil astrologue de Milan, qui, forcé un jour par lui de s'avouer vaincu, s'était excusé en lui disant que son art lui donnait de quoi vivre[1].

Des impostures des astrologues au charlatanisme des médecins, il n'y avait qu'un pas. Pétrarque se plaît à représenter les choses de manière à faire croire qu'ils l'avaient provoqué par tout le mal qu'ils disaient de la poésie, mais, en réalité, il fut le premier à entrer en lice. Pendant une maladie du pape Clément VI, il lui adresse, de son propre mouvement, une lettre pour lui recommander de se

1. *De remed. utr. fortunæ*, lib. I, *dial.* 111. 112. *Epist. rer. senil.* I, 6; III, 1 *sqq.* Mais lesquels de ses contemporains le suivirent dans cette lutte? Tout au plus Jean Villani, mais en termes beaucoup plus modérés, comme, par exemple, lorsqu'il attaque la science astrologique de Cecco d'Ascoli (*Cronica*, X, 40).

tenir en garde contre les médecins, tous ignorants et imposteurs[1]. L'un des médecins du pape jugea absurde que Pétrarque voulût se mêler de choses auxquelles il ne comprenait rien : le poète devait plutôt songer aux mensonges qu'il débitait pour son propre compte. Ce fut alors que Pétrarque écrivit à son adresse ses quatre livres d'Invectives, qui sont le premier essai moderne en ce genre et méritent, pour cette raison, d'être signalées[2]. Il présente pour la défense de la poésie tous les arguments cités plus haut, et attaque d'un autre côté la médecine avec des sarcasmes si mordants, qu'il « se persuade avoir écrasé son adversaire pour toute l'éternité ». Avec une habileté profonde, il sait trouver les côtés ridicules de la conduite des médecins, et il se moque de leurs recherches sur le pouls, sur les humeurs, sur les jours critiques et sur l'efficacité merveilleuse de leurs remèdes. Comme son nom était dans toutes les bouches, ses paroles retentissaient partout avec éclat. Il eut, à Avignon, plusieurs disputes avec les médecins personnels du pape et des cardinaux, et ceux-ci s'en vengèrent en attaquant son art préféré, la poésie. Plus ils le provoquaient, plus redoublait son aversion pour la médecine. Et il ne cessa plus de la discréditer pendant tout le reste de sa vie et dans ses écrits avec un acharnement qui semblait tenir de la manie. Même devenu vieux, quand il commençait à souffrir de ses attaques, il se vantait continuellement de tenir les médecins à l'écart, et, si, pour des raisons particulières, il devait recevoir quelqu'un d'entre eux, il ne suivait point ses conseils[3]. Ils lui défendirent l'usage de l'eau fraîche, des fruits acides dont il était friand et des jeûnes trop prolongés, quoique, sous ce rapport, le danger ne fût pas aussi grand que le poète aurait voulu le faire croire. Continuant son régime accoutumé, il se conservait sain et sauf et se moquait de leurs avertissements. Il aimait à raconter qu'un jour, étant malade, les médecins lui avaient dit qu'il mourrait au milieu de la nuit, et qu'étant revenus le lendemain matin, ils le trouvèrent bien portant à son bureau, occupé à écrire[4].

1. *Epist. rer. famil.* V, 19, du 13 mars 1352.

2. Les *Libri IV Invectivarum contra medicum quemdam* (*Op.* p. 1200-1233) ont été écrits peu à peu pour le besoin de sa cause. Dans l'*epist. rer. famil.*, XII, 5, du 15 janvier 1352, où il parle de la maladie du pape, il n'est pas encore question d'un écrit contre son médecin, mais dans les *epist.* XV, 5 et 6, des 3 et 17 avril 1352. La dernière invective porte la date du 12 juillet (1352?). De Sade suppose que le médecin du pape était Jean d'Alais ou Gui de Chauliac.

3. *Epist. rer. senil.*, XII, 2. XIV, 8 sqq. Il cultiva toutefois l'amitié de plusieurs médecins illustres, dont Fracassetti donne les noms dans une note de l'*epist. rer. famil.*; XXII, 12.

4. *Epist. rer. senil.*, XIII, 8; XIV, 15.

Mais plus que ses rancunes personnelles, où le caprice avait pour le moins autant de part que la conviction, les raisons qu'il apporte contre les médecins ont pour nous leur importance. Il est vrai qu'il n'entendait rien à la médecine, mais, à ses yeux, cette science n'avait pas existé jusque-là et devait ou reconnaître son impuissance, ou chercher d'autres voies. Il fut encore le premier à élever des doutes sur les anciens systèmes et, sous ce rapport, l'histoire de la médecine lui doit une mention particulière. Sa manière de l'envisager ne ressort pas tant de ses polémiques et de ses invectives contre la classe ennemie des médecins, que des idées plus modérées, qu'il exprime à l'un de ses amis qu'il estimait fort, le célèbre physicien, Jean de Dondi. Il ne conteste point qu'il y ait une science médicale, mais il ne peut croire que les médecins de son temps et leurs prédécesseurs l'aient possédée. On ne saurait l'affirmer, ajoute-t-il, même des anciens : de fait, nous ne savons de quelle manière s'y prenait Hippocrate; quant à Galien, on sait que c'était un charlatan peu digne de foi, et en général les médecins grecs ne sauraient être pris pour termes de comparaison, puisqu'ils appartenaient à une contrée de mœurs et d'habitudes différentes. Les Arabes sont les plus méprisables à ses yeux. Or, si les anciens eux-mêmes ne trouvent point grâce devant lui, où donc les modernes puiseront-ils leur savoir? On ne peut les comparer qu'aux astrologues, parce qu'ils exercent une profession basse et mensongère et devraient reconnaître leur ignorance. Ils abusent de la crédulité du pauvre peuple, qui s'incline devant leurs sentences mystérieuses et vénère, autant que la science des Grecs, les noms énigmatiques de leurs poisons. Quand ils citent les aphorismes d'Hippocrate, qu'ils ne comprennent point, ils s'agitent dans leur présomption comme les maîtres du ciel et se donnent l'air d'avoir la clef de tous les secrets de la nature. Pétrarque ne croit même pas à leur expérience; la nature agit par des voies cachées. Du reste, cette sollicitude inquiète pour la conservation de la vie lui paraît encore contraire à la philosophie et à la religion : il faut vivre selon les lois de la nature, et quand elles ne suffisent point, avoir confiance en Dieu et non dans Hippocrate, encore moins dans ses disciples, ignorants, qui, la plupart du temps, exigent de riches récompenses pour leurs assassinats.

Le même stoïcisme apparaît encore plus dans les cas particuliers. Manfred Pio, seigneur de Carpi, reçoit de Pétrarque, avec la recommandation d'un médecin fameux, l'envoi d'un remède supérieur à ceux que tous les Hippocrates auraient pu lui suggérer, à savoir le conseil de se confier en Dieu et de supporter avec un courage viril les souffrances corporelles et la mort même. Toutefois, quand il fut malade, il eut lui-même recours non seulement à la philosophie, mais encore aux médecins. Lorsque la peste vint à éclater à Milan, il déclara stoïquement, du haut de son trône, à un médecin, qu'on ne devait point fuir la mort, parce qu'elle pouvait atteindre l'homme en tous lieux, et qu'il voulait attendre, tranquille, ce que Dieu déciderait de lui. Mais cela ne l'empêcha pas, lorsque le fléau devint plus redoutable, de s'enfuir à Padoue d'abord, puis à Venise[1].

Après la médecine, l'étude qui offrait le plus d'avantages était celle de la jurisprudence; c'en était assez pour que Pétrarque, du haut de sa morgue philosophique, la regardât avec mépris. Il y avait consacré sept années contre son gré, mais il n'y fait aucune allusion dans ses écrits. Il semble qu'il n'en retira d'autre fruit qu'une aversion profonde pour cette science et une conviction de plus en plus vive de sa vocation littéraire. Cette aversion lui inspira plus tard, contre le droit et les juristes, des invectives encore plus violentes que contre les médecins et la médecine. Ou le souvenir de ces années de travail forcé lui avait laissé un tel dégoût qu'il préférait n'y plus penser, ou il n'était point parvenu à se faire une idée bien claire de cette science. En effet, il avait remarqué, non sans étonnement, que les anciens Romains tenaient l'étude du droit en grand honneur. En outre le droit civil italien, quoique défiguré, était toujours une dérivation du droit antique, et l'on ne pouvait dans les relations ordinaires de la vie se passer des décisions des tribunaux. On ne voit pas que Pétrarque soit allé bien loin sur ce terrain. Il ne sut point convenablement séparer la notion historique de la pratique habituelle, ni se rendre compte de la nécessité de leur union. Il croyait que l'époque la plus brillante des études juridiques coïncidait précisément avec celle où l'éloquence atteignit le plus haut degré de perfection avec Cicéron, et que, continuant ensuite à décroître, ces études n'étaient plus qu'un stérile apprentissage pour le maniement des affaires. Les grands jurisconsultes romains, si appréciés plus tard par Valla, même sous le rapport de la forme, étaient, ce semble, entièrement inconnus à Pétrarque. Il ne paraît même pas qu'il ait jamais vu la fameuse compilation juridique de Justinien. En effet, il parle toujours de cette jurisprudence de métier qui s'enseignait alors dans les universités et qui était à ses yeux une étude extrême-

1. *Epist. rer. famil.*, IX, 1; XXII, 12. *Epist. rer. senil.* XII, 1, 2; V, 4; XV, 3 sqq. Toutes les opinions de Pétrarque sur la médecine et les médecins ont été classées et ont même quelque chose de trop méthodique dans un essai de Henschel (Janus. *Zeitschrift für Gesch. und Literatur der Medicin*, vol. I. Breslau, 1846, p. 183 sqq.

ment vague et remplie des obscurités et des chicanes de la casuistique. Il regarde les légistes et les procureurs de son temps avec un dédain superbe, parce que, sans remonter à l'origine du droit et des lois, ils ne visent qu'à la pratique de leur science, qui est pour eux une source immédiate de profits[1]. Il est convaincu qu'il eût pu devenir un jurisconsulte éminent, comme le voulaient ses parents, mais il lui répugnait de prostituer son esprit à la recherche d'intérêts purement matériels[2]. Il suivait la voie qui mène à la gloire; par contre, il prédit aux plus célèbres juristes de son temps qu'ils seront vite oubliés. Avec le plus illustre d'entre eux, le décrétaliste Jean d'Andrea, l'orgueil de Bologne, il commence, encore jeune, une discussion qui tient presque de la témérité. Volontiers, il lui abandonne le mérite d'être sur ce point le premier homme de son siècle et déclare le vénérer comme tel. Mais il ne peut lui reconnaître cette science universelle que lui attribuaient les contemporains et lui reproche une quantité d'erreurs où il est tombé relativement à quelques auteurs anciens, lorsque, par exemple, il préfère Valère Maxime à tout autre moraliste, range Platon et Cicéron parmi les poètes, et fait de Stace un contemporain d'Ennius[3]. D'après lui, c'était une vanité tout à fait puérile de faire parade de sa mémoire. Pareillement, Pétrarque ne parvint jamais à comprendre que la pratique du droit était une nécessité politique. Il y trouvait un danger immédiat dans l'expérience de chaque jour, qui était en contraste évident avec la morale. Il lui semblait que les hommes avaient fait un abus déplorable du droit et il voudrait voir rétablir les règles données par les anciens philosophes. Sous ce rapport, il indique en quelques mots une série interminable de polémiques, où ses successeurs rompront plus d'une lance.

Ce que l'humanisme attaqua surtout dans la méthode scolastique, c'était sa forme abstraite et son système philosophique. Pétrarque n'alla pas au delà, parce que les sciences, qui attirèrent avant tout son attention, furent précisément celles qui ont des rapports plus étroits avec la vie pratique. Mais, comme la dialectique constituait l'arme principale de ses adversaires, il devait nécessairement ou apprendre à s'en servir, ou la leur ôter des mains. Confiant dans le secours de la rhétorique, qu'il possédait à fond, il crut devoir se

1. Il entra principalement dans cette question dans l'*epist. rer. famil.*, XX, 4, au génois Marco Portinari en 1356 ou 1357.

2. *Epist. rer. famil.*, XXIV, 1.

3. *Epist. rer. famil.*, IV, 15 16, à Jean d'Andrea. Du reste, la confusion de Statius Cecilius, qu'il fait contemporain d'Ennius, avec Papinius Statius, remonte à Gautier Burley.

conformer a ce second expédient. La dialectique, dit-il, peut être un excellent exercice pour l'esprit des jeunes gens, comme le jeu sert à l'enfant pour développer ses forces musculaires; mais elle est moins le but que le moyen d'atteindre le but, avec un déploiement souvent ridicule de syllogismes. Un maître de cette science s'était proposé de montrer que la poésie et la rhétorique étaient les plus inutiles de tous les arts[1]. C'en était assez pour faire éclater la guerre. A partir de ce jour, Pétrarque se crut destiné, comme un autre Socrate, à dévoiler toutes les impostures des sophistes. Il ne voyait dans les plus célèbres professeurs de philosophie que des fous, qui vieillissent en luttant avec des mots et en oubliant les idées dont ceux-ci ne devraient être que l'expression, tirent une sotte vanité de leurs stériles disputes et de leurs spéculations, et ne sont admirés que du peuple ignorant[2]. La vraie philosophie s'avance modestement en indiquant la voie dans laquelle on peut trouver le salut; elle ne va point à la recherche de pensées stériles, mais s'efforce de répandre la morale parmi les hommes, en conduisant ceux qui la suivent au port de la félicité. On le voit, la morale est toute la philosophie; le vrai philosophe n'est autre qu'un bon chrétien[3].

Ses adversaires lui opposaient naturellement Aristote, dont le nom vénéré jusqu'alors et admiré sans conteste leur servait de bouclier. Pétrarque, si épris de l'antiquité, était de cette manière attaqué et défait sur son propre terrain. Il est curieux de voir, comment il cherche surtout à se défendre du reproche qu'on lui adresse, d'être en contradiction avec lui-même, et comment enfin il fait face à ses ennemis en leur opposant un autre nom non moins fameux. En effet, à l'époque où il écrivait ses invectives contre les médecins, il s'était contenté d'accuser ses adversaires de ne pas comprendre Aristote et d'en mal interpréter la doctrine. Mais lui-même ne le connaissait que dans les textes imparfaits répandus alors, et il est certain qu'une fois sorti de l'Université, il ne s'était plus occupé de la philosophie qu'on y enseignait. Il savait que les manuels ne contenaient pas les vraies doctrines d'Aristote dans toute leur intégrité, mais qu'ils étaient plutôt d'informes compilations où il n'y avait nulle trace de ce qu'avait enseigné le Stagirite. Il savait, en outre, que les commentateurs arabes et juifs, Averroès surtout, y avaient mis la main, et c'on

1. *Epist. rer. famil.*, I, 6, 11.
2. *De remed. utr. fort. Præf.* (*Op.* p. 2); *De contemptu mundi. Dial.* I (*Op.* p. 379) *et al.*
3. *Invect. contra medicum*, Lib. II (*Op.* p. 1212). Çà et là dans le même écrit. *Epist. rer. famil.*, XVII, 1.

était assez pour réveiller en lui son ancien mépris, parce que sa pensée se reportait alors aux médecins arabes, aux païens grossiers, aux juifs obstinés, aux cruels persécuteurs du Christ, etc. Avec le temps, Aristote, qu'il connaissait à peine, devait être enveloppé dans la haine qu'il portait à Averroès, encore moins connu ; mais il ne parlait du premier qu'avec une extrême réserve, tandis que pour les Arabes, les partisans d'Averroès et d'Aristote, il n'avait pas assez d'outrages. Toutefois, il devait s'avouer secrètement à lui-même que les ouvrages d'Aristote, qu'il lisait dans une traduction trop souvent fautive, n'avaient aucun attrait à ses yeux. Il n'osait formuler son appréciation personnelle sur Aristote, il redoutait de s'approcher de trop près de cet esprit si puissant, nous le voyons jusqu'à l'évidence dans son livre *De sui ipsius et multorum* (*s. aliorum*) *ignorantia*, destiné à combattre une secte par laquelle Aristote était vénéré comme un Dieu. Pétrarque y change par deux fois son système de défense. Il nous raconte que, d'abord, lorsque ses adversaires mettaient en avant une pensée d'Aristote comme un axiome, il essayait de s'y soustraire par un bon mot ou ajoutait sommairement qu'Aristote avait été un grand homme, mais un homme[1], et comme tel avait ignoré bien des choses. Puis, quand ses adversaires eux mêmes, logiciens de race, déclarent l'éloquence indigne d'un savant et se montrent disposés à la refuser même à Aristote, s'il l'avait possédée, Pétrarque change de ton et soutient que le stagirite est un écrivain plein d'élégance et d'harmonie, mais qu'il a été défiguré par ses disciples qui manquent absolument de goût[2]. Enfin, après avoir, dans le cours de son livre, assailli ses adversaires de toutes parts, il se hasarde à formuler clairement et ouvertement son opinion personnelle. Au fond, il acceptait le jugement des anciens, celui de Cicéron en particulier : Aristote avait été dans sa langue un écrivain limpide et brillant ; mais il était en même temps forcé de reconnaître que le style de ses œuvres, telles qu'il les avait entre les mains, était pour lui sans attrait. En outre, Aristote enseignait bien ce qu'était la vertu, mais n'en recommandait pas la pratique avec le zèle d'un Cicéron ou d'un Sénèque. Et il n'ignorait pas, ajoutait-il, que les Aristotéliciens l'avaient anathématisé pour la hardiesse de ses opinions, et ne se croyait pas, à cause de cela, tenu de les cacher[3].

Ailleurs, il s'exprime encore plus franchement au sujet d'Aristote :

1. *De sui ipsius et multorum* (*s. aliorum*) *ignorantia* (*Op.* p. 1149).
2. Dulcis ac suavis, sed ab his scaber factus Aristoteles (*Op.* p. 1143).
3. *Ibid.*, p. 1159.

il déclare vouloir seul tenir tête « à la troupe fanatique » de ses adorateurs et ne vouloir pas « suivre en silence les erreurs de la multitude » : on ne peut contester la grandeur du philosophe, mais on a de bonnes raisons pour douter de son éloquence, puisque « ceux de ses ouvrages qui sont venus jusqu'à nous n'en présentent aucune trace[1] ».

De tels arrêts font époque dans l'histoire de la science, comme une grande bataille dans l'histoire politique. Par là, en effet, Pétrarque ne se place pas seulement en face d'un adversaire isolé ou d'une école particulière, mais attaque hardiment une autorité contre laquelle personne n'avait osé se révolter pendant des siècles. Le coup ne portait pas uniquement sur Aristote, mais encore sur l'Église et sur les systèmes suivis par le moyen âge.

Pour faire diversion, Pétrarque inaugura et défendit le culte de Platon. Il y était poussé plutôt par un instinct naturel qu'avec une parfaite connaissance de cause. De la part des Aristotéliciens, Platon était si peu estimé, si peu connu, qu'on eût pu croire que, comme Pythagore, il n'avait rien écrit ou laissé tout au plus qu'un couple d'ouvrages entièrement insignifiants. Pétrarque possédait environ seize de ses livres, mais en grec, et ils étaient de côté dans sa bibliothèque, comme des livres sibyllins[2]. Boccace avait un jour entrepris de les traduire, mais s'était bien vite convaincu que ses forces ne répondraient pas à ses désirs. Pétrarque, en plus d'une circonstance, se donne l'air de les avoir étudiés, mais avoue les avoir ensuite abandonnés, au départ de Barlaam, son maître de grec. Il est possible que ce dernier lui en ait expliqué quelques passages ; on sait d'ailleurs qu'il était, pour son compte, absolument incapable de comprendre Platon sur l'original[3]. Ce qu'il connaissait de sa vie et de ses œuvres, il le devait le plus souvent à la lecture de Cicéron et de saint Augustin[4]. Aussi l'opinion qu'il s'était formée de l'illustre Athénien était-elle vague et imparfaite. Mais il savait que les scolastiques le tournaient en dérision — et c'était là un argument puissant en sa faveur — il savait, en outre, que Cicéron, Sénèque, Apulée, Plotin, saint Ambroise et saint Augustin l'avaient eu en grande estime et que

1. *Rer. memorand.*, Lib. II (*Op.* p. 466). P. de Nolhac, *Pétr. et l'Humanisme*, p. 324-328.
2. *De sui ips. et multor. ignorantia* (*Op.* p. 1162).
3. Au dialogue II *De contemptu mundi* (*Op.* p. 390), il fait dire à saint Augustin : *et hæc ex Platonis libris tibi familiariter nota sunt, quibus avidissime nuper incubuisse diceris.* Il répond : *Incubueram, fateor, alacri spe magnoque desiderio, sed peregrinæ linguæ novitas, et festinata præceptoris absentia præciderunt propositum meum.*
4. Nolhac, p. 321-333. Hortis, *M. T. Cicerone*, p. 62.

l'antiquité l'avait surnommé le divin Platon[1]. C'était plus que suffisant pour lui. Quoiqu'il n'eût pas l'intention de juger quel était le plus grand des deux, Aristote ou Platon[2], la question n'en est pas moins résolue depuis longtemps dans sa pensée. Dans d'autres circonstances, il regarde Platon comme le premier des philosophes, lui donne le pas sur tous les autres, qualifie de divine l'éloquence qu'on admire dans toutes ses œuvres et blâme avec dédain les philosophes scolastiques qui nient son mérite[3]. De plus, il s'associe pleinement aux Grecs de son temps (qu'il n'estime pas du reste), quand ils louent dans Aristote l'étendue des connaissances, mais appellent Platon divin[4] par la sublimité de ses idées. Dans le « Triomphe de la Renommée », Platon occupe encore le premier rang parmi les philosophes et les précède tous vers ce but « où l'on n'arrive que par une faveur du ciel » ; Aristote ne vient qu'après lui[5]. Le sentiment de saint Augustin, déclarant que Platon s'est rapproché plus que tous les autres des dogmes du christianisme, prouve tellement sa grandeur, que tout autre témoignage devient superflu.

Ce qui surprend encore ici, ce n'est pas le jugement de Pétrarque basé en réalité sur des arguments trop faibles et insuffisants, mais le don de la divination et le mérite d'avoir ouvert de nouveaux horizons. Il fallut un siècle, avant que la lutte entre Aristote et Platon pour l'hégémonie de la pensée fût transportée sur le terrain scientifique, et un demi-siècle devait s'écouler encore avant le triomphe définitif de Platon. S'il n'y a dans ce fait qu'une première conséquence, qui est l'ébranlement de l'autorité d'Aristote, nous devons y voir encore le commencement d'une véritable révolution pleine de conséquences beaucoup plus importantes. En effet, Aristote, avec la méthode dialectique, qui donnait au dogme l'unité et la consistance, était devenu un vrai soutien de l'Église, quand le platonisme parut de lui-même à ses côtés et donna naissance à une sorte de théodicée, qui se plaçait orgueilleusement en face de la théologie et de la foi.

Comment Pétrarque parvenait-il à concilier dans son âme l'opposition de l'Humanisme, de la libre pensée, qui ne s'appuie que sur

1. *Epist. rer. famil.*, XVIII, 2.
2. *De sui ips. et multor. ignorant* (*Op.* p. 1161).
3. *Epist. rer. famil.*, IV, 15. XVIII, 2. *Rer. memorand.*, Lib. I (*Op.* p. 452).
4. *Rer. memorand.*, Lib. I (*Op.* p. 453).
5. *Trionfo della Fama*, chap. III. Comparer avec lui, pour ne pas parler des scolastiques proprement dits, le *Philobiblon* de Richard de Bury (chap. III) : dans ce dernier, Aristote est toujours l'*archiphilosophus* : *Plato prior tempore, sed doctrinis posterior.*

elle-même d'un côté, et de la foi religieuse de l'autre, qui s'impose à l'homme comme un dogme? Au fond, sa situation vis-à-vis de l'Église est tout autre que simple et nette. Pour le reste, nous aurons souvent occasion de le voir, il est le prototype des humanistes qui viendront après lui; mais sur ce point, s'il n'est pas tout à fait tel, il l'est plutôt dans un sens beaucoup plus large et plus élevé.

Dans les années de sa jeunesse, lorsque l'éloquence de Cicéron et les réminiscences héroïques de l'antiquité païenne exerçaient sur lui tout leur attrait, il ne semble pas qu'il se soit occupé, plus que les autres jeunes gens, de l'Église et de ses dogmes; ils acceptaient les dignités ecclésiastiques pour s'assurer une riche prébende et laissaient au Chef invisible de l'Église le soin de veiller sur ses destinées. Mais, avec la maturité de l'âge, il éprouva le besoin de s'en occuper, d'autant plus qu'il aspirait à se répandre comme poète, comme devin, dans le sens des anciens prophètes.

L'époque de son séjour à Avignon, de la peste et des maux de toute sorte, qui désolaient alors le monde, est remplie de plaintes, de sermons, de prédictions sinistres. Nous sommes en présence d'une folle exaltation religieuse, qui, vers la fin du siècle, fait place à une longue et stérile indifférence. Des centaines de moines et de sectateurs voyaient l'apparition de l'Antéchrist immédiate et prêchaient dans leur effroi la pénitence, le cilice et la cendre. Pétrarque s'associe à ce cri de douleur; comme les autres, il se plaint en termes emphatiques, mais il est plus adroit et plus châtié dans son langage. Sa verve est inépuisable, quand il dépeint la corruption et la misère de son temps. Il voit l'humanité sur le penchant d'un abîme où elle va se précipiter sans retour; il lui présage une terrible vengeance pour avoir abandonné le Christ et s'étonne de la patience de Dieu, qui retient sa colère et diffère le jour du jugement. Oui, s'écrie-t-il, nous en sommes réduits à envier le temps d'un Néron et d'un Domitien, puisqu'on ne peut ni vivre vertueux ni mourir avec honneur. Le monde est tellement plongé dans la bassesse et la misère, qu'on ne peut rien imaginer de pire. La seule consolation est celle de n'être pas né plus tard, car le monde, s'acheminant vers sa propre ruine, s'enfonce de plus en plus dans le mal. Et la faute de tous ces maux retombe sur le pape, qui n'a nul souci d'aller rétablir son siège là où est le tombeau des Apôtres et où furent données des lois au monde entier. « Pendant que nous suivons notre drapeau, nous sommes trahis et nous nous hâtons vers notre ruine sous la conduite de notre chef, et si le Christ ne se lève pour nous venger, tout est perdu[1]. »

1. Les lettres sans adresse sont celles, où Pétrarque exhale de préférence sa colère

Ainsi Pétrarque mêle sa voix à celle de tous les pessimistes de son temps. Mais sur ce point encore il n'est qu'un sophiste, un censeur sévère, qui se fâche non pas tant pour la chose en elle-même que pour remplir son rôle. Il suffit de mettre tant soit peu ses actes en regard de ses paroles pour en être convaincu. En effet, il stigmatise volontiers, avec une gravité apparente ou des sarcasmes amers, la vie licencieuse du clergé et des moines[1]; mais il avait reçu lui-même les ordres, il était prêtre, chanoine et archidiacre, ne respectait nullement les obligations de sa charge et manquait à cette continence qu'il louait tant en théorie. On sait qu'il vivait en concubinage, qu'il eut deux enfants qu'il fit plus tard légitimer. Sa fille fut mariée honorablement. Son fils Jean menait une vie dissolue, et le père, qui voulait, contre son gré, s'en servir en qualité de secrétaire, le considéra toujours comme une vraie croix et ne lui témoigna jamais une véritable affection paternelle[2]. Il s'emportait souvent contre la fausse piété et l'hypocrisie, mais ne faisait pas sans vanité montre de sa dévotion et de ses jeûnes. Il proteste qu'il est et veut demeurer ferme dans la foi chrétienne, et il ne cesse de se montrer philosophe, tel que l'avait fait l'étude de l'antiquité païenne.

Au moment où Cicéron et Virgile étaient encore ses idoles préférées, Pétrarque mit la main sur les *Confessions* de saint Augustin, livre vraiment merveilleux, où le rhéteur, fort de l'ascendant irrésistible de ses paroles, cherche, en faisant briller son propre génie, à entrer en lice avec le chrétien, qui sait ne pouvoir rien de lui-même et pouvoir tout avec la grâce de Dieu. Peut-être ce reste d'inclination théâtrale, qu'avait Augustin, le poussa-t-il à ouvrir son cœur au public et à lui offrir le spectacle de sa conversion. Vaniteux et fier de son savoir, tant qu'il vécut au milieu des plaisirs mondains, il laisse entrevoir l'éducation viciée du rhéteur, même lorsqu'il se plonge plus

(v. spécialement les *Epist. s. tit.*, 6, 7, 11, 12, 13), mais nous en trouvons la trace dans toutes ses œuvres. *Epist. rer. famil.*, II, 10 : *sed, ut res sunt, in dies peiora coniicio, quamvis jam peiora vix possim nedum timere, sed fingere.* Cf. *Epist. rer. famil.*, XI, 7, ou XX, 1, où il est dit : *mundus in dies ad extrema praecipitans secum omnia in deterius trahit.*

1. Ainsi, par ex. dans l'*epist. sine tit.*, 18, il raconte une anecdote d'un vieux cardinal débauché, digne de figurer parmi les *Facéties* de Poggio. Fracassetti trouve qu'il ne convient pas (*nec catholico, nec cordato viro dignum*) de s'occuper des *Epist. sine tit.* (*Prolegom.* p. V); il ne les traduit pas et ne les met point dans son édition.

2. *Epist. rer. famil.*, XXII, 7, XXIII, 12, toutes deux commentées par Fracassetti. Cf. la nouvelle de la mort de son fils, arrivée pendant la peste de 1361, consignée sur le Virgile, dans Baldelli, *Petrarca*, p. 187. P. de Nolhac, *Pétrarque et l'hum.* p. 408. Jean était né en 1336.

tard dans l'océan de la grâce, et confesse avec une émotion touchante ses propres misères. Il ne peut se réformer assez pour faire entièrement oublier le vieil homme.

Ainsi, à l'égal de Pétrarque, il se trouve comme à la limite de deux époques ; tous deux rappellent le mythe de Janus qui regarde tout à la fois le passé et l'avenir ; tous les deux nous attirent par le spectacle d'un homme aux prises avec lui-même : ils voudraient redevenir enfants, mais ne peuvent secouer les liens qui les tiennent attachés aux souvenirs d'un autre âge.

C'est là ce qui explique l'ascendant irrésistible que le livre des Confessions exerçait toujours sur Pétrarque et l'enthousiasme dont il était animé chaque fois qu'il parlait d'Augustin. Il se sentait lié par une certaine affinité d'esprit à cet homme, et voyait se refléter en lui sa propre image ; il reconnaissait dans son cœur le germe des aspirations qui, s'éveillant chez Augustin, lui avaient livré de si terribles assauts. Et, en effet, il ne ressemble à personne autant qu'à ce père de l'Église, dont il était séparé cependant par un millier d'années. Souvent il aime à le nommer : mon Augustin. Disciple orgueilleux de Cicéron, il ne s'était guère occupé jusqu'alors des lumières de l'Église ; plein de lui-même, le poète avait étouffé en lui le chrétien[1]. Mais il trouva dans ce livre un homme qui parle à l'homme, il y trouva les sentiments de son propre cœur exprimés naturellement et quelquefois avec une éloquence irrésistible. Les Confessions devinrent désormais le livre préféré de son cœur[2]. Il avait enfin rencontré son héros ; il s'en fit bientôt une idole et se glorifia publiquement du culte qu'il lui rendait, comme il s'était autrefois glorifié jusqu'à l'excès d'avoir choisi Scipion l'Africain pour personnage principal de son poème. Il lui arrive rarement de citer le nom d'Augustin sans le qualifier « de philosophe du Christ » ou de « soleil de l'Église ». Dans son dialogue sur le « Mépris du monde », où saint Augustin, à côté de la figure allégorique de la vérité, tient le rôle de son confesseur, il le présente comme un ecclésiastique rempli de

1. *Epist. rer. senil.*, XV, 1 : *Nondum sane sanctorum libros attigeram, et errore cæcus et typho tumidus ætatis.*

2. *Epist. rer. famil.*, X, 3, p. 81, il cite *Augustini scatentes lacrymis Confessionum libros, de quibus quidam ridiculi homines ridere solent.* En envoyant avec l'*epist. rer. famil.*, XVIII, 5, à son frère Gérard, le chartreux, les Confessions de saint Augustin, il ajoute : *Accensum liber hic animum inflammabit, qui algentes accenderet. — Et tibi inter legendum fluent lacrymæ, et legendo flebis et flendo lætaberis, etc.* Et dans le Dial. I *De contemptu mundi ; Quotiens Confessionum tuarum libros lego, inter duos contrarios affectus, spem videlicet et metum (licet non sine lachrymis interdum) legere me arbitror non alienam, sed propriæ meæ peregrinationis historiam.*

gravité et de modestie, qui, à l'éloquence de ses discours, se reconnaît facilement comme l'homme de son cœur, comme celui qui lui est « cher entre tous »[1]. Personne avant lui n'avait envisagé un père de l'Église de cette sorte. Dans les classiques, Pétrarque avait appris à lire un auteur, dont on ne connaissait jusqu'alors les écrits que par des extraits destinés aux écoles, comme les enseignements de saint Thomas d'Aquin et les gloses de Syra. Saint Augustin fut le premier qui conduisit son admirateur, exclusivement enthousiaste jusqu'ici de Cicéron et de Virgile, à lire et à étudier même saint Ambroise, saint Jérôme et saint Grégoire. C'est encore à lui qu'il se reconnaît redevable d'avoir appris à estimer le salut de son âme à un plus haut prix que l'éloquence[2]. Pétrarque a contribué beaucoup certainement à assurer à son cher Augustin le premier rang dans l'esprit des futurs humanistes.

Pétrarque, en outre, est le premier qui établit une séparation nette et précise entre la théologie moderne et la religion chrétienne, telle qu'on la trouve enseignée dans les livres du Nouveau Testament, dans les œuvres de saint Jérôme et de Lactance, mais surtout dans celles de saint Augustin, son auteur préféré. Pour lui, les théologiens, les philosophes et les juristes scolastiques méritent tous un mépris égal. Le nom sacré de la théologie, honoré jadis par de dignes disciples, est aujourd'hui rabaissé (dit-il) par de profanes et bavards dialecticiens, et de là ce nombre incalculable de docteurs inutiles[3]. Leur érudition ne lui inspire aucun respect et il ne goûte pas davantage la crédule superstition des moines; aux premiers, manque la science de l'antiquité; aux moines, le bon sens philosophique des Romains. Il est vraiment singulier que Pétrarque, dans ses écrits, parle si rarement des saints et des hérésies, des miracles et des reliques, des visions et des révélations. Il ne les combat point, il admet même que ces croyances peuvent en quelque sorte servir à la multitude, mais, pour lui, il se réserve une pleine liberté de pensée et est convaincu de trouver la voie, qui le mène à Dieu et à Jésus-Christ, même en dehors de l'Église. Pour tout ce que l'Église a fait, depuis l'époque des premiers Pères, pour le développement successif de sa doctrine, pour tout ce mélange qui est en elle de paganisme et de superstition, pour sa hiérarchie enfin, il n'a que de l'indifférence et n'a cure ni de son âme ni de sa religion personnelle. Toutefois, comme il s'est acquis une grande gloire en qualité de défen-

1. *Praefatio du Dial. de contemptu mundi.*
2. *Epist. rer. famil.*, XXII, 10.
3. *De remedio utr. fortunæ*, lib. I, dial. 46.

seur du Christianisme, il importe d'en examiner les raisons et les causes.

Il existait alors une secte philosophique de libres penseurs sous le nom d'Averroïstes, qui partaient de principes entièrement opposés à ceux de Pétrarque. On ne saurait s'en former une idée claire, parce que, on le prétend du moins, ils ne consignèrent jamais leur doctrine dans aucun livre, et parce que nous ne les connaissons, comme beaucoup d'autres sectes, que par les attaques et les invectives de leurs adversaires. Mais on ne serait pas certainement éloigné de la vérité, si l'on recherchait les premières traces de ces tendances à la cour des Suisses, dans le matérialisme incrédule tant reproché à Frédéric II et à Manfred, et dont nous avons l'explication dans la préférence qu'ils montrèrent pour les philosophes arabes. Les papes se hâtèrent de combattre les hardiesses de cette nouvelle science, qui reniait ouvertement la foi, mais dont on ne connaît ni les enseignements ni les défenseurs. Averroès lui-même avait défendu d'initier la multitude à ces connaissances et il voulait en faire le privilège exclusif de ses adeptes. C'est ainsi qu'elles étaient demeurées le domaine de quelques esprits choisis et orgueilleux qui se réunissaient de temps à autre dans certaines Universités, comme à Padoue et à Paris. Il semble qu'ils formaient une sorte de ligue secrète, unie par le moyen d'un accord secret et de signes ou paroles conventionnels, et dont l'organisation et l'attitude vis-à-vis de l'Église rappellent les loges des modernes Francs-maçons. Ordinairement, on les désigne par le nom de leur maître, mais plusieurs les qualifient d'athées et d'épicuriens ; cette dernière épithète se donnait au moyen âge à tous ceux qui faisaient profession de ne croire ni à l'existence de Dieu, ni à la vie future. Ceux qui embrassent ces pensées sont pour la plupart des physiciens et des médecins, accoutumés à n'admettre que le témoignage des sens et les calculs absolus de la raison. Tout principe surnaturel est nié par eux ou rejeté dans le domaine de la théologie, dont ils veulent séparer la méthode de celle de la logique. Ils admettent en même temps une doctrine « de la double vérité » et celle-ci leur permet de conformer leur vie et leur croyance aux préceptes de l'Église et d'échapper ainsi à la persécution. Le martyre n'a rien qui les tente et ils recherchent au contraire les aises de la vie et ses plaisirs avec une cynique ostentation. C'est ainsi que, sans avoir jamais été sérieusement persécutés, ils se maintinrent en France et en Italie jusqu'au moment de la Réforme[1].

1. Ces notions générales sont tirées principalement du livre de Renan : *Averroès et l'Averroïsme*, Paris, 1852, p. 222, etc., et de Reuter, *Geschichte der religiösen Aufklärung im Mittelalter*, vol. II, Berlin 1877, p. 49-173.

Pétrarque fit la connaissance d'une association de ce genre en 1366, à Venise, qui entretint de tout temps avec Padoue un commerce intellectuel des plus étendus. Ces chefs nous sont connus par un vieux registre. Nous y relevons les noms de Leonardo Dandolo, fils du fameux Andrea et, comme son père, homme d'État distingué, quoiqu'il ne soit porté que comme soldat; de Tommaso d' Talenti, marchand dépourvu de toute notion littéraire, de Zaccaria Contarini, noble personnage de la République. Mais sous le rapport intellectuel se distinguait au milieu d'eux, Guido da Bagnolo, de Reggio, physicien de grand savoir et médecin de Pierre, roi de Chypre[1]. C'étaient donc des hommes de haute condition; la République leur accordait sa protection pour leur libre pensée, preuve qu'ils comptaient des adeptes dans les rangs de la noblesse. Pétrarque nous fait connaître leurs sentiments et leur conduite; en sa qualité d'adversaire, il ne met en évidence que la partie la plus scandaleuse de leurs doctrines, ou du moins celle qui excite plus particulièrement sa colère.

« Ces nouveaux philosophes, » ces néophytes d'une science mystérieuse, n'étaient au fond qu'une association de libres penseurs. Fiers de leurs connaissances, ces logiciens déclaraient qu'une foi imposée par l'autorité ne pouvait contenter que les âmes pusillanimes. Adversaires implacables de tout ce qui sentait la métaphysique, ils rejetaient toute proposition qui ne s'appuyait pas sur le témoignage des sens et de la logique, et n'admettaient que les résultats qu'il croyaient devoir uniquement à la liberté de la pensée. C'était donc, si nous ne nous trompons, la méthode scolastique, qui cherchait à s'affranchir de tout frein et de toute discipline, de l'Église même, pour se présenter en son propre nom comme une science, comme la vraie philosophie. Mais comme il arrive toujours qu'on renverse de son siège une autorité pour lui en substituer une autre, ainsi devait-il en être d'Aristote, le prophète de cette école et de ses commentateurs, spécialement d'Averroès, ses évangélistes. Les sciences naturelles, fondées uniquement sur l'empirisme, offraient un large champ à la discussion, mais, au lieu de s'en rapporter à l'évidence, on retournait à l'autorité d'Aristote et des Arabes, et l'on agitait, avec le plus grand sérieux, s'il faut en croire Pétrarque, des problèmes qui n'avaient rien de philosophique : ils discutaient, par

1. La double glose d'un manuscrit de la Marcienne donne leurs noms et leur condition, dans Agostini, t. I, p. 5, publiée par Fracassetti dans la note de la lettre V. 12 (vol. II, p. 62). Cf. *Petrarca e Venezia*, Venise, 1874, p. 106. Sur Guido, voir Tiraboschi, *Bibl. Modenese*, t. I, Modène, 1781, p. 134.

exemple, sur le nombre des poils de la crinière du lion, ou sur celui des plumes de la queue du faucon, sur les diverses espèces d'éléphants, ou recherchaient si le crocodile est le seul animal qui puisse remuer la mâchoire supérieure, ou s'il est vrai que le phénix se précipite dans les flammes odorantes et renaisse de ses cendres, et ainsi de suite.

Même vis-à-vis du christianisme, ces philosophes prirent une attitude entièrement indépendante. Mais cette indépendance était déjà par elle-même une opposition, qui n'osait pas encore s'afficher et se bornait, dans le sentiment de sa supériorité, à jeter un regard de mépris sur la crédulité populaire. Si, dans leurs entretiens, la conversation tombait sur le Christ, sur les apôtres et sur l'Évangile, ou ils les couvraient de ridicule, ou, sans aller jusque là, manifestaient leur dédain par de malicieux sourires ou par des signes secrets qu'ils comprenaient entre eux. Dans les disputes publiques, il était réglé d'avance qu'on « ne toucherait pas aux croyances religieuses ».

Pétrarque était vénéré comme le plus grand homme de son siècle, et ces dialecticiens qui ne se croyaient pas trop au-dessous de lui, s'attendaient à le voir tacitement d'accord avec eux. Ce fut cette pensée qui rapprocha ceux que nous avons nommés et qui étaient aussi, du reste, ses amis personnels. Peut-être étaient-ils animés du désir qu'on rencontre chez tous les sectaires, de propager leurs doctrines dans les classes les plus éclairées de la société. Mais ils se trompaient ; ce fut précisément pour cette raison que Pétrarque ne voulut jamais avoir rien de commun avec eux. Il s'était dès lors accoutumé à se considérer comme un homme extraordinaire et sans égal parmi ses contemporains. Non seulement sa science le mettait au-dessus de tous, mais il était encore le plus grand penseur de son siècle et il n'empruntait à personne même ses opinions religieuses. Ses contemporains n'étaient pas capables de comprendre pourquoi il préférait Augustin et ne s'expliquaient pas sa vieille rancune contre Aristote. En outre, il était déjà vieux et l'on sait que les vieillards n'abdiquent pas facilement les idées qui leur ont été chères pendant toute leur vie.

Ces raisons donnent assez à entendre que Pétrarque ne pouvait guère être bien disposé pour ces nouveaux « philosophes ». Il les représente comme des hommes qui se moquent de Socrate et de Pythagore, de Platon et d'Aristote, qui rabaissent Sénèque et Cicéron, qui tournent Virgile en ridicule, traitent de charlatans saint Ambroise, saint Augustin et saint Jérôme. Peu leur importe qu'on ait perdu la plus grande partie des écrits des anciens : ils sont convaincus d'en savoir assez, bien plus de savoir toute chose. L'éloquence, à leurs yeux, est un art indigne d'un vrai savant. Sans aucun doute, ces expressions visaient directement et exclusivement Pétrarque, adorateur passionné de l'antiquité, et probablement son imagination les exagère en ce qu'elles ont de mordant et d'amer. Ce sont autant de dogmes absurdes d'une secte, qui, naturellement, ne pouvait pas à la fois, comme Pétrarque le lui objecte, admirer le commentateur Averroès et ravaler Aristote. En outre, ailleurs Pétrarque lui-même dit qu'Aristote est leur idole et il les appelle avec le même dédain, tantôt Aristotéliciens, tantôt Averroïstes. Mais quelques-uns de ces derniers le provoquèrent encore personnellement. L'un parlait des luttes intérieures soutenues par Augustin comme de fables inventées et absurdes, et, quand Pétrarque s'avisa de le lui reprocher, il répondit en souriant : vous êtes fou, si vous croyez ce que vous dites. Un autre, étant allé le voir dans son cabinet, à Venise, fit devant lui effrontément montre d'incrédulité, traitant l'apôtre saint Paul de fanatique, protestant qu'il ne croyait pas un mot de ce qui était dans la Bible et prenant Pétrarque en pitié pour ses croyances religieuses. C'était le même qui, d'après le récit de Boccace[1], eut le courage d'affirmer que Pétrarque n'était pas un savant, et qu'Averroès surpassait de beaucoup saint Paul et saint Augustin, ignorants débiteurs de fables. Pétrarque ne put se contenir, et, le prenant par le bras, le mit à la porte.

Si tels étaient les sentiments de quelques-uns de ces philosophes, assurément Pétrarque exagère quand il affirme qu'ils s'agitaient en tout lieu comme une troupe de fourmis, que leur nombre croissait de jour en jour, qu'ils avaient envahi les cités et les écoles et qu'ils aspiraient au monopole de la science. Comme dans cette lutte il s'imaginait jouer le rôle soutenu autrefois par Augustin contre les Pélagiens, il avait besoin à son tour d'une multitude d'adversaires, et comme en réalité ce nombre excessif n'existait pas, il le créait dans son imagination. En effet, comment supposer, s'il eût existé, que l'Église fût demeurée indifférente en sa présence, et comment, en admettant même qu'ils n'aient propagé leurs doctrines que d'une manière purement orale, pourrions-nous n'en avoir d'autre connaissance que celle qu'il plaît à Pétrarque de nous donner?

Pétrarque avait exhorté un jeune philosophe, moine augustin, Luigi Marsigli, à écrire contre Averroès, « ce chien enragé, » qui

1. Boccace, *Lettere*, p. 355.

aboyait contre le christianisme et la foi chrétienne, et contre ses modernes partisans[1]. Non seulement il ne fut pas écouté, mais nous trouvons plus tard Marsigli vivant dans les meilleurs termes avec l'un des plus zélés défenseurs des opinions d'Averroès, à Padoue, maître Marsilio de Santa Sofia[2]. Ce fut alors que Pétrarque lui-même se résolut à prendre la plume et composa son célèbre traité « *De sui ipsius et multorum (s. aliorum) ignorantia*[3] », dans lequel, après les avoir comparées, il exalte la simplicité chrétienne au-dessus de la superbe vanité des philosophes. Pour combattre ces derniers, il affiche une humilité des plus complètes, mais en réalité il s'y montre plus orgueilleux qu'ils ne l'étaient eux-mêmes dans leur dialectique. Nous voyons, à chaque page de ce livre, qu'il a été écrit, moins pour attaquer de front et démasquer l'orgueil immodéré de ses adversaires, que pour faire connaître à tous la faiblesse de ceux qui s'étaient permis de ravaler sa gloire et mettaient en doute sa compétence. Au lieu de la chose en elle-même, qui eût pu donner matière aux plus vives polémiques, Pétrarque se préoccupe de petites questions individuelles où il a été entraîné par l'un ou l'autre de ses adversaires. Il se justifie à chaque instant en disant, avec une humilité peu digne de saint Augustin, qu'il a dû livrer bataille à l'envie, parce que, poussés par ce sentiment, de mécréants disciples d'Aristote essayaient de le rabaisser au niveau de leur ignorance et de faire croire qu'il méprisait Aristote[4]. Leur mépris de la religion et de sa gloire constituait, aux yeux de Pétrarque, deux délits d'égale gravité. Quand ils se rassemblent, écrit-il, c'est pour se moquer du Christ et de moi, parce que je ne suis point de leur opinion[5]; à l'entendre, on dirait que la secte tout entière devait uniquement son

1. *Epist. s. tit.*, 20, à Ludovico Marsigli (*Op.* p. 812).
2. Wesselofsky, *Giov. da Prato*, vol. I, p. I, p. 514.
3. *De sui ipsius et multorum (s. aliorum) ignorantia* (*Op.* p. 1141 sqq.). Pétrarque écrivit cet ouvrage dans sa première forme, selon l'*Epist. rer. senil.*, XV, 8, dans l'année 1367, ou, comme il le nota lui-même sur le manuscrit, deux ans avant la seconde rédaction, terminée le 25 ou le 29 juin 1370, c'est-à-dire en 1368. Ceci n'est pas tout à fait exact, car un manuscrit de l'ouvrage à la Bibl. d'Este de Modène porte la note finale *Scriptum Ticini 1367° circa anni finem*. La même année se déduit encore de l'*Epist. rer. sen.*, XV, 8. V. Mehus, *Vita Ambros. Travers.* p. 238; Bandini, *Catal. codd. lat. bibl. Laurent.*, t. IV, p. 106; Nolhac, *La Bibliothèque de Fulvio Orsini*, Paris, 1887, p. 289. Par conséquent il ne faut pas prendre trop à la lettre la remarque de Boccace du 5 avril 1373 (*Lettere*, p. 355), disant que Pétrarque avait écrit ce livre *pridie*. C'est là naturellement le point de départ de ce qui a été dit plus haut. Ajoutons encore les *Epist. rer. senil.*, V, 3, et XIV, 8, et autres renseignements épars çà et là.
4. *De ignorantia*, p. 1142, 1143, 1158, 1164, *et al.*
5. *Ibid.*, p. 1166.

origine à la lutte jalouse qu'elle soutenait contre son autorité et que tout le monde scientifique d'alors s'était soulevé contre lui.

Pétrarque ne se montre jamais si zélé défenseur de la religion du Christ, que lorsqu'il lui arrive de lutter corps à corps contre les Averroïstes. Mais plus que le christianisme, c'est lui-même qu'il défend. « Plus j'entends, dit-il, blasphémer contre la foi du Christ, plus je sens grandir en moi l'amour que je lui porte et plus je suis ferme dans mes croyances. Je suis comme un fils dont la piété filiale se serait refroidie : à peine a-t-il entendu blâmer son père, qu'il sent tout à coup renaître son affection qui d'abord semblait éteinte, et montre par cela même qu'il est un vrai fils. Souvent, et Dieu m'en est témoin, les blasphèmes des hérétiques m'ont fait, de simple croyant, croyant déclaré. Les anciens, qui avaient sur les choses divines beaucoup d'idées fausses, se gardaient bien d'en rire, et leurs erreurs sont excusables en ce sens qu'ils n'avaient point la connaissance du vrai Dieu et n'avaient jamais entendu parler du Christ[1]. »

Ainsi l'orgueilleuse outrecuidance de ses adversaires offrit à Pétrarque l'occasion de mettre aux pieds de la sagesse divine toute sa science profane et de chercher précisément la gloire dans cet acte d'humble soumission. Dans tous ses écrits, en effet, il ne parle de la doctrine chrétienne qu'avec le plus profond respect, mais, dans la dernière moitié de sa vie et du jour où il entra en lutte avec les Averroïstes, nous le voyons s'en faire le champion courageux, même vis-à-vis des anciens. Il prend Dieu à témoin de la sincérité de ses sentiments, quand il déclare qu'il veut être un homme plutôt vertueux que savant : il lui demande la grâce d'une humilité vraie, pour connaître son ignorance et sa fragilité, et pour se préserver de l'orgueil des Aristotéliciens. Le premier venu qui croit en Dieu a plus de valeur à ses yeux que Platon, Aristote et Cicéron avec toute leur science, parce que, par rapport au Christ, ils ne sont que de pauvres partisans de doctrines fausses et dénuées de toute autorité. Et quand ses adversaires lui reprochent son amour passionné pour Cicéron, il répond : oui, je suis Cicéronien, mais quand les plus sublimes vérités de la religion sont en jeu, quand il s'agit du salut éternel, je ne suis, ni cicéronien, ni platonicien, je suis chrétien. Il est en outre persuadé que Cicéron eût embrassé la foi chrétienne, s'il avait pu connaître l'Évangile, comme saint Augustin se plaisait à l'affirmer de Platon. Le christianisme est pour lui l'unique et immuable fonde-

1. *De ignorantia*, p. 1151.

ment de toute vraie science, la seule base sur laquelle l'esprit humain puisse s'appuyer dans ses spéculations. L'Évangile sera toujours pour lui le livre préféré, même au milieu de la lecture des anciens, poètes, philosophes et historiens !

Il est facile après cela de comprendre comment les plus austères moralistes de son temps, non seulement n'osèrent lui reprocher le culte qu'il professait pour l'antiquité, mais furent même au nombre de ses plus grands admirateurs. Elle-même, plus tard, l'Église se plut à compter parmi ses défenseurs le père de l'Humanisme. Abstraction faite de plusieurs lettres en vers écrites contre les papes d'Avignon, que l'Église a tout naturellement mises à l'Index, ses autres livres où éclatent tour à tour sa passion pour Laure et son admiration enthousiaste pour l'antiquité, ne provoquèrent la colère d'aucun inquisiteur ombrageux. Pour nous, instruits par l'expérience, nous pouvons juger les choses à un point de vue tout à fait différent. Ces partisans d'un vain formalisme, contre lesquels il luttait, n'ont au fond porté aucune atteinte grave à la foi : leur doctrine n'avait plus même l'apparence d'une doctrine nouvelle. Les successeurs de Pétrarque, au contraire, n'imitèrent point son respect pour la religion ; et bien souvent, agitant le flambeau du paganisme, ils osèrent l'opposer aux splendeurs alors languissantes de la foi, et, plus d'une fois, se félicitèrent de la victoire.

1. Cf. *De ignorantia*, p. 1145, 1146, 1162, 1163 ; *Epist. rer. famil.*, VI, 2 *et al.*

CHAPITRE TROISIÈME

Pétrarque, philosophe stoïcien. Pétrarque, républicain et courtisan. Pétrarque en quête de prébendes. Pétrarque dans la solitude. Culte de l'amitié. Pétrarque et Laure. Pétrarque et Dante. Son orgueil et sa vanité. Démêlés avec un cardinal français. Sa passion pour la gloire. Couronnement au Capitole.

Les luttes de Pétrarque contre les Averroïstes nous ont fait connaître un côté caractéristique de son esprit ; en l'étudiant dans son ensemble, nous le trouverons toujours égal à lui-même. Il voulait être quelque chose de plus qu'un écrivain illustre ; il voulait s'élever au-dessus de ses contemporains comme penseur et comme philosophe, se faire admirer et respecter comme un astre, dont on ne savait d'où venait la lumière ni ce qu'elle était en réalité. Projet terriblement audacieux et nouveau, quoique sa vie n'y répondît que très imparfaitement et laissât voir à tout moment l'homme sous le prophète.

Même sous ce rapport, Pétrarque eut vite compris que pour mieux mettre sa personne en relief, il avait besoin d'une illusion d'optique, d'une arrière-scène aux teintes sombres et obscures. Comme il avait dépeint avec exagération les Averroïstes sous les couleurs les plus noires, il ne se lasse plus désormais de déplorer la misère morale de son siècle et la corruption de ses contemporains. Soit qu'il nous représente la haute civilisation des anciens, soit qu'il pleure avec les moines le déluge de crimes que traverse l'humanité, il est plein de lui-même, de sa propre grandeur, et se regarde comme en exil au milieu d'une société si grossière et si corrompue. Il ne veut plus ni écrire, ni travailler, pour soulager un siècle dont le mal défie tous les remèdes. Afin « d'oublier ceux avec lesquels une mauvaise étoile le condamne à vivre », il veut vivre par la pensée avec les grands esprits de l'antiquité, en se faisant une solitude volontaire au milieu de ses contemporains[1]. La pensée qui le domine et qu'on retrouve à chaque pas dans ses écrits, c'est de se tenir éloigné de la multitude infinie des sots, du profane vulgaire, de mépriser ce que le

1. *Epist. rer. famil.*, VI, 4. De semblables expressions se rencontrent dans tous ses écrits ; même dans l'*Epist. ad posteritatem* (au commencement de l'édition Fracassetti des lettres familières, vol. 1, p. 3), qui est comme son testament à la postérité, il dit : « *Incubui unice inter multa ad notitiam vetustatis, quoniam mihi semper ætas ista* (*nostra*) *displicuit*, etc.

grand nombre adore et d'adorer ce qu'il ignore[1]. Pourtant, dans sa jeunesse, il avait bu comme les autres à la coupe de la volupté et n'avait pas dédaigné les plaisirs de la vie, courant à la recherche de ces louanges, qu'il avait l'air de mépriser.

De quelque côté que nous envisagions le cours de ses idées, nous y trouverons toujours une soif ardente de vérité, mêlée à un besoin non moins puissant de se distinguer, une lutte continuelle des meilleurs instincts contre ses passions, qu'il ne parvient pas à maîtriser.

Pétrarque voulait ressusciter la philosophie stoïcienne, non seulement dans ses écrits, mais encore dans sa vie. Pour lui, il n'y a de vrai philosophe que celui qui, doué d'aptitudes supérieures, vit dans une modeste retraite, étranger à toute vaine ostentation et passionné uniquement pour la science et la vertu. Comme écrivain et poète, il mettait toute sa gloire dans l'éloquence, c'est-à-dire dans cet art dangereux, qui attire facilement les regards, mais n'induit que trop souvent en erreur l'écrivain ou l'orateur, non moins que le lecteur ou l'auditeur. Cet inconvénient n'a pas échappé à la pénétration de Pétrarque. L'éloquence, à ses yeux, doit être une muse chaste et pudique. Il n'ignore pas que, pour être estimée, elle a besoin d'être unie à la vertu et à la science, et qu'alors seulement elle peut être « une grande source de gloire ». Par contre, il compare la douceur et les attraits extérieurs de la parole aux faux ornements d'une courtisane ou à un poison mêlé de miel[2]. « C'est une vaine gloire que celle qui s'acquiert parmi les hommes par le seul prestige de la parole[3]. » — « Tenez compte des faits seuls ! Les paroles sont des sons vides, de vaines exagérations, des efforts impuissants ; il n'y a que dans les faits que vous trouverez la paix, la force et la tranquillité[4]. » Ce contraste le frappe tellement, qu'il éprouve le besoin de reprocher à Cicéron lui-même ce qu'il considère comme une faiblesse : « A quoi bon prêcher les autres et exalter la vertu avec un si grand luxe de paroles, si ensuite tu ne la suis pas toi-même[5] ? » Et ailleurs, il l'accuse de manquer aux principales maximes stoïciennes qu'il expose et défend avec tant d'éloquence,

1. Citons seulement l'un des passages les plus importants de l'*epist. rer. famil.*, XIX, 7 : « *Et miraris quod paucis placeo, cui cum paucis convenit, cui omnia fere aliter videntur ac vulgo, a quo semper quod longissime abest, id penitus rectum iter censeo ?*

2. *De rem. utr. fort.*, lib. I, dial. 9.

3. *Epist. ad posteritatem, l. c.*

4. *De remed.*, lib. II, dial 102.

5. Lettre à Cicéron, *epist. rer. famil.*, XXIV, 3. On a trouvé à Arezzo une lettre dans laquelle un bouffon répond à Pétrarque en soutenant le parti de Cicéron. Cf. *Leonardi Bruni. epist.* IV, 4, éd. Mehus.

en se plaignant à chaque instant tantôt de son exil et de ses infirmités, tantôt des cabales et des intrigues du forum, ici de la perte de ses biens et là des attaques contre son nom, et en blâmant souvent dans ses lettres les mêmes personnes qu'il avait louées auparavant[1] ? Cette contradiction entre les paroles et les actes, cette orgueilleuse absence de caractère, qui résume en un mot tout ce qu'on a écrit à notre époque de plus ou moins passionné contre l'illustre orateur, n'avaient point échappé à l'œil exercé de Pétrarque, peut-être parce qu'il constatait en lui les mêmes perplexités et les mêmes contrastes. Et, en effet, saint Augustin lui répétait ailleurs ce qu'il disait à Cicéron : « Que te sert de faire entendre aux autres de si doux chants, si tu ne t'écoutes toi-même[2] ? » Et, dans un autre endroit, lui-même s'écrie : « Même nous tous, qui vivons dans les tournois de la carrière littéraire, nous avons plus à cœur la pompe des mots que l'honnêteté de la vie, et nous sommes plus soucieux de la gloire que de la vertu[3] ! »

Ce que Pétrarque ambitionnait le plus, c'était de se placer sur un siège élevé, au-dessus de ses contemporains, comme penseur et comme philosophe, et de regarder de cette hauteur, avec dédain, les choses d'ici-bas et les louanges des hommes. Pour lui, il ne reconnaît pas les obstacles que la naissance et le sang établissent entre les hommes. La célébrité, dit-il, ne s'acquiert pas par la noblesse de l'origine, mais par les actions. Il est ridicule de se glorifier du mérite d'autrui ; bien plus, les défauts des neveux dégénérés ressortent encore plus, mis en comparaison avec la gloire des ancêtres[4]. Conformément à ces idées, Pétrarque est un orgueilleux républicain, en théorie, et les princes ne sont pour lui qu'autant de Démétrius de Phalère et de Denys, contre lesquels un autre Platon ne devait pas craindre d'élever la voix. Néanmoins, les cours avaient pour lui un certain attrait et les palais des grands le charmaient. En effet, il y introduisit l'Humanisme, qui, pendant des siècles, en fit le plus bel ornement. A partir de ce moment, l'idéal de ce nouveau Virgile ou Horace est le palais d'un nouvel Auguste, entouré d'une société de Mécènes, et il ne rêve qu'une existence exempte de soucis, achetée même au prix d'une dévotion servile.

1. *Præfat. in Epist. famil.*, éd. Fracassetti, vol. I, p. 25.
2. *De contemptu mundi*, dial. III (*Op.* p. 415).
3. *Epist. rer. famil.*, XVI, 14.
4. *De remed. utr. fort.*, I, 16, II, 5.

A Avignon, déjà, Pétrarque avait appris le métier de courtisan auprès des papes et des cardinaux. Or, quel motif l'attachait à la Curie, pendant qu'il ne cessait d'éclater en invectives contre les vices de la nouvelle Babylone? Ce n'était ni Laure, ni ses amis dont il ne savait se séparer, mais les riches prébendes, qui lui assuraient une vie commode et aisée. Les papes lui offrirent en plusieurs fois le poste de secrétaire de la Curie[1]; il le refusa comme un emploi servile, mais lorsque, à son retour d'Italie, il reparut de nouveau à la Curie, ce ne fut que pour solliciter des princes de l'Église de nouvelles prébendes. Les ayant obtenues, il se retira immédiatement en Italie pour en jouir, et ne tint aucun compte du désir de ces « Arsacides » qui voulaient le retenir à Avignon; tout au plus se déclara-t-il « lié envers eux par les bienfaits qu'il en avait reçus[2] ».

En Italie, son Auguste fut le roi Robert de Naples, qui lui valut son couronnement, et pour lequel il professa toujours une profonde reconnaissance et une admiration enthousiaste[3]. Lorsque les Corrège (1345) se rendirent maîtres de Parme, au moyen d'une surprise nocturne, Pétrarque, qui les avait connus à Avignon, entra dans la ville avec les vainqueurs, quoiqu'il se fût toujours donné dans ses poésies comme l'apôtre de la liberté contre les tyrans. On s'était habitué, en Italie, à chercher la liberté dans des gouvernements républicains, lesquels étaient en réalité tombés aux mains de petits princes ou de républiques voisines plus puissantes. Florence, qui sous le rapport de l'esprit tenait le premier rang, Florence, patrie naturelle de Pétrarque, lui demeurait fermée. Il ne put jamais oublier, malgré son culte idéal pour la liberté, que c'était une république qui avait condamné sa famille à l'exil. S'il était un admirateur enthousiaste de l'ancienne république romaine et de celle de Cola di Rienzo, il n'aimait point les républiques qui existaient alors en Italie. Le poète se trouvait mieux auprès des princes qu'auprès des

1. Qu'on lui ait offert le chapeau de cardinal, seul Secco Polentone l'affirme. Mehus, *Vita Ambros. Travers.*, p. 200, et Tomasini, *Petrarca rediv.*, p. 191. Il n'est jamais question ailleurs même d'un évêché.

2. *Epist. rer. famil.*, XII, 11 du 21 mai (1352).

3. On ne saurait absoudre de servilisme les vers exagérés du jeune poète, par ex *Epist. metr.*, II, 1 : son ami doit le recommander au roi Robert.

Sum suus ex merito, sibi me meaque omnia soli
Devovi : ingenium, calamum, linguamque manumque
Et si quid superest aliud. Mihi charior ipse
Sum, postquam dedit esse suum : dominumque superbit
Mens mea.

gouvernements continuellement en proie aux partis, où sa muse n'aurait pas été appréciée et où il n'eût pas rencontré de Mécène stable. Toutefois, ce ne fut pas sans scandaliser ses amis et ses admirateurs qu'il s'établit, en 1353, à Milan, auprès de Visconti, le tyran le plus odieux de l'Italie, qui soumit à main armée les villes les unes après les autres, et ne sut faire oublier sa cruauté par aucun acte magnanime et généreux. Pétrarque sentit le besoin de se justifier : il allégua que la libéralité et les magnifiques promesses de l'archevêque Jean Visconti l'avaient séduit. A peine dégagé des chaînes de Babylone et de la prison d'Avignon, et après avoir tant de fois refusé la protection des papes et des rois de France et de Sicile, il n'avait su résister aux prières pressantes de cet « illustre Italien ». Interrogé sur ce qu'il voulait de lui, ce dernier avait répondu qu'il ne désirait que sa seule présence à Milan, pour son bonheur personnel et celui de son pays, lui promettant une vie tranquille et libre, à défaut de plaisirs, de richesses et d'honneurs[1]. En effet, les Visconti préparèrent au poète une existence aisée, dans une maison attenante à la cathédrale, ce qui lui faisait dire avec emphase qu'il était l'hôte de saint Ambroise. Ils ne lui demandèrent aucun service particulier, sinon de composer de temps en temps pour eux quelque lettre officielle, et d'accompagner quelque ambassade en qualité d'orateur[2]. Il a beau déclarer qu'au milieu de cette grande ville et de cette cour il menait la vie d'un philosophe et d'un anachorète, il n'en prenait pas moins plaisir aux honneurs qu'il y recevait et par lesquels il se liait de plus en plus à ses maîtres. Il y resta huit années, jusqu'à ce que la peste et la guerre vinssent l'en chasser.

Ce séjour fit scandale et jeta une ombre défavorable sur le philosophe. Le monde de ses admirateurs et ses amis même les plus dévoués ne savaient en prendre leur parti. Lorsque Boccace apprit pour la première fois que son *solivagus Silvanus*, panégyriste enthousiaste de la liberté et de l'honnête pauvreté, s'était incliné sous le joug des Visconti qui menaçaient d'asservir Florence, sa patrie, qu'il avait accepté leurs présents et s'était fait leur courtisan, il s'écria que c'était impossible. Mais, quand Francesco Nelli lui en eut montré les preuves dans les lettres mêmes du maître, il ne put s'empêcher de dire que le « crime de Silvanus méritait la vengeance du ciel ». Comment pouvait-il à ce point renier ses opinions et ses

1. *Epist. var.*, 7., *epist. rer. famil.*, XVI, 12.

2. Les *epist. var.*, 6 et *epist. rer. famil.*, XIX, 18, ont été composées par Pétrarque au nom de Galéas Visconti. Nous avons encore trois discours qu'il prononça au nom des Visconti, dans trois ambassades différentes.

sentiments? N'avait-il pas reproché à Cicéron et à Sénèque la faiblesse de leurs caractères? L'honnête Boccace n'hésita pas à lui manifester ouvertement sa pensée, en parlant toutefois de Silvanus comme d'une tierce personne. « Je ne puis que rougir de honte et condamner l'indignité de sa conduite. » Ses autres amis n'en jugèrent pas autrement; ils se sentaient déshonorés, eux qui avaient élevé jusqu'au ciel les vers et la vie irréprochable du maître. Désormais la gloire du philosophe était effacée, il l'avait usurpée par hypocrisie, et l'unique mobile de ses actes avait été le désir des richesses[1]. Pétrarque reçut à ce sujet plusieurs lettres de ses amis, et un sonnet dans lequel un pseudonyme invitait « l'unique soleil et l'unique lumière du monde » à abandonner la cour des tyrans et à chercher ailleurs la liberté[2]. Il s'estimait trop supérieur aux autres pour avoir besoin de se justifier; pour répondre à toutes ces lettres, disait-il, il faudrait écrire un livre tout entier[3]. Mais le respect dont il jouissait était tel, que la colère de ses amis s'évanouit avec le temps.

On sait que Pétrarque, dans la suite, se fixa pour quelque temps à Venise, où la République lui donna l'hospitalité, mais, à ce qu'il paraît, ne le combla pas autant qu'il l'eût désiré d'honneurs et d'hommages. En effet, son départ n'eut pas seulement pour cause l'opposition que lui faisaient les Averroïstes. Il ne fut véritablement satisfait que plus tard, lorsque les Carrare lui firent un accueil splendide à Padoue. Ce fut près d'eux qu'il passa tranquillement les jours de sa vieillesse, toujours plongé dans l'atmosphère des cours, et jouissant de cette vie commode et indépendante qu'il avait toujours désirée. Le poète prenait part aux banquets des grands et recevait leurs visites. Les princes eux-mêmes le regardaient comme un homme supérieur, et assurément jamais lettré n'occupa plus de place dans les esprits, si l'on en excepte, dans les temps modernes, le philosophe de Ferney. Les rois rivalisèrent entre eux pour le combler d'honneurs et de présents. Le pape Urbain V l'invita à Rome, non pour lui donner une charge, mais uniquement pour que l'honneur de sa présence rejaillît sur la Curie[4]. Le philosophe s'excusait toujours en alléguant les incommodités de la vieillesse et l'état

1. V. la belle lettre de Boccace à Pétrarque, du 18 juillet 1353, dans ses *Lettere*, éd. Corazzini, p. 47.

2. Sa réponse dans l'*Append. epist.*, 5, éd. Fracassetti.

3. *Epist. var.*, 25 à Boccace, du 18 août 1360. Une réponse évasive dans l'*epist. rer. famil.*, XVII, 10.

4. *Epist., rer. senil.*, XIV, 3.

déplorable de sa santé. Il connaissait à fond l'art de se faire rechercher et prier, et paraissait d'autant plus grand qu'il refusait tout honneur. Comment un vieillard pourrait-il, écrivait-il à un ami, vivre dans l'intimité des grands, après l'avoir évitée jusqu'à ce jour? Il ne désirait qu'une chose : se retirer dans une vie tranquille, modeste et solitaire, pour y lire, écrire, et pourvoir, par des exercices de piété et de religion, au salut de son âme[1].

Mais Pétrarque n'obtint pas tous ces honneurs sans sacrifier une grande partie de ses principes philosophiques. Il savait charmer les oreilles des princes par le doux langage de la flatterie et de la reconnaissance et, en échange des bienfaits reçus, il leur promettait l'immortalité dans ses vers. Il se plaît à répéter en plusieurs endroits que les papes et les rois le recherchaient, mais il se vante encore avec plus d'orgueil de n'avoir jamais accepté une situation qui eût pu le moins du monde l'enlever à lui-même et à ses études. Personne n'était en droit d'affirmer qu'il eût perdu beaucoup de temps au service des princes. Il ne prit jamais place dans leurs conseils — nous le croyons sans peine — rarement à leur table. Lorsque le mouvement commençait dans leurs palais, il avait disparu, regagnant le silence de sa chambre pour y étudier à l'aise, ou poursuivant au dehors ses méditations solitaires. Ce ne fut pas lui qui chercha les princes, mais les princes qui le cherchèrent, et ils durent plus d'une fois, pour jouir de sa compagnie, se soumettre même à ses caprices et à son humeur[2].

Il n'y a que les maîtres dans l'art du savoir-vivre qui arrivent à ces résultats. Toutefois, le philosophe veut manger et boire, prendre sa part des plaisirs du monde, et non se condamner à épuiser le calice amer des privations. Mais, sur ce point, la théorie de Pétrarque manque de solidité et de précision. Tantôt il envie l'heureuse tranquillité d'Horace et veut éviter la dure et sordide pauvreté, de manière à avoir toutefois en abondance ce que son cœur désire, ayant, du reste, appris à aimer la médiocrité dorée, sans avoir le courage de la supporter[3]. Tantôt il prend le ton et l'inspiration d'un anachorète, maudit l'or et les richesses, ne souhaite que quelques fruits pour se nourrir et une fontaine pour se désaltérer, et n'a d'autre souci que de se préparer à bien mourir. Il n'eût jamais, pour un emploi quelconque, même au sein de la Curie, sacrifié sa

1. *Ibid.*, XIV, 6.

2. *Ibid.*, VI, 2, XVI, 2 à Boccace. Filippo Villani, p. 15 : *Ceterum cum curias frequentaret invitus et renitens, in illis, quod dictu mirabile est, solitarius erat.*

3. *Epist. rer. senil.*, VIII, 3.

propre liberté : les postes de secrétaire et les bénéfices avec charge d'âmes, il les repoussa toujours, sous ce seul prétexte que le soin de son âme lui donnait déjà trop à faire. Mais vivre du revenu des prébendes, sans travailler en retour, et accepter de la main des princes des présents qu'il payait en basses flatteries, n'avaient rien qui pût offenser sa dignité. Il suffit de rappeler qu'il obtint le prieuré de Migliarino[1] de Clément VI, à Avignon, lorsque, en qualité de citoyen romain honoraire, il lui présenta une députation romaine et lui tint un discours si flatteur, que le pape français ne voulut pas mettre le moindre retard à le récompenser.

Il ne serait pas sans intérêt de savoir le nombre de prébendes et de dignités ecclésiastiques que Pétrarque parvint à se procurer durant sa longue vie. Mais il n'en parle que dans quelques-unes de ses lettres et ces allusions cessent entièrement, lorsqu'il se trouve à Avignon et s'y occupe personnellement de ses affaires. Cela se présente surtout dans les années de sa jeunesse où il tire plus particulièrement de l'Église ses moyens de subsistance. Il n'est pas douteux qu'il ne prît les ordres ; ils étaient alors indispensables pour avoir une prébende ; du reste, il n'eut jamais de goût prononcé pour l'état ecclésiastique ; sa première prébende fut un canonicat à Lombez, que le pape Benoît XII lui conféra, sans doute à la prière de son ami, l'évêque Jacques Colonna. Qu'il ait été retenu dans la Babylone des papes uniquement par la passion pour Laure et les attraits enchanteurs de sa retraite de Vaucluse, on l'a dit et répété bien des fois. Mais il serait plus vrai de dire qu'il y demeura, comme beaucoup d'autres, attiré par le désir de la faveur des papes ; et les invectives, auxquelles il se laisse aller de temps en temps contre Avignon et la Curie, sont presque toujours le résultat de demandes restées sans effet. Jusqu'alors il se justifiait en faisant croire qu'il était en quête de prébendes, non pour lui, mais pour les autres. Toutefois il n'hésite pas à avouer à saint Augustin ses efforts pour se procurer une vie commode et une vieillesse à l'abri du besoin[2]. Lorsqu'en novembre 1347, il quitta Avignon, il était déjà largement pourvu.

En effet, au mois d'octobre 1346, il avait obtenu un canonicat à Parme, qui fut suivi en 1350 d'un archidiaconat dans la même cathé-

1. *Bref* du 7 octobre 1342, De Sade, t. III. *Pièces justif.* p. 54. Il ne prit cependant pas possession de cette prébende, mais obtint à la place un canonicat à Pise. Pagnanini, *Delle relazioni di Messer Franc. Petrarca con Pisa* dans les *Atti d. R. Accad. Lucchese*, T. XXI, 1882, p. 183.

2. A cela se rapportent les *sollicitudines et edentes animum curæ*, à propos de quoi Augustin l'accuse d'avarice dans le *Dial. de contemptu mundi*, II (année 1342).

drale, et vers la même époque Jacopo de Carrare lui donnait un autre canonicat dans la cathédrale de Padoue, lequel valait environ 260 ducats, avec un logement gratuit dans une maison attenante à la cathédrale.

Mais, en 1351, il retourne à Avignon et y séjourne plus d'une année, continuellement au milieu des courtisans dans les antichambres du pape et des cardinaux, et donnant une pauvre idée de lui-même, comme il en convient, au grand étonnement de ses amis. Finalement il réussit et peut annoncer avec orgueil à son ami Simonide de Rome que ses instances réitérées l'ont emporté : leur ami commun, l'abbé de Vallombrosa, a obtenu tout ce qu'il voulait, tant avait été grand son zèle au service de l'amitié[1]. Mais douze jours s'étaient à peine écoulés qu'il avait déjà conclu une autre affaire. Il avait amené avec lui à Avignon son fils, âgé de quinze ans, débauché jusqu'à l'excès et rebelle à l'étude comme à l'obéissance, pour qu'il ne restât pas sans protection et sans appui, si son père venait à lui manquer. N'importe, ce triste sujet s'en retourna vers son maître, pourvu d'un riche canonicat à la cathédrale de Vérone[2]. Le père continua de demeurer à Avignon, retenu là « par le grand intérêt qu'il portait à ses amis ». Il assure que les deux plus puissants cardinaux d'alors, Gui de Monfort et Élie de Talleyrand, l'avaient appelé à la Curie, et qu'il y était venu sans savoir ce qu'on lui voulait, ayant appris depuis longtemps à réprimer ses propres désirs. Mais c'eût été un orgueil impardonnable de ne pas répondre à leur invitation. Ils se donnèrent beaucoup de peine pour le rendre riche, mais malheureux, en le surchargeant d'affaires. Il voulait dire qu'au lieu de prébendes faciles, on lui avait offert le poste de secrétaire apostolique, qu'il se hâta de refuser. Un essai qu'on fit de son style ne réussit pas davantage; on trouva qu'il écrivait d'une manière emphatique et obscure. Mais ses protecteurs voulaient toujours lui venir en aide et il semble qu'ils y réussirent. Néanmoins, plus d'un de ses

1. A ce que l'on sait déjà de ces prébendes, il faut ajouter les documents trouvés par Livi et publiés dans les *Atti e Memorie delle Deputazioni di storia patria per le Provincie dell. Emilia*, N. S. vol. III, p. II, Modène, 1878, p. 289, et Thomas, *Les lettres à la cour des papes*, Rome, 1884, p. 75 (*Extrait des mélanges d'archéol. et d'hist. publ. par l'École franç. de Rome*). On voit à combien s'élevait la prébende de Padoue par la seconde investiture de 1390. Le bref dans Schio, *Vita di Ant. Loschi*, p. 163. Pour la maison attenante à la cathédrale, laquelle portait autrefois l'effigie du poète, Gloria, dans les *Atti del. r. Istituto, Veneto*, t. VI, Sér. V, Venise, 1879-80, p. 21.

2. *Epist. rer. famil.*, XII, 12, du 24 mai et XIII, 2 du 5 juin 1352. Quant aux efforts faits pour réussir, v. l'*epist. var.* 25, au Véronais Gulielmo de Pastrengo; en parlant du canonicat, Pétrarque dit : *pro quo totiens laborastis*.

admirateurs ne manqua pas de juger étrange que ce philosophe éprouvât tous les deux ans le besoin de faire un pèlerinage à Avignon et expliqua le fait en l'attribuant moins à son humeur inquiète qu'à son avidité. Il imposa silence à ses détracteurs en répondant avec fierté que ce reproche avait pour démenti sa vie tout entière, ajoutant en même temps que ce désir de changer de demeure était inné dans tous les hommes supérieurs et que chez lui ce désir était une sorte d'infirmité spirituelle, un besoin fébrile de son intelligence et de son cœur[1].

Il paraît, en effet, que Pétrarque, continuellement en quête de prébendes, avait l'habitude de revenir à la charge de temps à autre, de manière à laisser ses bienfaiteurs oublier pour un moment son importunité. Toutefois, dans ses dernières années, il ne se rendait plus lui-même en personne à Avignon, mais se servait de l'entremise de ses amis et de ses agents. Comme il ne pouvait de cette façon s'employer activement pour les autres, comme auparavant, il ne tarda pas à inventer de nouveaux sophismes pour excuser cette soif effrénée de nouveaux revenus. Nous n'avons pas, il est vrai, de détails précis sur ce point, mais on les imagine facilement, quand on pense au trafic éhonté qui se faisait alors à Avignon des bénéfices ecclésiastiques, en dépit de toutes les incompatibilités et de la violation du droit. En 1358, Pétrarque assurait l'archevêque de Gênes qu'à la cour des Visconti, il menait la vie d'un simple lettré au sein d'une heureuse médiocrité, également éloigné de la misère et des richesses, uniquement préoccupé de faire une bonne mort. Mais l'archevêque eut bientôt appris d'un autre côté, qu'il s'était procuré d'autres revenus. Le poète, ne pouvant le nier, répondit que ses dépenses avaient augmenté et qu'il ne gardait pas son argent dans son coffre-fort. Il se trouva même une qualité qui manquait aux autres : pendant que chez eux le désir de posséder s'accroît avec leurs richesses, lui, au contraire, plus il était riche, plus il était tranquille et content. Il voulait ainsi montrer qu'on le pouvait combler de présents, sans troubler en rien la sereine égalité d'âme du philosophe[2]. Dès l'année 1361, il sollicite le cardinal Talleyrand et l'évêque de Cavaillon, de lui obtenir du pape de nouvelles libéralités, qui le sauvent d'une

1. *Epist. rer. famil.*, XIII, 5, du 9 août 1352; XIV, 7, du 8 novembre. Les lettres XIV, 4, et XV, 4 se rattachent aussi sans doute à cette circonstance.

2. *Epist. rer. famil.*, XIX, 16, 17. Dans la dernière on lit : *Sed ad hunc diem quo plus habui, eo minus optavi, et quo rerum copia largior, eo et tranquillitas vitæ maior et cupiditas animi minor fuit, minusque sollicitudinum et curarum.*

sordide pauvreté et des besoins pressants de chaque jour[1]. Le cardinal eut encore une fois la malheureuse idée de faire entrer Pétrarque dans la Curie, à titre de secrétaire. Qu'obtint-il, on ne le sait. Mais le canonicat de Vérone, qui avait été donné, puis retiré à son fils à cause de ses désordres, continua de rester dans la famille, car on sait que le pape, après la mort du fils, le conféra au père[2].

Même dans ses dernières années, qu'il passa, en odeur de sainteté, dans la solitude d'Arquà, il ne dédaigna pas de profiter de la faveur du pape, pour voir augmenter le montant de ses revenus. Sa manière de solliciter est tout à fait caractéristique. Il a ce qu'il faut pour les besoins que peut avoir un chanoine. Mais il a tant d'amis à sa charge et leur nombre est presque supérieur au chapitre, auquel il appartient. Il mène volontiers une vie simple et retirée à la campagne, mais il doit tenir des serviteurs — « oh ! que ne puis-je vivre sans eux ! » — et se contenter de deux chevaux seulement et de trois secrétaires. De temps en temps, lorsqu'il voudrait dîner seul et à sa guise, il lui survient une troupe d'hôtes qu'il doit héberger convenablement, pour ne point paraître avare[3]. Personne n'est en état de distribuer des bénéfices, autant que le pape, pourvu qu'il le veuille ; mais le pauvre poète ne sait pas prier, parce qu'il ne se soucie guère de ces choses. Il a soin de faire observer qu'on lui conférant une prébende, on a la certitude de pouvoir très prochainement en disposer pour un autre, attendu sa vieillesse et ses infirmités[4]. Tous ces beaux artifices furent inutiles. L'un de ses amis lui écrivit de la Curie que le pape lui était toujours favorable, mais qu'il aurait beaucoup de peine à faire quelque chose pour lui, parce qu'il était assiégé d'une troupe affamée de cardinaux nouvellement créés. Alors Pétrarque se renferma dans son orgueil d'autrefois, honteux de s'être abaissé jusqu'à prier, et il

1. *Epist. var.*, 55, et *epist. rer. senil.*, I, 3 : *Divitias alii, ego paupertatem appelo, sed non omnem profecto, non sordidam, non tristem neque sollicitam, sed tranquillam, sed pacificam, sed honestam.*

2. *Epist. var.*, 85, du 10 août 1361. Outre son fils Jean qui était mort, nous lui connaissons encore une fille Françoise qui, en 1361, épousa Francescolo de Brossano.

3. Il se loue souvent et bien volontiers de sa frugalité, mais on sait qu'il devenait avec les années de plus en plus gras. Le fait est rapporté par ses premiers biographes. Boccace, dans Rossetti, *Petrarca*, p. 321, écrivait : *Statura procerus, forma venustus, facie rotonda*, etc., Secco Polentone, dans Mehus, *Vita Ambros. Travers.* p. 199 : *pinguior enim simul et senior factus est.* La *Vita* dans Tomasini, *Petrarca rediv.* p. 191 : *Vultus teres et pinguis. Corpus in senio pingue habuit.* Celle de P. P. Vergerio, *ibid.*, p. 175, et dans De Sade, T. III. *Pièces just.*, p. 13 : *plena facies, rotundiora membra et in senectute ad crassitudinem vergens.*

4. *Epist. var.*, 15, à Franc. Bruni et *epist. rer. senil.* XIII, 12, au même.

protesta énergiquement de son indifférence pour les biens de la fortune et de son peu d'attachement à ceux qui auraient pu lui venir. Mais il ne put s'empêcher en même temps de critiquer l'insatiable cupidité des prélats. La prébende refusée se transforme dans son esprit en une preuve de la mauvaise administration ecclésiastique : le pape voudrait y remédier, les cardinaux s'y opposent. « La vérité et moi, s'écrie-t-il, avons dans la Curie des ennemis puissants : ils me disputent toute récompense et tout honneur. » Et il continue à déverser à pleines mains son mépris sur tout le collège des cardinaux.

Tandis qu'une parole amie de l'un des membres de cette assemblée l'eût rendu tout heureux, il ose dire que ce que l'on respecte en eux, c'est le chapeau et la robe rouges, au lieu que les honneurs rendus au poète s'adressent à sa propre personne. Et comme la pensée de la mort est à ses yeux le caractère distinctif du vrai philosophe, pour les couvrir de honte, il les met avec tout leur luxe et leur mollesse au nombre de ceux qui écartent cette pensée le plus possible[1].

De cette manière, il reste démontré jusqu'à l'évidence que Pétrarque occupa le premier rang parmi ces capteurs de prébendes, qui rendirent la cour d'Avignon tristement célèbre pour sa vénalité et ses désordres. Ses amis les plus intimes ne le jugeaient pas autrement, et le premier de tous, son admirateur le plus enthousiaste, le bon Boccace, dans l'éloge qu'il composa de son vivant, essaye de le justifier de son mieux de semblables accusations. Mais, pour les fréquents voyages à Avignon, il ne sait en donner d'autre raison que le besoin éprouvé par le poète d'y retourner de temps en temps, afin d'étudier les hommes et la société, dont il vivait séparé, pendant des mois et des mois, « dans la plus profonde solitude[2]. » Quant aux bénéfices, il n'en avait pas trop, ils étaient tous exempts de toute obligation de charge pastorale et lui avaient été conférés d'une manière spontanée par les papes. Assurément, si jamais homme au monde mérita de l'Église une pension particulière, c'était Pétrarque, quoiqu'il ne fût tenu à lui rendre aucun service. Il devait dissimuler sous le voile de l'hypocrisie et des sophismes le contraste frappant qui existait entre la mollesse de sa vie et la rigidité des principes, dont il voulait se prévaloir aux yeux du monde.

Pétrarque nous raconte à chaque instant qu'il fuit le bruit des villes et la société des hommes et se retire dans le silence de sa

1. *Epist. rer. senil.*, XIII, 12, 13, adressées toutes les deux à Bruni, son agent d'affaires auprès de la Curie.
2. Rossetti, *l. c.*, p. 319, 321.

chambre au milieu de ses livres, ou qu'il erre à travers les bois et la campagne, prêtant l'oreille au chant des oiseaux et au murmure des fontaines, seul et recueilli, suivant le cours capricieux de ses pensées. Il ne se montre pas seulement ainsi dans ses vers; mais, dans ses lettres et ses écrits philosophiques même, il ne cesse d'offrir au lecteur une image identique de sa vie de poète. Si ces descriptions accusent évidemment un fonds de vanité et d'orgueil, il n'en est pas moins vrai que le ton général nous révèle un sentiment profond de l'art inspiré par le spectacle de la nature et les mouvements intimes du cœur. Jamais personne ne parla avec plus d'enthousiasme des agréments de la vie champêtre, personne ne puisa une plus grande abondance de poésie dans la contemplation de la nature, personne n'aima plus profondément la douce tranquillité des études et de la retraite.

Un coin retiré, près des sources de la Sorgue, l'avait irrésistiblement enchanté dès le premier jour, quand il arriva de Bologne où il avait étudié, et il y acheta sur le champ une maisonnette et des jardins, qu'il planta et cultiva d'après ses goûts, « à l'exemple de Fabricius et de Caton ». Une vieille ménagère, type d'activité et de dévouement, pourvoit à ses modestes besoins. Deux domestiques et un chien complètent heureusement sa famille, à laquelle s'adjoint de temps en temps un secrétaire. Là, le poète vit au milieu d'un peuple pauvre et honnête, qui tire de la culture et de la pêche son principal, son unique moyen d'existence. Il se familiarise avec les paysans, tout ignorants qu'ils sont de ses chants, de sa science et de sa grandeur philosophique, et il déclare ouvertement que, las des éloges et de la renommée, il aime mieux se perdre au milieu de ceux qui ne connaissent pas sa gloire[1]. Souvent il se nourrit d'un pain grossier qui est la nourriture des bergers et n'y ajoute que dans les grandes occasions des raisins, des figues, des noix. Son vêtement ressemble à celui des paysans et il les aide à la pêche. Mais ce qu'il préfère à tout, c'est la contemplation solitaire de la nature dans le calme profond de la campagne. Il se promène à travers la végétation luxuriante des vergers et des bois; il gravit les montagnes et jouit de spectacles qui l'enchantent; il passe des jours entiers dans les buissons, charmé du gazouillement des oiseaux ou du sourd mugissement des torrents; il dort à l'ombre d'un arbre ou sur la

1. *Epist. rer. famil.*, XI, 12. *Usque ad satietatem notus in patria, fugiensque fastidium, quæro ubi lateam solus, inglorius et ignotus. Mira cupiditas inter tot præsertim inanis gloriæ sectatores!*

rive fraîche du fleuve; il se repose le soir dans son jardin au murmure d'une fontaine; il se promène à travers monts et vallées pour contempler la douce clarté de la lune et entendre le chant des bergers qui gardent leurs troupeaux. A ces moments solennels, la muse parle et une tablette fidèle, qui l'accompagne même à cheval, recueille les pensées du poète, pensées qui ne sont parfois que de simples rêves ou délires. Dans ses poésies champêtres, il aime à se donner le nom de Solivagus et de Silvius; ses amis ne l'appellent pas autrement. La vie vagabonde et oisive est le privilège du poète, lequel cependant enseigne à ses contemporains ce qu'ils ne connaissaient pas avant lui, le sentiment de la nature et l'ascendant qu'elle exerce sur le cœur humain.

A cela s'ajoutent les heures délicieuses qu'il passe dans sa bibliothèque, occupé uniquement à ses études préférées, ses veilles prolongées parmi ses livres qui le trouvent encore debout le matin. En effet, plusieurs de ses lettres sont datées « du profond silence de la nuit » ou « des premiers feux de l'aurore ». Ainsi, dans le repos de la campagne, il trouvait le calme que demandent les lettres. Ainsi il apprit ce qu'on pouvait apprendre de mieux, la vraie manière de vivre[1].

Ce qui dans le solitaire de Vaucluse frappa surtout les contemporains, c'est moins le poète avec ses canzones amoureuses que le philosophe qui vit séparé du monde. Nous en avons la preuve dans Boccace; celui-ci ne parle de la solitude de son ami qu'avec un sentiment de mystérieuse frayeur, comme du sanctuaire de la déesse adorée dans la forêt d'Aricie. Les sources de la Sorgue et la maisonnette de Pétrarque, aussitôt après sa mort, étaient indiquées aux étrangers comme un temple dans lequel avait été composé le livre « De la vie solitaire »[2]. Ce ne fut que plus tard que le souvenir du chantre harmonieux de Laure se confondit avec celui de la vallée de

1. *Epist. rer. famil.*, XIII, 4, 8; XXI, 12, *senil.*, X, 2, etc. Nous donnerons deux citations de ses lettres en vers :

I, 7 : *Sæpe dies totos agimus per devia soli*
Inque manu calamus dextra est, at carta sinistram
Occupat, et variæ complent præcordia curæ.
III, 27 : *Solus ego populum fugiens et rura pererrans*
Solus et ad ripam tenera resupinus in herba
Ardentes transire dies rabiemque leonis
Curarum liber video, vacuusque malorum, etc.

Les scènes décrites dans les *rime* n'ont pas besoin d'être rappelées.

2. Boccace, *De Montibus*, etc., p. 435. Il ajoute : *Nec dubium quin adhuc filii, nepotes et qui nascentur ab illis, ampliori cum honore tanti vatis admiratione vestigia venerentur.*

Vaucluse remplie de ses gémissements, et nous avons coutume de nous représenter le philosophe penché sur ses livres dans sa modeste habitation d'Arquà, entourée d'oliviers qu'il avait plantés et cultivait de ses mains.

De leur côté, les anciens poètes latins ont chanté les délices de la vie champêtre; les guerriers eux-mêmes et les hommes d'état de l'antique Rome aimèrent à consacrer aux études littéraires les moments de repos dont ils jouissaient dans leurs villas. Mais Pétrarque, étranger aux plaisirs sensuels qu'ils cherchaient, se croit supérieur à eux et l'est en effet, car il n'aime qu'à s'interroger lui-même et à interroger les grands souvenirs du passé. On a beaucoup parlé des tendances monastico-ascétiques qu'il aurait manifestées pendant quelque temps; mais évidemment on s'était trompé. S'il parle volontiers de ses jeûnes, de ses veilles et de ses mortifications, s'il cherche à faire montre de la modestie de sa vie, il y a toujours dans ses paroles quelque chose qui trahit plus l'orgueil du savant que l'humble simplicité d'un bon et véritable religieux. Il écrivit un livre sur la vie solitaire[1] qui fut agréable aux moines, parce qu'ils y virent la glorification de leur état, mais il s'écarte beaucoup toutefois de toute contemplation ascétique, par la manière philosophique dont il est conduit, par l'éclat éblouissant du style et surtout parce qu'il ne met aucune différence entre les philosophes païens et les anachorètes. Il ne prêche pas la pieuse et uniforme solitude du cloître, mais le recueillement nécessaire à l'étude et le bonheur qu'on éprouve dans la contemplation de la nature, loin du bruit du monde extérieur, dans une vie plus recueillie et plus agréable. Celui qui mène une vie libre à la campagne se soustrait à ses devoirs envers le monde, mais ne renonce pas au monde. Lire, écrire et méditer firent toujours les plus grandes délices de Pétrarque[2]; c'est en ce sens qu'il vante les avantages que lui offre la solitude et que seule elle peut lui donner : le repos, la liberté et les loisirs. Travaillant et écrivant sans cesse, il sent la plénitude de la vie dans son cœur. Boccace lui ayant dit un jour qu'il était temps de se reposer sur ses lauriers et de se donner une vieillesse tranquille, il rejeta ce conseil comme indigne de lui[3]. Une autre fois Boccace lui avait offert les

1. Le livre *De vita solitaria* fut vraiment commencé à Vaucluse d'après l'*Append. litt.*, *epist.* 6, éd. Fracassetti, du 18 mai 1349. Mais en décembre 1354, d'après l'*epist. rer. famil.*, XIX, 3, P. dit à Charles IV qu'il l'avait publié « récemment ». Il y mit donc la dernière main pendant son séjour dans la bruyante ville de Milan.

2. *Epist. rer. senil.*, XIII, 7; *Invect. c. medicum*, lib. IV (*Op.* p. 1225).

3. *Epist. rer. senil.*, XVI, 2.

œuvres de saint Augustin reliées en un gros volume; Pétrarque l'assure que, pour s'adonner à cette lecture, il oublie de manger et passe les nuits sans se mettre au lit, tant est vif le plaisir qu'il goûte, plaisir qui, naturellement, ne peut être compris par la foule ignorante, uniquement adonnée aux plaisirs des sens[1].

. Dans cette auréole mystérieuse, dont il aime à s'environner, il regarde avec mépris la vie de famille. Une épouse et la philosophie sont deux choses, qui s'excluent l'une l'autre, par ce que la femme est le vrai démon de l'homme, et, là où elle règne, il ne peut y avoir ni paix ni tranquillité. Souvent le mariage apporte avec lui des dangers de toute sorte, plus souvent encore amène le déshonneur et presque toujours des ennuis et des dégoûts. Celui qui aime la volupté et se plaît au bruit de nombreux enfants, peut prendre femme et travailler en ce monde à la perpétuation de son nom. Pour nous, nous pourvoirons, si nous le pouvons, à l'immortalité du nôtre, non pas avec la chair, mais avec l'esprit, non pas au moyen de fils, mais avec les livres, non pas avec le concours de la femme, mais avec celui de la vertu[2].

Telle est la docte solitude dans laquelle Pétrarque veut se retirer pour éviter les hommes, pour se soustraire à leur admiration et ne pas entendre leurs louanges. Mais il n'ignorait pas que cette réserve pleine de gravité ne ferait qu'augmenter sa gloire. En effet, plus il fuyait les hommages, plus le public éprouvait le désir de connaître cet homme si extraordinaire. Comme il jouissait, lorsque les personnages les plus considérables faisaient une course à Vaucluse, uniquement pour le voir et lui parler[3]! De ce nombre étaient plusieurs cardinaux d'Avignon et à leur tête le roi Robert de Sicile. Comme ses oreilles durent être agréablement flattées de l'invitation qui lui fut encore adressée aux sources de la Sorgue pour le Couronnement[4]! Le roi Syphax, écrit-il, vit venir à lui les ambassadeurs de Rome et de Carthage réclamant son alliance et son appui; ils le trouvèrent assis sur un trône dans toute la majesté de sa puissance; et moi j'ai reçu ces invitations, pendant que je me promenais seul au matin à travers les bois, le soir sur les bords du fleuve[5]. Ainsi son enthousiasme poétique au milieu des enchantements de la nature est encore troublé par ce fond de vanité orgueilleuse qui lui fait voir en tout sa

1. *Epist. rer. famil.*, XVIII, 3.
2. *Epist. rer. senil.*, XIV, (*Op.* p. 1034).
3. *Invect. c. medicum*, *l. c.* (*Op.* p. 1226).
4. *Epist. rer. famil.*, XII, 12.
5. *Epist. rer. famil.*, IV, 4.

propre personne. Il croit pouvoir affirmer « sans ostentation » qu'il est le seul qui donne de l'éclat et de la renommée à ces lieux[1].

Les sentiments avec lesquels il accueillait alors ces visites et ces invitations le poussèrent en d'autres circonstances à rechercher la compagnie des hommes. La solitude de la Sorgue lui est devenue insupportable : l'Italie, sa patrie, est trop loin, et trop près, Avignon qu'il déteste et la Curie. Il retourne voir ses compatriotes, mais ne trouve pas un endroit où il puisse s'arrêter longtemps, par sa faute, par la faute des autres, par la faute de tous. Il est réduit à errer sur la terre comme un fugitif, auquel on n'accorde point de repos, et soupire après une vie meilleure[2]. Et voilà qu'il court de ville en ville, toujours avide d'encens et d'hommages. Scipion l'Africain lui-même — s'écrie-t-il pour se justifier — n'avait, par son assiduité journalière au milieu de ses concitoyens, rien qui le distinguât des autres; que peut-on espérer, quand on n'est pas Scipion et quand on ne vit pas au milieu des Romains[3]?

Nous possédons l'aveu même de Pétrarque, qui ne laisse plus aucun doute sur ce point et explique de la manière la plus simple sa retraite à Vaucluse, dans son Linternum à Garignano et sur les monts Euganéens. Il reconnait, en effet, que bien des fois il a fui les grandes villes et la compagnie des hommes, en se retirant dans la solitude des bois et dans les vallées les plus secrètes, mais qu'il n'y a été poussé par aucun autre motif qu'un sentiment de vanité. Il voulait pouvoir se vanter vis-à-vis de ses admirateurs de cette singularité, c'est-à-dire de n'être pas vaniteux à la manière habituelle des autres : au fond, il ne s'éloignait de tous et il n'étudiait qu'en vue de la gloire[4].

Cicéron a écrit un livre sur l'amitié, et Sénèque en parle fréquemment dans ses lettres avec un véritable enthousiasme; pourquoi ne s'en occuperait-il pas à son tour? En effet, ses lettres et ses autres écrits sont remplis de pensées sur le plus noble des sentiments de l'homme et d'exemples tirés de l'antiquité. Dans son poème « de l'Africa » l'amitié est représentée dans la personne de Lélius, et la plus grande partie du second livre est consacrée à en faire l'éloge[5]. Même dans la vie pratique, Pétrarque voulait être considéré comme un parfait modèle d'amitié. Sa mère ne lui a donné que deux frères,

1. *Append. litt.*, *epist.* 6, éd. Fracassetti : *quid habet locus ille gloriosius habitatore Francisco?* Et ailleurs de même.
2. *Epist. rer. famil.*, XV, 4, 8.
3. *Epist. rer. senil.*, VI, 2.
4. *De contemptu mundi*, dial. II (*Op.* p. 350); *epist. rer. famil.*, IX, 14.
5. II, 510 sqq., éd. Corradini.

mais l'amitié s'est montrée beaucoup plus généreuse. Il se croit plus riche en amis que les princes et les rois[1]. Bien plus, dans « l'Épître à la postérité » il se vante d'avoir mis tous ses soins à chercher des amitiés honorables et à les entretenir. Il parle toujours de ses amis avec enthousiasme, et quand ils ne sont plus, leur garde un pieux souvenir. Mais on ne voit pas très clairement l'estime qu'il inspirait. Si nous en excluons son cher Lélius et Jacques Colonna et Boccace, nous ne rencontrons chez aucun ces liens étroits avec Pétrarque, sur lesquels se fonde la véritable amitié. C'était plutôt un groupe choisi d'admirateurs qui lui rendaient leurs hommages sous forme d'admiration enthousiaste, comme lorsque Francesco Nelli lui écrit qu'il s'estime heureux d'être contemporain de Pétrarque[2]. Les lettres qu'il leur adresse ne s'occupent jamais de leurs intérêts et sont, la plupart du temps, des soliloques qu'il veut bien leur adresser comme témoignage d'amitié. De cette manière, l'amitié pour Pétrarque n'est pas ce sentiment qui établit une douce réciprocité d'affection parmi les hommes et les rend capables des plus nobles sacrifices, mais simplement une mise en scène dont il a besoin pour donner plus de prestige à son trône philosophique, se servant de ses amis comme un prince ferait de ses courtisans. Il désigne les plus intimes par des pseudonymes anciens, les appelant Socrate, Lélius, Simonide. Avec les autres, il ne se contente pas de se dire seulement leur ami, mais il se met en quête de phrases cicéroniennes pour rendre l'expression plus pompeuse. « Celui qui pense uniquement à tirer profit de ses amis, fait commerce d'amitié, ne la respecte pas, » écrivait Pétrarque à Francesco Bruni, secrétaire de la Curie, dont il réclamait évidemment l'appui, pour obtenir de nouvelles prébendes[3]. Ce fut habituellement sur ce dernier ton que se maintint le culte de l'amitié, comme tant d'autres choses, dans la littérature humaniste ; avec cette différence que Pétrarque, du moins, savait voiler son avidité sous les dehors d'une dignité apparente, tandis que ses successeurs ne craignirent pas de l'afficher au grand jour.

En fait d'amour, Pétrarque n'avait pas d'autres sentiments que ceux qu'il nourrissait relativement à l'amitié. Ce qui est certain, c'est que son amour n'a rien de celui des troubadours, comme on l'a tant répété ; les chants d'amour de Pétrarque n'ont de commun avec ceux de ces derniers que la circonstance tout à fait accidentelle d'être nés

1. *Epist. rer. famil.*, IX, 2.

2. *Quid suavius, quid amicius dici potest ?* répond Pétrarque dans l'*epist. rer. famil.*, XII, 9. (V. la préface de Cochin aux lettres de Nelli, p. 38 sqq.)

3. *Epist. rer. senil.*, XIII, 13. Cf. *epist. rer. famil.*, IX, 11.

sous ce même ciel de Provence. Il semble beaucoup plus probable au contraire qu'il s'inspira de Dante et de Cino. Mais bientôt on voit apparaître des marques évidentes de l'imitation des anciens poètes, comme lorsqu'il parle du peuple qui le montre du doigt et conclut de la pâleur de ses joues, qu'il est consumé par un amour sans espérance, et il se dit devenu la risée des gens, parmi lesquels son nom est admiré et glorieux[1]. Ce fut ce sentiment qui s'empara de Pétrarque, lorsque, jeune encore, il se promenait tiré à quatre épingles dans les rues d'Avignon, qui grandit avec sa renommée et le porta à des révélations toujours nouvelles de sa passion désespérée. Les larmes et les tendres soupirs qu'il sut revêtir d'un rythme si harmonieux, attirèrent bientôt l'attention générale sur cet homme extraordinaire dont le nom était dans toutes les bouches, mais surtout sur les lèvres des femmes et des personnes sensibles et « sans grammaire ». En effet, son amour contraste singulièrement avec cette tendance à se renfermer dans sa propre douleur; il le caresse, il l'entretient en lui jusqu'à en être consumé, aspirant sans cesse à la mört. Mais, même sur ce point, il ne veut avoir rien de commun avec le reste des hommes. Son amour doit être quelque chose de vraiment sublime, un amour qui ne s'arrête pas aux sens, mais s'élève jusqu'à l'esprit, non fugitif et passager, mais stable et durable autant que la vie[2]. S'il était autrement, quel intérêt y prendrait le monde? La pensée en réalité n'est pas nouvelle, et, avant Pétrarque, Dante avait opposé à l'amour des sens un amour tout à fait spirituel. Ceci explique comment il se fait que notre poète ait continué pendant dix ans à remplir le monde de ses gémissements, quoique sa passion pour Laure ne puisse pas l'avoir dominé si longtemps, et il est certain, d'un autre côté, qu'elle ne l'empêcha pas de vivre en concubinage avec d'autres femmes et d'en avoir des enfants, au moment où il exaltait la vertu vivifiante d'un amour qui étouffait en lui toute flamme moins pure.

1. Ovide, *Amor.*, III, 1, 29 :

Sæpe aliquis digito vatem designat euntem
Atque ait : « hic, hic est quem ferus urit Amor ».
— — *Fabula — nec sentis ? — tota iactaris in urbe*, etc.
Pers., I, 28 : *At pulchrum est digito monstrari et dicier hic est.*

Pétrarque rappelle à son frère Gérard dans l'*epist. rer. famil.*, X, 3 : *Quanta nobis fuerat cura quantæque vigiliæ, ut furor noster late notus, et nos essemus populorum fabula — denique quid non fecimus, ut amor ille — plausibiliter caneretur. Epist. metr.*, III, 27 : *Fabula quod populo fuerim digitoque notatus.* De même dans le premier sonnet et ailleurs.

2. A ce sujet il dit à Augustin, dial. III *De contemptu mundi*, que Cicéron parle seulement *de communi amore hominum, in me autem singularia quædam sunt.*

Ainsi Laure, qui peut avoir excité chez Pétrarque une passion ardente dans les années de sa jeunesse, se transforme plus tard en un symbole idéal, duquel partent et auquel aboutissent tous les rêves du poète, de même que ses amis ne sont pour lui qu'autant d'occasions favorables de faire éclater le culte qu'il prétendait nourrir pour l'amitié. Jacques Colonna, celui de ses amis qui le connaissait mieux que tout autre et auquel il dédia un magnifique tableau de ses peines de cœur en vers latins, lui dit en plaisantant qu'il n'avait inventé le beau nom de Laure que pour l'exalter et faire parler le public : la vraie Laure de son cœur n'était autre que la poésie : pure fiction la dame de ses pensées, fiction et hypocrisie ses larmes et ses soupirs. « Oh! que ce soit fiction et non folie! » se contenta de répondre Pétrarque, sans ajouter toutefois aucune autre justification[1]. Plus tard, lorsqu'il s'adonne à la philosophie, il se donne l'air, il est vrai, de rougir de ses chaînes d'autrefois et des applaudissements que ses chants lui ont mérités de la part du peuple. Mais, jusque dans la vieillesse la plus avancée, il ne cesse de chercher dans ses vieux papiers de nouvelles marques de son ancien amour, et, en le rappelant, il rappelle aussi la gloire dont il est pour lui l'objet[2]. Et, de même que les bords de la Sorgue lui sont chers, parce qu'il les a rendus célèbres, ainsi il ne peut oublier Laure parce qu'il l'a immortalisée dans ses vers[3]. Sous ce rapport, on surprend encore l'unique et constante préoccupation de Pétrarque : l'amour immodéré de soi-même et une soif insatiable de gloire.

Apprécier le mérite et la grandeur des autres et les reconnaître en faisant abstraction de soi-même était chose impossible pour Pétrarque, même lorsqu'il s'agissait des anciens, contre lesquels

1. *Epist. metr.*, I, 7; *epist. rer. famil.*, II, 9. Cette poésie *De statu suo*, dont la tendresse sentimentale charmait Pétrarque lui-même et les expressions de Colonna ont évidemment quelque rapport.

2. *Epist. var.*, 9 de 1373.

3. Dans la poésie *De statu : Carminibusque ornata meis auditaque longe*. Dans son Virgile il note le jour de sa mort : *Laurea propriis virtutibus illustris et meis longum celebrata carminibus*, etc. Augustin, dans le dial. III. *De contemptu mundi* lui dit : *Cogita quantum tu famæ illius addideris*, etc. Dans la Canzone : « *Che debbo io far?* » la gloire de Laure demande qu'il ne cesse de la chanter :

E sua fama che spira
In molte parti ancor per la tua lingua,
Prega che non estingua, etc.

Dans le sonnet 21, sur la mort de L., il raconte qu'ils furent l'un pour l'autre : *Io gloria in lei ed ella in me virtute*. Dans le Triomphe de la Mort, ch. 2, Laure transfigurée lui dit :

E piacemi 'l bel nome (se 'l ver odo),
Che lungo e presso col tuo dir m' acquisti.

l'envie avait désarmé depuis si longtemps. Aucun de ses contemporains ne pouvait prétendre lui être comparé, mais, parmi ceux sur lesquels pouvait tomber son regard, un seul émergeait comme un rocher solitaire et gigantesque, Dante Alighieri. Pétrarque évite d'en parler, comme s'il lui inspirait une secrète frayeur. On ne peut supposer toutefois que, dans sa jeunesse, il n'ait pas connu de plus près la grande figure littéraire de Dante, et que cette dernière n'ait pas exercé sur lui une véritable influence. Lorsque Dante mourut, il entrait dans la dix-septième année de son âge, et la renommée de l'illustre Gibelin était répandue partout. Pétrarque lui-même raconte avoir entendu jusqu'à satiété les éloges extraordinaires décernés de toutes parts à Dante, et ce fut là précisément ce qui lui fit prendre à dégoût la langue vulgaire dans laquelle il avait écrit jusque-là. Mais il est impossible de voir un pur effet du hasard dans les nombreuses réminiscences dantesques dont fourmillent les poésies de sa jeunesse. L'emploi de l'allégorie poétique, le travestissement artificiel des images réelles de la vie, l'union du vrai avec le merveilleux, le culte de l'amour platonique et autres formes poétiques particulières ne se peuvent rapporter à d'autres qu'à Dante. Nous trouvons également esquissée dans ce dernier la grande figure de Rome, qui pleure solitaire comme une veuve inconsolable; lui aussi se sent pris de vénération pour la terre sacrée et les monuments de Rome. En pénétrant plus avant, nous trouverions encore plusieurs autres points de ressemblance. Nul doute que Pétrarque ait connu la « Vita Nuova ». Pour la Divine Comédie, il ne déclare pas ne pas la connaître, mais ne point l'avoir au nombre de ses livres[1]. Au contraire, il ne connut peut-être des œuvres latines de Dante, peu répandues à cette époque, que la lettre adressée à Henri VII.

Pétrarque avait peu de sympathie pour Dante, et ne partageait

1. Après cet aveu de Pétrarque, on ne comprend pas que plusieurs aient prétendu avoir découvert une copie de sa main de la Divine Comédie. Pour le manuscrit de la Vaticane, publié par Ubaldini, et pour celui de la Palatine, dont Palermo s'est tant occupé, *I Manoscritti Palatini*, vol. II, p. 599, et dans sa réplique contenue dans le vol. III, Fracassetti conclut négativement dans la note de sa traduction de l'*epist. rer. famil.*, XXI, 15. A quoi bon les comparaisons des textes sur une question fausse à son point de départ! — Ruhl s'est livré sur le manuscrit de Pétrarque à un minutieux examen des lettres autographes des mss. de la Laurentienne, autrefois la propriété de Beccatelli. (*Rhein. Mus.* N. F. XXXVI, 1881, p. 11). Ce qui a été regardé jusqu'ici comme étant de la main de Pétrarque, P. de Nolhac l'a controlé en détail et beaucoup augmenté, *Pétrarque et l'hum.*, p. 95, etc. Cf. du même auteur, *Fac-similés de l'écriture de Pétrarque*. Rome, 1887 (Extrait des mélanges d'archéol. et d'hist. publ. par l'École franç. de Rome, t. VII). Deux des lettres citées ci-dessus dans Vitelli e Paoli, *Collezione fiorentina di facsimili paleogr. greci e latini. Fascic. I.* Florence, 1884. Pl. 12.

point les éloges et l'admiration que lui rendait le public, nous le savons suffisamment. On a voulu voir là une marque de jalousie, d'aversion pour un rival qui lui faisait peur. Le bon Boccace, qui était rempli de vénération pour tous les deux, s'efforça d'amener Pétrarque à une plus juste appréciation des mérites de Dante, visant à réconcilier entre eux les deux illustres Florentins, la gloire de leur patrie. Il fit hommage à Pétrarque, en 1359, d'un exemplaire de la Divine Comédie qu'il avait fait copier tout exprès pour lui[1], et y joignit un éloge détaillé de Dante, dont il s'excusa plus tard auprès de Pétrarque. Celui-ci accueillit assez froidement le présent de son ami. Son zèle patriotique ne le touchait guère ; il ne dit jamais son opinion sur Dante ; bien plus, dans sa longue lettre de remerciement, il évite autant que possible de le nommer[2]. L'unique pensée qui l'occupe, c'est qu'on puisse le croire envieux de Dante ; évidemment il se trouve offensé qu'on ait le courage de mettre Dante à côté de lui. Il affirme que si le destin les eût fait naître à la même époque, Dante eût été l'un de ses plus chers amis, et déclare hautement admirer la force de son caractère, que la pauvreté et les persécutions ne purent jamais fléchir. Il ne rabaisse pas Dante, mais ses stupides admirateurs, qui élèvent le poète jusqu'au ciel dans les places publiques et les réunions, sans en connaître le vrai mérite. Mais il ne le jalouse pas : comment pourrait-il porter envie à ce génie, qui toute sa vie a écrit en cet idiome vulgaire auquel il a consacré, sous forme de passe-temps, il est vrai, une partie de sa jeunesse ? Il ne porte pas envie à Virgile lui-même. En outre, les applaudissements des lainiers, des cabaretiers et des gens de cette espèce ne le flattent point ; il est déjà suffisamment ennuyé de la misérable renommée qui porte son nom sur les lèvres du peuple, et il s'estimerait heureux de pouvoir, comme Virgile et Homère, échapper à la faveur populaire. Mais ceux qui sont jaloux de sa gloire le disent sottement envieux de Dante. Il explique vraiment d'une manière étrange comment, dans sa jeunesse, il n'a jamais cherché à posséder le grand poème de Dante. Tout entier à la poésie vulgaire et n'ayant pas encore appris à « aspirer à quelque chose de plus sublime », il avait toujours craint, s'il étudiait Dante, de marcher à son insu et malgré lui sur ses traces. Il ne se préoccupe point de dire

1. La poésie qui l'accompagne, *Italiæ jam certus honos*, etc., a été plusieurs fois publiée et dernièrement dans les *Lettere del Boccacio*, éd. Corazzini. On montre actuellement à la Vaticane la copie qu'on attribua longtemps, mais à tort, à Boccace. Pakscher, *Zeitschr. für roman. Philol.* X, 235. Nolhac, *Biblioth. d'Orsini*, p. 303.

2. *Cuius hodie nomine scienter abstinui.*

pourquoi il trouvait honteux d'apprendre quelque chose de Dante, alors qu'il n'avait aucune peine à étudier Cicéron et Virgile et à les imiter. Au fond, il ne voulait rien devoir à ses contemporains, il ne voulait être comparé à aucun d'eux, il ne voulait pas qu'aucun lui disputât la gloire d'être un homme supérieur. C'est pour ce motif et non pour un autre qu'il n'aimait pas qu'on lui parlât ni de Dante, ni de son poème immortel : ce n'était pas l'envie dans toute l'acception du mot, c'était une sorte d'aversion secrète et de jalousie entretenue par beaucoup d'orgueil[1]. Ce fut, sans doute, ce même sentiment qui éveilla en lui la pensée de surpasser Dante, même dans la langue vulgaire, au prix de grands efforts. En 1357, comme on l'admet communément, il se met à écrire les « Triomphes », qui certainement lui furent inspirés par le triomphe de l'Église dans le vingt-neuvième chant du Purgatoire, qu'il connaissait, par conséquent, avant de recevoir le présent de Boccace. Le travail subit quelques interruptions[2], mais fut depuis repris et continué jusque dans ses derniers jours, sans approcher, on le comprend, même de loin, de la grandeur de son modèle[3].

De son côté, au contraire, Pétrarque se plaint très souvent d'être environné d'ennemis et d'envieux. Il n'en pouvait être autrement : tout ce qui est grand et extraordinaire finit toujours par déplaire à la multitude des esprits médiocres, et l'envie traite la gloire du hom de folie. Il eut des adversaires, sans doute : les pédants des écoles qu'il attaqua, les médecins et les aristotéliciens surtout auront probablement donné libre cours à leurs dédains ; les uns auront vanté la supériorité de leurs études sur celles des lettres, et d'autres encore auront parlé peu respectueusement de sa personne et de la poésie, ou se seront offusqués de l'admiration excessive dont il était l'objet, et quelqu'un, enfin, la lui aura hardiment contestée. Pétrarque se trouvait tellement au-dessus d'eux tous, que ces attaques n'auraient dû le troubler ni dans les relations de la vie quotidienne, ni dans le domaine de ses études. Il eût dû passer à côté, sans y prendre garde. Mais il n'en fut pas ainsi. Chaque fois qu'une appréciation

1. Dans le dial. II *De contemptu mundi*, par ex. il se fait dire par saint Augustin : *Utinam non tibi magis superbia, quam invidia nocuisset, hoc enim crimine, me iudice, liber es.* — La lettre à Boccace est l'*epist. rer. famil.*, XXI, 15.

2. *Epist. rer. senil.*, V, 2, à Boccace : *Magnum opus inceperam in eo genere* (la langue vulgaire) *sed ætatem respiciens subsitti.*

3. En Italie, les rapports de Dante et de Pétrarque ont donné lieu à un bon nombre de travaux et sont devenus comme le thème préféré des érudits. Citons seulement Carducci, *Studi letterari*, p. 323, et en France, P. de Nolhac, p. 420.

moins que respectueuse, relative à ses études ou à sa personne, venait à ses oreilles, ou quand il s'apercevait que ses paroles n'étaient pas reçues avec cette confiance qu'on accorde aux oracles, sa vanité offensée souffrait, souvent même d'une manière puérile, et il se plaignait aussitôt d'être entouré de toutes parts d'ennemis jaloux, qui conspiraient pour ternir sa gloire. L'un, qui s'était d'abord flatté d'être son ami, se permit de faire çà et là quelques critiques relatives à ses écrits; c'en fut assez pour exciter son indignation, pour qu'il le qualifiât d'ennemi, et lui jetât fièrement au visage l'ancien *sus docet Minervam*[1]. Une autre fois, on lui rapporta que plusieurs avaient porté sur son talent un jugement peu favorable, et voilà qu'il s'emporte avec fureur contre « cette multitude d'âmes vulgaires », d'autant plus inconsidérées et sévères dans leurs appréciations, qu'elles ont plus d'ignorance et de légèreté; inutile de faire attention à ce futile bavardage, la jalousie d'autrui tombe d'elle-même sous le poids de sa vertu et de sa science. On peut, pour un moment, voiler l'éclat de la lumière, mais non l'éteindre : elle brille de sa propre vertu et déchire tout à coup les nuages qui essayent de l'obscurcir. « Beaucoup de gens que je ne connais pas, et n'ai nul souci de connaître, se sont arrogés le droit de me juger. En vérité, je ne sais qui leur a donné ce droit[2]. » Plusieurs s'étaient permis de ne pas professer pour les anciens poètes toute l'admiration qu'il leur portait : Virgile et Horace, disaient-ils, étaient morts depuis longtemps, et à quoi bon faire tant de bruit autour de leurs noms! Pétrarque les traite de lettrés « gonflés de vent » qui, dans leur présomptueuse ignorance, ne parlent de cette manière que pour distraire leurs contemporains d'un genre d'étude où ils ne peuvent le suivre[3]. Dans ses disputes avec les Averroïstes, il alla jusqu'à demander une sorte d'inquisition pour sauvegarder sa propre renommée. Comme il voit moins en eux des hérétiques que ses adversaires personnels, il se scandalise de l'extrême liberté de langage qu'on leur accorde et dont ils abusent pour dénigrer les noms les plus célèbres, d'autant plus que la multitude, composée de sots, comme toujours, est facilement amenée à les croire[4].

Mais les dernières années de la vie de Pétrarque furent signalées par un fait d'un caractère spécial et d'une grande importance par suite de la haute situation des personnes qui y prirent part. Nous

1. *Epist. metr.*, II, 18.
2. *Epist. rer. senil.*, II, 3.
3. Au roi Robert de Sicile, *Epist. rer. famil.*, IV, 7.
4. *De ignorantia* (*Op.* p. 1165).

avons déjà dit que Pétrarque avait envoyé d'Arquà, en 1372, une dernière requête par laquelle il demandait au pape Grégoire XI une prébende qu'il n'obtint pas, par l'opposition de plusieurs cardinaux. Or, précisément en cette occasion, quelqu'un se permit de mettre en doute même son mérite littéraire. Le cardinal Philippe de Cabassoles, ancien Mécène et ami de Pétrarque, qui lui avait dédié son traité de « La Vie solitaire », prenant congé du Pape, lui recommanda chaleureusement le poète, comme le véritable et unique phénix qui fût au monde. Quand il fut sorti, un autre cardinal[1], également français, ramena la conversation sur Pétrarque et y mêla de fines plaisanteries sur son compte, sur le cardinal et spécialement sur le phénix. Il parla de son ignorance, par allusion peut-être aux essais infructueux qu'il avait faits vingt ans auparavant dans le style officiel, et, insinuant que la meilleure partie de ses écrits avait été empruntée aux philosophes et aux poètes de l'antiquité, il n'épargna pas même son caractère, le blâma de vivre à Padoue et à Arquà sous la protection d'un tyran, Carrare, mangeant le pain des pauvres et des veuves. Il connaissait Pétrarque depuis longtemps, avait recherché son amitié quand il était encore protonotaire de la Curie, et avait regardé comme un honneur pour lui de l'aider dans ses démarches, faites alors en vue d'obtenir de nouvelles prébendes. Pétrarque fut informé de cette scène par Francesco Bruni, son agent auprès de la

1. Quel était ce cardinal, impossible de l'affirmer d'une manière positive. Pétrarque ne donne ni son nom, ni aucune autre indication précise. D'après l'invective rapportée dans la note suivante et écrite en 1373, il avait été trois lustres auparavant (par conséquent en 1358) protonotaire de la Curie. L'époque où il fut créé cardinal coïncide vaguement avec le second retour de Pétrarque à la Curie d'Avignon. Il était de naissance illustre, et son élévation pouvait encore être due à la considération dont jouissait sa famille. Enfin, il était d'un âge avancé (p. 583), *ut togati senis ridiculum pileum expavescam*. J'ai cherché en vain des éclaircissements parmi les cardinaux français dans Duchesne., *Hist. de tous les cardin. franc.*, t. I, Paris, 1660; dans Ciaconius, *Vitæ et res gestæ Pontif. Romanor. et S. R. E. Cardinalium*, t. II, Rome, 1667, et dans Baluze, *Vitæ Paparum Avenionensium*, t. I, Paris, 1693. Pour Robert de Genève, fils du comte Amédée III, plus tard l'antipape Clément VII, son épitaphe porte qu'il avait été d'abord protonotaire apostolique. Mais, en 1378, il n'avait que 31 ans. Les deux Guillaume d'Aigrefeuille furent aussi protonotaires, mais le plus âgé mourut en 1369, et le plus jeune, au moment de l'invective, n'avait que 34 ans. De Sade, t. III, p. 779, et Fracassetti dans ses notes de la traduction de l'*epist. rer. famil.*, XIII, 1, se prononcèrent, d'après les lettres de Pétrarque, pour Gui de la maison des comtes de Boulogne-sur-Mer, souvent appelé à tort Gui de Montfort. Celui-ci, en réalité, pouvait se dire allié aux rois de France et obtint le chapeau sur les instances de la cour, en 1342. On sait d'ailleurs que Pétrarque, en 1352, entretenait des relations amicales avec lui. Mais, si, lorsqu'il obtint l'archevêché de Lyon, il n'avait que 20 ans (1340), on ne peut dire qu'il fût vieux, et rien n'indique qu'il ait été auparavant protonotaire, ce qui, d'ailleurs, n'est guère probable.

Curie, qui y assistait en personne. Il eut vite deviné le nom de son diffamateur, le traita d'ennemi lâche et menteur, de vrai fils du démon, père de toute fausseté, d'oiseau de mauvais augure, etc. Du reste, nous avons déjà cité ailleurs les violentes invectives qu'il lança contre les cardinaux qui ne lui avaient pas été favorables. Boccace même en eut connaissance, se déclara son fidèle défenseur et fit son apologie. Pétrarque ne put oublier de longtemps cet affront qui avait accompagné le refus apporté à sa demande. Bien plus, l'année suivante, le dépit lui remit la plume en main, et il s'emporta contre le cardinal français qu'il appelait traître et ami déloyal, parvenu par des voies ténébreuses et la simonie aux honneurs de la pourpre, élevé parmi les bassesses des religieux mendiants, et protestant en même temps tout haut qu'il se riait de son vaniteux orgueil[1].

Pétrarque trouvait une compensation à ces injures dans la complaisance avec laquelle il acceptait les hommages de personnages de moindre condition[2]. Il est vrai qu'il accueillait les louanges avec un certain air de réserve et de modestie, mais ce n'était que pour se faire admirer davantage. Parfois, il est lui-même le premier à parler de sa gloire et invoque pour se justifier l'exemple d'Ovide, de Sénèque et de Stace qui se promettent dans leurs œuvres l'immortalité pour les siècles à venir[3]. Il va même jusqu'à insérer dans son plus grand poème d'orgueilleuses prophéties sur le jeune homme qui doit naître un jour en Toscane, et chanter, comme un autre Ennius, les gestes de Scipion dans un poème intitulé « l'Afrique », ramener sur la terre le culte des Muses et recevoir la couronne de laurier au

1. *Epist. rer. senil.*, XIII, 11, au cardinal de Cabassoles, XIII, 12 et 13, à Bruni et XIV, 8, à Boccace. Fracassetti rapporte cette dernière lettre, certainement à tort, à la polémique contre les Averroïstes, qui était terminée depuis quelque temps. L'*Apologeticum* de Boccace dont il est question, *quod, ira nobili dictante, in censores meos effudisti*, ne paraît pas avoir été conservé; assurément, on ne peut regarder comme tel le médiocre éloge cité par Rossetti, *Petrarca*, p. 316, etc. Mais l'invective de Pétrarque, dont il est parlé ici, a été retrouvée après 500 ans, dans un manuscrit existant à Greifswald et publiée par Herm. Müller, *Jahrb. für Philol. und Pädagogik*, 2e part., année 1873, p. 589, sqq., sous ce titre : *Petrarcæ invectiva contra quemdam Gallum innominatum in dignitate positum*. D'après Tomasini, *Petrarca rediv.*, p. 31, elle se trouve dans le mss. 358 de la bibliothèque de Raygern et sous le même titre à la Vaticane. Avec elle, on comprend mieux les lettres. On ne peut douter de l'authenticité de l'invective, malgré quelques obscurités qui restent encore, comme, par exemple, p. 583, l'allusion à une seconde invective contre un personnage puissant et redouté en Italie. Il suffit, du reste, de noter les ressemblances qui suivent. Dans la première lettre à Bruni, P. écrit : « *et nullum timeam, nisi quem diligo. Ipsum vero non diligam, ut audisti*; » et dans l'invective, p. 582 : *nullum timeo, nisi quem diligo, te non diligo*.

2. Cf. *Epist. rer. famil.*, VII, 14, 16; XIII, 11; *senil.*, II, 1; VI, 3, 6, etc.

3. *De remed. utr. fortunæ*, lib. I, dial. 117.

Capitole[1]. Naturellement, la vanité même chez Pétrarque se manifeste de plus en plus avec les années; l'homme n'oublie pas facilement la flatterie, s'habitue bientôt à se voir honoré, se persuade de son propre mérite, devient en général plus bavard et par conséquent aussi plus ambitieux. Il n'y a pas d'autre manière d'expliquer comment Pétrarque parvint à étouffer en lui la voix du bon sens, en prenant un air de modestie qui n'était pas sincère. Tout jeune, il en fait l'aveu, l'orgueil lui faisait mépriser tout le monde, excepté lui; dans l'âge mûr, il ne méprisait que lui-même; devenu vieux, il se méprisait lui-même avant tout, ne se laissant que ce faible mérite qui, par le moyen de la vertu, s'élève au-dessus du mépris[2]. Précisément, sur le dernier penchant de la vieillesse, il s'était persuadé que, pour mieux jouir des avantages de la philosophie, rien n'était plus utile que de se reporter à l'orgueil de sa jeunesse, lequel n'avait fait que changer d'habit, comme étant depuis longtemps au-dessus de ces faiblesses. Un jour, dans sa jeunesse, il s'était abaissé jusqu'à reconnaître devant un ami qu'il ne savait rien, d'après la maxime de Socrate; et un peu plus tard, il se rappelait cet aveu avec une certaine complaisance[4]. Ainsi, même sur ce point, nous rencontrons les mêmes contradictions qui forment le caractère spécial de sa vie et de sa manière de penser.

Si l'on pouvait douter encore de la vanité démesurée de Pétrarque, laquelle, on peut le dire, naquit et grandit avec lui pour ne le quit-

1. *Africa*, éd. Corradini, II, 441.

Cernere jam videor genitum post secula multa
Finibus Etruscis iuvenem, qui gesta renarret,
Nate, tua, et nobis veniat velut Ennius alter,

IX, 216 : *Hic ego, nam longe clausa sub valle* (Vaucluse) *sedentem*
Adspexi iuvenem, etc.

IX, 122 : *Agnosco juvenem, sera de gente nepotum*
Quem regio Italiæ quemve ultima proferet ætas.
Hunc tibi Tusca dabit latis Florentia muris, etc.
Ille diu profugas revocabit carmine Musas
Tempus in extremum, veteresque Helicone sorores
Restituet, vario quamvis agitante tumultu,
Francisco cui nomen erit, etc.

2. *Epist. rer. senil.*, XIII, 7. Pétrarque semble faire allusion à une expression dont il s'était servi dans son âge mûr. Dans l'*epist metr.*, 1, 7, il chantait :

Nil usquam invideo, nullum ferventius odi,
Nullum despicio nisi me, licet hactenus idem
Despicerem cunctos et me super astra levarem.

On trouve quelque chose d'analogue dans l'*epist. ad poster.* (l. c. : *Sensi superbiam in aliis, non in me, et cum parvus fuerim, semper minor iudicio meo fui. — Eloquio, ut quidam dixerunt, claro ac potenti, ut mihi visum est, fragili et obscuro.*

4. *Epist. rer. senil.*, XV, 6.

ter qu'à la mort, il ne serait pas difficile d'en donner d'autres preuves, tirées çà et là de ses œuvres et de ses propres aveux. Mais à quoi tout cela servirait-il? A excuser peut-être cette faiblesse, comme ont coutume de le faire les littérateurs italiens, ou à la flétrir comme l'a fait un des derniers critiques allemands, ou finalement à accepter cette conclusion accoutumée : que les grands hommes sont petits par quelque endroit. Il nous semble que l'histoire, éloignée de tout caractère inquisiteur et plus soucieuse de l'ensemble que des détails, ne doit pas tant s'arrêter à un examen minutieux de la moralité de chaque acte de la vie, en pesant rigoureusement les vices et les vertus, qu'à considérer toutes les circonstances concomitantes, ou en d'autres termes, le milieu dans lequel s'est trouvé le grand homme dont on parle. Alors seulement on aura une règle sûre pour le juger, non seulement en lui-même, mais vis-à-vis d'un plus grand que lui et d'après l'influence qu'il exerça sur ses contemporains. A ce point de vue, Pétrarque, même à nos yeux, ne perd rien de la supériorité, qui lui a été reconnue par ses contemporains.

Au fond, l'étrange vanité qu'on lui reproche, n'est qu'une soif maladive et insatiable de la gloire. Mais même ce sentiment, le plus noble et le plus fort de ceux des peuples de l'antiquité classique, le souffle continu qui anime leur histoire, fut ressuscité et introduit dans le monde moderne par Pétrarque. L'ascétisme chrétien l'avait condamné, parce qu'il transporte l'esprit au delà de la mort et du tombeau, il ne sort point de la sphère des choses mondaines et a son terme et son accomplissement ici-bas dans l'admiration des générations futures. Il n'y a pas autre chose que la conscience profonde de la haute mission de l'histoire et la persuasion intime que les cendres depuis longtemps oubliées des morts peuvent se ranimer et reprendre un corps aux yeux de l'esprit, ou la conviction que la grandeur de l'esprit et des œuvres laisse ici-bas une trace ineffaçable, et que chaque génération a quelque chose à apprendre de celle qui la précède et doit se rappeler avec amour ceux qui lui ont légué des leçons et des exemples; en d'autres termes, il n'y a que le pressentiment et comme la divination de ce que l'homme, comme individu, peut être pour l'humanité tout entière qui lui survit, qui puisse faire vivre l'idole de la gloire, l'immortalité du nom. Voilà ce que Pétrarque voyait dans le monde romain, spécialement dans Cicéron, dans les historiens et les poètes. L'histoire ancienne dans son ensemble lui apparaissait comme le temple de la gloire, et en même temps lui fournissait une preuve lumineuse du fait que, malgré la distance des siècles et précisément à cause d'elle, les figures prennent un aspect toujours plus brillant et héroïque. Ces hommes, qui ne reculèrent devant aucun obstacle, pas même devant la mort pour arracher leur nom à l'oubli, avaient atteint leur but, et Pétrarque était fier d'assurer sa propre gloire en proclamant la leur. Quelle joie de se placer auprès d'eux et de penser qu'après tant de siècles son nom serait cité avec ceux de tous ces grands hommes! Dante en avait eu le pressentiment avant lui, mais Pétrarque fut le premier à en avoir une idée claire et nette et c'est peut-être là la plus importante découverte qu'il ait laissée à l'humanité. Est-il étonnant qu'il ait été lui-même entièrement possédé de cette idée? Jeune encore, elle lui enlevait le sommeil et le repos; devenu vieux, il dut, en dépit de toutes les objections, avouer que l'aiguillon le plus puissant pour les grandes âmes est l'amour de la gloire[1]. Voilà ce qui redouble son activité et son zèle à cultiver la science, ce qui l'anime à prolonger ses veilles et à travailler son style. La gloire l'excite à entreprendre toujours de nouveaux ouvrages : de « l'Afrique » principalement il attend la renommée et la gloire, parce que ce sera « une œuvre rare et excellente »[2]. C'est là l'unique passion qui est à la cime de toutes ses pensées et le domine pendant toute sa vie. Tantôt elle s'élève en lui comme une flamme sacrée, tantôt elle se trahit par les mille manifestations de la vanité. Il l'appelle sa plus grave infirmité qu'il ne sait comment vaincre. Elle s'est emparée de son cœur dès qu'il a eu conscience de lui-même, elle a grandi de jour en jour avec lui et l'accompagnera jusqu'au tombeau[3]. L'idéal de sa vie est la gloire, mais son plus grand tourment est la pensée de la conserver[4]. Bien plus, ses sentiments chrétiens

1. *Epist. rer. senil.*, V, 6. Au lieu de donner ici toutes les preuves qui se trouvent dans ses œuvres, nous nous bornerons à deux citations. Encore jeune, il chantait dans l'*epist. metr.*, I, 1 :

Implumem tepido præceps me gloria nido
Expulit et cælo iussit volitare remoto.

Et peu de temps après le Couronnement, *epist. metr.*, II, 11 :

.....................est mihi famæ
Immortalitatis honos et gloria meta laborum.

2. *De contemptu mundi*, Dial. III. (*op.* p. 410).

3. *Canz. I'vo pensando :*

Questo d'allor ch'i m'addormiva in fasce,
Venuto è di dì in dì crescendo meco;
E temo ch' un sepolcro ambeduo chiuda.

4. On retrouve cette idée dans l'*epist. metr.*, II, 15, dans ce vers :

Magnus enim labor est magnæ custodia famæ.

Ce vers lui semble si heureux qu'il le répète dans l'*Africa*, VII, 292, et dans l'*epist.*

étaient en contradiction avec cette passion qu'on a toujours accoutumé de considérer comme un héritage qui nous a été laissé par le paganisme. Cicéron avait dit que ce désir de la gloire était encore plus vif chez les grands, mais l'Évangile ne connaît pas de stimulant de ce genre pour bien faire. Voilà pourquoi Pétrarque s'exhorte lui-même à renoncer à ces frivolités et à ne songer qu'à la vertu dont la gloire n'est que l'ombre : sirène trompeuse d'autant plus à éviter qu'elle est plus dangereuse ; il se reproche comme une faute les livres qu'il a écrits et se propose de continuer ses études dans l'humilité et le silence, les yeux fixés sur la vraie lumière qui vient d'en haut[1]. Tels sont les conseils qu'il se donne à lui-même, et parfois il se croit sûr du triomphe, mais la passion, repoussée d'un côté, reparaît aussitôt d'un autre, plus forte que jamais. Quelque chose de semblable s'était produit chez son grand ami spirituel Augustin, quand il avait dit : « Souvent l'homme s'applaudit de mépriser la frivolité de la gloire, mais cela même est un acte de vanité. Qu'il ne se glorifie donc pas d'un mépris qui n'est pas sincère, du moment qu'il s'y complaît lui-même[2]. » C'était là précisément l'incurable infirmité de Pétrarque.

De ces perplexités, entre une passion ardente qui le dévore et la philosophie qui le condamne, nous donnerons ici un exemple. S'il attendait des honneurs de l'histoire, Pétrarque était avide d'en recueillir au moins une partie en présence de ses contemporains. La pensée de recevoir la couronne de poète avait plus d'une fois troublé son sommeil. Peut-être ignorait-il entièrement que la dépouille mortelle de Dante avait été couronnée. Mais, dans les universités, d'autres poètes avaient été de temps en temps l'objet d'un honneur semblable : Mussato, par exemple, en 1314, à Padoue, et Convenevole lui-même, l'ancien maître de Pétrarque, dans la petite ville de Prato, sa patrie. C'étaient des ovations locales, dont le monde n'entendait guère parler. Pétrarque visait à quelque chose de plus, quoique sa renommée ne reposât alors que sur des poésies en langue vulgaire ; il n'avait publié en latin qu'un certain nombre d'épîtres poétiques et avait à peine commencé l'Afrique. N'importe, il se regardait, comme un autre Virgile, digne des plus grands honneurs. Dans son imagination s'agitaient confusément les jeux nationaux et les luttes des anciens Grecs

rer. famil., VII, 7, il le redit à Cola, comme dans le *De contemptu mundi*, Dial. III (*Op.* p. 409).

1. *Ibid.*, p. 414, 997. *Rer. memorand.*, lib. III (*Op.* p. 512).

2. *Confess.*, X, 38.

et la couronne de Delphes, et encore avec plus d'éclat le laurier du Capitole, déposé autrefois, comme suprême honneur d'ici-bas, sur le front des Césars et des chantres inspirés. Il voulait offrir au monde un spectacle, inouï depuis le jour où Domitien avait couronné le chantre de la Thébaïde, et dans lequel il déploierait tout l'éclat qui avait un moment entouré les maîtres du monde et les poètes. Nous ne doutons pas que ces préparatifs n'aient été son œuvre. Il sut exciter par ses poésies l'enthousiasme du roi Robert de Naples, grâce à son ami Dionigi de' Roberti, moine augustin de Borgo San Sepolcro, et chargea des négociations à la cour un autre de ses amis, Tommaso Caloria de Messine, avec lequel il avait étudié le droit à Bologne. Il fit en sorte, d'un autre côté, que l'Université de Paris, qui avait alors pour chancelier Robert de' Bardi, son compatriote, lui adressât une invitation du même genre, mais certainement il ne la prit jamais au sérieux; il lui suffisait que la crainte d'une rivalité imaginaire stimulât le roi de Naples et le Sénat romain pour hâter l'affaire. Les deux invitations lui arrivèrent le même jour, le 1er septembre 1340; elles le trouvèrent, nous l'avons déjà dit, au milieu de ses élucubrations philosophiques, pendant qu'il promenait ses méditations et ses rêveries poétiques à travers les bois et les champs. Il feignit pendant quelque temps d'hésiter entre Paris et Rome. D'un côté il était attiré par la nouveauté de la cérémonie et la renommée de la grande Université; mais naturellement il finit par donner la préférence à la vénérable antiquité, « à la capitale du monde, à la reine des cités, » à ce sol consacré « par la cendre des anciens poètes », au Capitole. Le philosophe était encore à Vaucluse, où il avait reçu le message tant désiré, qu'il en comprenait toute la futilité. « Vous demandez : pourquoi tant d'empressement, pourquoi tant de soins et de fatigues? Peut-être que le laurier me rendra plus savant ou meilleur? Il ne me fera que plus célèbre et cela m'exposera encore davantage aux morsures de l'envie. Mais le trône de la science et de la vertu est dans l'esprit : c'est là qu'elles sont comme dans leur demeure et non parmi le feuillage où les oiseaux font leur nid. A quoi bon tous ces préparatifs? Vous demandez ce que j'en pense? Ni plus ni moins ce que vous en pensez vous-même. Vanité, et rien autre que vanité : *vanitas vanitatum et omnia vanitas*, disait le sage. Mais les hommes sont ainsi faits[1] ! »

1. *Epist. rer. famil.*, IV. 4, 5, 6 au cardinal Jean Colonna du 1er sept. (mais, d'après De Sade, les manuscrits de Paris portent *X. kal. sept.*) et du 10 sept. 1340 et à Jacques Colonna du 15 févr. 1341.

Le couronnement eut lieu le jour de Pâques 1341. Quelque temps auparavant, Pétrarque déclarait encore en présence des sénateurs romains qu'il n'avait pas désiré le laurier pour s'enivrer de gloire, mais pour allumer chez les autres l'amour de l'étude. Cette déclaration fut insérée dans le diplôme de poète, qui fut « daté du Capitole » et authentiqué avec une bulle d'or[1]. Mais quelle joie enivrante pour lui, quand la cérémonie fut achevée et que retentirent les acclamations de la multitude en fête ! Il se crut lui-même transfiguré, pendant que Rome entière et le Capitole et les Quirites semblaient n'avoir qu'une seule voix pour lui faire honneur[2]. Le discours qu'il prononça devant l'assemblée ne se distingue guère, en réalité, des déclamations pédantesques qu'on entendait ordinairement dans les Universités. A l'exemple des prédicateurs, il prit pour texte un passage de Virgile et le développa à grand renfort de citations de Cicéron et des poètes latins. Mais il parla encore de la poésie, de l'amour de la gloire, inné chez les plus illustres et les meilleurs des hommes, et des graves obligations, que la couronne lui imposait, de gravir les sommets escarpés du Parnasse[3]. Le jour où la couronne d'honneur lui fut solennellement accordée resta profondément gravé dans sa mémoire. Mais il n'oublia pas non plus avec quelle ardeur il l'avait désirée et à quel point il avait sacrifié, pour l'obtenir, ses sentiments philosophiques. Dans un moment de sincérité, tout en s'applaudissant d'avoir été seul l'objet de cet honneur extraordinaire, il se demande pourquoi ce laurier, qui ne sert qu'à éblouir la multitude, lui reste continuellement fixé dans la mémoire, et s'il n'aurait pas mieux fait de vivre retiré dans les champs et les bois, au milieu des laboureurs et des pâtres, qui ignoraient ses chants et sa gloire[4], que de gravir le Capitole de la Ville éternelle.

1. *Op.* p. 1254.
2. *Epist. rer famil.*, IV, 7 au roi Robert de Sicile du 30 avril 1341. *Epist. metr.*, II, 1.
3. Ce discours a été pour la première fois publié récemment par Hortis, *Scritti inediti di F. Petrarca*, p. 311.
4. *Epist. metr.*, II, 11 :

Laurea, perrarum decus atque hoc tempore soli
Speratum optatumque mihi, etc.
Cur redit in dubium totiens mea laurea ? numquid
Non satis est meminisse semel ? decuitne per urbes
Circumferre nova viridantia tempora fronde,
Testarique greges hominum, populique favorem
Infami captare via ? Laudarier olim
A paucis mihi propositum. Quid inertia vulgi
Millia contulerint, quid murmura vana theatri ?

CHAPITRE QUATRIÈME

Pétrarque comme individu. La scène du mont Ventoux. L'étude de lui-même. Les dialogues « Du secret conflit des soucis dévorants de son cœur ». Les livres « De la vie solitaire » et « De l'oisiveté des religieux »; les dialogues « Du remède contre la douleur et la joie ». Les « Confessions ». Lutte philosophique contre l' « Acedia ». Effet des Confessions et de la conversion philosophique.

Rien ne caractérise ni ne distingue mieux le moyen âge chrétien — par ce nom nous pouvons désigner ici les siècles qui ont précédé Pétrarque — que l'esprit de corporation. Après le chaos des migrations des peuples, l'humanité renouvelée se cristallisa, pour ainsi dire, en groupes, classes et systèmes dont les principaux furent la hiérarchie et le feudalisme. De plus, la vie scientifique et artistique, qui est celle du petit nombre et se décide moins facilement à suivre le train commun, dut se conformer aux tendances prédominantes; il y eut comme un courant d'eau glaciale vers certains centres, et de là partirent ensuite des rayons de lumière dans toutes les directions. A aucune autre époque les masses ne vécurent et ne travaillèrent, ne pensèrent et ne sentirent avec autant d'uniformité. Si l'on voit surgir quelques grands hommes, ils ne sont que les représentants du système, au milieu duquel ils tiennent le premier rang parmi leurs égaux, comme les chefs du feudalisme et de l'Église. Leur grandeur et leur puissance ne proviennent pas des évènements ou de leurs qualités personnelles, mais de l'énergie plus vigoureuse avec laquelle ils incarnent en eux-mêmes le concept idéal de leur système et se sacrifient pour lui. Cette communauté d'intelligence et d'action donne naturellement de grands résultats, des effets notables; alors chacun vise au même but, et les forces, au lieu de s'éparpiller, restent unies. Les champions de l'humanité ne sont pas des individus qui dominent moralement les masses, mais des groupes et des corporations, qui suivent un individu comme une bannière.

Alors quel est l'homme fort qui brise ces chaînes corporatives, qui semble ne rien devoir à son siècle, qui s'élève plus haut, conversant seul avec les hommes et avec lui-même, qui ose présenter au monde, comme un modèle et un exemple, son individualité propre, et se concilie en même temps l'admiration de son siècle et le respect de la postérité? Nous n'hésitons pas, sous ce rapport, à désigner Pétrarque comme le prophète des temps nouveaux, le précurseur du monde moderne. Il est le premier chez lequel l'individualité s'affirme hardiment et librement avec tous ses droits. Même chez Dante, qui traverse la vie solitaire et caché, il existe un sentiment semblable, mais il est rarement visible et ne se manifeste que de temps à autre et confusément au milieu de ses conceptions méthodiques et conventionnelles. Dans Pétrarque, au contraire, il se montre dans toute la souplesse et la variété de ses manifestations et va jusqu'à l'extrême. Bien plus, son immense désir de la gloire et ses petites vanités en sont une partie intégrante. Ce qu'il étudie et apprend, ce qu'il fait ou ce qu'il lui arrive, tout se rapporte à sa personne, le monde extérieur n'est pour lui qu'une occasion d'achever son éducation morale et intellectuelle. Mais quel plus grand profit il tire des livres? Pendant que sa mémoire s'enrichit de connaissances et que son intelligence s'accoutume à distinguer et à juger, tout son être s'identifie avec les grands hommes qui ont vécu avant lui. Dans les écrits de Cicéron, de Sénèque et d'Augustin, il rencontre des sentiments semblables à ceux de son propre cœur; dans les livres il cherche l'homme.

Pétrarque a fait beaucoup pour les études classiques; il a contribué plus que tout autre à la ruine de la scolastique, mais, au fond, sa création la plus importante, la plus difficile et la plus méritoire, est celle de sa propre individualité. Travailler en soi et pour soi, déclare-t-il souvent, voilà le but suprême de la vie; mais ce travail n'est pas celui du religieux qui, préoccupé de son salut, lutte avec ses idées étroites, ballotté incessamment entre la chair et l'esprit, et quand il a réprimé les convoitises des sens et s'est mis régulièrement dans la voie de la dévotion, se tranquillise dans l'attente du royaume du ciel : il y a dans Pétrarque une rencontre et un conflit tumultueux de sentiments profondément opposés, une lutte puissante d'éléments contraires qui tendent à se mettre d'accord, et c'est là précisément ce qui caractérise l'individualité de l'homme moderne. Naturellement il regarde aussi les hommes qui l'entourent sous un nouveau jour : il s'aperçoit que chacun, conscient de son individualité propre, poursuit son chemin, sans se préoccuper de celui des autres[1].

Tel était l'ascendant profond et irrésistible qui lui concilia le respect de ses contemporains; ceux-ci le regardaient comme un

1. *Epist. rer. famil.*, X, 6 à son frère Gérard : *quis fando enumeret diversitates innumeras quibus inter se dissident mortales, ut nec una species certe, nec unum genus homo cum homine videatur?*

mystérieux prophète, et si l'on songe à l'affection dont il devait être l'objet par suite de cette influence, son orgueil, son ambition et sa vanité ne sont plus que de simples défauts de caractère, que la conséquence forcée de la conscience de son mérite personnel, qui devait être bien grand, puisqu'il n'y avait personne ici-bas qui en approchât, et dès lors il ne pouvait être comparé avec qui que ce soit, ni reconnaître aucune autorité. Bien plus, Pétrarque, semblable à celui qui découvrit le nouveau monde au-delà de l'Océan, et mourut sans soupçonner sa découverte, ne pressentit pas le monde moderne, qui commençait avec lui; tous les deux crurent être arrivés à l'ancien, en suivant une autre route. Mais Pétrarque sentait quelque chose en lui, qui lui disait que, seul parmi les hommes, seul en présence de Dieu, il vivait à une distance infinie du reste des hommes.

Pétrarque nous raconte une scène de sa vie, alors qu'il n'avait encore que 32 ans environ. Accompagné seulement de son jeune frère Gérard, il fit l'ascension du mont Ventoux. La fatigue de la montée réveilla en lui la pensée de la constance nécessaire pour atteindre la vertu, par laquelle on arrive à la vie éternelle. Il parvint au sommet et vit les nuages s'amonceler à ses pieds. Alors il se représenta tout le cours de sa vie. Il y avait dix ans qu'il avait quitté l'Université de Bologne et s'était adonné sans réserve au culte de la poésie et de l'éloquence. Il n'y avait pas encore trois ans qu'avait commencé en lui cette lutte, dans laquelle l'homme de l'esprit s'était révolté contre l'homme de la chair, qui jusqu'à ce moment l'avait entièrement dominé. Il interrogea l'avenir pour voir jusqu'à quel point, en dix ans, cette lutte grandirait encore; au même instant ses yeux s'arrêtèrent sur le spectacle qui l'environnait; d'un côté, l'immense chaîne des Cévennes, de l'autre le golfe du Lion, à ses pieds le cours majestueux du Rhône. Le soleil était déjà près de son couchant et il lui semblait être seul. Il sentit le besoin d'élever son esprit vers le ciel et se décida à chercher au hasard dans un petit volume des Confession d'Augustin, qu'il avait apporté avec lui, le premier passage qui se présenterait et de le considérer comme un avertissement venu d'en haut. Il lut : « Et les hommes vont çà et là admirer les sommets des montagnes et les immenses profondeurs de la mer et le cours majestueux des fleuves et le vaste contour de l'océan et les évolutions des astres — et ils s'oublient eux-mêmes avec les merveilles qui sont en eux[1]. » Frappé d'étonnement, il ne lut pas plus avant et ferma

1. *August. Confess.*, X, 8 § 6.

le livre. Grande fut son indignation contre lui-même ; car il avait, peu auparavant, lu dans les philosophes païens que rien n'est plus digne d'admiration que l'esprit humain et qu'aux yeux d'un grand génie il n'y a de grand que lui-même. Pendant la descente et jusqu'au pied de la montagne, il ne prononça pas une seule parole. Mais quand ils eurent regagné la chaumière d'où ils étaient partis, il s'assit et raconta ce fait vraiment singulier dans une lettre à son ami, le moine Dionigi de Borgo San Sepolcro[1].

Au fond ce n'était qu'une scène, où il se mettait lui-même en jeu ; c'était une imitation du *Tolle, lege!* d'Augustin. Mais nous voyons qu'à cette heure s'accentuait en lui une forte pensée, qu'il nourrissait peut-être depuis longtemps. Désormais sa plus grande préoccupation sera celle de s'étudier lui-même. Quel qu'en ait été le motif, il est certain que l'amour-propre s'accrut en lui de plus en plus à mesure qu'il s'occupait du moi. Pourtant il était assez perspicace pour découvrir dans son intérieur un monde de faiblesses et de défauts, un abîme de vanité. Alors il éprouvait comme une frayeur de lui-même, mais on eût dit que l'amour de sa personne en augmentait d'autant. Il voulait mettre en harmonie cet amour avec l'idéal qu'il rêvait et commença contre lui-même une lutte terrible, mais ce ne fut qu'en apparence et seulement en paroles ; l'arme véritable, qui frappe l'ennemi au cœur, il n'eut jamais le courage de l'employer contre lui. Il crut s'amender suffisamment en méditant et en écrivant ses confessions, mais il ne réussit qu'à s'enfoncer de plus en plus dans le culte du moi. Cet esprit de vanité, qu'il se proposait de combattre, lui devenait plus cher par son repentir même et par la lutte douloureuse qu'il soutenait.

Cette lutte, qui, du coucher de soleil aperçu du mont Ventoux, se continua chez Pétrarque jusqu'à la vieillesse la plus avancée, constitue le fond de ses traités philosophiques, moraux, fruit de son âge mûr. La série commence par les dialogues « Du mépris du monde » ou comme il les intitule avec plus de vérité dans la plupart de ses manuscrits : « Du secret conflit des soucis dévorants de son cœur[2]. » Suivent les livres « De la vie solitaire » et « De l'oisiveté

1. *Epist. rer. famil.*, IV, 1. Dans les vieilles éditions la lettre est faussement adressée à Jean Colonna.

2. Ce livre *De contemptu mundi* ou *De secreto conflictu curarum suarum*, appelé encore par Pétrarque *Secretum* et ailleurs *Liber maximus rerum mearum*, est assigné par Fracassetti et par Körting à l'année 1342, parce que, dans le *Dial.* III, Augustin dit que Pétrarque aime Laure (qu'il vit le 6 avril 1327 pour la première fois) depuis seize ans, et parce que Laure y est représentée comme vivant encore. En réalité, c'est une

des religieux[1] », et la série se termine par les dialogues « Du remède contre la douleur et la joie », sorte de système de philosophie pratique[2]. Toutes ces œuvres ont en substance un thème identique, ou du moins le même ton fondamental, la même tendance. Cela se voit avec plus d'évidence dans les années de la jeunesse de Pétrarque et principalement dans le premier écrit, qui est tout entier consacré à son propre moi ; plus tard il n'est visible que dans certaines occasions et disparaît peu à peu derrière les doctrines stoïciennes de l'antiquité et les préceptes du christianisme.

Le livre « Du secret conflit des soucis et des angoisses du cœur » est un monument de premier ordre dans l'histoire de l'esprit humain, l'image d'une individualité merveilleusement douée et en proie à de fortes passions, comme les confessions d'Augustin, de Montaigne, de Rousseau ; on peut le considérer comme la clef et le couronnement de toutes les œuvres de Pétrarque. Nous avons là une confession dans toute la force du terme, commencée avec le désir le plus sincère d'arriver à mettre sa conscience en paix par l'aveu le plus exact de ses propres égarements. Comme il le déclare dans la préface, Pétrarque n'écrit pas ce livre, comme les autres, en vue de la gloire : il l'écrit pour lui seul, et ce doit être un miroir, qu'il se propose de tenir toujours devant lui. Tu dois être et rester mon secret, dit-il à son livre.

Seul saint Augustin est digne d'entendre cette confession. Sénèque peut y assister à cause de sa parenté d'âme et par sympathie, mais Augustin se tient devant Pétrarque comme un prêtre, qui l'exhorte sévèrement à l'aveu sincère de ses fautes et au repentir, et en même

preuve décisive pour fixer à ce temps la rédaction de ce passage et par conséquent l'idée et le commencement de tout le livre. Mais à ce livre, comme à tous les autres, Pétrarque travailla par intervalles. D'après Mehus, *Vita Ambros. Travers.*, p. 237, la bibliothèque de Sainte-Croix possède la copie, faite par Tedaldo de Casa sur l'original de Pétrarque, et selon laquelle le premier dialogue fut écrit en 1353, le second en 1349, le troisième en 1347, ou pour le moins l'auteur y mit alors la dernière main.

1. Le premier fut commencé en 1346, mais terminé et enrichi d'une préface seulement en 1366, le second fut ébauché pendant le carême de 1347 et terminé seulement vers 1357.

2. Fracassetti croit que ce traité a été commencé en 1358. D'après l'*epist. rer. famil.*, XXIII, 12, il était fini en déc. 1360, et il ne restait plus qu'à le recopier. Toutefois un grand nombre de manuscrits se terminent par cette remarque : *Ex originali proprio scripto manu.... Petrarce.... et per eum ipsum ad exitum perducto Ticini anno Domini* 1366, IV (ou III) *nonas Octobris hora tertia, amen. Petrarca e Venezia*, p. 106. Valentinelli, *Bibl. mss.*, t. IV, p. 181. *Catalogus codd. lat. bibl. Monac.*, t. II, P. I, p. 29. — Le lecteur comprendra pourquoi nous avons indiqué l'incertitude et l'étendue de la durée de la composition des traités. Ceci nous dispense de chercher pendant cette période de temps les phases successives de leur développement.

temps comme le père et le directeur de sa pensée. Il est bon de le répéter encore une fois, l'idée d'écrire n'a pas germé spontanément dans l'esprit de Pétrarque, mais lui a été suggérée par l'exemple de ce Père de l'Église. Quand je le lis, dit-il, toute ma vie me paraît un songe fugitif, une ombre vaine; il m'excite, de manière que je crois me réveiller d'un long sommeil; ma volonté et mes convoitises se disputent ensemble; l'homme extérieur est en lutte avec l'homme intérieur[1]. Toutefois, il y a quelque chose de vrai dans le reproche que Jacques Colonna, son ami et son Méphistophélès en même temps, fit un jour à Pétrarque, d'avoir pour Augustin et ses œuvres une dévotion de surface, et de n'avoir jamais su se détacher des poètes et des philosophes de l'antiquité. La scène du Mont-Ventoux n'est pas sans un certain artifice, qui du reste se retrouve encore dans l'enthousiasme que professait Pétrarque pour ce « soleil de l'Église ». C'est là tout d'abord une observation qui diminue de beaucoup la valeur et la sincérité des confessions.

Pétrarque s'accuse lui-même d'un orgueil démesuré, produit par la conviction intime de son génie, par ses nombreuses lectures et la perfection de son style; il avoue que sa vanité va jusqu'à « haïr le Créateur ». Il reconnaît que son ambition n'a point de bornes. Ce n'est que pour être admiré et loué davantage qu'il cherche un moment la solitude[2]. Il voit dans l'amour de la gloire une des passions les plus dangereuses, parce qu'elle a pour elle toutes les apparences de la grandeur et de la sublimité et séduit par les dehors les plus flatteurs. Le désir inquiet d'immortaliser son nom est le terrible mal dont il ne sait guérir[3]. Parmi ses vanités il se reproche principalement celle d'avoir désiré le laurier. On devine ce que lui coûtait un tel aveu, à l'ambiguïté des termes dont il enveloppe son discours. En effet, tantôt il déclare l'avoir désiré pour stimuler les autres à l'imiter, tantôt par amour seulement pour le nom de Laure[4].

C'est l'unique endroit de ses œuvres en prose où il parle avec un peu plus de détail de son fameux amour, mais encore en termes obscurs et évidemment avec l'intention de ne pas révéler son secret jaloux. Il défend sa passion comme une pure et noble exaltation d'esprit, mais sa conscience, son Augustin le contraignent à recon-

1. *Epist. rer. famil.*, II, 9, à Jacques Colonna.
2. *De contemptu mundi*, *dial.* II (*Op.* p. 383, 389). Nous ne suivons pas ici l'ordre des confessions indiqué dans le livre, parce que cet ordre n'est ni important ni essentiel, comme on le voit par les phases successives de la composition du livre lui-même.
3. *Ibid. dial.* III, p. 397, 410.
4. *Ibid.* p. 403.

naître en lui-même un délire coupable, qui écarte son âme du ciel, qui du créateur la tourne vers la créature, qui lui fait oublier Dieu[1]. Et même là, nous trouvons un chaos d'apparences, d'illusions et de contradictions, qui rendent toujours plus épais le voile qui recouvre cet impénétrable mystère.

Pétrarque se met en face de la philosophie qu'il a suivie pendant sa vie. Il trouve que son esprit se partage en trop d'occupations différentes, penche incertain, sans un dessein préétabli, tantôt d'un côté, tantôt d'un autre, et manque absolument d'unité et de cohésion. Sa légèreté ne lui permet pas de persévérer dans les résolutions les plus salutaires, et de là provient « cette lutte intérieure, ce tourment de l'âme mécontente d'elle-même ; elle a honte de ses souillures, mais ne sait s'en purifier ; elle connaît les chemins trompeurs et tortueux et ne les abandonne point, elle craint le danger qui la menace et ne fait rien pour l'éviter[2] ». Les moyens de vaincre ne lui manquent pas : les enseignements de la philosophie stoïcienne d'une part, plus faciles, il est vrai, « à croire qu'à mettre en pratique » ; de l'autre les préceptes de la religion, pourvu qu'ils ne réclament pas absolument la même obéissance et soumission du savant et de l'ignorant, pourvu qu'ils ne veuillent pas rabaisser au niveau du peuple celui qui est au-dessus de lui, pourvu qu'ils laissent à l'homme qui pense une certaine liberté d'opinion, au lieu de l'opprimer sous une seule et unique autorité[3]. Toutefois ces règles restent toujours vraies. Le stoïcisme et l'union avec le Christ peuvent seuls rétablir la paix de l'âme et ils n'admettent aucun partage. Il faut les accepter sérieusement et sans condition. Pétrarque doit oublier le myrte et le lierre et jusqu'au laurier, qu'il a seul été digne de ceindre parmi ses contemporains ; il doit se dégager de toute passion terrestre, s'il veut atteindre le vrai Bien, s'il veut s'élever à la hauteur des Confessions d'Augustin[4].

A diverses reprises, Pétrarque s'est plu à dire et à répéter que la pensée de la mort lui était toujours présente, qu'il en portoit partout l'image imprimée en caractères funèbres dans son âme. Le thème reparaît dans ses lettres et dans ses traités avec une monotonie

1. *De contemptu mundi, dial.* III (p. 398, 403).

2. *Ibid. dial.* I (p. 382).

3. Pétrarque s'exprime ainsi, *dial.* III, p. 398 : *Suam quisque sententiam sequatur; est enim opinionum ingens varietas* (et non *veritas*) ; un manuscrit de la bibliothèque de Königsberg donne cette version : *libertasque iudicandi.* Au contraire Augustin dit, avec l'Église : *Veritas una atque eadem semper est.* Il nous semble que ces paroles contiennent un principe très important.

4. *Ibid. dial.* I (p. 377, 379).

qui fatigue, et il le traite toujours avec une sérénité philosophique. Mais cette fois il s'interroge et s'examine avec plus de rigueur. Et voilà que la pensée de la mort le remplit d'une crainte puérile à laquelle il ne peut se faire. En s'étudiant plus à fond il s'aperçoit qu'il s'est trompé jusqu'à ce jour, et qu'il n'y a guère songé sérieusement. Il veut que cette pensée lui soit réellement et toujours présente, jusqu'à le faire trembler d'effroi, il veut que son esprit soit dans une crainte continuelle du jugement redoutable, en présence duquel s'évanouissent la beauté du corps, la gloire humaine, l'élégance du style, la puissance, la richesse et tous les biens d'ici-bas; il veut toujours avoir présent à l'esprit l'enfer avec ses tourments. Il se décourage de ne pas sentir la contrition, comme il aurait désiré et se condamne à un regret fantastique auquel le cœur demeure étranger. Dans le silence de la nuit il se couche comme un mourant sur son lit, s'imagine être à ce dernier soupir, qui sépare l'âme du corps, se représente au vif les terreurs de la mort et du jugement, croit voir l'enfer ouvert, bondit épouvanté, invoque, dans une sorte de délire, le secours du Christ, verse un torrent de larmes et se retrouve ensuite, à son étonnement, le même homme qu'auparavant[1].

Cependant ces luttes et incohérences philosophiques nous expliquent encore les luttes et incohérences morales de Pétrarque, nous expliquent ses plaintes, lorsque le remords arrache de ses yeux les larmes les plus amères du repentir, sans vouloir changer en rien ses résolutions et sans parvenir à étouffer en lui le sentiment de la vanité. Aussi ne trouve-t-il rien de plus déplorable dans la vie que le fébrile empressement des hommes à se créer des illusions et à se tromper eux-mêmes. « Ici-bas l'amour-propre et l'arrogance présomptueuse jouent un rôle très important : chacun se croit plus qu'il n'est, s'aime plus qu'il ne le devrait, et on ne peut plus alors distinguer le trompé du trompeur[2]. »

Maintenant nous pouvons comprendre la nature de l'infirmité spirituelle dont Pétrarque parle pour la première fois dans ses Confessions, et sur laquelle il revient encore à chaque page de ses autres livres et avec des intentions tout à fait différentes. Il en parle vaguement et d'un air mystérieux, mais avec une certaine complaisance, comme d'une tristesse qui n'a aucun motif apparent, comme

1. *Ibid.*, *dial.* I (p. 378-380) : *Corpus hoc in morem morentium compono, ipsam quoque mortis horam et quicquid circa eam mens horrendum reperit, intentissime mihi ipse confingo, usque adeo, ut in agone moriendi positus mihi videar*, etc.
2. *Ibid.*, *dial.* I (p. 376).

d'une douleur qui consume, mais n'est pas sans quelque douceur[1]. La vie, le monde et la destinée sont les trois puissances ennemies, qui ont engendré cet inexplicable malaise. Il est vrai que la vie ne peut pas ne pas être à charge quand on voit, chaque jour, autour de soi, dans le monde l'extrême agitation des passions et une multitude variée de douleurs. Peut-être sera-ce un remède salutaire de s'efforcer de se rappeler les joies de la vie et d'en jouir dans une juste mesure. Saint Augustin répond à ce raisonnement avec beaucoup de sagesse : celui qui est à l'abri du danger sur le rivage regarde d'un œil plus tranquille le naufrage des autres[2]. Mais le remède philosophique ne servait à rien. Pétrarque ne tarda pas à se convaincre que la cause du mal devait être en lui-même. Toute la vie, au dehors et au dedans de lui, lui apparut dès lors comme une lutte continuelle. Chacun lutte non seulement contre les autres créatures, mais contre sa propre espèce, non seulement contre les autres individus, mais contre lui-même. Jusque dans les replis les plus cachés de son cœur, chacun soutient contre lui-même un combat perpétuel et est agité par un tourbillon de sentiments et de passions contraires[3]. L'âme est comme divisée en deux camps, qui se livrent une guerre éternelle. Voilà ce qui rend la vie triste et pleine de tourments, de sorte que l'homme devient un poids, une charge et un supplice pour lui-même[4]. Souvent Pétrarque se plaint de cet esprit inquiet qui le fait errer çà et là ; il espère faire renaître en lui l'amour de la vie, en changeant de séjour, et ensuite il croit retrouver le calme en revenant à son point de départ[5]. Cette funeste infirmité, dit-il, le suit partout, sans jamais lui laisser un moment de trêve ou de repos, ce qui serait pour lui le plus grand des biens. Elle l'opprime et l'abat. Elle le tourmente jour et nuit, l'environne de ténèbres et de craintes, et lui fait éprouver les angoisses de la mort. Sa destinée et celle du monde, le passé et l'avenir sont pour lui comme un cauchemar effrayant sous le poids duquel il étouffe. Le genre humain en général n'excite en lui que la haine et le

1. *De remedio utriusque fortunæ*, lib. II, dial. 93 : *dolendi voluptas quædam, quæ mœstam animam facit, pestis eo funestior, quo ignotior causa atque ita difficilior cura est.* C'est à ce passage que Pétrarque fait allusion, *epist. rer. senil.*, XV, 9 ad fin.

2. *De contemptu mundi*, dial. II, p. 394.

3. *De remedio, etc.* Praefat. ad lib. II, *Op.* p. 124.

4. *Epist. rer. senil.*, VIII, 2, Pétrarque décrit ainsi les années de sa jeunesse : *quippe pugnantibus inter se animæ partibus et dissensione perpetua ac civilibus velut bellis vitæ statum pacemque turbantibus, etc. — Ipse mihi pondus et labor et supplicium factus eram.*

5. *Epist. ad poster. in fine. Epist. rer. famil.*, XV, 8, 11, de 1352.

mépris, la misère des autres l'accable autant que la sienne propre. Cette infirmité, cette funeste maladie de son esprit, il la désigne sous le nom spécial d'*acedia*, c'est-à-dire satiété ou dégoût du monde[1].

En quoi consiste l'*acedia* ? L'idée à son origine a été empruntée au quatrième livre de la morale d'Aristote et a été ensuite transformée par le moyen âge. Si l'expression, d'après son sens étymologique ἀκήδεια, désigne une sorte d'indifférence platonique de l'esprit pour tout ce qui est l'objet de l'activité humaine, un état passif de l'âme, la morale religieuse représente cet état tantôt comme une funeste mélancolie, qui provient de causes physiques et morales tout à la fois, et a par conséquent besoin d'être traitée par le médecin, tantôt comme un péché grave de paresse[2]. La plupart du temps cette apathie apparaît comme une caractéristique spéciale de la vie solitaire et monastique, d'un côté comme une maladie, comme un tourment douloureux du cœur, d'un autre, comme une indolence coupable, contre laquelle on recommande surtout le travail, à titre de remède[3]. La morale de l'école la met au nombre des sept péchés capitaux. Ce sont toujours les moines, spécialement ceux qui sont nouvellement assujettis au joug de la règle, qui succombent la plupart à cette infirmité, soit que les effets, qu'un rigide ascétisme produit sur le système nerveux, engendrent une hypocondrie insurmontable, soit qu'elle naisse du contraste excessif entre la vie monotone du cloître et les distractions du monde, soit enfin, par contrecoup, que la vie contemplative mal comprise leur paraisse une absurdité. En théorie, on admet que cette maladie est produite en partie par des causes physiques, mais, si l'on ne s'en débarrasse alors, elle devient coupable. Les symptômes, par lesquels elle se manifeste dans le cloître, sont une sorte de langueur, de lassitude et de somnolence, qui s'empare des moines, spécialement à l'heure où ils se réunissent au chœur pour l'office divin[4].

1. *De contemptu mundi, dial.* II (*Op.* p. 391).

2. Sur l'emploi de ce mot par S. Jérôme, v. Du Cange, *Glossar. med. et inf. latinit. digess. Henschel*, s. v. *Acedia*.

3. Cassien, *De cœnobiorum institutis*, met l'*acedia* parmi les douze péchés des moines et l'appelle *tædium sive anxietas cordis*. Cf. Ebert, *Allg. Gesch. der Literatur des Mittelalters*, vol. I, p. 334.

4. On trouve des exemples de cette idée généralement répandue dans les cloîtres dans Caesarii Heisterbacensis, *Dialogus miraculorum*, éd. Strange, vol. I, Cologne, 1851. Dist. IV, cap. 2, 27, 28. *Accidia est ex confusione mentis nata tristitia, sive tædium et amaritudo animi immoderata, qua iocunditas spiritualis extinguitur, et quodam desperationis præcipitio mens in semetipsa subvertitur. — Accidia multos tentat et multos per desperationem præcipitat.* Cf. encore Ebert, vol. III, p. 461.

Si nous ne nous trompons, l'idée que s'en forment les laïques est tout à fait différente. Il ne s'agit plus alors d'une maladie particulière au cloître, mais on en revient au contraire à la notion primitive de l'antiquité. La conviction que l'activité est l'élément essentiel de la vie de l'homme, confirmée par l'expérience, que c'est dans le travail et l'action qu'il puise le bien-être et une satisfaction morale, condamne et réprouve comme une faute l'indolence paresseuse et négligente, qui, dans son égoïsme, se tient à l'écart des joies et des peines de l'humanité. C'est dans ce sens que Dante nous semble avoir compris de son côté l'*acedia*. Au cinquième cercle de l'Enfer il place les violents, qui se portent entre eux dans le marais du Styx des coups et des blessures. Au-dessous de ces derniers, plongés dans la fange sont les indolents, qui, ayant vécu dans une sombre mélancolie, s'écrient maintenant d'une voie rauque et entrecoupée :

> ....tristi fummo
> Nell' aere dolce, che dal Sol s'allegra,
> Portando dentro accidioso fummo[1].

Or ce voisinage avec les emportés caractérise énergiquement les *accidiosi* : les premiers n'ont gardé aucune mesure dans leurs actes, cédant sans retenue aux mouvements impétueux de leur colère ; les seconds sont demeurés impassibles alors que l'action eût été conforme à leur nature ; ils se sont reniés eux-mêmes, en ne se vengeant pas, en ne s'affligeant pas, en restant indifférents à tout ce qui rend la vie belle et agréable. Cette interprétation, à laquelle plusieurs modernes commentateurs du divin poète voudraient substituer des explications bizarres et forcées, avait déjà été donnée de son temps par Boccace, qui s'occupe tout au long de ce passage[2]. Il appelle *acedia* une stupide et coupable indolence, lui opposant l'infatigable activité de la fourmi. Contrairement à la méthode qu'il suit ordinairement, il dépeint l'*accidioso* sous des couleurs si vives, qu'on pourrait croire qu'il s'agit de personnes connues : un tel homme ne s'occupe jamais de rien et, si parfois la nécessité le contraint d'entreprendre quelque chose, il ne la mène point à terme ; la vie lui échappe, comme s'il ne vivait pas ; ses pensées deviennent de plus en plus tristes et solitaires, il fuit la société de

1. *Inferno*, c. VII, s. fine.
2. *Comento sopra Dante*, cap. VII (*Op.* vol. VI, Florence, 1724, p. 53-65). Benvenuto Rambaldi, *Comentum s. Dantis Comoed. Purg.*, c. XVIII (éd. Lacaita, vol. III, p. 484 sqq).

ses semblables, recherche la solitude, l'obscurité et le silence ; il ne fréquente pas l'église, ne se confesse pas, n'exerce aucune œuvre de miséricorde et finit, découragé, dans la pauvreté et la misère, déteste la vie, se hait lui-même et éprouve d'abord de l'indifférence, de l'antipathie, puis « un dégoût général pour le bien ».

Ce portrait pourrait-il convenir à Pétrarque? Lui, qui avait toujours été si actif et si laborieux, qui avait vu les fruits de ses veilles avidement recherchés et admirés, qui avait toujours été satisfait de lui-même, qui s'était livré avec tant d'enthousiasme à l'étude de l'antiquité, qui ne fut jamais insensible aux plaisirs de la vie, et qui, encore vivant, goûta les joies de l'immortalité, qui avait toujours été large et généreux envers ses amis, — aurait-il éprouvé le dégoût de la vie? Ce ne fut pas assurément une apathie indolente qui s'empara de lui ; il parle au contraire de son mal comme d'une lutte continuelle. S'il la qualifia improprement du nom d'*acedia*, il ne faut pas oublier, qu'il était incapable de trouver l'étymologie de ce mot, et que sa signification ne méritait pas d'avoir une place spéciale dans la philosophie scolastique. Il l'appelle une maladie philosophique et s'en remet à Cicéron et à Sénèque. C'est là que nous devons chercher la clef du secret. Cicéron parle dans le troisième livre des Tusculanes, auquel Pétrarque renvoie tout particulièrement, d'une *ægritudo animi*, mais sur un ton qui ne peut éveiller dans ses lecteurs favoris un sentiment de sympathie ; au lieu de pénétrer dans les divers états d'âme, il tombe dans ses lieux communs habituels du souverain bien, de la douleur et du plaisir, et rapporte les opinions des stoïciens et des épicuriens. Mais Sénèque dans son ouvrage « Du repos de l'âme » emploie des expressions qui comme des flèches, durent pénétrer dans le cœur de Pétrarque ; il révèle là toute la faiblesse et l'indécision de son caractère, qui a de si grandes analogies avec celui de Pétrarque.

Comme Pétrarque, Sénèque a senti en lui un désir ardent d'apprendre à supporter la vie, à une époque malheureuse, au moyen de la philosophie, mais la sienne était plutôt la science d'un rhéteur artificiel dans ses discours et dans ses pensées. Conformément à sa philosophie, il aurait dû mener une vie simple et retirée, mais son génie le mit sur une voie, dans laquelle il put en répandre l'éclat aux yeux du monde. Il reconnaît qu'il vaut mieux s'appliquer à l'étude pour soi seul et renoncer aux ornements de l'éloquence et à toute velléité de gloire auprès de la postérité. Toutefois l'ambition l'emporte toujours sur les hauteurs de l'éloquence et l'enlève jusqu'à un certain point à lui-même. La louange et la flatterie ont un langage trop séduisant pour qu'il puisse y résister et c'est une chose trop dure d'avoir à se dire à soi-même, la vérité tout entière[1]. Ainsi, s'avoue-t-il à lui-même : ta vie n'est qu'artifice et ne repose que sur des apparences ; tu n'oses pas te montrer tel que tu es en réalité, toujours obligé de porter le masque et de prendre une attitude, qui contraste avec ton naturel. Il vaudrait mieux encore être moins estimé à cause de la simplicité de son esprit, que d'être soumis au tourment d'une hypocrisie perpétuelle[2]. Ces perplexités sont ce qui constitue sa maladie[3]. Se connaissant mieux, il a plusieurs fois essayé de se vaincre, mais en vain ; toujours sa vanité fortement enracinée lui a opposé une résistance invincible et finalement le sentiment de l'inutilité de la lutte a ôté au philosophe toute force et tout courage[4]. A un tel abattement de corps et d'esprit il ne veut d'autre remède qu'une vie active vouée tout entière au bien privé ou public. Mais la vie publique est pleine de dangers au dedans et au dehors qu'il voudrait éviter, et la vie de l'homme d'étude est précisément le foyer du danger.

On comprend dès lors que la lecture de ces arguties philosophiques ait produit sur Pétrarque une impression profonde. Attentif à étudier ses mouvements intimes pour les régler, et tout occupé du moi, il subit l'influence de ce livre de Sénèque, comme il avait subi celle des Confessions d'Augustin. Les maladies morales mêmes peuvent être contagieuses. Aussi la tendance même à sophistiquer est déjà, à elle seule, une maladie, parce que les forces de l'esprit, comme les sens du corps, tendent de leur nature à se répandre au dehors et justifient ainsi leur besoin d'activité absolu. L'homme se reconnaît à ses œuvres, et non pas à un examen, à des spéculations et études sur son essence. De même que celui qui souffre dans son corps augmente son mal en y pensant toujours ; ainsi celui qui est malade d'esprit aggrave son état en caressant ses hallucinations ; elles finissent par prendre l'aspect de secrets mystérieux, d'autant plus chers, qu'elles nous donnent une idée plus élevée de nous-mêmes : l'homme se complaît volontiers dans un ordre de pensées dont il est le centre.

1. Cf. *De tranquill. animi*, I, 10-17.

2. *Ibid.*, XVII, 1.

3. *Animi inter utrumque dubii nec ad recta fortiter nec ad prava vergentis infirmitas*, ibid., I, 4. Ailleurs, il l'appelle encore *morbus*.

4. *Tam malorum quam bonorum longa conversatio amorem induit*, ibid., I, 3.

5. *Recedo itaque non pejor, sed tristior ... nihil horum me mutat, nihil non tamen concutit*. Ibid., I, 9. [Cf. sur Sénèque, P. de Nolhac, p. 310].

Après ses confessions Pétrarque resta ni plus ni moins le même homme qu'auparavant. Il n'en résulta que ce qu'il avait dit dès le commencement et qu'il savait depuis longtemps, à savoir qu'il devait renoncer à toute vaine aspiration à la gloire et viser de tous ses efforts à la vertu : pendant tout le reste de sa vie il ne devait avoir qu'une pensée, celle de la mort et du tombeau[1]. Pour voir ce qu'il y avait de sincérité dans sa résolution, il n'est pas besoin d'interroger sa vie et ses livres postérieurs. Les confessions nous en donnent des preuves plus que suffisantes. Au moment même où il condamne son orgueil et sa vanité, il s'applaudit « de son génie et de l'inépuisable fécondité de son esprit[2] ». Pendant qu'il se propose, au commencement de son livre, de n'écrire que pour lui seul, il se hâte de le publier, et dans le troisième dialogue voit de nouveau paraître devant lui le lecteur qui l'admire[3]. Autrefois il avait voulu en imposer aux autres et ce subterfuge blessait la loyauté qu'on doit aux hommes ; maintenant il voulait être sincère avec lui-même et ne le pouvait plus. C'était à ce prix qu'il s'était acquis la réputation de grand philosophe. Colonna avait donc raison, quand il lui reprochait d'avoir, dès sa jeunesse, tellement trompé le monde, que l'art de tromper était passé dans sa nature.

A une époque, dont les horreurs et les calamités surpassent tout ce qu'on peut imaginer, lorsque l'Italie et la France étaient ravagées par la peste de 1348, que les églises et les rues regorgeaient çà et là de cadavres privés de sépulture, Pétrarque, frappé de la perte de l'un de ses amis, sentit le besoin de rentrer sérieusement en lui-même, de faire une confession philosophique[4]. Il cherche la voie que doit suivre son esprit, mais ne la trouve pas. Quoique l'image de la mort, qu'il avait d'autres fois cherché avec tant de soin à graver dans son âme, fût alors devant lui dans son effrayante réalité, il ne sait cependant pas, par une résolution énergique, se détacher des choses terrestres. Le vrai philosophe n'a pas détruit en lui l'homme rivé au monde des sens, malgré le vigoureux élan de ses pensées. Son

1. *De contemptu mundi, dial.* III, p. 414.

2. *Ibid., dial.* III, p. 407.

3. *Ibid.*, p. 410, Augustin énumère ses misères, *quas sciens sileo, ne arguar a quoquam, si quis forte aurem in hos sermones nostros intulerit.*

4. En effet ce n'était pas le fanatisme religieux, cause alors de tant d'extravagances, qui lui inspirait les paroles qu'on lit dans l'*epist. metr.*, I, 14, *ad se ipsum.* Il n'est pas bien sûr que la peste soit un fléau de Dieu :

Sive est ira Dei, quod crimina nostra mereri
Certe ego crediderim, seu sola iniuria cœli,
Natura variante vices.

esprit déploie ses ailes, mais ne parvient pas à soulever la fange à laquelle il est enchaîné. Il le reconnaît et l'avoue, mais ne sait pas trouver un remède[1].

Jusqu'à un certain point Pétrarque pouvait, en réalité, songer à une conversion morale. Mais elle ne se réalisa pas avant qu'il ne sentît en lui les symptômes avant-coureurs de la vieillesse, peut-être pendant l'été de 1352, lorsqu'il pensait à abandonner Vaucluse et à se retirer définitivement en Italie. Ce fut alors, en effet, qu'il renonça aux habitudes sociales de ses premières années. Il ne s'occupa plus de la coupe de ses habits et de l'élégance de ses chaussures, il renvoya sa concubine, il quitta la compagnie des femmes et des amis débauchés. Il raconte, non sans quelque dépit, que personne ne voulait croire à ce changement subit, que son ancienne « amie » assiégeait continuellement sa porte, que ses compagnons le rappelaient à la vie dissipée d'autrefois, et qu'enfin les cordonniers et les tailleurs branlaient la tête en le voyant habillé d'une manière si différente[2]. Toutefois il ne prenait pas les choses avec le sérieux de son frère Gérard. Celui-ci, en effet, d'une vie tout à fait mondaine, en était venu à revêtir l'habit des chartreux. Pétrarque se contentait d'admirer son courage et de louer en lui l'exacte correspondance des paroles et des actes. Mais quant à la compagnie des femmes, il voulut y renoncer entièrement; il se croyait redevable de cette fermeté à la force de ses convictions philosophiques[3]. Il n'en éprouvait pas moins toujours, sous d'autres rapports, avec la même vivacité, cette lutte intérieure, qu'Augustin désigne par ces mots : *partim velle, partim nolle*. Au lieu de la solitude et des bois, Pétrarque se rendit alors à la cour des Visconti. L'amour de la gloire ne cessait de grandir en lui, comme il en a fait l'aveu lui-même, à mesure qu'augmentait sa célébrité. Ainsi sa maladie morale était encore loin de toucher à son terme[4].

1. Des pensées semblables à celles que contient cette poésie, l'une des plus belles de ses œuvres latines, se retrouvent encore dans l'*epist. metr.*, III, 2 :

Fulgentia sidera circum
Volvuntur lege æterna; nos lumina proni
Figimus in terram, terrena semper amamus,

ou encore dans l'*epist. metr.* II, 3.

2. *Epist. rer. famil.*, IX, 3, *amicis suis*, assignée avec raison par Fracassetti à l'année 1352, parce que Pétrarque abandonna Vaucluse au milieu de cette année.

3. *Epist. rer. famil.*, X, 5, à son frère Gérard, du 11 juin 1352 : *consortium feminæ, sine quo interdum æstimaveram non posse vivere, morte nunc gravius pertimesco, et quamquam sæpe tentationibus turber acerrimis, tamen dum in animum redit quid est femina, omnis tentatio confestim avolat.*

4. *Epist. rer. famil.*, XVII, 10, à Jean d'Arezzo, du 1er janvier 1354.

Les dialogues « Sur les remèdes contre les douleurs et les joies » sont le dernier examen que Pétrarque ait confié à sa plume ; car ses écrits postérieurs de morale philosophique ont un caractère de polemique contre ses adversaires. Même dans ces dialogues domine une autre tendance, tout à fait objective et systématique. En effet, il met en scène les douleurs et les joies de sa vie ; celles-là se plaignent, celles-ci triomphent : puis il examine les unes et les autres à la façon de Sénèque, pour arriver enfin à l'*Aequam memento* d'Horace, qui est ce qui assure la vraie félicité. Tout cela est développé avec une dialectique calme et tranquille. Même lorsqu'il est amené à parler des philosophes scolastiques et des théologiens, ou de l'éloquence et de la poésie latines, Pétrarque donne son opinion avec sûreté et avec une complaisance marquée en son propre mérite. Mais dans d'autres endroits nous trouvons soudain des indices qui montrent la nature passionnée de l'auteur ; alors sa philosophie a des emportements fébriles. Par exemple, dès la préface, il se plaint de la vie, qui, prise dans son ensemble, lui paraît triste et pleine de soucis. « Avec quelle ardeur nous allons nous-mêmes à la recherche des calamités et des douleurs ! Et ainsi nous ne faisons que rendre misérable et triste la vie, laquelle, inspirée par la vertu, devrait être agréable et heureuse. Elle commence par l'aveuglement et l'ignorance, se continue par la fatigue et le travail, et se termine par la douleur, l'erreur la domine complètement. » Mais la cause de tant d'infortune, soyons sincères, est en nous-mêmes. Nous savons que la vertu seule peut nous donner la victoire, et cependant nous nous en tenons volontairement éloignés. De cette manière Pétrarque s'arrête embarrassé devant une terrible pensée, qui semble défier toutes les fanfaronnades des stoïciens. La contradiction est mise en évidence et non détruite ; la plaie est découverte, mais il manque le ferme propos de la guérir. La lutte intérieure ne nous donne aucun repos.

CHAPITRE CINQUIÈME

Renommée de Pétrarque et culte rendu à son nom. Ses écrits modèles de nouveaux genres littéraires. Les « Églogues », les « Épitres poétiques », l' « Afrique ». La *Philologia*, comédie. Les Traités philosophico-moraux. Pétrarque historiographe ; le livre *De viris illustribus*. Les livres « Des choses mémorables ». Ses connaissances géographiques et ethnographiques. Les « Discours » de Pétrarque. Les « Lettres » et les « Invectives ». Pétrarque et la littérature de l'avenir.

Pétrarque nous déclare qu'il devint plus calme dans un âge avancé et fit la paix avec lui-même[1]. Néanmoins, il ne devint jamais le philosophe qu'il se vantait d'être dans ses confessions, nous en avons la preuve à chaque page des écrits de sa vieillesse. Au contraire, sa loquacité ne fait que mieux ressortir sa vanité et son ambition. Mais il s'épargna un repentir stérile et l'inutile tentative de devenir un homme tout autre que ce qu'il avait été. Dans sa retraite d'Arquà il but à longs traits, et non plus avec son avidité première, à la coupe de la gloire et de l'admiration. Plus il approchait de la tombe, et plus grande apparaissait sa majesté philosophique aux yeux de la génération nouvelle.

Chose assez singulière, le défaut caractéristique que les moralistes reprochèrent surtout à Pétrarque, cette folie vaniteuse de paraître et d'entourer sa personne d'une auréole de gloire et de mystère, a été précisément la cause principale de son influence sur son siècle et sur la littérature. Dans sa personne on apprit peu à peu à vénérer le poète, le philosophe, l'érudit. Rien ne provoque tant la prédominance et la diffusion de certaines idées, comme de les voir représentées et incarnées pour ainsi dire dans un homme. Il en est beaucoup qui le vénèrent, même sans avoir une notion claire et précise de ce qu'il veut. Ainsi les hommages, que la vanité recherche comme un tribut d'admiration personnelle, tournent à l'avantage des idées elles-mêmes, et enfin les qualités les plus secondaires des grands hommes ont une signification dans l'ordre général.

Pétrarque était regardé comme un véritable prodige. Nous avons déjà remarqué que cette admiration lui venait moins de la renommée de sa science et de l'ascendant irrésistible de ses canzones, que de l'espèce de mystère dont il entourait sa personne. C'est pourquoi le

1. *Epist. rer. senil.*, VIII, 3.

culte dont il était l'objet, parfois incompréhensible et puéril, ressemble aussi quelquefois à un pressentiment et nous touche. Il était encore jeune poète et vivait en Avignon, qu'on voyait déjà accourir de France et d'Italie des savants, d'illustres personnages, uniquement pour le voir et pour l'entretenir, ayant soin de se faire devancer par de riches présents, pour être plus sûrs de pénétrer jusqu'à lui. Quand ils ne le trouvaient pas à la ville, ils allaient chercher le philosophe dans sa retraite, aux sources de la Sorgue. En donnant ce détail, il rappelle que saint Jérôme raconte quelque chose de semblable de Tite-Live[1]. Papes et princes, la plus haute noblesse et le clergé, se disputaient l'honneur de lui offrir des présents et des louanges. Si plus tard les tendances humanistes qui se manifestèrent unirent étroitement l'Italie d'abord, puis les nations civilisées de l'Europe, ce fait eut pour cause première le culte général dont Pétrarque était l'objet. L'Italie avait donc un nom qui était cher et respecté depuis les Alpes jusqu'à la mer Ionienne; et c'était là pour Petrarque la récompense de l'amour enthousiaste, avec lequel il avait chanté en prose et en vers son illustre patrie. Un décret du Sénat vénitien, parlant de Pétrarque, déclare que sa gloire est telle dans le monde entier, qu'il n'y eut jamais dans le christianisme ni moraliste ni poète qui put lui être comparé[2]. Comme les citoyens d'Arezzo se montraient fiers de leur compatriote! Un jour qu'il était parmi eux, ils le conduisirent comme en triomphe à travers les rues et à la maison où il était né, et défense fut faite au propriétaire de la rebâtir, afin qu'elle demeurât intacte en souvenir du grand homme[3]. Florence même, le terrain le plus fécond où fructifia la semence de l'esprit pétrarquiste, s'honora de mettre l'illustre Toscan au nombre de ses « citoyens ». On racheta aux frais de l'État et on rendit au poète les terres dont son père avait été dépouillé lors de son exil. En considération de son génie, la république résolut d'ajouter à l'Université une chaire de belles-lettres et fit les offres les plus séduisantes à l'homme « qui n'avait point dans le passé et aurait difficilement dans l'avenir un égal », à l'homme qu'elle honorait « comme si s'étaient incarnés en lui l'esprit poétique de Virgile et l'éloquence de Cicéron ». Sous sa direction la nouvelle université devait fleurir et grâce à lui éclipser

1. A sa mort, Franco Sacchetti s'écriait (Mehus, *Vita Ambr. Travers.*, p. 231) :

Colui, che sempre avea co' vizzi guerra,
Cercando i modi santi e il regno eterno,
Tanto avea gli occhi verso il ciel divino, etc.

2. Décret du 4 sept. 1362. Voir ci-dessus, p. 46.

3. *Epist. rer. senil.*, XIII, 3. *Secco Polentone* dans Mehus, *Vita Ambr. Travers.*, p. 199.

toutes les autres. Boccace fut chargé de lui porter cette invitation, mais, cette fois encore, Pétrarque se contenta de l'honneur d'être appelé[1].

Non moins touchante est la vénération que professèrent pour lui plusieurs particuliers. Un vieux maître d'école de Pontremoli, entièrement aveugle, poète lui-même et animé d'un vif amour pour les belles-lettres, alla, guidé par son fils unique et l'un de ses disciples, jusqu'à Naples, pour entendre et peut-être toucher une seule fois le grand Pétrarque. Mais celui-ci était déjà parti de Naples, et le vieillard courut après lui, refaisant la route à travers l'Apennin chargé de neige, jusqu'à Parme. Il le rejoignit enfin, heureux de baiser cette tête qui avait enfanté de si hautes pensées et cette main qui avait écrit des vers aussi ravissants[2]. Lorsque Pétrarque séjournait à Milan, il reçut la visite d'un homme déjà vieux, de Bergame, qui d'abord avait fait le commerce d'orfèvrerie en grand, mais qui, frappé profondément des écrits du grand poète, avait abandonné les affaires pour l'étude des arts libéraux, qu'il cultivait maintenant avec zèle. Il pria avec tant d'instances Pétrarque de vouloir bien l'honorer de sa visite, laquelle, disait-il, devait le rendre pour toujours heureux et célèbre, que le poète finit par accéder à ses désirs. Arrivé à Bergame et reçu en grande pompe par les autorités et les principaux de la ville, il reçut un accueil princier de la part de son admirateur, qui l'introduisait dans une chambre toute resplendissante de lambris dorés et où était un lit de pourpre. Ses armoiries, son nom, son portrait étaient à tous les angles de la maison, beaucoup de livres autour de lui et, parmi eux, ses écrits ; telle était la joie de l'hôte que ceux de sa maison craignirent un moment qu'il n'en perdît la tête. Celui-ci n'était qu'un homme de culture moyenne, guidé plutôt par l'enthousiasme que par l'intelligence[3].

Dans les lettres et les vers de ses amis, de ceux qui étaient près, peut-être plus encore de ceux qui étaient loin de lui, règne le ton de l'admiration la plus exagérée. Lorsque le comte Roberto di Battifolle l'invita à venir dans les montagnes de l'Apennin, il l'assurait que

1. Lettre des Prieurs, du Gonfalonier de justice et de la Commune de Florence, avril 1351, dans De Sade, *Mémoires*, t. III, p. 125, dans Meneghelli, *Opere*, vol. IV, p. 149, dans Boccace, qui en fut évidemment le rédacteur, *Lettere*, éd. Corazzini, p. 391 et dans Gherardi, *Statuti della Università e Studio Fiorentino*, p. 283. La réponse par laquelle Pétrarque, avec une froide politesse, se dit prêt à accepter la proposition, *epist. rer. famil.*, XI, 5.

2. *Epist. rer. senil.*, XV, 7.

3. Pétrarque raconte cette visite dans l'*epist. rer. famil.*, XXI, 11, de 1358 ou 1359.

ces montagnes brûlaient du désir d'être touchées de ses pieds sacrés[1]. Le jurisconsulte Gabriele Zamoreo de Parme, docteur en droit, célébra Pétrarque en héxamètres, comme « le père des saintes Muses », dont l'éclat, semblable à celui du soleil, éclipse tous les astres, et l'appelant un second Homère, un autre Virgile qui ramenait l'âge d'or ici-bas. Il le compare à un lion et se compare lui-même à une fourmi[2]. En même temps les maîtres d'école se réunissaient en groupes et remplis d'une admiration respectueuse autour de Pétrarque ; par ses lettres nous apprenons à en connaître un nombre considérable. Ils le regardaient comme le grand coryphée de leur art, de la grammaire et de la rhétorique. Mais il y eut encore d'autres esprits d'un caractère tout à fait différent qui ne surent pas échapper à cet ascendant. Maître Pietro da Castelletto, moine augustin du Santo-Spirito à Florence, celui-là même qui plus tard refit en partie la vie de Pétrarque, composée par Boccace, avait vu un jour le poète dans sa bibliothèque dans l'attitude d'un homme ravi en extase et paraissant absorbé dans les choses célestes et divines. Il assurait que, chaque fois qu'il se ressouvenait du grand maître, il se sentait comme transporté hors de lui-même et changé en un autre homme[3]. Enfin les hommes de la trempe du vieux Filippo Villani gardaient un profond souvenir de la personne de Pétrarque. Il était sous tous rapports, disait ce dernier, l'image de la parfaite vertu et jusqu'à un certain point un miroir des mœurs. C'est par là qu'il exerça sur son malheureux siècle une influence non moindre que celle de ses discours, parce que beaucoup s'efforçaient de l'imiter. Filippo Villani se montre ailleurs persuadé que, de la bouche de Pétrarque mourant, s'était échappée vers le ciel une blanche vapeur, et il voit là une preuve merveilleuse de l'éternelle béatitude du défunt[4]. Écoutons encore un autre témoin. Quelques jours avant sa mort, Pétrarque reçut à Arquà la visite du jeune Domenico d'Arezzo, homme d'une vaste

1. Ses deux lettres à Pétrarque dans Mehus, *Vita Ambr. Travers.*, p. 226. La première porte cette adresse : *Celeberrimo seculi domino* etc., la seconde : *Totius orbis unico domino*, etc. Les lettres que Pétrarque lui adressa dans les *Epist. rer. senil.*, II, 6, 7.

2. La poésie de ce Zamoreo de 1344, auquel est adressée encore une des lettres métriques de Pétrarque, dans Mehus, *l. c.* p. 200, réimprimée dans les *Poemata minora* de Pétrarque, éd. Rossetti, vol. II, p. 400:

Sentio me minimum, te summum. Sentio recte,
Numen inesse tibi, tibi Pieridesque favere.

3. Rossetti, *Petrarca* etc., p. 347.

4. Villani, p. 15. D'après Manetti dans Mehus, *Specimen. hist. litt.*, p. 69, et l'éd. Galletti, p. 88, le fait fut raconté, peu après la mort de Pétrarque, par Lombardo da Serico, entre les bras duquel il aurait rendu le dernier soupir.

érudition, qui écrivit aussi une petite biographie du poète. En qualité de concitoyen, il se crut obligé de lui soumettre son livre : *Fons memorabilium universi.* Après l'avoir parcouru, le maître, le fixant des yeux lui dit : « Va, mon fils, et continue de marcher avec succès dans la voie glorieuse où tu es entré ! Ne te lasse point d'étudier et assure de cette manière l'immortalité de ton nom ! » Plusieurs jours se passèrent et Domenico apprit qu'une attaque d'apoplexie avait emporté le grand homme. Je pourrais, continue-t-il, ajouter beaucoup d'autres détails sur son compte, mais chaque fois que je pense à lui, mes yeux se remplissent de larmes et ma main défaillante refuse d'écrire[1].

L'auréole de gloire, qui entourait la tête couronnée de Pétrarque, envoyait des reflets lumineux jusque dans les contrées les plus barbares. Charles IV appela par trois fois le poète auprès de lui : il brûlait du désir de le revoir, de jouir de sa conversation et d'apprendre de lui les préceptes de la morale. Son chancelier, l'évêque Jean d'Olmütz, était comme ravi par les écrits de Pétrarque, qu'il avait fait venir, et de la renommée du merveilleux philosophe, qui était parvenue jusqu'à lui. Mais cette influence qu'il exerça au loin fera l'objet d'un chapitre ultérieur.

Les œuvres latines de Pétrarque, dont on se permet de sourire maintenant, quand on ne les connaît pas, excitèrent un tel enthousiasme au moment de leur apparition, qu'on n'en a peut-être pas d'autre exemple que l'exaltation fébrile produite par le *Werther* de Gœthe. Précisément parce qu'on y sentait vibrer l'âme de l'auteur, les esprits en étaient profondément émus. Même phénomène avait lieu pour ses écrits, où le sentiment a une part moins accentuée, comme par exemple dans le traité « De la vie solitaire ». Un grand nombre ne purent résister au désir de manifester à l'auteur leur admiration profonde. Un médecin de Sienne l'assurait, que certains passages l'avaient touché jusqu'aux larmes. L'évêque de Cavaillon, plus tard cardinal de Sainte-Sabine, faisait lire ses ouvrages pendant les repas aux ecclésiastiques de sa maison, comme s'ils eussent été des légendes sacrées. Un vieux et pieux prieur des Camaldules, ne trouvant point cité, parmi les saints ermites, le fondateur de son ordre, envoya la vie de saint Romuald à Pétrarque, en le priant instamment de vouloir bien le mettre sur sa vénérable liste. Pétrarque y consentit, et bientôt un autre demanda le même honneur pour saint Jean de Vallombreuse. Les Dominicains à leur tour se plai-

1. Dominicus Aretinus dans Mehus, *Vita Ambr. Travers.*, p. 198.

gnirent de trouver saint François cité dans son livre et non saint Dominique ; Pétrarque répondit qu'il n'avait lu nulle part que saint Dominique eût mené la vie solitaire[1]. Poggio lui-même parle favorablement de ce livre et dit qu'à lui seul il eût suffi pour immortaliser à jamais le nom de Pétrarque[2]. Le traité « Du remède contre les joies et les douleurs » paraissait encore, cent ans après sa publication, un livre de prix et excellent à avoir, au cardinal de Pavie, Ammanati, juge très compétent en fait d'élégance et de goût[3]. A peine eut-on connaissance à Avignon de la mort de Pétrarque, que le pape Grégoire XI, quoique ayant refusé, quelques années auparavant, au poète, les prébendes qu'il sollicitait, chargea le cardinal vicaire de l'Église en Italie, d'en rechercher avec soin tous les écrits, d'en faire prendre d'excellentes copies à son intention, spécialement de l'Afrique, des Églogues, des Épitres, des Invectives et du beau livre de la Vie solitaire[4]. On voit par là que les esprits intelligents n'avaient pas accueilli les œuvres latines avec moins d'enthousiasme qu'autrefois les canzones et les sonnets, et que l'auréole du philosophe l'emportait encore sur la gloire du poète. Dans la génération qui suivit, Pétrarque ne survécut pas tant comme chantre de Laure que comme érudit et comme philosophe. C'est ainsi que nous le voyons représenté sur un manuscrit du Canzoniere, au moment où il ouvre de la main gauche un livre étendu sur un pupitre et de la main droite se dispose à écrire[5].

Dans les œuvres de Pétrarque nous trouvons traités presque tous les genres littéraires, qui pendant cent ans furent cultivés par ses disciples, les Humanistes. Mais cela est moins vrai pour ses poésies que pour ses écrits en prose. Par les premières, il fit époque en bannissant la rime et les jeux de mots de son latin, et en n'employant que le vers hexamètre. Il n'imita pas néanmoins l'élégie et la mesure des anciennes strophes. Autant il fut habile à trouver dans la langue vulgaire de nouvelles formes de vers et de rimes, autant il se montra sobre et réservé dans la langue latine. Mais ce fut sur ce terrain seulement que le suivit la génération qui vint après lui. Même les églogues, où il introduisit, à l'exemple de Virgile, des

1. *Epist. rer. senil.*, XV, 3.
2. *Epist.* II, 16 (éd. Tonelli).
3. *Jacobi Picolominei epist.* 102.
4. Son bref du 11 août 1374 dans Meneghelli, *Opere*, vol. VI, p. 198, et Fr. Ehrle, *Historia bibliothecae Romanorum pontificum tum Bonifatianae, tum Avenionensis*, Rome, 1890, vol. I, p. 143.
5. Palermo, *I manoscritti Palat.*, vol. I, p. 347.

personnages vivants et des allégories, appartiennent à sa jeunesse et ne furent imitées que par ses disciples immédiats[1]. Très recherchées, au contraire, furent les Épîtres poétiques qu'il composa sur le modèle d'Horace. Pétrarque lui-même, qui en écrivit 67, avait pour quelques-unes d'entre elles une prédilection vraiment paternelle, et particulièrement pour celles où domine l'élément lyrique non moins clairement que dans le Canzoniere, et qui en réalité sont les plus belles.

Mais l'œuvre principale, pour laquelle Pétrarque croyait mériter la couronne dont il prétendait qu'Auguste avait autrefois ceint le front du chantre de l'Énéide, celle dont il attendait vraiment une gloire immortelle était son grand poème épique, l'*Africa*. Il avait choisi depuis longtemps, pour être le héros de son poème, Scipion l'Africain et avait également trouvé, dans le roi Robert de Naples, un Auguste auquel l'épopée serait dédiée, quoiqu'il ne fût déjà plus de ce monde. Aussitôt après le couronnement, il profita de sa retraite à Vaucluse, pour travailler activement au poème et le mener à peu près jusqu'à la moitié. Il y eut alors un moment d'arrêt. Vint le tour des traités qui paralysèrent l'enthousiasme du poète pour son héros, et le transformèrent de plus en plus en philosophe. Il était persuadé jusqu'alors d'avoir écrit « une œuvre rare et excellente »[2], mais il désespérait de pouvoir la mener à terme, et annonçait désormais sa résolution de la jeter aux flammes, pour qu'elle n'arrivât pas imparfaite à la postérité[3]. Toutefois en répétant cette menace, il ne la prenait pas au sérieux, comme autrefois Virgile, son modèle. Il voulait tenir le monde dans une anxieuse attente. Un fragment seul fut mis en circulation, racontant la blessure de Magon et les dernières paroles du mourant. Plusieurs critiques de Florence, dont on ne pouvait méconnaître entièrement la compétence, l'accueillirent mal et ne lui épargnèrent pas le blâme. La colère du poète éclata en une violente invective, qu'il adressa à Boccace[4]. A partir de ce moment il ne se contenait

1. Cela n'est pas contredit par le fait qu'il récrivit plus tard encore une fois les 12 Églogues. Sur la copie autographe nous lisons à la fin : *Bucolicum carmen meum explicit. Quod ipse, qui ante annos dictaveram, scripsi manu propria apud Mediolanum, anno huius etatis ultime*, 1357. P. de Nolhac, *La bibliothèque de Fulvio Orsini*, p. 286.

2. *Præclarum rarumque opus et egregium.*

3. Dans le Dial. III *De contemptu mundi*, lequel, nous l'avons dit plus haut, fut rédigé dans sa dernière forme au plus tard en 1347.

4. *Epist. rer. senil.*, II, 1, de 1363. La chose nous est encore confirmée par une lettre de Boccace du 5 avril 1373, dans les *Lettere*, éd. Corazzini, p. 349. Le fragment emprunté à la conclusion du 6e livre de l'*Africa* est mis la plupart du temps à part dans les

plus, dès qu'il entendait parler de l'*Africa*, si bien que ses amis même les plus intimes n'osaient plus en souffler mot, et, au moment de sa mort, on ne savait si le poème avait été réellement la proie des flammes. La « Lettre à la postérité » portait une note originale, dans laquelle Pétrarque déclarait son douloureux sacrifice accompli[1]. Cependant on trouva le poème après lui[2]. Mais ceux qui espéraient une œuvre divine furent quelque peu déçus. On y reconnut toutefois une conception grandiose. Le poème épique fut universellement regardé comme le couronnement de toutes ses œuvres poétiques, et l'*Africa* se rattache toujours, par une série d'anneaux intermédiaires, au Roland Furieux et à la Jérusalem Délivrée.

Dans un âge moins avancé Pétrarque écrivit encore une comédie intitulée « *Philologia* », ne désignant pas sous ce nom la science qui devait s'appeler ainsi plus tard, mais une courtisane. En effet, la comédie était destinée par ses plaisanteries à mettre Jean Colonna en belle humeur, et le poète lui-même ne tarda pas à regretter de l'avoir écrite[3]. Elle paraît avoir été perdue. Toutefois elle n'en donna pas moins naissance à beaucoup d'œuvres du même genre, comme nous le verrons un peu plus tard.

manuscrits, par ex. : dans Valentinelli, *Bibl. ms. ad s. Marci*, Venise, t. IV, p. 182. Nelli en fait mention dans Hortis, *Studj s. opere lat. del Boccaccio*, p. 349, Cochin, p. 286.

1. Ces détails se trouvent dans la *Vita Petrarchae* de P. P. Vergerio, qui est très rapprochée dans l'ordre des temps des dernières années de Pétrarque, dans Tomasini, *Petrarca rediv.*, p. 183. La glose disait : *Raro unquam pater aliquis tam mœstus filium unicum in rogum misit, quanto id fecerim dolore, et (si) omnes labores meos eo in opere perditos acriter tecum volvas, vix ipse lachrymas contineas.* (En entier dans Klette, *Beitr. z. Gesch. u. Litt. der Italienischen Gelehrtenrenaissance*, II, Greifswald, 1889, p. 23). Vergerio applique avec raison ce mot à l'Afrique et il continue : *cui rei argumentum est, quod in ultimis annis, quotiescunque Africæ mentio incidisset, totus conturbatus molestiamque mente conceptam foris facies indicabat.* V. Boccace, *Lettere*, p. 383.

2. Il a été publié avec autant de soin que de compétence par Corradini, 1874, Les vieilles éditions étaient illisibles et même celle de Pingaud, Paris, 1872, est faite sans critique et discernement.

3. Pétrarque ne la désigne que dans l'*Epist. rer. famil.*, II, 7 adressée à Colonna en 1331, et VII, 16. De la première lettre, il n'a été conservé qu'un passage où Tranquillinus disait : *maior pars hominum expectando moritur*. Assurément ce ne pouvait être un vers. Boccace, dans son *Elogium* de Pétrarque, Rossetti, *Petrarca*, etc., p. 324, donne à la comédie le titre de *Philostratus* et dit, que le poète la composa sur le modèle de Térence. Comme il la qualifie de *pulcherrima*, on peut penser qu'il la connaissait. Philostratus était-il le personnage principal? Je ferai observer que Boccace, dans sa 15e Églogue, sous le nom de *Philostropos* désigne son maître, Pétrarque, qui retira son disciple d'une vie dissipée et mondaine, suivant l'étymologie du mot φίλος=amor et τρόπος=conversio (*Lettere*, p. 273). Selon l'interprétation de Boccace, cela pourrait avoir une relation avec Philostratus. — L'écrit en prose *De casu Medeæ*, que cite Mehus, *Vita Ambros. Travers.* p. 239, et qui paraît avoir quelque caractère dramatique, n'est certainement pas de Pétrarque. P. de Nolhac, p. 156.

Le traité de philosophie morale, tel que l'écrivit Pétrarque à l'exemple de Cicéron, tantôt sous forme d'exposition simple, tantôt en dialogue, demeura pendant des siècles un genre préféré et comme un champ consacré aux luttes de l'ancienne philosophie et de l'érudition archéologique.

Non moins importante et durable fut l'influence, que Pétrarque exerça sur l'historiographie. Toutefois il ne s'occupa pas d'écrire l'histoire de son temps, comme firent Mussato et Ferreto, mais se borna toujours, en fait de questions politiques, à de simples déclamations. L'histoire de sa vie l'intéressait plus que celle de tous ses contemporains. Mais l'histoire de l'antiquité, et spécialement celle de Rome, lui tenait à cœur, et il regardait comme une dette sacrée de la faire revivre. Ce qu'il y a de plus caractéristique en ce point, c'est qu'il se préoccupait moins du développement successif de la puissance romaine, que des hommes les plus distingués et les plus célèbres de Rome. Ce qui attire son attention dans l'histoire, c'est toujours et exclusivement l'individu. Il semble que les études préparatoires qu'il fit sur la vie de Scipion l'Africain, en vue de son poème, l'amenèrent à concevoir le projet de mettre son héros en relief au moyen d'un livre historique spécial[1]. Si, dès le début, le cadre s'élargit entre ses mains en y introduisant Alexandre le Grand, Pyrrhus et Annibal, il n'y dit pas un mot des grands capitaines de la Grèce, et, à l'époque du troisième dialogue avec Augustin, son plan se restreint aux vies des grands héros de Rome, depuis Romulus jusqu'à l'empereur Titus, parce qu'il avait exclu les écrivains et n'avait pas même compris dans le livre Cicéron, son auteur préféré, — et même réduit à ces limites, son travail parut gigantesque et demanda beaucoup de temps. Il écrivit 23 ou 24 vies, si l'on compte la vie de César; 12 autres vies furent ajoutées à son œuvre après sa mort par son disciple Lombardo da Serico. Ce travail s'élevait d'un seul coup au-dessus des essais informes et grossiers, par lesquels on avait jusqu'alors tenté de traiter l'histoire. Pétrarque rejette toutes les sources qui ne sont pas absolument classiques, et puise surtout dans Tite-Live, avec lequel il compare les documents qu'il rencontre çà et là dans Valère Maxime ou dans Cicéron. Il apprécie à leur juste valeur les commentaires de Jules César écrits par ce dernier et ce que Quinte-Curce a écrit sur Alexandre. Quant aux traditions et aux fables du moyen âge, il n'en tient aucun compte. Il ne veut suivre que les auteurs qui lui inspirent une confiance entière. Il cherche à

1. Vol. I, p. 616, éd. Razzolini : *si mihi historico in opere librum unum Scipio meus tenet, in Pierio tenet omnes. Notus, ut arbitror, ad hunc ducem amor est meus*, etc.

les compléter, à les expliquer et à éliminer les contradictions qu'il y rencontre. Tite-Live lui-même n'est pas une autorité à laquelle il doive se soumettre les yeux fermés ; la critique commence à prendre son vol. Il s'affranchit de la soumission servile à l'autorité des écrivains précédents, son récit est libre, suivant la tournure de son esprit, et, dans son style même, loin d'imiter César ou Tite-Live, il reste constamment égal à lui-même. L'importance de son travail et l'influence qu'il exerça ressortent du grand nombre de manuscrits, que nous en connaissons. Plus tard (1373) Pétrarque lui-même, à la demande de François de Carrare, auquel l'œuvre avait été dédiée, en fit un extrait qui fit oublier, comme il arrive toujours en pareil cas, cette dernière, et fut copié de préférence[1].

Pétrarque, dans sa manière d'envisager l'histoire, voit surtout le côté moral : il y consacre ses « Livres des choses mémorables », exemples tirés de la vie des personnages anciens et modernes, disposés d'après certaines maximes générales. En cela Valère Maxime est son principal modèle et sa source la plus abondante. En quête de détails piquants, il lui arrive souvent de sortir du domaine de la philosophie pour entrer dans celui des anecdotes et des facéties, inaugurant ainsi un nouveau genre littéraire très cultivé dans la suite.

Pétrarque ne se dissimulait pas l'importance des études géographiques et ethnographiques, surtout pour faire la comparaison du monde ancien avec le monde moderne ; nous en avons la preuve dans ses lettres et dans son « Itinerarium Syriacum », manuel rédigé pour les pèlerins de Terre Sainte[2]. Qu'il ait tracé une carte d'Italie ou même qu'il y ait collaboré, la chose n'est pas aussi certaine[3].

1. L'œuvre considérable *De viris illustribus* resta longtemps inédite, même ignorée jusqu'à ce que Rossetti, *Petrarca, Giul. Celso e Boccacio*, Trieste, 1828, assurât l'existence des deux œuvres. Puis la première moitié environ fut publiée sur un manuscrit de Breslau par Schneider à l'occasion d'une fête académique en 4 parties, Breslau, de 1829 à 1834 ; le tout fut publié pour la première fois par Razzolini, mais sans consulter le manuscrit original qui renferme une partie du plan primitif beaucoup plus étendu. Cf. P. de Nolhac, Le « *De viris illustribus* » de Pétrarque, *Notices et extraits des manuscrits de la Biblioth. nationale*, t. XXXIV, 1891, p. 62. Des 36 vies, 12 et non 4, comme le veut Rossetti, appartenaient à Lombardo da Serico, d'après Gaspary, *Zeitschr. f. roman. Philol.*, III, p. 587 et de Nolhac, p. 77. L'*Epitome* se trouve dans les éditions des œuvres de Pétrarque. L'*Historia Julii Cæsaris*, qui avait longtemps été attribuée à un Julius Celsus, a été publiée à Leipzig, en 1827, par Schneider. [L'autographe a été trouvé et décrit par P. de Nolhac, p. 68 du mémoire cité dans cette note].

2. L'*Itinerarium* de Petrarque a été récemment publié par Lumbroso dans les *Atti della R. Academia dei Lincei*, Sér. IV, 1888, p. 394, et dans ses *Memorie italiane del buon tempo antico*, Turin, 1889, p. 16.

3. Cette assertion, si souvent répétée, est empruntée uniquement à Fl. Biondo, *Italia illustr.*, p. 353 : *Pictura Italie quam imprimis sequimur, Roberti regis Sicilie et Francisci*

Les discours publics, que Pétrarque prononça comme ambassadeur ou plutôt comme représentant d'un état, avaient été perdus pendant longtemps. Nous savons maintenant qu'il fut en réalité, à diverses reprises, adjoint aux ambassades des Visconti, à titre d'orateur, et qu'en 1353 il tint un discours à Venise en présence du Doge et du conseil, qu'en 1354 il en tint un autre à l'occasion de la mort du puissant archevêque Giovanni Visconti à Milan, un troisième en 1358 à Novare au nom de Galéas Visconti, et un quatrième en 1361 à Paris en présence de Jean le Bon. Mais tous ces discours sont insignifiants et ne décèlent aucun goût, pas plus que celui qu'il prononça sur le Capitole à l'occasion de son couronnement. Il est toutefois le premier des orateurs de cour, et son exemple ouvrit aux Humanistes un champ tout à fait nouveau et spécial d'activité[1].

Nous avons déjà dit un mot de l'importance des lettres de Pétrarque, et nous aurons encore l'occasion d'y revenir, quand nous parlerons du développement du genre épistolaire. Ce fut lui en effet qui l'éleva de nouveau au rang d'un art véritable, et qui permit aux membres de la future république des lettres de se rapprocher les uns des autres. Il était encore vivant que déjà se formait autour de lui une école d'épistolographes : nous voyons, en effet, ses amis à Florence, à Venise, à Parme et ailleurs, s'efforcer de prendre le style philosophique, écrire avec des tours recherchés, des citations classiques, des allusions historiques et mythologiques[2]. Même dans « l'Invective » ou polémique personnelle, genre dont on peut dire qu'il a été l'inventeur, il n'est pas resté sans imitateurs.

Tout ce qu'il désignait en fait de poésie et d'antiquité, deux

Petrarce eius amici opus. Blondo parle de la même carte, p. 299. Dans une lettre du Cod. ms. Dresd. F. 66, *f.* 119, Blondo fait prier le roi de Naples, Alphonse, de lui envoyer les cartes d'Italie, qu'il possède avec les noms du temps présent. Il semble qu'il en reçut une, le reste n'est qu'une supposition. Quant à l'autre affirmation, beaucoup moins plausible, de Baldelli (*Del Petrarca*, p. 132), il n'y en a aucune preuve dans les lettres. Il est au contraire beaucoup plus probable que la carte est celle que Matteo Strozza avait autrefois envoyée au roi Alphonse. *Cf.* la description d'Alessandro Macinghi, *Lettere*, éd. Guasti, p. 76 et Nolhac, *Pétrarque et l'hum.*, p. 128.

1. Les discours du ms. de Vienne avaient déjà été signalés par Denis, *Mss. theol. Bibl. Palat.*, Vienne, t. I, p. 509. Celui au roi Jean a été publié par Barbeu du Rocher, *Ambassade de Pétrarque*, p. 214 sqq., celui tenu à Venise, par Fulin, *Il Petrarca dinanzi alla signoria di Venezia*, p. 306, 399, avec des doutes tout à fait inutiles sur son authenticité, et par Hortis dans les *Scritti ined. di Petrarca*, p. 329. Ce dernier publia encore, p. 335, l'oraison funèbre de l'archevêque, laquelle n'existe que dans la traduction italienne, et p. 341, le discours tenu à Novare et où est expliqué au peuple de cette ville un verset d'un psaume, assez mot à mot pour faire observer que *meus*, *mea*, *meum* est un pronom possessif.

2. Les lettres éparses des autres se trouvent surtout dans les *Epistolæ rerum variarum*.

choses qu'il jugeait inséparables, Pétrarque eut la satisfaction de le voir se développer avec exubérance même de son vivant. Jamais, écrivait-il moitié heureux et moitié inquiet, jamais il ne fut plus vrai de dire avec Horace : *Scribimus indocti doctique poemata passim*, que maintenant. Chaque jour lui apportait des lettres et des vers de toutes les parties de l'Italie et même de la France, de l'Allemagne, de l'Angleterre et de la Grèce. Les jurisconsultes mettaient de côté Justinien, les médecins, Esculape, ne voulant entendre parler que de Virgile et d'Homère. La Curie romaine elle-même n'échappa point à cette contagion. « Je crains, ajoutait-il, d'avoir, par mon exemple, contribué à répandre cette frénésie. On dit que le laurier produit des songes véridiques, mais je crains que celui que j'ai mis tant d'ardeur à conquérir, ne soit pas encore suffisamment mûr et n'occasionne à moi-même et aux autres des songes entièrement faux[1]. »

1. *Epist. rer. famil.*, XIII, 7.

LIVRE DEUXIÈME

LES FONDATEURS DE LA RÉPUBLIQUE LITTÉRAIRE DE FLORENCE

LES MAITRES ERRANTS

EXHUMATION DES AUTEURS CLASSIQUES DES BIBLIOTHÈQUES MONASTIQUES

CHAPITRE PREMIER

Première impulsion donnée par Pétrarque. Florence en est le centre. La noblesse florentine adonnée au commerce. L'instruction publique et les lettres à Florence. Lapo da Castiglionchio, Francesco Nelli, Zanobi da Strada. Boccace ; sa vocation littéraire. Boccace et Pétrarque. Boccace et ses ouvrages vulgaires. Boccace érudit. Le livre « Des femmes illustres ». Le livre « De la fin malheureuse des hommes illustrés ». La « Généalogie des dieux », le livre « Sur les montagnes, sur les bois », etc. Boccace et la littérature grecque. Léon Pilate. Boccace savant et collectionneur. Boccace disciple et imitateur de Pétrarque. Harmonie entre sa vie et sa personne. Sa pauvreté et ses tentatives pour entrer au service de Nicolas Acciajuoli. Philosophie de la vie et vie pratique de Boccace.

Pétrarque aurait éprouvé une déception amère, s'il eût pu comparer la renommée dont il jouissait un demi-siècle après sa mort, à celle que, dans ses rêves enthousiastes, il s'était crue assurée pour toujours. Mais pourquoi chercha-t-il la gloire dans l'admiration aveugle, dans la bruyante approbation des hommes ! L'écho de celle-ci se perd et celle-là ne tarde pas à s'amoindrir ; bien plus, les jeunes générations, qui se sont hissées sur les épaules du maître, oublient volontiers le bras qui les a aidées à monter, et s'imaginent être plus grandes que lui, parce qu'elles portent effrontément leurs regards au-dessus de sa tête. Au contraire, un autre genre de gloire échut en partage, dans une large mesure, à Pétrarque, celle qui ne passe point, il est vrai, si facilement de bouche en bouche, ni d'une oreille à une autre, mais se maintient beaucoup plus longtemps et provient d'une action constante, quoique souvent invisible, que son esprit exerça sur les générations suivantes. La semence qu'il répandit fut amoureusement cultivée par un grand nombre et eut besoin des siècles pour arriver à la maturité. Non seulement à chaque page de ce livre, mais encore dans tous les ouvrages qui racontent l'histoire des siècles postérieurs, un lecteur intelligent n'aura aucune peine à découvrir l'esprit de l'antiquité renaissante et sous la forme dont Pétrarque sut la revêtir.

Dans cette partie de notre travail nous considérons le mouvement imprimé par Pétrarque, mouvement qui ne s'arrêta pas à une admiration stérile, mais grandit et se traduisit en efforts d'une activité féconde ; en d'autres termes, nous nous proposons de retracer le premier ascendant et l'influence de son esprit.

Tout d'abord nous trouvons que le travail gigantesque, qu'il avait seul entrepris, fut bien vite partagé, les uns s'appropriant une partie, les autres une autre, de son activité intellectuelle et la reproduisant chacun à sa manière; nous les voyons tous suivre des directions opposées, pour se reformer ensuite en nouveaux groupes, s'aider et se compléter réciproquement. Cette concentration de force, qui, dans la personne de Pétrarque était, pour ainsi dire, typique, se manifesta alors dans la génération toscane, ou mieux à Florence, qui, à partir de ce moment, grâce à l'influence de Pétrarque, devient le sanctuaire des Muses, recueille dans son sein les meilleurs de ses disciples et prépare ainsi un asile assuré à l'Humanisme. On ne peut nier que cette république ne donne en grande partie à la moderne république des lettres, sa forme et son caractère.

Bien des circonstances contribuèrent à faire de Florence le centre d'une culture supérieure, d'une civilisation plus raffinée, d'une grande activité littéraire et artistique. Mais la principale fut l'esprit républicain; il y prit un tel empire, que la capitale de la Toscane, grandissant jusqu'à devenir l'une des plus fortes puissances de l'Italie, était obligée sans cesse de se tenir en garde contre les ambitions princières de la haute et de la basse Italie. Sans un sentiment profond de patriotisme et de discipline politique, sans richesse et sans culture, cet État libre n'eût pas manqué de succomber à la violence des temps. Mais il avait sa force dans l'existence, singulièrement étrange, d'une noblesse populaire et marchande. En effet, nulle autre noblesse d'Italie ne ressemblait à celle de Florence. A Venise, les nobles dans leur égoïsme se tenaient à distance du peuple, comme une faction de conspirateurs, et ce dernier était sous le joug et la terreur de « l'État », personnalité mystérieuse et invisible. A Gênes, à côté de la noblesse commerciale, était une noblesse rurale, avec des châteaux d'où elle exerçait le brigandage. Les Napolitains faisaient consister le privilège des nobles à vivre de leurs revenus, à se renfermer dans une oisiveté élégante et à sortir tout au plus quelquefois à cheval. Là, un noble ne se serait pour rien au monde adonné à l'agriculture, l'application aux affaires semblait chose abjecte et méprisable. Nulle dot, si ronde qu'elle eût été, n'eût fait accepter à un noble la fille d'un autre noble habitué à vendre le produit de ses vignes : en ce cas le père était regardé comme un vil marchand. Même le service de cour ne donnait aucun lustre et l'on n'estimait que l'opposition obstinée contre le gouvernement. Les États de l'Église avaient également une noblesse rurale qui s'occupait d'agriculture et d'élevage, mais inclinait aussi dans ces temps si troublés vers le brigandage et la lutte des partis dans les rues de Rome. Là aussi le commerce n'était pas considéré[1].

Florence au contraire avait une noblesse de naissance, qui, sans fausse honte, se livrait au commerce et à tout négoce lucratif; bien plus, elle mettait tout son orgueil à se montrer entreprenante et active. C'est ce qu'atteste un historien de cette république, un homme qui en occupa les premières charges. La cause pour laquelle Florence, contrairement aux autres états voisins, grandit en population et en richesse, il la trouve surtout en ce que, ses citoyens, dès le jeune âge, vont visiter les autres pays où ils font d'heureuses spéculations commerciales et reviennent ensuite chez eux. Aussi les trouve-t-on partout, chez les païens comme chez les chrétiens. Encore jeunes, ils apprennent à connaître le monde et la vie. Revenus dans leur patrie, ils forment une association d'hommes puissants et riches, qui n'a pas sa pareille dans tout l'univers[2]. — Ces nobles marchands ne vont à la campagne que de temps en temps, en villégiature et pour chasser, jamais pour y mener une existence paresseuse ou agreste. Si l'amour du lucre les attire en d'autres contrées, même au delà de la mer, ils savent encore demeurer en paix l'un à côté de l'autre dans leur ville et jouir des avantages et des aises dont ils entourent leur maison, centre de leurs relations sociales. Par cette façon de vivre, la noblesse est dans une situation égale à celle des riches bourgeois, entretient avec eux des rapports suivis et souvent s'unit avec elle par des alliances. Mais elle ne vit jamais de la sueur du peuple; elle lui ouvre au contraire les sources du bien-être et de la prospérité.

Chez un tel peuple le luxe, qui est une conséquence nécessaire de la richesse commerciale, revêt les formes les plus exquises. Les choses de l'esprit et les arts y sont en honneur. L'instruction publique, dès l'époque de Giovanni Villani, est arrivée à un point qui excite notre étonnement : il y avait à Florence huit à dix mille garçons et filles qui savaient lire : 1000 à 1200 qui apprenaient l'arithmétique et l'algèbre, répartis en six écoles; 550 à 600, qui, dans quatre grandes écoles, étudiaient le latin et la logique[3]. Et il y avait

1. Ces contrastes avec la noblesse florentine sont mis en évidence, du moins à une époque postérieure, par Poggio, *De nobilitate* (*Op.* p. 67).

2. Goro Dati (né en 1363), *Istoria di Firenze*, p. 55.

3. *Cronica*, XI, 94 (t. VI). Nous ne trouvons pas ces détails ailleurs pour pouvoir les contrôler. Mais dans une ville assez importante comme Modène, nous voyons qu'en 1412, on se plaint qu'il n'y ait pas de professeur de latin (*magister grammaticæ*), et ceux qu'on fit venir du dehors avec un traitement de 100 lires, étaient des personnages tout à fait inconnus. Tiraboschi, *Bibl. Moden.*, t. I, p. 58.

en outre, ajouterons-nous, un homme qui jugeait utile de noter de telles choses pour la postérité. Dans la ville que Dante avait déjà nommée la plus belle et la plus illustre fille de Rome, toute personne instruite sait déjà parler au moins des poésies écrites en langue « vulgaire »; les hommes et les femmes de la bonne société sont familiarisés avec le poème de Dante. Ce n'est plus désormais une rareté parmi les laïques que la connaissance de la « grammatica », c'est-à-dire du latin. Même les bourgeois ne manquent point, qui parlent le latin dans les ambassades et peuvent se passer d'interprète ecclésiastique.

Ainsi la nouvelle culture inaugurée par Pétrarque trouva dans Florence un terrain plus riche et mieux préparé que partout ailleurs[1]. Nous citerons seulement Lapo da Castiglionchio, qui échangea avec Pétrarque plusieurs écrits de Cicéron et aimait la poésie, quoiqu'il ait ensuite abandonné le Parnasse et les Muses pour se donner exclusivement à l'exercice plus lucratif de la jurisprudence[2], et Francesco Nelli, prieur des Saints Apôtres, qui fut l'un des plus intimes amis de Pétrarque et Boccace[3]. Nous ne tardons guère à y rencontrer un maître d'école enthousiaste de Pétrarque et de la poésie. Le vieux Giovanni da Strada, — ainsi nommé de son pays natal non loin de Florence — tenait une école publique de grammaire. Il enseignait encore à l'antique, mais Boccace et plusieurs autres furent ses élèves et apprirent de lui le latin. A sa mort (1335), l'école passa aux mains de son fils Zanobi, à peine âgé de vingt ans, qui la prit pour mener de son mieux une vie pleine de fatigues et de privations. La muse de Pétrarque le favorisa d'un doux sourire. Tout le temps qui lui restait, il le consacrait à la lecture des anciens poètes et philosophes, il écrivait en vers ou en prose des lettres de forme artificielle et on le regardait déjà comme un poète. Il commença même un grand poème épique, dans lequel il se proposait de chanter Scipion l'Africain; mais quand il apprit que Pétrarque traitait le même sujet, il

1. *Ubi et nobiles ingeniorum scaturigines erumpunt et dulces nidificant philomenæ.* Pétrarque, *Epist. rer. famil.*, XXIV, 12, lettre à Homère de 1360.

2. Il fut en 1378 banni de Florence comme guelfe, enseigna le droit canon à Padoue et mourut en 1381 avocat consistorial à Rome. Nous avons de lui des ouvrages de droit et plusieurs discours d'ambassade. Toutefois Salutato, *Epist.* 28, éd. Mehus, vante sa culture humaniste et le style de ses lettres : il le loue dans son épitaphe comme

Optimus eloquio, sacrique Heliconis alumnus
Et calamo scribens vix Cicerone minor.

Epistola o sia Ragionamento di Messer Lapo da Castiglionchio, colla Vita composta da Mehus, Bologne, 1753. Colle, *Storia dello studio di Padova*, vol. III, p. 52-61.

3. H. Cochin, *Lettres de Francesco Nelli à Pétrarque*, Paris, 1892.

se hâta d'y renoncer[1]. En 1350, lorsque Pétrarque se rendit à Florence, il put voir son idole en personne et fut honoré de son amitié. Le maître fit de longues instances auprès de lui, pour qu'il abandonnât son misérable métier, lui représentant qu'il était réservé à de plus hautes destinées et qu'il ne devait mettre sa gloire que dans l'étude de Cicéron, de Virgile et de la poésie[2]. Zanobi répondit à cet appel. Nous le verrons dans la suite entrer au service des grands, recevoir la couronne de poète, devenir secrétaire du pape et acquérir de grandes richesses. Mais alors il n'appartenait plus à Florence et il s'empressa de prendre congé des Muses, qu'il avait tant aimées, quand il était simple maître d'école. D'autres devaient leur donner une demeure permanente sur les rives de l'Arno.

Citons avant tous les autres les trois disciples de Pétrarque, auxquels revient ce mérite : ce sont Jean Boccace, Luigi Marsigli et Coluccio Salutato. Pour préciser de suite le caractère spécial de leur activité, Boccace représente le travail patient et soigné de l'érudit, qui vit tout entier à lui-même et à ses études ; Marsigli fonde la première association libre, qui cultive la science en dehors de l'Église et des universités avec les seules lumières de la raison ; Salutato procure à l'Humanisme le droit de bourgeoisie dans la vie civile. Ils sont unis entre eux par une sorte d'esprit républicain, qui avait été tout à fait ignoré de Pétrarque, homme aux idées cosmopolites, mais qui a cependant son origine dans ses doctrines. Jusqu'à quel point ces hommes se rattachent-ils, sous d'autres rapports, à Pétrarque, nous le montrerons suffisamment plus loin ; contentons-nous maintenant d'étudier les particularités, qui ont un rapport direct avec leur caractère individuel et avec leur position.

L'homme de génie, comme le favori de la fortune, nous apparaît pourvu naturellement de ces avantages que les autres ne se procurent qu'aux prix de grands efforts, et ce qui constitue pour ces derniers un obstacle sérieux n'est souvent pour le premier qu'une prévoyante et favorable disposition du hasard. Pétrarque avait été contrarié dans sa vocation littéraire par son père, qui voulait faire de lui un avocat, mais néanmoins l'amour de la poésie l'emporta, et, son énergie et son enthousiasme grandissant en raison directe de l'opposition, il repoussa résolument du même coup et les artifices de la chicane et la méthode scolastique. Tout autre fut l'éducation et la direction que

1. Filippo Villani, éd. Galletti, p. 16. Matteo Villani, liv. V, ch. 26.

2. Pétrarque, *Epist. rer. famil.*, XII, 3 et certainement aussi *Epist. rer. senil.*, VI, 5. D'autres lettres de Pétrarque à Zanobi dans les *Epist. var.* 2 et les *Epist. rer. famil.*, XII,, XIX, 2.

reçut le plus fidèle de ses disciples, Jean Boccace de Certaldo. Il n'avait pas encore atteint sa septième année, qu'il s'essayait à composer de petites poésies, naturellement en langue vulgaire. Mais son père le destinait au commerce, et alors, pendant six longues années, perte de temps presque irréparable, il le retint au comptoir à faire des calculs et des contrats, jusqu'à ce qu'enfin, ne doutant plus des aptitudes de son fils, il ne contraria plus ses tendances studieuses, mais lui fit embrasser une science lucrative, celle du droit canon. Que les ouvrages composés en langue vulgaire et surtout la Divine Comédie de Dante, aient éveillé le génie du jeune Giovanni, cela n'est pas douteux[1]. Il ne fut jamais infidèle à l'enthousiasme de sa jeunesse : Dante, disait-il plus tard, a ouvert de nouveau les sources de la poésie si longtemps méconnue, il a de nouveau révélé au monde ce qu'était l'inspiration poétique[2]. Nous avons déjà vu, qu'il n'avait pas hésité à manifester son admiration pour Dante, même en face de Pétrarque. Certainement il avait connu dès le commencement le nom de Pétrarque, comme chantre de Laure. Mais il fut plus profondément frappé de la gloire dont on entourait ce dernier comme auteur des Églogues et de l'Afrique, comme un autre Virgile. Il est donc une pure invention, qu'il ait senti s'éveiller en lui ses nouveaux goûts à la vue du tombeau du vieux Virgile[3]. Quoique plus jeune que Pétrarque de neuf ans seulement[4], il se le proposa pour modèle de toute philosophie, comme ferait un jeune écolier. Il s'adonna dès lors à la lecture des auteurs anciens avec d'autant plus d'ardeur qu'il n'avait pas de plan suivi. Son père le retint encore six années enchaîné aux études juridiques, inquiété de la passion qu'il témoignait pour les lettres[5]. Ses amis eux-mêmes lui en adressaient des reproches, et l'appelaient avec dérision « le poète ». Boccace ne se laissa pas intimider pour si peu. Lorsque à vingt-cinq ans la mort de son père lui permit de disposer de lui-même, sa résolution était prise. Il n'ignorait pas, qu'un poète ne pourrait jamais se procurer cette vie aisée que lui promettait l'état ecclésiastique ou la jurispru-

1. D'après l'*epist. rer. famil.*, XXI, 15, il avait écrit à ce dernier, *quod ille* (*Dantes*) *sibi adolescentulo primus studiorum dux et prima fax fuerit*,

2. *Lettere*, éd. Corazzini, p. 194.

3. Il n'en dit pas un mot; seul, Filippo Villani l'indique, éd. Galletti, p. 18.

4. Les preuves dans Corazzini, *Introduz.* p. XI, d'après lesquelles Boccace serait né, non pas en 1313, mais vers la fin de 1314, ne m'ont pas entièrement convaincu, et me paraissent destinées uniquement à renverser l'opinion, déjà peu fondée par elle-même, qu'il soit né à Paris. [Très fondée selon Crescini, *Contributo*, p. 40].

5. *Quem ego ab ineunte iuventute mea præ cæteris colueram*, dit-il. *De casibus illustr. viror.* fol. 90.

dence. Mais il était dévoré de l'amour de la gloire, qui avait enflammé le cœur de Pétrarque. Il ne cessait de déplorer le temps perdu avant d'acquérir le sentiment de sa force et de son génie. En effet, jusque dans une vieillesse avancée, il demeura intimement persuadé qu'il eût pu devenir un grand poète, si son père n'avait pas entravé sa carrière [1].

Boccace se montra toujours fier de l'amitié de Pétrarque comme d'une grâce imméritée. Avec une admiration exempte de jalousie, il faisait remarquer que l'amitié de ce grand homme avait été recherchée des rois et des papes, et que la renommée de Pétrarque remplissait tout l'univers. Il n'écrivait jamais son nom, sans que son enthousiasme ajoutât les épithètes les plus flatteuses. Il l'appelle son illustre et sublime maître, son père et son seigneur, le poète qu'il faut mettre au rang sublime des anciens plutôt que des modernes, un homme vraiment descendu du ciel, la merveille et la gloire de son temps[2]. Mais pendant de longues années, il ne put l'admirer que de loin; il n'osait l'approcher, même sous forme épistolaire. Nous n'avons aucune preuve qu'il se soit trouvé à Naples, lorsque Pétrarque alla visiter le roi Robert avant son couronnement au Capitole. Ce fut seulement quand Pétrarque, dans l'automne de 1350, vint à Florence où Boccace s'était rencontré aussi avec Zanobi, qu'il s'enhardit à l'aborder par l'envoi d'une poésie. Tel fut le commencement de leur amitié personnelle[3]. Au printemps suivant, Boccace, au nom de sa patrie, se rendit à Padoue, pour présenter à Pétrarque le mémoire si honorable, en vertu duquel les Prieurs le rappelaient de l'exil, lui restituaient les biens de son père et lui offraient une chaire dans la nouvelle Université. Alors il resta, à titre d'hôte, pendant plusieurs jours, dans la maison de Pétrarque. Il fut témoin de l'assiduité du grand homme à ses « études sacrées » et s'estima heureux de pouvoir prendre copie de quelques-unes des œuvres du maître. Sur le

1. Io. Bocatii περὶ γενεαλογίας *Deorum libri* XV, Bâle, 1532, liv. XV, ch. 10.

2. *Ibid.*, XIV, 10, 11, 19, XV, 6, 14. *Comento sopra la Commedia di Dante*, ch. I (*Opere*, vol. V, Florence, 1724, p. 34-35). Cf. Pétrarque, *Epist. rer. senil.*, I, 4.

3. On doit s'en remettre à l'affirmation précise de Pétrarque, *Epist. rer. famil.*, XXI, 15, qu'ils se virent alors pour la première fois à l'occasion de son voyage à travers l'Italie centrale. En ce cas, les paroles de Boccace, *ego quadraginta annis vel amplius suus fui* (*Lettere*, p. 382), quoique le contexte donne à entendre une amitié réciproque, ne désignent que le culte qu'il professait pour Pétrarque. Nous n'avons aucune trace de lettres antérieures, que Corazzini, p. XXIV, regarde comme possibles, quoique Boccace ait conservé plus tard celles qu'il reçut de Pétrarque. La première est l'*Epist. rer. famil.*, XI, 1, du 2 nov. 1350.

soir ils descendaient tous les deux au jardin, qui brillait en ce moment de toute sa fraîcheur printanière ; là ils s'asseyaient et poursuivaient leurs entretiens, souvent jusqu'à une heure avancée de la nuit[1]. Boccace ne devait revoir son ami que huit ans plus tard, lorsqu'il alla le visiter à Milan. Ce fut là leur dernière rencontre ; plus tard à Venise, Pétrarque manqua au rendez-vous.

Il est vraiment touchant de voir, avec quelle ardeur et avec quelle abnégation, Boccace cultiva cette amitié, qui était l'orgueil de sa vie. Connaissant les préférences de Pétrarque pour saint Augustin, il lui fit présent d'un commentaire de ce dernier sur les psaumes[2]. De même qu'il avait fait copier pour lui la Divine Comédie, il écrivit de sa main, pour le lui offrir, un volume d'extraits de Cicéron et de Varron[3]. Il composa un éloge de Pétrarque et de ses poésies, où il le défendait de certains reproches qui lui avaient été faits[4]. Et lorsque, en 1372, un cardinal français médit du vénéré maître en présence du pape et lui contesta le titre de « Phénix des poètes », qu'on lui donnait d'ordinaire, Boccace répondit encore par une apologie en sa faveur[5]. Il rangea par ordre chronologique et réunit en un volume les lettres qu'il avait reçues de Pétrarque. Il se crut plus assuré par là de l'immortalité que par ses ouvrages personnels[6]. La pensée seule de se comparer avec Pétrarque lui paraissait un crime. L'âme de celui-ci, dit-il, vit dans les régions supérieures ; son style, merveilleux et fleuri, abonde en pensées sublimes ; car il n'écrit qu'après mûre réflexion et tire ses idées des profondeurs de son esprit[7]. Pétrarque, dans une lettre, l'ayant honoré du titre de poète, il déclina catégoriquement cet honneur. Son idéal était « de suivre le plus modestement possible les traces de son Silvanus ». De son côté, Pétrarque ne voyait dans cette humble soumission d' « un tel esclave obéissant »,

1. Lettre de Boccace à Pétrarque, du 18 juillet 1353, dans les *Lettere*, p. 47.

2. Avec le titre de la main de Pétrarque, à la Bibliothèque de Paris. *Hist. littéraire de la France*, vol. XXIV, p. 575. P. de Nolhac, *De patrum et medii aevi scriptorum codicibus in bibl. Petrarcæ coll.*, p. 17.

3. Pétrarque, *Epist. rer. famil.*, XVIII, 4.

4. Imprimé sous le titre *De vita et moribus domini Francisci Petrarchæ de Florentia, secundum Johannem Bochacii de Certaldo* dans Rossetti, *Petrarca*, etc. p. 316-399. L'éditeur cherche à prouver, p. 351, que Boccace composa cet éloge avant de connaître personnellement Pétrarque. J'inclinerais à le placer vers 1353, à cause de l'allusion à la présence répétée de P. à la Curie d'Avignon, p. 319.

5. Voir ci-dessus, p. 117.

6. Sa lettre à Pétrarque dans les *Lettere*, p. 123.

7. *Epilogus Libri de montibus*, etc., ajouté à l'édition citée de la *Genealogia Deorum*, p. 504. De même, *Lettere*, p. 140.

8. Pétrarque, *Epist. rer. famil.*, XVIII, 15. Boccace, *Lettere*, p. 140.

que la chose la plus naturelle du monde. C'était déjà avoir beaucoup d'égards que de lui laisser espérer un peu de gloire après lui[1]. Il s'en était fait un ami selon son cœur : aussi adressa-t-il un grand nombre de lettres à Boccace et lui légua-t-il, par testament, cinquante florins d'or pour l'achat d'un manteau, destiné à le protéger contre le froid, pendant ses longues et studieuses soirées d'hiver[2]. Boccace était malade, quand il apprit cette dernière marque d'affection et la mort de celui pour lequel il avait, pendant plus de quarante ans, professé un culte spécial. Une lettre, qu'il écrivit alors d'une main tremblante à la louange du défunt, est le document le plus beau et le plus touchant de leur amitié[3].

Les sollicitudes de Boccace pour la gloire de son maître et ami ne cessèrent pas à la mort de ce dernier. Sa plus grande préoccupation était le sort du poème de « l'Afrique », que Pétrarque avait voulu livrer aux flammes. Quoiqu'il en ignorât le contenu comme les autres, il était intimement convaincu que c'était un grand et merveilleux poème, digne d'Homère, et d'une inspiration vraiment divine[4]. Le mystère dont Pétrarque, à l'exemple de Virgile, avait entouré son livre, jetait tous les esprits dans une anxieuse attente. L'un disait que l'Afrique n'était plus, un autre que Pétrarque, dans son testament, avait expressément ordonné de la jeter au feu, d'autres enfin qu'il avait confié à une commission la charge d'examiner, parmi ses écrits non publiés, ceux qui étaient dignes de lui survivre. En vue de cette dernière éventualité, Boccace adressa une supplique en vers au tribunal, lequel, il le craignait, pouvait être composé de jurisconsultes : au nom des Muses, des rois, des peuples et des villes, il demandait qu'on ne laissât point périr ce chef-d'œuvre. Ainsi il fut le premier à redoubler de zèle pour la conservation du poème dont il envoya plus tard un exemplaire à Florence[5].

Nous n'avons pas l'intention de nous occuper ici de Boccace comme

1. *Epist. rer. famil.*, XVIII. 4, à Boccace : *Venient tamen qui te forsitan mirentur, nempe quem iam nunc mirari incipit invidia.*

2. *Petrarcæ testamentum*, enfin dans Fracassetti, vol. III, p. 542.

3. *Lettere*, éd. Corazzini, p. 377 [V. l'étude de Cochin, *Boccace*, Paris, 1890, p. 90].

4. Ce sont ses expressions dans l'*Elogium* de Pétrarque, *l. c.* p. 319, 324.

5. Les *Versus pro Africa Petrarchæ* ont été publiés pour la première fois avec les *Poemata minora* par Rossetti, vol. III. *Append.*, p. 47 ; puis ils ont été réimprimés dans les *Lettere* de Boccace, p. 243. Si les *Patres Veneti* constituent le tribunal, cela dépend sans aucun doute de l'accord que Pétrarque a fait autrefois avec la République au sujet de sa bibliothèque. Mais Boccace s'adressa encore au gendre de Pétrarque (*Lettere*, p. 377), et, par le moyen de ce dernier, plus tard, Salutato obtint la permission d'en prendre une copie.

père de la belle prose toscane, et conteur aimable et spirituel, ainsi que nous l'avons fait pour les *Rime* de Pétrarque. Mais on a lieu d'être surpris de ce que ses œuvres latines ne renferment aucune allusion à ce qu'il écrivit en italien, tandis que Pétrarque, dans les siennes, parle souvent de ses compositions de ce genre, quoique avec un dédain affecté. De son côté, Boccace avoue sa passion pour la gloire littéraire[1], mais il ne croit pas pouvoir obtenir la célébrité autrement que par ses études classiques[2]. On disait même que les écrits licencieux de sa jeunesse, les nouvelles, lui pesaient comme un remords de conscience dans sa vieillesse et qu'il eût voulu pouvoir les détruire, s'ils n'avaient été alors répandus dans toute l'Italie. Il se plaint qu'un Mécène, pour lequel il a de la vénération, veuille le recommander aux femmes de sa famille : elles ne verront en lui qu'un vieux proxénète impudique; qu'il ait au moins l'excuse d'avoir écrit ces livres dans sa jeunesse et sur les instances réitérées d'un personnage influent[3]. Toutefois, deux cents ans plus tard, un juge très compétent en matière littéraire prononça un jugement tout à fait opposé, disant que les œuvres latines de Boccace se soutenaient à grand peine, pendant que le Décaméron, riche de beautés infinies, était désormais traduit dans toutes les langues et ne périrait point[4].

Rien n'est plus propre à mettre en pleine lumière le génie de Pétrarque que la distance qui le sépare de Boccace. Pour Pétrarque, l'antiquité était une école pratique de la vie; convaincu de la supériorité de son esprit, il s'empare de ce qu'il lit et s'assimile ce qui lui convient. Boccace s'arrête au côté purement extérieur de la science, n'a d'autre mérite essentiel que celui de l'application, et reste toujours un froid compilateur. Il vise à étendre ses connaissances. Pétrarque, au contraire, ne songe qu'à les approfondir. La lecture des anciens lui a évidemment fourni un nombre incalculable d'extraits, et, après les avoir ordonnés suivant certains points de vue, il en a composé des œuvres[5].

1. Par ex. : *De geneal. Deor.*, XV, 13. *Lettere*, p. 198.

2. « Le cose volgari non possono fare uno uomo letterato, » dit-il, *Lettere*, p. 160, en faisant allusion à Acciajuoli.

3. *Lettere*, p. 295. Mais, outre celui-ci, je ne connais aucun passage des œuvres latines, où il soit question de ses écrits en langue vulgaire.

4. Paulus Jovius, *Elogia doctor. viror.*, 6.

5. Ce travail de compilation, Ciampi, *Monumenti di un manoscritto autografo di M. Giov. Boccaccio*, Florence, 1827 (et dans la seconde édition, Milan, 1830), prétendait l'avoir trouvé dans la collection Magliabecchi. Hortis et dernièrement Macri Leone, *Giorn. stor. d. lett. ital.*, X, p. 1, ont soutenu l'authenticité de ce mélange. Körting, au

La partie la plus ancienne des œuvres latines de Boccace, autant qu'on peut le savoir, est celle qui traite « Des femmes illustres ». Elle constitue une sorte de transition entre les poésies en langue vulgaire et les œuvres d'érudition, destinée plutôt à louer les femmes et à entretenir agréablement leurs amis, qu'à briller par l'étendue du savoir. L'idée de l'écrire lui a été suggérée par l'œuvre de Pétrarque : « Des hommes illustres ». L'auteur devait exclure de son livre les femmes juives et chrétiennes; néanmoins il commence par Ève; puis, aux femmes grecques, romaines et barbares en ajoute d'autres beaucoup plus modernes, comme la papesse Jeanne, l'impératrice Constance, Jeanne, reine de Jérusalem et de Sicile. Les vertus et les vices qu'il leur prête ne sont qu'autant d'expédients, destinés à couvrir les plaisanteries égrillardes et drolatiques qui devaient divertir la compagnie[1]. Le livre est vraiment une chose misérable, mais toutefois il ne manqua ni de vogue, ni d'admirateurs en son temps[2].

A l'imitation des anciens, Pétrarque s'arrête volontiers à discourir sur l'instabilité du bonheur d'ici-bas et sur le côté tragique des destinées de l'homme. Boccace reprend froidement ce thème à sa manière, et en fait la base d'un travail historique, dans lequel il se propose de montrer la fin malheureuse des hommes célèbres[3]. Commençant par Adam et Ève, — car il y glisse aussi quelques femmes

contraire, le nie. Il y aurait beaucoup à dire pour et contre ; en tout cas, des deux côtés, ce qui manque, c'est le point d'appui. L'indication des sources où Boccace puisa pour ses deux premiers ouvrages, se trouve dans Schuck, *Boccaccio's lateinische schriften historischen Stoffes*, — dans les *Neuen Jahrbücher für Philol. und Pädag.*, II, p. 467 sqq., 1874. Hortis dans ses *studi sulle opere latine del Boccaccio* a résolu d'une manière complète et définitive la question. V. aussi P. de Nolhac, *Boccace et Tacite*, Rome, 1892.

1. Comme il le dit au commencement, son intention était d'ajouter à l'histoire *nonnulla lepida blandimenta virtutis et in fugam atque detestacionem scelerum aculeos addere*. Je me sers de l'édition princeps devenue très rare : *Compendium Johannis Boccaccii de Certaldo quod de preclaris mulieribus ac* (*ad*) *famam perpetuam edidit feliciter*, s. l. et a. (Hain, *Repert*, n° 3327. Hortis, p. 756), propriété de la Bibliothèque de l'Univ. de Leipzig. Sur les autres éditions (parmi lesquelles manque celle de Louvain, 1487) et traductions, v. Landau, *Boccaccio*, p. 219.

2. Ainsi Filippo Villani, éd. Galletti, p. 17, y trouve une telle *facundia et gravitas, ut priscorum altissima ingenia ea in re dicatur merito superasse* (!).

3. La Bibl. de l'Université de Leipzig possède encore la première et très rare édition de cet ouvrage : *Johannis Boccacii de Certaldis historiographi Prologus in Libros de casibus virorum illustrium*, s. l. et a. (Hain, *Repert*, n° 3338. Hortis, p. 764), sortie de la même imprimerie que la première édition du *De preclaris mulieribus*. Mais cette édition est imprimée sans numérotage des feuilles ou des pages et même sans l'en-tête des 9 livres dans les colonnes; je préfère citer l'édition plus communément répandue, *Joannis Boccacii Certaldi de casibus illustrium virorum libri novem*. Parrhisiis, s. a.

— il passe en revue les personnages de la fable, surtout chez les Grecs, et de l'histoire jusqu'à son temps, et avec une pompe théâtrale raconte la fin tragique de leur vie ou de leur puissance. Toutefois, comme une simple énumération des hommes célèbres eût été monotone, l'auteur écrit sous forme de vision. En outre, il interrompt son récit par des sentences morales et philosophiques[1] et par de longues digressions, toujours sur les sujets déjà traités par Pétrarque, et de la même façon, comme, par exemple, sur les femmes dont il faut fuir les ruses et les pièges, sur les juristes dont il faut éviter les griffes, sur les richesses et sur le bonheur, ou sur la défense de la poésie, des poètes et de la rhétorique, sur l'état lamentable de la Rome actuelle et sur l'*acedia* propre aux écrivains, dont Pétrarque le guérit. De cette manière il introduit dans son livre d'histoire un traité pétrarquiste, et, dans celui-ci, l'allusion personnelle, tout à fait à la façon du maître.

On a coutume de considérer comme l'œuvre principale de Boccace sa Mythologie (*De genealogia Deorum*), laquelle cependant n'est qu'un amas confus et indigeste de faits et de détails. Quoiqu'il faille remarquer, qu'à cette époque cette matière était une nouveauté, que nous avons dans cet ouvrage le premier manuel complet d'une science de l'antiquité, et que nous ne pouvons nous empêcher d'admirer l'érudition et les patientes recherches de l'auteur, cela ne suffit pas pour placer le livre au-dessus des maigres compilations des siècles précédents. Nous y trouvons ce changement de méthode qui a rendu importante et féconde l'étude de l'antiquité. Dès qu'elle n'apprenait pas à vaincre la crédulité, le grossier manque de jugement et le besoin absolu de tout systématiser, cette étude ne pouvait être ni salutaire, ni vraiment humaniste. Boccace accumule pêle-mêle les notions mythologiques l'une sur l'autre et prétend malheureusement tout expliquer au moyen de symboles et d'allégories ; c'était par là, précisément, qu'il provoquait les applaudissements de ses contemporains[2]. — Son livre « Des mon-

1. Comme par ex. : *Plurimus tristium concursus* ou *Flentes plurimi* ou *Ingens certamen dolentium*, et semblables.

2. La critique scientifique de cet ouvrage est le sujet principal de l'opuscule de Schück : *Zur Charakteristik der ital. Humanisten des 14. und 15. Jahrh.* Breslau, 1857. — Filippo Villani, éd. Galletti, p. 17, voit le mérite principal du livre dans l'explication des mythes, *quicquid moraliter per allegoriam sentirent. Mysteria siquidem poetarum sensusque allegoricos, quos historiæ fictio vel fabulosa editio occulebat, mirabili acumine ingenii in medium et quasi ad manum perduxit.* Sur la manière de traiter les questions mythologiques dans les œuvres des poètes antérieurs, cf. Landau, p. 53, 61.

tagnes, des bois, des sources, des lacs, des fleuves, des marais, de la mer », qui est ordinairement joint au précédent, n'est qu'un dictionnaire alphabétique de la géographie ancienne, pour aider à l'intelligence des poètes latins, une continuation du soi-disant Vibius Sequester[1].

Qui donc, dans l'aride et laborieux compilateur, reconnaîtrait le joyeux conteur du Décaméron, le frivole et malicieux auteur du « *Ninfale fiesolano* » et de la « *Fiammetta* »? Et cependant, chaque fois qu'il doit faire violence à son génie épique et se montrer simple érudit, Boccace est toujours le même. Dès l'époque de son séjour à Naples, il paraît avoir fait plus ample connaissance avec la littérature grecque, sans laquelle une si grande partie du savoir humain lui eût manqué, ou tout au moins en avoir eu indirectement quelques notions. Là, en effet, vivait Paolo da Perugia, bibliothécaire du roi Robert. S'il ne comprenait pas le grec, il avait pu, par l'intermédiaire de son ami Barlaam, puiser dans les livres grecs bon nombre de renseignements sur les divinités grecques et les avait insérés dans ses « Collectiones ». C'est là que Boccace vint puiser à son tour le savoir grec dont il enrichit ses travaux d'érudition. De cette manière il se convainquit de la nécessité de posséder une langue qui renfermait de pareils trésors, et, comme Pétrarque, il désira vivement l'apprendre. Lorsque plus tard, en 1360 ou 1363, Léon Pilate parut en Italie, il alla à sa rencontre à Venise et chercha à lui faire accepter une chaire de grec à l'Université de Florence. Il le retint pendant plusieurs années dans sa maison et, sous la conduite de ce maître cynique et bourru dont la vue seule révoltait le goût délicat de Pétrarque, il se grava dans la mémoire les lettres de l'alphabet et les éléments de la grammaire grecque, écouta l'explication de l'Iliade et prit note exacte des réflexions et commentaires ridicules, que le maître ignorant donnait à l'écolier ébahi. Il fut le premier à encourager la traduction des chants d'Homère que fit Léon, et à laquelle Pétrarque contribua de son argent, et il la recopia ensuite de sa propre main. Il put ainsi dire, avec un juste orgueil, que c'était à lui seul et aux sacrifices qu'il s'était imposés, qu'on devait l'introduction d'Homère en Italie, se vanter d'avoir été le premier à donner l'hospitalité à un maître de grec et à lire Homère dans sa propre langue[2]. Dans ce but, aucun travail ne lui parut super-

1. Une savante et excellente analyse du livre se trouve dans Hortis, *Accenni alle scienze naturali nelle opere di G. Boccacci*, p. 35, sqq.
2. *De geneal. Deor.*, XV, 6, 7.

flu, nulle fatigue trop pénible. Il copia plusieurs livres de sa main, n'ayant pas, comme Pétrarque, le moyen de retenir des scribes à ses côtés. Il préféra transcrire lui-même les comédies de Térence, pour ne pas exposer le texte à être mutilé par des copistes sans conscience[1]. La pensée de comparer entre eux les manuscrits anciens et de corriger les uns au moyen des autres, lui est dûe. Toutefois il n'alla pas au-delà de ce que nous pouvons appeler la partie matérielle de ce genre de travail. Il est le précurseur et le prototype de ces philologues, petits-maîtres, au travail desquels manque l'esprit vivifiant, pour pouvoir être fructueux. Toutefois il était heureux dans sa modeste tâche. Pétrarque avait opposé aux orgueilleux scolastiques son autorité personnelle et sa renommée philosophique; Boccace leur opposait son infatigable activité d'érudit, et, en face de l'homme vulgaire, qui ne vivait que pour manger et boire et pour les convoitises coupables de la chair, il plaça l'homme dont la vie n'était qu'une étude continuelle.

Tout ce que Boccace met en avant en fait d'opinions et d'idées, est toujours emprunté à Pétrarque. Mais il ne prend que quelques fils de la toile ourdie par le maître pour travailler dessus; il en est beaucoup qui lui échappent entièrement, sans qu'il s'aperçoive de leur importance dans l'ensemble. On a souvent lieu de se demander comment un ami si affectionné et un admirateur aussi dévoué de Pétrarque ne put pas apprendre beaucoup plus de lui. Les pensées du philosophe, les livres et l'expérience pratique de la vie parviennent à peine à répandre çà et là quelques grains de bonne semence; quand le terrain n'est pas préparé à la recevoir, nulle moisson ne saurait venir.

Pétrarque, convaincu de sa propre valeur, affecte souvent des airs de critique vis-à-vis même de l'antiquité, analyse et pèse déjà dans une juste balance les opinions des anciens écrivains; Boccace met pêle-mêle les antiquités les plus variées des diverses époques. Avec quelle assurance Pétrarque ne signale-t-il pas comme de pures inventions et n'anéantit-il pas, à l'aide de la critique, les privilèges que les Autrichiens prétendaient tenir de Jules César et de Néron[2] !

1. La copie de Boccace se trouve actuellement à la Laurentienne. Mehus, *Vita Ambr. Travers.*, p. 275. Novati dans le *Giornale storico d. lett. ital.*, X, p. 424. La notice dans Baldelli, *Vita di Giov. Boccacci*, p. 127 sqq., sur l'incendie de sa bibliothèque, est erronée; elle fut plutôt dispersée avec les années. Narducci dans *Atti d. R. Accademia dei Lincei*, sér. III. *Classe di scienze morali* vol. VIII, 1883, p. 247. Novati, *l. c.*, p. 421.

2. *Epist. rer. senil.*, XV, 5, à Charles IV.

Boccace, au contraire, n'a jamais le courage de son opinion ; tout ce qu'il trouve écrit lui semble digne de foi. S'il lit dans Vincent de Beauvais que les Francs viennent de Franc, fils d'Hector, il ne s'en montre pas absolument persuadé, mais il n'ose le nier tout à fait, parce qu'il n'y a rien d'impossible à la toute-puissance de Dieu[1]. Nous avons déjà vu que Pétrarque n'hésitait pas à blâmer, au point de vue de la morale, Cicéron lui-même qu'il vénérait tant. Boccace n'a pas même de loin ce respect obligé d'un disciple pour Cicéron ; quand il parle de lui, on comprend de suite qu'il ne le connaissait que bien peu[2]. Il est vrai qu'il lui accorde des éloges exagérés, le proclame doué d'un esprit divin, l'appelle un astre lumineux dont l'éclat grandit encore[3]; mais il ne cherche en lui que des détails savants ou des pensées qui entrent dans son cadre. Il ne paraît point animé pour lui d'un véritable enthousiasme et, à son style aride et languissant, on ne peut conclure que la lecture « du prince de l'éloquence latine » lui ait été familière[4]. Il est une autorité pour lui, parce qu'il en était une pour Pétrarque. Quand il lui arrive parfois de s'en séparer, il a soin d'ajouter immédiatement un *salva tamen semper Ciceronis reverentia*. Quoique dans Pétrarque il estimât l'homme à côté de l'écrivain, il ne s'aperçoit jamais que ce dernier opposait continuellement à la philosophie de l'école la philosophie de la vie.

Il rompt quelquefois, comme un vaillant et fidèle champion de son seigneur et maître, quelques lances avec les philosophes scolastiques, mais la philosophie, pour lui, n'est que l'art du raisonnement et de la dialectique[5]. Aristote, dont Pétrarque ose hardiment attaquer l'hégémonie dans le domaine de la pensée, n'en reste pas moins pour Boccace « la plus digne autorité dans toutes les choses importantes[6] » ; et si, par exemple, Aristote affirme que les fondateurs des religions furent les poètes, Boccace n'hésite pas à opposer cette théorie aux théologiens de son temps. Pétrarque parle avec une sorte de dédain des professeurs de l'école, parce qu'ils ignorent l'antiquité et ne connaissent point la philosophie du droit,

1. *De geneal. Deor.*, VI, 24.
2. *Comento s. Dante*, ch. 4 (*Opere*, vol. V, p. 249).
3. *De casibus illustr. viror.*, fol. 59, 66, 67.
4. Paulus Cortesius, (*De hominibus doctis*, éd. Galletti, p. 224) caractérise très justement son style : *Totum genus inconditum est, et claudicans et ieiunum. Multa tamen videtur conari, multa velle.*
5. *Vita di Dante* (*Opere*, vol. IV, p. 56).
6. *Ibid.*, p. 40 : dignissimo testimonio ad ogni gran cosa.

et des avocats, parce qu'ils ne visent à autre chose qu'à un vil intérêt matériel, et voilà que Boccace attaque les uns et les autres avec une violence encore plus grande; en réalité, il n'y a nulle trace dans ses œuvres, d'où l'on puisse conclure, qu'il se soit livré pendant six ans à l'étude du droit. On connaît le mépris que Pétrarque professait pour les médecins, et toutefois on ne saurait oublier, qu'il réclamait leur assistance, aussitôt que sa santé commençait à être ébranlée. Boccace, à son tour, atteint d'une grave maladie pendant sa vieillesse, demanda le médecin, mais, en disciple soumis de son maître, il s'en excuse, disant qu'il ne l'a fait que pour céder aux vives instances de ses amis et pour ne pas être taxé d'avarice; du reste, il juge la chose tout à fait superflue et n'a jamais eu confiance dans les médecins, estimant que dans les maladies l'intervention de la nature suffisait[1]. Là, au contraire, où Pétrarque se montre vraiment grand et supérieur aux préjugés vulgaires, l'écolier n'est plus en état de le suivre. Ce qui surprend davantage, c'est la grande importance que Boccace attribue aux extravagances de l'astrologie. Cependant Pétrarque n'avait jamais laissé passer l'occasion de les tourner en ridicule et, jusque dans ses lettres adressées à Boccace, il avait cruellement sévi contre elles. Néanmoins, ce dernier reste persuadé que l'art de l'astrologie contient en soi beaucoup de vrai et repose sur une base solide; s'il se trompe quelquefois, il faut en chercher la cause dans l'étendue de la voûte céleste, si difficile à explorer, et dans la connaissance imparfaite où nous sommes des mouvements et des conjonctions des planètes[2].

Dans Pétrarque nous avons appris à connaître le zélé défenseur de la foi chrétienne, qui s'efforçait de concilier, à sa manière, les doctrines de l'Église avec celles du stoïcisme païen et d'accommoder les unes et les autres à ses besoins personnels. Il osa s'approcher seul de son Dieu, sans se servir de la médiation du clergé et de l'Église visible. Boccace, au contraire, montre presque toujours le plus grand respect pour la théologie scolastique, il se complaît dans ses conceptions énigmatiques et dans sa terminologie sans fin[3]. Ses croyances religieuses ne diffèrent point de celles qui dominaient généralement de son temps. Quoiqu'il n'étalât pas les secrets de sa

1. *Lettere*, p. 281.

2. *Vita di Dante*, p. 55. *Comento s. Dante*, ch. 1, 6, 7. (*Opere*, vol. V, p. 55, 316, vol. VI, p. 21). Hortis, *Accenni alle scienze naturali nelle opere di G. Boccacci*, p. 14.

3. Nous citerons, au VIIe livre, une sortie qu'il se permet à l'occasion à l'adresse des théologiens modernes.

conscience aux yeux du monde, comme Pétrarque, il n'en est pas moins pris de remords pour les légèretés de sa jeunesse. Une singulière aventure, où ils se trouvèrent engagés, lui et Pétrarque, nous montre clairement ce que pensait chacun d'eux. Piero Petroni, chartreux de Sienne, pieux, et en réputation de sainteté, dont on a dit que le Christ, dans une vision, lui avait dévoilé les secrètes pensées et le cœur de tous les hommes, sur le point de mourir, chargea le frère Giovacchino Ciani d'aller trouver plusieurs personnes, entre autres Boccace, et de l'engager à renoncer à la vie frivole et païenne qu'il avait menée jusque-là. A l'appui de sa mission divine, il devait lui révéler plusieurs secrets que nul autre, excepté Boccace lui-même, ne pouvait connaître. Il devait en outre lui rappeler ses écrits, où il avait flétri les bonnes mœurs, blessé la chasteté et rendu le vice aimable, l'avertir en même temps de ne point courir après de vains honneurs et une gloire périssable, le menacer d'une mort prochaine et des peines de l'enfer. Boccace demeura saisi d'effroi : dans la première ferveur du repentir, il résolut de vendre ses livres et de dire adieu à la poésie. Il annonça le fait à Pétrarque avec sa contrition. Celui-ci ne lui dissimula pas ses doutes, et le prévint qu'en pareil cas, il fallait regarder ce qu'étaient ces envoyés du ciel, parce que, sous le manteau de la religion, se cachent souvent la tromperie et le mensonge. Il rappelle à Boccace que, sans les avertissements de ce moine, il aurait dû depuis longtemps faire réflexion que la vie humaine est courte et fugitive. Il loue hautement son intention de renoncer aux soucis du monde et à ses passions, mais ne trouve pas qu'il doive pour cela abandonner l'étude, la consolation de sa vieillesse[1]. Avec le temps, Boccace arriva à une conclusion semblable, mais le fait n'en démontre pas moins son peu de caractère personnel.

Au contraire, certaines autres doctrines de Pétrarque une fois adoptées, Boccace ne cesse plus de les exalter avec une profusion intarissable de paroles. Suivant la conception de Pétrarque, la poésie, qui comprenait encore la rhétorique et la science de l'antiquité, était un art nouveau, qui rencontrait autant d'ennemis acharnés que

1. Pétrarque, *Epist. rer. senil.*, I, 4. Le fait se trouve encore raconté dans la vie du bienheureux Pétroni († 29 mai 1361) par Jean Colombini, laquelle a été conservée et enrichie de notes par le chartreux siennois, Bartolommeo, en 1619, et est imprimée dans les *Acta Sanctorum Maii*, t. VII, Anvers, 1668, p. 188, sqq. Le long discours que le frère Giovacchino adresse à Boccace, p. 228, ne donne pas de détails qui puissent faire présumer d'autres sources que la lettre de Pétrarque, et est évidemment de l'invention de Bartolommeo, comme le suppose Landau, p. 206.

de partisans. Pour les premiers, Pétrarque s'en était débarrassé la plupart du temps avec quelques mots de mépris. Il attaquait ; il était trop orgueilleux pour s'abaisser à prendre sa propre défense et celle de sa muse. Boccace se chargea de cette lutte, que le maître avait jugée indigne de lui. Il y consacra un livre tout entier, le quatorzième de sa Mythologie. Il prend sous sa protection les poètes de l'antiquité, la poésie en général et en même temps sa propre occupation avec les mythes. Il combat avec passion et en règle les philosophes scolastiques et les théologiens, qui dédaignent la poésie comme un tissu de fables et s'écrient dans leur arrogance : « Pourquoi vous arrêter à regarder ces sottises? Allons donc! nous ne les avons jamais vues et nous ne voulons pas les voir, nous avons bien autre chose à faire ; » il s'en prend aux juristes cupides, qui traitent les poètes de pauvres gueux ; il s'en prend enfin à l'hypocrisie des moines, qui ne sait point pardonner aux poètes anciens leur polythéisme, les histoires stupides de leurs dieux et leurs obscénités scandaleuses, et, pour cette raison, il voudrait voir leurs œuvres condamnées aux flammes et les cendres jetées aux quatre vents du ciel. Pour justifier ses études mythologiques, Boccace cite l'exemple d'Augustin, de Jérôme et de Lactance[1]. Puis, quand il finit par se trouver embarrassé et qu'il ne peut, par exemple, ni défendre ni excuser certains poètes latins du reproche de frivolité, il s'avoue vaincu et les abandonne à leur sort : c'est ce qui arrive pour Plaute, Térence et Ovide.

Dans la définition que nous donne Boccace de la poésie, il est à remarquer, qu'il s'est approprié plusieurs expressions de Pétrarque, mais sans avoir compris le fond de la pensée tout à fait générale et en grande partie subjective de son maître. Celui-ci voyait, avant tout, le poète en lui-même ; dans sa conception du chantre ou du poète, il comprenait tout à la fois le philosophe, le penseur mystique, l'homme sublime et mystérieux, le prophète. La puissance de la parole et le sens allégorique n'étaient pour lui que des parties accessoires de la poésie. Boccace précisément s'est comme arrêté à ces deux signes caractéristiques. Avant tout, la rhétorique pratique lui semble avoir beaucoup de rapport avec la poésie. Le travail du poète, selon lui, ne consiste qu'à trouver de nouveaux matériaux, à les ordonner, à

1. *De geneal. Deor.*, XV, 9. Boccace se reporte à cette défense de la poé[illegible] dans ses *Lettere*, p. 349. Il la reproduisit encore presque de la même manière dans le [illegible]*o s. Dante*, ch. 1. (*Opere*, vol. V, p. [illegible]).

2. *De geneal. Deor.*, XIV, 19.

les revêtir de paroles recherchées et de sentences, ou à décrire une situation, à louer, à exciter et retenir les hommes. Seulement, comparée à la rhétorique, la poésie fait un pas de plus en avant, comme il le dit à sa louange ; il lui appartient encore de revêtir une pensée profonde du voile de l'allégorie ou de la fable[1]. Il déclare ridicules et sots, ceux qui ne veulent pas admettre, que les anciens poètes ont enveloppé sous le voile de l'allégorie un sens caché. Il faudrait être fou pour ne pas s'en apercevoir dans les Bucoliques, les Géorgiques et l'Énéide de Virgile. C'est ainsi que sont dissimulés, dans le célèbre poème de Dante, les mystères de la doctrine catholique, et il n'y a pas moins d'allégories dans les poésies de son maître Pétrarque[2]. A l'égal de ce dernier, et évidemment comme son simple imitateur, il exalte le plaisir qu'éprouve un esprit élevé, quand il a trouvé le sens caché aux yeux de la multitude, mais il se perd dans un long discours pour démontrer ce que Pétrarque a dit dans une seule proposition[3]. Pendant les années de sa jeunesse, il composa quelques sonnets amoureux sur le modèle de Pétrarque et lui emprunta de préférence, comme font les imitateurs, ses manières affectées et froides[4]. Toutefois, il estimait plus cette imitation que les inspirations de sa muse. En effet, partout où celle-ci domine, le sentimentalisme réfléchi n'est pour lui qu'un faible expédient au moyen duquel l'amoureux intelligent arrive le plus vite possible au comble de la félicité. Si, à ses yeux, la Laure de Pétrarque reste toujours une création allégorique, sous laquelle le poète cache son désir du laurier immortel[5], sa Fiammetta ne l'est pas moins, quoiqu'elle puisse avoir quelque rapport avec une beauté napolitaine. Fiammetta aussi est apparue pour la première fois dans une église, le jour de Pâques, et son nom se prête à des jeux de mots sur la « flamme » et

1. *De geneal. Deor.*, XIV, 7. *Mera poesis est, quicquid sub velamento componimus et exquiritur* (plus probablement *exprimitur*) *exquisite.* Il est curieux de voir le dédain de Boccace pour ceux qui veulent faire venir *poeta* de ποιῶ = *fingo* ; il voit en cela une vraie profanation de la poésie. L'origine vraie vient du mot ποιητός, qui, en matière de style, peut signifier : sotto fabuloso velame e esquisito parlare promoto. V. *Comento s. Dante*, ch. I (vol. V, p. 33).

2. *De geneal. Deor.*, XIV, 10.

3. *Comento s. Dante*, ch. I (vol. V, p. 55). Voir ci-dessus, p. 33.

4. V. Landau, p. 39.

5. Dans l'*Elogium* de Pétrarque, Rossetti, *Petrarca*, etc., p. 323, il est dit : *Et quamvis in suis compluribus vulgaribus poematibus, in quibus perlucide decantavit se Laurettam quamdam ardentissime demonstrarit amasse, non obstat ; nam prout ipsemet et bene puto, Laurettam illam allegorice pro laurea corona, quam post modum est adeptus, accipiendam existimo.*

« sur le feu », comme celui de Laure sur le laurier (*lauro*) et sur l'air (*aura*) ; elle aussi, après sa mort, fut célébrée dans plusieurs sonnets, et c'est un sujet ravissant, entouré du voile mystique de la poésie, que les générations futures tenteront (et tentèrent en effet) de soulever. Ainsi Boccace put chanter que la Laure de Pétrarque et sa Fiammetta sont heureuses ensemble au ciel en la présence de Dieu[1].

Dans ses Églogues, Boccace est un disciple et un imitateur, trop heureux de pouvoir, à l'exemple de Pétrarque et de Virgile, revêtir du mystère, comme d'un voile, des personnages vivants, des évènements et des aventures vraies. Même chez Boccace, les noms des bergers ont une signification étymologique cachée. La dispute entre le berger Daphnis et la bergère Florida ne désigne rien de moins que la lutte entre l'empereur et la ville de Florence. Sous le nom de Faunus se cache un capitaine de Forli, qui allait volontiers chasser dans les bois. Le roi Louis de Sicile en fuite est désigné sous le nom de Dorus, le fils vagabond d'Hellen ; dans le nom de Dorus se trouve en même temps la racine d'un mot grec, qui signifie « amertume » : il est là de circonstance, parce que l'exilé sent toute l'amertume de sa situation. Après son retour il désigne le même roi sous le nom d'Alcestus, d'une part, parce que c'était un bon roi, de l'autre, par un subtil jeu de mots sur ἀλκή et *æstus*, parce qu'il avait couru avec ardeur après les entreprises guerrières. Si Boccace n'avait eu soin d'expliquer lui-même ces symboles et autres semblables, ils seraient sans doute restés toujours comme autant d'énigmes incompréhensibles pour la postérité[2]. Dans la « Mythologie », la manie des allégories l'entraîne aux plus étranges absurdités. La théologie chrétienne elle-même lui semble étroitement unie à la poésie à cause des images et des récits symboliques de l'Ancien et du Nouveau Testament. Il trouve le Saint-Esprit « très savant » parce qu'il recourt au moyen poétique de l'allégorie pour voiler les plus hauts mystères de la religion, comme, par exemple, dans les visions de certains prophètes et même

1. Dans le sonnet sur la mort de Pétrarque :

Ti tirò già per vedere Lauretta.
Or se' dove la mia bella Fiammetta
Siede con lei nel cospetto di Dio.

2. La signification des titres et des noms des interlocuteurs se trouve dans la lettre au savant ermite augustin, Martino de Signa, *Lettere* p. 267. Schück, *l. c.*, p. 13. a expliqué comment le mot Dorus doit signifier amertume. Ce que l'on peut faire pour l'explication des Églogues, se trouve, avec pleine connaissance du sujet, réuni par Hortis, *Studj s. opere lat. del Boccaccio*. Signalons encore une étude de B. Zumbini, *Le egloghe del Boccaccio*, dans le *Giorn. stor. d. letter. ital.*, vol. VII, p. 94, etc.

dans l'Apocalypse[1]. Ainsi il explique que le Buisson ardent, dans lequel Jéhova apparut à Moïse, symbolise la virginité du Christ, et la vision de Nabuchodonosor, le triomphe de la foi chrétienne ; il trouve ces allégories aussi naturelles que celles où Hercule, élevé au rang des Dieux, signifie la récompense de la vertu, et où Lycaon, métamorphosé en loup, voile la punition du vice[2].

La gloire posthume et le laurier poétique, ces deux idoles que Pétrarque, toujours en lutte avec lui-même, adorait et répudiait tour à tour, deviennent souverainement insipides aux yeux de Boccace. Il trouve très flatteur pour un homme encore vivant, que les autres le chantent, parlent de lui, le regardent avec admiration et ne le montrent qu'avec respect, et plus flatteur encore que sa vie soit illustrée par des écrits et passe aux générations futures. Mais, s'il n'est pas donné à tous de devenir un Jules César et un Alexandre, on peut du moins écrire des œuvres immortelles. Dans cette persuasion, Boccace n'hésite pas à avouer qu'il voudrait acquérir le plus de gloire possible et que ce désir est précisément ce qui le soutient dans ses études. Les hommes qui sont passionnés pour la gloire lui semblent constituer une classe supérieure à ceux qui courent après un vil gain ou sont esclaves de leur ventre. Naturellement il se range lui-même dans cette caste privilégiée; à la jurisprudence et à ses riches émoluments, n'a-t-il pas préféré la poésie et la pauvreté[3]? Chez lui, rien qui rappelle l'humilité affectée de Pétrarque; au contraire, dans ses écrits comme dans ses lettres, il ne parle que rarement de lui-même et toujours avec modestie, et c'est là le motif pour lequel on connaît si imparfaitement les détails de sa vie.

Si la vie privée de Pétrarque fut incomparablement plus fastueuse et plus aisée, celle de Boccace, au contraire, fut en harmonie avec son entourage et avec lui-même. Il avait une patrie qu'il aimait passionnément, dont il était fier, où, regardé comme bon citoyen, poète et savant distingué, il passait pour un ami charmant aux yeux de ses amis. Cet homme replet et content de lui-même, à la mine pleine et toujours calme, à la conversation remplie de finesse, d'amabilité et de délicatesse, sans ombre d'orgueil ni de jalousie, ne comptait pas un ennemi dans la ville et n'eut aucunement à souffrir

1. *Comento s. Dante, l. c.*

2. *Vita di Dante, l. c.*, p. 36 sqq., et *Comento, l. c.*, p. 57.

3. Ainsi il trouve naturel que le seul amour de la gloire ait poussé Dante à écrire son poème et qu'il ait désiré la couronne. Fu desideroso di fama, come generalmente siemo tutti. — Même la mission des poètes, d'immortaliser le nom des grands hommes, lui semble un métier, par ex., *Comento s. Dante*, ch. 4 (p. 276).

des luttes des partis[1]. Homme de crédit et en renom, il fut à plusieurs reprises chargé de missions politiques : en 1352, auprès du margrave Louis de Brandebourg, à Vérone; en 1365 et en 1368, auprès du pape Urbain V, à Avignon[2]. Dans ces missions il négociait effectivement les affaires, et n'était pas, comme Pétrarque, un simple orateur accompagné d'un jurisconsulte. Malgré son ardeur et son assiduité à l'étude, il resta toujours en relation avec le monde extérieur, s'intéressant vivement au prochain et à ses affaires. On n'ignorait pas la légèreté de ses mœurs et ses excès non seulement à Naples, pendant sa jeunesse, mais encore dans un âge plus avancé[3]. Toutefois, comme il n'avait pas pris les ordres et était toujours demeuré célibataire, on sera moins surpris que sa vie ait été tout à fait en harmonie avec ses écrits. Quand vint pour lui le moment de la conversion philosophique, il sut, avec le talent d'un cordelier, peindre au vif la vanité, l'immoralité et les séductions du sexe faible[4]. Il eut aussi de pieux accès de repentir, comme nous le montre l'incident du chartreux qui alla le réprimander. Bien plus, dans les dernières années de sa vie, atteint d'une maladie grave et désespérant d'y pouvoir survivre, il « commença » à porter ses regards vers la vie future et à fondre en larmes par crainte des jugements de Dieu[5].

Ainsi Boccace vécut esclave de ses instincts naturels, de ses sentiments, de ses passions, comme tant d'autres de ses contemporains. Mais, pour dissimuler ses vices ou les montrer sous un jour plus favorable, il ne revêtit point, à l'exemple de Pétrarque, le manteau de philosophe. Il fut sincère avec les autres et avec lui-même, sans sophismes. Aussi fut-il à l'abri de la maladie philosophique de l'*acedia*. Mais, comme son maître en parle d'une manière si mystérieuse, il crut bon d'éprouver quelque chose de semblable. Il y substitua cette langueur et lassitude hypocondriaques, qui résultent souvent d'une application à l'étude trop prolongée. Il se demandait

1. Manetti, *Vita Boccaccii*, éd. Galletti, p. 92.

2. Karl Wenck dans les *Neuen Archiv. f. ältere deutsche Geschichtskunde*, vol. IX, p. 95. Hortis, *Giov. Boccaccio, ambasciatore in Avignone*, etc. Trieste, 1875. Un écrit d'Urbain V sur l'ambassade de Boccace, dans Gaye, *Carteggio*, p. 521. Dans les *Lettere* de Boccace, éd. Corazzini, on trouve, p. 395 sqq., réunis ensemble sous le titre *ambascerie politiche*, les documents qui concernent les missions politiques de Boccace.

3. Manetti, *l. c.* : *In amores ad maturam fere ætatem vel paulo proclivior*.

4. Invective *in mulieres* dans le *De casibus illustr. viror.*, fol. 11, 12. Il commence ainsi : *Blandum et exitiale malum mulier*. Cela rappelle la mauvaise humeur qui lui échappe dans le « *Corbaccio* ».

5. *Lettere*, p. 281.

pourquoi se donner tant de peine sur les livres des anciens, pourquoi ne pas préférer le repos à la gloire. Mais voici devant lui l'esprit de Pétrarque — l'écrit est sous forme de vision — qui lui reproche sa paresse et l'avertit qu'on ne se fait un nom parmi la multitude et qu'on n'acquiert une gloire impérissable que par un travail assidu ; après quoi, il se sent ranimé et reprend de nouveau la plume[1].

Boccace était obligé de vivre des maigres ressources que son père lui avait laissées : deux maisons et deux vignes, à Certaldo. Dans la société, où il vivait, il était regardé comme pauvre et souffrait cet état de gêne, non sans amertume et sans se plaindre à l'occasion[2]. Néanmoins il ne recourut jamais à l'expédient de prendre les ordres et de se mettre en quête de prébendes. Il était plus facile d'entrer au service de quelque prince, comme firent plus tard tant d'humanistes qui prostituèrent ainsi leur talent et leur nom. Boccace y eut recours, un jour, quoiqu'il eût d'abord reproché cette faiblesse à Pétrarque. A Florence vivait, avec le faste d'un prince, un homme fort riche, Niccola Acciajuoli, favorable aux lettres et protecteur des savants. Boccace réclama sa protection et lui écrivit des lettres obséquieuses, où il ne dissimule pas l'espoir d'une récompense[3]. Lorsque le riche Florentin devint grand sénéchal de Naples et eut en main les rênes du gouvernement, après avoir attiré près de lui Zanobi da Strada et Francesco Nelli, amis de Pétrarque, pour relever l'éclat de sa cour par une société de gens de lettres, il appela Boccace à son tour, l'invitant « à partager sa fortune ». Il devait, ce semble, écrire le récit de ses gestes, être son historiographe. Mais Boccace avait déjà précédemment fait un essai peu favorable de la protection de son Mécène : ce dernier, un jour, avec un sourire sardonique, l'avait appelé *Johannes tranquillitatum*, peut-être parce que, comme Pétrarque, il avait évité de travailler au service des grands seigneurs et avait témoigné le désir d'une vie tout à fait indépendante et vouée exclusivement aux études littéraires[4]. Surmontant ce dégoût,

1. *De casibus illustr. viror.*, fol. 90.

2. Pétrarque, *Epist. rer. senil.*, XVII, 2. Filippo Villani, éd. Galletti, p. 18. Leonardo Bruni, *ibid.*, p. 54. Manetti, *l. c.* On peut considérer comme absolument dignes de foi les derniers témoignages de la tradition florentine, quand ils nous sont transmis par des hommes de la trempe de Salutato.

3. *Lettere*, p. 17 ; sa première lettre à Acciajuoli, du 28 août 1341, exprime l'espérance que sa situation pourra changer, grâce à son protecteur, et il signe l'*inimico della fortuna* comme un homme en butte aux coups de la fortune. Körting, *Boccacio*, p. 163, a soulevé des doutes sur l'authenticité de cette lettre.

4. La lettre de Boccace à Zanobi du 13 avril (1353) dans Ciampi, *Monumenti*, p. 67 et dans les *Lettere*, p. 33. Le sens de *Johannes tranquillitatum* se tire des variantes dont se

Boccace accepta et rejoignit son Mécène à Nocera. Le lendemain, ils se rendirent à Naples. Mais là l'attente de l'historiographe fut honteusement déçue. On lui assigna, dans le palais du sénéchal, une petite chambre humide qu'il devait de plus partager avec son frère, un mauvais lit, un mobilier à l'avenant et infiniment au-dessous de ce qu'était son ordinaire à Florence. Il en éprouva tant de dépit qu'il partit immédiatement et sans prendre congé. Le Mécène à son tour crut voir une offense dans un tel procédé, et son maître de maison, l'ami Nelli, écrivit à Boccace une lettre indignée, où il le qualifiait d'homme inconstant et trop susceptible, pour avoir pris la fuite aussi précipitamment. La réponse diffuse, à laquelle s'arrêta Boccace après un long silence, peut être considérée comme une invective contre le sénéchal, la seule qui soit sortie de la plume d'un poète aussi tranquille[1]. Ainsi échouèrent ses tentatives de se soustraire à la pauvreté, en revêtant les livrées de courtisan, d'une manière qui touche le ridicule.

Boccace n'aurait pas manqué de trouver d'autres occasions de vendre sa liberté pour un emploi ou une charge quelconque à la cour des princes. Il eût pu prétendre aux fonctions de juge, et s'il l'eût désiré, il eût obtenu un poste de secrétaire à la Curie. Il reçut des offres et des invitations de Padoue, de Vérone, de Ravenne, de Forli. Le comte Hugues de San Severino voulait, avec l'aide de la reine Jeanne de Sicile, lui procurer à Naples une position sûre et tranquille, et le roi Jacques de Majorque lui en offrit une semblable

sert Boccace et d'expressions synonymes prises dans ses propres écrits, comme : *tranquillam sequentem* et *felicitatum sectator*. Le sénéchal, qui ne parlait pas le latin, l'appelait *Giovanni della tranquillità*. Corazzini veut que la lettre soit apocryphe; Körting, *Boccaccio* (p. 7 sqq.) cherche à le démontrer et s'appuie sur une équivoque créée par Boccace. Mais pourquoi celui-ci doit-il avoir été d'abord chez le sénéchal à Naples, pendant que celui-ci était si souvent à Florence? *Magister* est un titre et n'a pas la même signification que *Præceptor*. Aussi ne vois-je aucune raison de nier l'authenticité de la lettre. Bien plus Boccace, *Lettere*, p. 148, donne à entendre qu'il avait déjà été offensé par le Mécène qui avait manqué d'égards envers lui.

1. Cette lettre à Francesco Nelli, qui est évidemment traduite du latin, semble datée de Venise et du 28 juin 1363. Les doutes qui ont été soulevés sur l'authenticité de cet écrit et que Hortis a récemment réunis dans ses *Studi s. opere latine del Boccaccio*, p. 21 sqq., ont presque tous pour point de départ des contradictions chronologiques. Toutefois, si l'on considère l'incertitude des dates de beaucoup de lettres et la manière tout à fait arbitraire de déterminer les époques dans la vie de Pétrarque et de Boccace, tout soupçon de falsification disparait. Qui aurait jamais eu l'idée d'inventer cette invective? Inutile d'invoquer une falsification moderne, puisque Vespasiano en parle déjà, *Comment. di Manetti*, p. 97. Je vois avec plaisir que Körting, *Boccaccio*, p. 39 sqq. et 699, après mûr examen, s'est prononcé pour l'authenticité de la lettre, dont le contenu est confirmé par certaines allusions de l'Églogue 16. [De même Cochin, *Boccace*, p. 157].

à sa cour[1]. Mais il ne savait jamais se résoudre à sacrifier sa liberté. On ne saurait en douter, il se sentait trop républicain et trop Florentin, pour pouvoir vivre longtemps ailleurs. Lui arrivait-il à Florence quelque mécompte ou quelque échec, il se retirait à Certaldo, il y reprenait son habit grossier et le régime de la campagne, et, loin de l'arrogance et des intrigues ambitieuses de la ville, il jouissait du spectacle des champs et des collines émaillées de fleurs, de l'ombrage des bois et du chant mélodieux des oiseaux[2]. Là, tranquille et libre, il était en réalité ce philosophe, que Pétrarque ne put jamais être. Toutefois il se plaignait de sa pauvreté, laquelle, ce semble, se fit particulièrement sentir dans la vieillesse. Il accepta avec reconnaissance un don en argent, que lui envoya à Certaldo Maghinardo de' Cavalcanti. Mais des admirateurs aussi généreux étaient rares. La seigneurie de Florence lui assigna une rente annuelle de cent florins d'or pour qu'il expliquât publiquement le « livre de Dante ». La pauvreté, dit Boccace, et les instances de ses amis l'avaient décidé à accepter; mais il tomba malade au cours de ses leçons. Néanmoins, toujours fidèle au principe des stoïciens, il préféra la pauvreté du savant, quoique à peine supportable, au sacrifice de son indépendance et de sa liberté[3]. Il suivit docilement les enseignements de Pétrarque, mais sa vie fut toujours plus conforme à ses principes que celle du maître.

Personne n'a jamais jugé Boccace avec plus de justesse qu'il ne s'est jugé lui-même. Il le reconnaît; il a suivi avec zèle la voie tracée par Pétrarque, mais il n'a pu voir que de loin le sommet de cette montagne qui touchait le ciel, et il n'a pas eu la force de continuer sa route. De plus, dans les années de sa plus grande activité, il ne se donne jamais pour poète, mais cherche de tout son pouvoir à le devenir. Il se composa lui-même une courte épitaphe, comme avait fait Pétrarque, mais avec les sentiments d'une véritable humilité; la phrase la plus orgueilleuse qu'on y remarque est la dernière : *studium fuit alma poesis*[4]. Quand il mourut, le 21 décembre 1375, Salutato, chancelier de la République, déclara qu'il n'avait jamais

1. *Lettere*, p. 33, 146, 189, 317.
2. *Lettere*, p. 96, à Pino de' Rossi.
3. Ses plaintes sur sa pauvreté, *Lettere*, p. 68, 76, 79, 377. La lettre à Zanobi (*ibid.* p. 33) porte : *Mihi pauper vivo, dives autem et splendidus aliis viverem, et plus cum aliquibus meis libellis parvulis voluptatis sentio, quam cum magno diademate sentiant reges tui.* Fil. Villani, *l. c.* : *Amicos habuit multos, sed neminem, qui suæ indigentiæ subveniret.*
4. *Lettere*, p. 199. *De casibus illust. viror.*, fol. 31. L'Épitaphe dans Fil. Villani, *l. c.*

connu d'homme plus aimable et déplora amèrement la disparition des deux plus grandes lumières de l'éloquence moderne[1].

1. Les deux lettres de Salutato sur la mort de Boccace dans les *Lettere*, p. 475 et 477, et dans l'*Epistolario di Col. Salutati*, éd. Novati, t. I, p. 223, 243. Mais la lettre à Luigi Marsigli est bien du 28 décembre 1375.

CHAPITRE SECOND

Le gouvernement de la noblesse et la nouvelle culture à Florence. Les entretiens dans le « Paradiso degli Alberti » et les interlocuteurs. L'Académie de San Spirito. Luigi de' Marsigli. Coluccio Salutato. Sa culture et ses rapports avec Pétrarque. Le poème de l'*Africa* porté à Florence. Salutato comme chancelier d'État, comme homme et comme politique. Sa polémique avec Antonio Loschi. Ses lettres officielles, modèles d'un nouveau style de chancellerie. Honneur rendu à sa dépouille. Activité littéraire de Salutato. Sa défense des anciens poètes et de la poésie contre Giovanni da San Miniato. Salutato recueille les classiques latins. Il possède Catulle, Tibulle et Properce. Ecrits de Cicéron déjà possédés par Pétrarque; les deux groupes de lettres. Il collationne et rédige les textes. Son influence sur la nouvelle génération.

Littérateur modeste, Boccace mena une vie retirée et tranquille. Il n'éprouva jamais le désir de prendre une part active à la vie sociale ou de s'enrôler dans une corporation quelconque. Il n'appartint pas à l'Église plus qu'aucun autre laïque, et n'enseigna à l'Université qu'accidentellement et en passant. Cette émancipation provoquée par les savants vis-à-vis de l'Église et de ses institutions, d'une part, et des universités, de l'autre, cette situation indépendante que prennent les premiers Humanistes, nous semblent un fait de la plus haute importance, parce qu'il n'est pas tout à fait accidentel, ni purement extérieur.

Ainsi s'explique comment l'influence morale de Boccace se fit sentir principalement à Florence et dans la société laïque où il vivait. En réalité il avait cultivé la prose narrative des laïques et n'avait pas cherché avec moins d'ardeur à maintenir la tradition dantesque, celle des anciens et de leur défenseur, Pétrarque. La nouvelle culture, qui porte l'empreinte de Boccace, fut favorisée d'une manière tout à fait exceptionnelle par la nouvelle direction que prit la vie politique de la république, peu de temps après sa mort. En 1382, la haute noblesse s'emparait des rênes de l'État. Aussi, pendant un demi-siècle, l'aristocratie put-elle développer toute sa bienfaisante influence. L'État continua de s'agrandir par la réunion à son territoire de villes, les unes voisines, les autres éloignées. Bien plus, il jouit à l'intérieur d'une certaine stabilité, d'un certain calme, parce que les luttes des partis ne s'exerçaient que dans un cercle tout à fait restreint. Le bien-être de la population marchande augmenta d'une manière extraordinaire et se manifesta par la construction d'édifices splendides et de jardins publics, par des fêtes et des banquets somptueux.

C'est le temps dont le vieux Filippo Villani, évoquant les souvenirs de sa jeunesse, parle avec tant de regrets. Alors, dit-il[1], dans le commerce et dans tous les autres rapports sociaux, dominait une grande rectitude, remplacée depuis par l'avidité et la rapacité ; la jeunesse aristocratique était habituée au maniement des armes et aux luttes, le jeu des dés ne passionnait que quelques malheureux, les jeunes filles s'amusaient à des danses honnêtes et innocentes ; les dames étaient décemment vêtues et se couvraient la tête d'un voile ; la vie était alors belle et sereine, l'artisan même et l'homme du peuple vivaient contents, à l'aise et joyeux. Il y avait des fêtes et des jeux publics, auxquels prenaient part les grands et les petits, les riches et les pauvres, comme le Calendimaggio (1er mai), l'Épiphanie (Befana) et autres, avec musiques et processions. Chants, bals, feux d'artifice et tournois alternaient avec la pompe et les cérémonies de l'Église. Rarement ces fêtes se faisaient aux frais de l'État ; généralement elles étaient données par les membres les plus riches de l'aristocratie et c'était à qui les rendrait plus éclatantes et plus belles, comme dans l'ancienne Rome. Toutes les classes menaient une vie joyeuse et aisée, sans dissensions, sans envie et sans jalousie.

Nous avons une image fidèle de la vie sociale et de la haute moralité qui régnait dans les cercles de l'aristocratie florentine, dans une œuvre littéraire, où sont consignés les souvenirs de ces réunions qui avaient lieu vers l'année 1389 : « le Paradiso degli Alberti[2] ». En dehors de la ville, dans la villa du Paradiso et dans les jardins d'Antonio degli Alberti, riche et noble marchand d'un esprit distingué, qui laissa même un volume de sonnets et de canzones, avait coutume de se réunir une brillante société : des nobles de tout âge, des chevaliers et des dames, des marchands et des célébrités littéraires, des professeurs de l'Université, des ecclésiastiques et même des étrangers. On allait d'abord à la chapelle où un prêtre disait la messe. Puis on distribuait à la ronde des vins exquis, des fruits mûrs et des friandises venues de contrées éloignées. La musique résonnait de toutes parts et la jeunesse s'assemblait sur la verdure pour la danse, le chant et le jeu de paume. D'autres échangeaient d'agréables conversations. On racontait des histoires, comme dans la joyeuse société du Décaméron, conformes à l'humeur enjouée des narrateurs et des audi-

1. Éd. Galletti, p. 41, 42.

2. *Il Paradiso degli Alberti*, éd. Wesselofsky, 3 vol., dont le premier, en deux parties, contient une introduction très étendue écrite avec un grand amour du sujet et une érudition profonde en fait de bibliographie et de paléographie.

teurs. Elles étaient entremêlées de dialogues philosophiques et de discours archéologiques, dans lesquels on donnait une forme populaire aux connaissances récemment acquises sur l'antiquité et au sujet desquelles on entamait parfois les discussions les plus vives. On parlait de Tite-Live, d'Ovide, de saint Augustin, de la Divine Comédie. On s'entretenait d'Ulysse et de Catilina, des origines de Prato et de celles de Florence, on se demandait si cette dernière avait été fondée par les Romains — question déjà traitée par les historiens et par Boccace dans le « Ninfale fiesolano » et qui fut reprise encore avec ardeur dans la suite — ou l'on s'occupait des grandes personnalités historiques, telles que Frédéric II et Ezzelino da Romano. Les problèmes de la scolastique n'étaient pas cependant tout à fait oubliés, et à côté « de notre Dante » on citait saint Thomas. Toutefois les noms qui revenaient de préférence étaient ceux de Dante, de Pétrarque et de Boccace, et l'on peut dire que leur esprit animait toute cette société. En outre on y cultivait la langue et la littérature nationales avec autant d'amour que l'érudition archéologique. Ennoblir et enrichir l'idiome de leur pays semblaient encore à quelques-uns, comme à l'auteur de cet écrit, une œuvre patriotique. Telles étaient ces réunions et ces soirées, dont on conserva longtemps la mémoire dans la famille des Alberti. Le père du célèbre Leone Battista Alberti aimait à lui raconter qu'on y avait longuement discuté sur le vieil empire romain et sur la langue latine.

Nous ne citerons que les hommes les plus illustres, qui étaient l'âme de ces réunions. Nous y rencontrons l'augustin Luigi Marsigli et Salutato, chancelier de la République, dont la maison à la ville réunissait de même une société semblable; nous aurons bientôt l'occasion de parler plus au long de l'un et de l'autre. Mais, à côté de l'humaniste ardent, dans Francesco Landini, surnommé Cieco à cause de sa cécité, ou Francesco degli Organi à cause de son talent musical, nous avons un homme qui, avec une poésie latine, rompt une lance en faveur de la logique d'Occam et des sept arts libéraux contre les novateurs ou humanistes[1]. Bien plus, Marsilio di Santa Sofia, descendant d'une famille qui avait produit tant de célèbres docteurs en médecine, n'était certainement guère porté aux études littéraires, car, quoiqu'on le représente comme très versé dans les arts libéraux, c'était avant tout un savant médecin et physicien, et l'un des plus chauds partisans des opinions d'Averroès à Padoue; mais ceux-ci se trouvaient en opposition directe avec Pétrarque et surtout avec

1. *Paradiso*, vol. I, P. II, p. 21. La poésie est imprimée à la page 295 sqq.

son école[1]. Comme lui, Biagio Pelacani de Parme, n'était qu'en passant l'hôte de cette société, homme doué d'une mémoire extraordinaire et d'un vaste savoir, capable de disputer avec une grande pénétration sur toute espèce de sujet philosophique ou théologique. Toutefois il brillait en son temps comme une véritable illustration dans les sciences mathématiques. Mais il n'entendait guère la nouvelle éloquence et, malgré la réputation de savant dont cette tête chauve jouissait à Florence, ses leçons, à Padoue comme à Bologne, ne réunirent jamais beaucoup d'auditeurs[2]. Enfin nous citerons celui qui décrivit et retoucha dans un âge avancé les réunions du Paradis et qui, quand il y prit part, étant encore un « jeune imberbe », semble avoir été un admirateur enthousiaste de Marsigli et non moins passionné pour les nouvelles que pour les discours érudits. C'est une chose établie que c'était Giovanni da Prato, qui fit plus tard à Florence des leçons publiques sur Dante[3]. Tel fut le noyau principal de cette société variée, distinguée et choisie, dans laquelle on suivait le courant de la mode, mais sans en exclure quiconque par sa science ou sa valeur intellectuelle se distinguait dans le domaine des sciences ou des lettres.

Les tendances préférées de ces illustres dilettantes se retrouvent, mais avec un but plus sérieux, dans une savante compagnie, qui se réunissaient chez les Ermites Augustins de San Spirito, dans la ville, et que l'on pourrait qualifier du titre de libre académie, dans le genre de celle de Platon. Là encore, autant qu'on le peut conjecturer, le fil conducteur des idées, le mouvement doit être rapporté à Pétrarque et à Boccace. Parmi les plus intimes amis de ce dernier était le frère Augustin, Martino de Signa, professeur et docteur en écriture sainte; Boccace lui avait découvert le sens caché de ses Églogues et lui légua tous ses livres, lesquels, après la mort de ce religieux, devaient rester éternellement enfermés dans une armoire du couvent. Boccace exprima le désir d'être enterré dans l'église de San Spirito et qu'on y priât pour son âme[4]. Ce fut encore un religieux de San Spirito, Pietro de Castelletto, qui continua et mena jusqu'au bout la vie de Pétrarque, commencée par Boccace[5].

1. *Ibid.*, vol. III, p. 3.
2. *Ibid.*, vol. III, p. 3, 18.
3. L'éditeur (vol. I, P. II, p. 86 sqq.) cherche au moyen d'arguments extrinsèques et intrinsèques à revendiquer la paternité du livre pour Giovanni, mais il reste encore des doutes. Si Giovanni avait pour le moins 29 et peut-être 32 ans, ce n'était plus certainement un « jeune imberbe ». L'hypothèse de Novati (*Miscellanea Fiorentina di erudizione e storia*, I. 1886. Num. 11), qui le fait naître en 1367, n'a rien de concluant.
4. Boccaccio, *Lettere*, p. 267. Son testament, *ibid.*, p. 425.
5. Rossetti, *Petrarca*, p. 310.

A San Spirito se réunissaient encore chaque jour les plus beaux esprits, jeunes et vieux, de Florence. Mais nous ne pouvons spécifier le genre des discussions qui s'y tenaient, que sur la foi de témoignages tout à fait postérieurs, c'est-à-dire de l'époque où elles étaient dirigées par le professeur Vangelista de Pise et Girolamo de Naples : alors on ne s'y occupait que de philosophie et de théologie, et l'on y faisait sur ces matières des conférences suivies comme dans une université. Toutefois ces disputes journalières continuaient de la manière dont on avait procédé dès le début : les propositions sur lesquelles on devait discuter le lendemain étaient affichées la veille sur un tableau[1]. Nous savons cependant que l'art suranné de discuter au moyen de quolibets et autres formes usitées dans les académies, était tourné en ridicule comme insipide et ne menant à aucune conclusion. Il s'agissait donc d'une sorte de discours plus libre, beaucoup plus rapproché de la conversation familière et du dialogue cicéronien. Bien plus, la matière n'était plus, ou du moins exclusivement, empruntée à la vieille scolastique. On y reprenait avec les autres les questions dont les éléments se trouvent dans les dialogues du Paradiso. Nous en avons la preuve en ce que les personnages qui y prennent part sont en partie les mêmes qui se réunissaient dans le jardin des Alberti.

Plus que tous les autres, Luigi de' Marsigli, déjà cité, était le centre et l'âme des réunions de San Spirito. Descendant d'une vieille et noble famille florentine, attaché dès ses premières années à l'ordre des Augustins, il avait été conduit vers l'âge de vingt ans à Padoue pour y compléter ses études. Un de ses parents le présenta à Pétrarque. Ce dernier avait promis au jeune homme un brillant avenir et l'avait engagé à ne pas perdre un seul jour dans l'inaction, à cultiver à la fois la théologie et les arts libéraux et à se préparer à une grande lutte contre la philosophie prétendue des Averroïstes[2]. Ce fut en cette circonstance qu'eut une importance décisive sur sa vie la rencontre de celui qui était regardé comme la première intelligence de son siècle. Sa seule présence, dit Marsigli, suffisait pour mettre chacun sur le sentier de la vertu ; ses paroles se gravèrent pour toujours dans son esprit[3]. Il eut également des

1. Vespasiano Bisticci, *Commentario della vita di Messer Giannozzo Manetti*, p. 6, 7, 131, 133.

2. Pétrarque, *epist. s. tit.* 20 (*Op.* p. 810). Cette lettre est certainement adressée à Marsigli. Sur leurs rapports, v. l'importante *epist. rer. senil.*, XIV, 7, de Pétrarque. Cf. Fracassetti, *Lettere senili di Fr. Petrarca*, vol. II, p. 427.

3. La lettre de Marsigli à Guido del Palagio sur la nouvelle de la mort de Pétrarque, dans Mehus, *Vita Ambros. Travers.*, p. 227.

rapports avec Boccace à Florence[1]. Pendant quelque temps il disparaît presque entièrement de la scène; il est alors à Paris, où il obtient le grade de maître en théologie. Lorsqu'en 1382, comme on le croit communément, il revint à Florence, il jouissait déjà d'une grande réputation. Il fut encore chargé d'une ambassade auprès du duc Louis d'Anjou. C'était un orateur populaire puissant et estimé de ses contemporains[2]. Son ordre le nomma provincial pour le diocèse de Pise. Deux fois les Florentins voulurent l'avoir pour évêque, malgré leurs démarches antérieures auprès de la Curie, pour que cette dignité ne fût jamais conférée à l'un de leurs compatriotes[3].

Ecrivit-il de savants ouvrages théologiques et faut-il lui attribuer une paraphrase de l'Ancien et du Nouveau Testament en hexamètres? il est permis d'en douter[4]. Il semble au contraire que, à l'exception de quelques lettres, il ne publia que de petits travaux en langue vulgaire, surtout des commentaires sur les sonnets de Pétrarque, où il attaque la faible Papauté d'Avignon, et sur la canzone *Italia mea*[5]. Là nous reconnaissons l'homme, qui écrivit « contre les vices de la cour papale », qui lutta chaleureusement pour l'unité de l'Église et pour l'indépendance des églises nationales contre la papauté française, comme son ami Salutato, qui ressentit dans son cœur le déchirement de l'Italie, résultat des discordes et des guerres civiles.

Mais son vaste savoir se révélait surtout dans les entretiens privés de San Spirito. Plusieurs Florentins illustres assistaient à ces réunions, parmi eux Salutato, chancelier de la République, Roberto

1. Ce dernier le nomme dans ses *Lettres*, p. 384 : *et frater Luysius noster de ordine eremitarum asserit*. Pendant son séjour à Paris, Salutato lui annonce la mort de Boccace : v. les *Lettere* de ce dernier, p. 475. *Epistolario di Col. Salutati*, éd. Novati, vol. I, p. 243.

2. Rinuccini dans *Salutati Invectiva in Anton. Luschum*, éd. Moreni, p. 237 : *il quale con si abbondantissimo parlare al popolo la santa Iscrittura insegnò*. La noblesse lui demanda son avis dans une question politico-ecclésiastique, Buoninsegni, *Hist. Fiorent.*, p. 683.

3. Cette offre de 1389 avait déjà été rapportée par Mehus, *Vita Ambros. Travers.*, p. 285. Or, dans les trois lettres officielles de Salutato publiées dans le *Paradiso* (Documenti), p. 305, 308, 310, nous voyons que, pendant la vacance de 1385 ou 1386, le même désir fut exprimé au Pape et aux cardinaux.

4. Bocchi et Negri, *Istoria degli scritt. Fiorent.*, p. 389, sont de faibles autorités. Ils citent, outre cette paraphrase, les *Quæstiones theologicæ* et les *Sermones*. Mais Tiraboschi lui-même se demandait si l'on ne confondait pas ses écrits avec ceux d'un autre Marsilio, qui lui est de beaucoup postérieur.

5. L'une des lettres à Guido del Palagio, que j'ai citée, est mentionnée par Lami, *Catal.*, p. 278. Le *Comento a una Canzone* (Italia mia) *di F. Petrarca* a été publié à Bologne en 1863 et à Lucques en 1868.

de' Rossi, Niccolò Niccoli, noms que nous aurons plus d'une fois l'occasion de rappeler. Tous ces jeunes amis respectaient Marsigli, comme un digne vieillard d'un talent extraordinaire, comme un théologien profond et presque « à l'égal d'un oracle divin ». Quelle fut son attitude vis-à-vis des Averroïstes, dont la doctrine dut lui être connue dès son séjour à Padoue, et contre lesquels Pétrarque l'avait engagé à combattre, nous ne le savons pas. Le Paradiso nous le montre assis tranquillement à côté de maître Marsilio de Santa Sofia. Mais certainement il se rapprochait plus des doctrines rationalistes que de la stricte orthodoxie, quoiqu'on ne puisse le qualifier de libre-penseur, comme son disciple Salutato. Dans le Paradiso, il expliqua un jour la métamorphose des compagnons d'Ulysse par la magicienne Circé : on devait l'entendre moralement, parce que les hommes ne pourraient jamais, par des enchantements, être changés en bêtes, quoique, en agissant d'une manière animale, ils ne s..ent que des bêtes à leurs propres [illegible]eux et à ceux des autres[1]. De là à expliquer « moralement » les miracles de la Bible et de l'Église, il n'y avait qu'un pas. Il devait y avoir quelque chose de nouveau et de séduisant dans les idées de Marsigli, pour qu'il passât aux yeux de ses disciples pour « un théologien éminent ». On parle encore de l'influence morale qu'il exerça sur leur éducation. Sa morale, ce semble, était moins celle de l'Église que celle d'un esprit souple et honnête, que sa formation préserve de toute bassesse et élève à une certaine hauteur. Marsigli possédait le don de la parole au plus haut point : il savait captiver l'attention de son auditoire; on eût dit qu'il savait tout, appuyant son dire de longues citations empruntées à Cicéron, à Virgile et à Sénèque : mais, à en croire le témoignage d'un de ses disciples les plus dévoués, il avait une tendance irrésistible et exagérée au sarcasme et à l'ironie[2]. Nous ne sommes pas étonnés que les réunions de San Spirito aient été souvent l'objet d'attaques passionnées au dehors et aient produit des divisions dans l'intérieur du cloître, et il semble que le mouvement mystique inauguré par Catherine de Sienne et le bienheureux Jean Dominici peut, dans une certaine mesure, être considéré comme une sorte de réaction

1. Dédicace d'un nouvelliste inconnu, auquel « Dieu fit la grâce de pouvoir entendre la suave éloquence de Marsigli » dans le *Paradiso*, vol. I, P. 1, p. 187. Le problème en réalité se trouve dans le *Paradiso*, vol. II, p. 176. Peu importe que la solution rapportée soit attribuée à saint Augustin, puisque Marsigli l'a adoptée et exposée publiquement.

2. Manetti, *Vita Nicolai* (Niccoli) dans Mehus, *l. c.*, p. 76 : *loquendi et obiurgandi vaga quandam ac soluta libertas atque licentia*, cf. *ibid.*, p. 282, etc. Poggio exprime la même idée dans l'oraison funèbre de Niccoli (*Op.* p. 271), mais avec un peu plus de délicatesse.

contre l'incrédulité, qui gagnait chaque jour du terrain[1]. Néanmoins Marsigli jouit toujours auprès de ses concitoyens d'une grande réputation. Quand il mourut, le 21 août 1394, la ville de Florence décida, parmi les honneurs qu'elle rendit à sa mémoire, de lui élever un monument en marbre aux frais du trésor public, à S. Maria del Fiore[2].

Maintenant, si l'idée que nous nous faisons de Marsigli et de son académie reste toujours imparfaite, nous n'en avons pas moins sous les yeux un groupe de savants qui se réunissent autour de l'un d'entre eux, sans être absolument ses disciples. La rupture de ces philosophes humanistes avec l'Église et l'Université est, nous le répétons, un fait de la plus haute importance. Avec la même indépendance que Pétrarque, cette réunion de savants ose regarder en face les institutions établies; c'est une image anticipée de cette république littéraire, dans laquelle s'incarne et vit de sa propre vie l'Humanisme.

Coluccio di Piero de' Salutati[3] peut être considéré, pour ainsi dire, comme la résultante de l'impulsion donnée par Pétrarque, Boccace, le Paradiso et l'académie de San Spirito. Son caractère extrêmement souple et son désir d'apprendre se manifestèrent dès ses premières années. Encore enfant et fréquentant l'école de Bologne, il ne cessait d'assaillir ses maîtres de questions et d'entamer des disputes avec ses condisciples. Comme s'il eût pressenti le rôle important et varié qu'il était appelé à jouer plus tard, il prenait à tout le plus vif intérêt. Ce qu'il avait lu ou appris, lui fournissait matière à discussion avec le premier venu[4]. Des maîtres de grand mérite, il n'en eut jamais; il avait une de ces natures vigoureuses et originales, qui se forment le plus souvent par elles-mêmes et sur lesquelles les plus petites occasions exercent la plus puissante influence. Pietro da Muglio, l'ami de Pétrarque et de Boccace, qui tenait école à Bologne, ne fut son maître que fort peu de temps et n'était

1. Cf. *Paradiso*, v. I, P. I, p. 89, 91, et l'écrit de Salutato au général de l'ordre des Augustins, du 4 sept. 1388, *ibid.*, p. 313.

2. La délibération du 27 août dans Gaye, *Carteggio*, I, p. 537. L'inscription dans Filippo Villani, éd. Galletti, p. 252.

3. Ce n'est pas sans raison que je laisse de côté le nom de Lino; comme Coluccio, il n'est qu'une corruption de Niccolò. Mais on prend souvent l'un pour l'autre. Cf. la lettre de Salutato lui-même dans Novati, *La giovinezza di Col. Salutati*, Turin, 1888, p. 13. Piero n'est pas le nom du chancelier, mais celui de son père. Souvent il joint à son nom celui de Stignano, son pays natal. L'opuscule de Selmi, *Biografia di Coluccio Salutati*, Lucques, 1879, n'a guère de valeur et n'est pas exempt d'erreurs. Le livre de Novati n'embrasse que l'époque de 1331 à 1353. [Il en prépare un plus complet].

4. Leonardus Aret., *Libellus de disputationum usu*, p. 16 (éd. Klette, *Beiträge*, II, p. 45).

pas un grand nom. Mais on peut supposer qu'il fut le premier à entretenir Salutato de la grande réputation de Pétrarque[1]. Ce serait là le premier, quoique lointain contact qu'il aurait eu avec le prince des lettrés d'alors, et il montrerait une fois de plus quelle influence magique le nom de Pétrarque exerçait sur les esprits les plus cultivés et les plus en éveil. La gloire, dont ce dernier est entouré, ne laisse plus de repos au jeune Salutato, qui ne connaît pas encore personnellement le maître ; il lui adresse une lettre pleine d'admiration et en reçoit une réponse courte, mais des plus flatteuses et encourageantes[2]. Il dut, suivant la volonté de Giovanni Pepoli, qui l'adopta après la mort de son père Salutato, s'appliquer à Bologne aux études arides du notariat[3]. Puis nous le trouvons de nouveau, de 1368 à 1370, en qualité de secrétaire à la Curie papale ; il était au service du secrétaire apostolique, Francesco Bruni[4]. S'il ne suivit pas ce dernier à Avignon, le souvenir de ces années lui demeura toujours présent et lui laissa une haine profonde pour la Papauté française[5].

Entraîné çà et là par la destinée pendant plusieurs années, il finit par se fixer à Florence, qui fut pour lui désormais comme une seconde patrie. Il ne tarda pas à être élevé au poste de secrétaire des Prieurs et, pendant deux années environ, il administra les affaires du chancelier Niccolò di Ventura, qui avait encouru la disgrâce du gonfalonier, avec la perspective de lui succéder dans cette charge, comme cela arriva effectivement au mois d'avril 1375, après la mort de Niccolò[6]. Ce fut ainsi qu'on lui accorda promptement la confiance

1. Salutati *Epistolæ*, éd. Mehus, Préface, p. LXX ; éd. Rigacci, P. 1, *Epist.* 72, II, 27 ; *Epistolario*, éd. Novati, I, p. 114. Dans une lettre à Lombardo da Serico, de 1376, *Epistolario*, éd. Novati, I, p. 220, il semble se considérer comme ayant été lui-même son propre maître d'éloquence : *in summa docentium, ne dicam doctorum inopia eloquentiam semper excolui*. *Epist.* 11, éd. Mehus : *me in hæc studia intrasse rudem sine magistro et ferme sine principio*, etc.

2. Pétrarque, *Epist. rer. senil.*, XI, 2, 4. Cf. les lettres de Salutato à Pétrarque dans l'*Epistolario*, éd. Novati, I, p. 61, 72.

3. Novati, *La giovinezza di Col. Sal.*, p. 29, 47.

4. L'assertion de Bonamicius, p. 123, d'après laquelle il aurait été secrétaire du pape, comme cela ressort de ses lettres, n'est pas fondée, *Epistolario*, éd. Novati, I, p. 54. Il n'est pas tout à fait exact, comme il le dit dans une lettre à Brossano, du 20 juillet 1375, (*Epistolario*, I, p. 204), qu'il ait laissé la Curie depuis six ans et plus.

5. Et pour la Papauté en général. Ainsi, dans l'*Epist.* 25, éd. Mehus, il dit : *Non crediderim de curiæ Romanæ sentina nichil quicquam hauriri nisi limosum et fetidum et illa turpitudine maculatum, qua spiritualia pecuniis venundantur.*

6. *Epistolario di Col. Salutati*, éd. Novati, I, p. 201, 223. Cf. ses lettres à Brossano, *l. c.* et à Marsigli dans les *Lettere* de Boccace, éd. Corazzini, p. 475. *Epistolario*, éd. Novati, I, p. 243. Le jour de son élection a été retrouvé dans une note par Mehus, *Vita Ambros. Travers.*, p. 290, qui indique le 18 avril 1375 ; selon d'autres ce serait le 25 avril.

dont il sut toujours se montrer digne. Cette charge souverainement honorable et lucrative, tout en lui assurant une position définitive et le mettant à l'abri du besoin, lui épargnait la peine de se mettre à la recherche d'un Mécène, sort réservé à tant d'autres partisans des études littéraires et trop souvent fatal à leur dignité et à leur indépendance.

Salutato fut l'un de ces rares et heureux hommes qui, en changeant de vie et de position, n'eurent pas besoin de renoncer et ne renoncèrent pas en effet à l'idéal de leur jeunesse. Lorsqu'il entra en fonction, le vieux Pétrarque vivait encore, mais déjà à moitié arraché aux choses de ce monde, parmi ses oliviers d'Arquà, et le vieux Boccace de son côté séjournait presque habituellement à Certaldo. Toutefois on peut dire que Salutato était aussi l'ami de ce dernier : chaque fois qu'il leur arrivait de converser ensemble, Pétrarque faisait toujours l'objet de leurs discours, et le bon et éloquent vieillard ne se lassait jamais de parler de lui et de faire son éloge[1]. Le 18 juillet 1374, Pétrarque remit son âme entre les mains de son Créateur, et le 21 décembre 1375, Boccace le suivait dans la tombe. Rien n'est pénible, lorsqu'on a longtemps joui de la présence d'hommes considérables et distingués, comme de les voir soudain emportés par la mort. Salutato se crut appelé à se faire l'interprète de la douleur commune, à continuer l'œuvre des deux dans la mesure de ses forces, et à les revendiquer pour la République florentine à laquelle il appartenait maintenant. « Pleure, illustre Florence, pleure la perte à jamais irréparable des deux astres que t'enviait le ciel, et auxquels l'antiquité n'a rien à comparer[2] ! »

Lorsque Salutato reçut à Florence la nouvelle positive de la mort de Pétrarque, il déclara qu'il ne pouvait oublier ni jour ni nuit « l'astre qui venait de disparaître du monde. » — « Ses mérites, si l'amour ne m'abuse, rendront notre temps célèbre aux yeux de la postérité. » Désormais, son principal soin sera de conserver ses mérites à la postérité. Il avait déjà adressé à Pétrarque quelques vers par lesquels il essayait de le décider à publier l'*Africa*, objet de tant de mystère. Partout, en effet, le bruit s'était répandu qu'elle avait été destinée aux flammes par le testament du poète, qui ne voulait laisser aucune œuvre imparfaite après lui[3]. Le Milanais Francescolo

1. *In cuius laudationem adeo libenter sermones usurpabat, ut nihil avidius nihilque copiosius enarraret. Epistolario di Col. Salutati*, éd. Novati, I, p. 223, à Francescolo de Brossano, gendre de Pétrarque.

2. *Ibid.*, p. 227.

3. Ces vers ont été publiés dans *F. Petr. Africa*, éd. Pingaud, *App.* II, p. 371, et dans

de Brossano, gendre et héritier principal de Pétrarque, promit de faire copier l'ouvrage et de l'envoyer, sous certaines conditions, à Boccace à Florence. Mais celui étant mort à son tour pendant les négociations, Salutato demanda avec instance à prendre sa place en qualité d'ami et à mettre la main à la « divine Afrique », offrant d'y travailler immédiatement et de chercher à « rendre immortelle la divine Scipiade » par des retouches et des corrections. Ainsi Boccace et Salutato, et un collaborateur de celui-ci, un certain Niccolò Niccoli, qui se rendit à Padoue pour copier l'*Africa*, — et que nous apprendrons plus tard à connaître, — transplantèrent dans une certaine mesure avec la célèbre épopée l'esprit de Pétrarque à Florence et lui préparèrent avec zèle un asile, où son culte se maintint plus que partout ailleurs, dans toute sa pureté et dans toute sa gloire. Salutato s'occupa de l'*Africa* avec un véritable enthousiasme, corrigea plusieurs expressions impropres et d'un goût douteux, et même pour l'honneur du poète eût voulu changer quelques vers, mais tout son zèle et celui de ses amis ne suffirent pas pour mener à bonne fin la publication désirée[1]. L'admiration aveugle de Salutato pour les deux grands Florentins est tout à fait caractéristique. Il s'applique non seulement à célébrer leur mémoire dans des lettres et des vers, mais se déclare enthousiaste de leurs œuvres sans distinction d'aucune sorte. Ainsi, par exemple, il osa comparer, sans s'apercevoir de sa sottise, les invectives de Pétrarque contre le médecin du pape aux verrines, aux Philippiques et même aux Catilinaires de Cicéron. La mythologie de Boccace lui semble écrite « en un style tout à fait divin », et ses Églogues, si elles n'atteignent les Bucoliques de Pétrarque également, surpassent même tout ce que l'antiquité nous a légué dans ce genre[2]. Il ne fallait pas moins d'un tel enthousiasme pour gagner des prosélytes et des partisans aux nouvelles idées littéraires, qui rencontraient d'elles-mêmes de nombreuses difficultés et exigeaient de grands sacrifices[3].

Salutato était alors l'un des habitués les plus assidus du Paradiso et du couvent de San Spirito, l'ami intime de Marsigli. Tout en se rendant auprès de ce philosophe augustin, qui habitait au-delà de l'Arno,

l'*Epistolario*, éd. Novati, I, p. 231. Une réponse apocryphe de Pétrarque, où sont insérés plusieurs vers de ses poésies, se trouve imprimée dans Zacharias, *Iter. litt.*, p. 347, et dans Mehus, *Vita Ambros. Travers.*, p. 311.

1. Sur le manuscrit de la Laurentienne, qui contient la révision, v. Mehus, *l. c.*

2. *Epistolario*, éd. Novati, I, p. 223.

3. *Ibid.*, p. 198, 201, au célèbre Benvenuto (di Rambaldi) d'Imola, p. 176, 223. Trois autres lettres du même recueil, p. 229, 241, 246.

il réfléchissait sur le sujet dont il allait l'entretenir. Ainsi, par d'interminables conversations, il contentait le désir qui le dominait d'élucider les questions les plus ardues de la morale[1].

Quand il fut élu chancelier de la République, il avait déjà atteint l'âge de 45 ans. Il semblait que cet emploi, qu'il remplit pendant trente ans environ jusqu'à sa mort, eût encore rehaussé sa dignité personnelle. Ses contemporains lui donnent une taille au-dessus de la moyenne, un port majestueux, bien qu'il se courbât plus tard en vieillissant, un tempérament robuste et vigoureux. Aux traits de son visage, et spécialement à son menton et à ses lèvres très prononcées, on devinait un homme d'un caractère vraiment viril. Son regard avait quelque chose de sombre et presque terrible, sa parole était lente et grave, comme celle d'un homme accoutumé à être continuellement sur ses gardes. Mais ses yeux et sa bouche, quand il causait familièrement et avec abandon, laissaient voir toute la grande bonté de son âme[2]. S'il se montrait humain, même dans l'exercice de sa charge, il ne se distinguait pas moins par sa douceur et son affabilité à l'égard de tous[3]. On pouvait le regarder comme un modèle de vertu civique et républicaine ; son intégrité absolue et son dévouement au bien public rappelaient jusqu'à un certain point la probité antique. Le fait même que, durant les trente années de son administration, la confiance dont il était honoré ne subit jamais la plus petite atteinte est une preuve plus que suffisante de son invariable droiture, si l'on considère la défiance soupçonneuse avec laquelle étaient surveillés les fonctionnaires d'une République aussi agitée. Après sa mort, on fit l'inventaire de sa succession : on put se convaincre qu'il ne possédait ni une maison, ni une terre dont il n'eût hérité ; en fait d'argent, on ne trouva que quarante florins d'or[4]. Il éleva fort honorablement sa nombreuse famille. Vers 1390, il voyait grandir une dizaine de fils autour de lui et il pouvait affirmer qu'aucun d'eux ne suivait une mauvaise voie[5]. Lorsque deux de ceux-ci moururent, il accompagna leur convoi sans verser une larme,

1. Leonardus Aret., *Libellus de disputationum usu*, p. 17, éd. Klette, *Beiträge*, II, p. 45.
2. Filippo Villani, *Vite*, etc. éd. Mazzuchelli, p. 28. Dans le texte latin de Villani on ne trouve pas la caractéristique de Salutato ; elle a donc été insérée après la mort de celui-ci, mais certainement par Villani lui-même. Manetti dans Mehus, *l. c.*, p. 289.
3. Lucas de Scarperia dans sa *Cronaca contemporanea*, Rigacci, *l. c.*, p. XIV.
4. D'après le catalogue des Prieurs de la Magliabecchiana dans Rigacci, *l. c.*, p. XXI.
5. Salutato, *Epist.* 6, éd. Mehus. Sa lettre à Loschi, du 29 sept. 1390, dans Schio, *Sulla vita e sugli scritti di Antonio Loschi*, p. 157. Nous savons les noms de six d'entre eux par Moreni, *Salutati Invect. in A. Luschum*, p. XXX.

il y avait dans la gravité de son attitude quelque chose du stoïcisme ancien. Pendant la maladie de Pietro, son préféré, il resta continuellement à ses côtés jusqu'à sa mort, lui ferma les yeux, l'ensevelit lui-même, lui croisa les mains sur la poitrine, mais ne laissa paraître extérieurement aucun signe de douleur. Il supporta de même la perte de son épouse. Pendant les quinze jours qu'elle lutta contre la mort, il ne fit, dans sa douleur, que pleurer, gémir et prier. Mais lorsque la mort eut accompli son œuvre, il ne versa plus une larme et se montra calme et tranquille. A son avis, s'abandonner entièrement à la douleur était une faiblesse indigne de l'homme[1].

Salutato était regardé comme un païen qui vivait selon les maximes de la philosophie antique et qui se séparait au fond de l'enseignement de l'Église. Dans les conversations qu'avaient entre eux les hommes les plus distingués de la ville, il citait à chaque instant Cicéron et Sénèque comme des autorités sacrées, capables de fortifier la foi. Mais on retrouve aussi dans ses lettres un pur et profond sentiment religieux, une inébranlable confiance en Dieu et dans les dogmes chrétiens, qu'il trouvait en harmonie avec la philosophie stoïcienne. Quant aux opinions épicuriennes, qui prévalurent dans la suite, il n'y eut aucune part. Rencontrait-il une lettre, où Sénèque, son auteur préféré, semblait admettre que l'âme meurt avec le corps, il déclarait avec pitié et indignation que le philosophe était fou[2]. Chez lui la philosophie et la vie pratique étaient dans un accord parfait.

Salutato avait encore un caractère politique. Il fut le premier à faire l'application dans l'État des connaissances de l'antiquité. Jusque-là les ecclésiastiques avaient tenu, la plupart du temps, les rênes du gouvernement et fait prévaloir dans le maniement des affaires les idées dominantes de l'Église; avec Salutato, ce rôle passe aux mains des savants et des humanistes. A force de sagesse et de patriotisme, il rehaussa son emploi, lequel, au moment où il en fut chargé, était celui d'un notaire et d'un homme versé dans les procédés de la chancellerie; de simple subalterne des Prieurs, il s'éleva au rang d'un homme d'État influent, et le titre de chancelier de la République eut une tout autre signification. La hauteur de ses aspirations et une

1. Ce trait est raconté par Manetti, dans l'ouvrage inédit *De illustribus longævis*, sur la foi d'une lettre de Salutato. Mehus, *l. c.*, p. 289. Salutato parle de la mort de sa femme dans l'*Epist.* 16, éd. Mehus. Telle est la philosophie de ses lettres consolatrices; cf. *Epist.* 1, 2, 4, éd. Mehus. Pieria mourut en 1396.

2. Le commentaire marginal de son exemplaire des lettres de Sénèque, Bandini, *Bibl. Leop. Laurent.*, t. I, p. 466.

grande culture intellectuelle n'empêchèrent pas Salutato de s'appliquer avec zèle aux devoirs journaliers de sa charge ; car, comme il s'en exprimait un jour, il ne perdait jamais de vue la majestueuse image de la patrie, il faisait grand cas même des choses les plus insignifiantes et les plus vulgaires. Peut-être fut-ce la multitude de ses occupations si détaillées qui le préserva de cet enthousiasme exagéré pour l'antiquité, dans lequel Pétrarque avait fait consister toute la science d'État. Le sentiment de la liberté qui l'animait n'était pas vague et indéterminé, mais se rattachait en tout et pour tout à la patrie, à Florence : il se traduisit en un amour enthousiaste de ses destinées.

Ce fut dans les premières années de son administration que survint la guerre, qui, pendant trois ans, divisa la République de Florence et le pape Grégoire XI : guerre funeste, faite par les armes de l'étranger et signalée, non par de grands combats, mais par la perfidie et la trahison. Pour la République florentine, il s'agissait du plus grand de tous les biens, de son indépendance. Elle déploya alors deux bannières : celle de la commune, et l'autre sur laquelle était écrit en lettres d'or le mot de liberté[1]. Au nom de celle-ci la République cherchait à réunir les villes des États de l'Église en une ligue Gibeline, laquelle, sous forme « de ligue sainte », refusait avec serment l'obéissance au chef de l'Église[2]. Alors le chancelier eut beaucoup à faire : au nom des Huit, qui gouvernaient la chose publique, il entretint activement, çà et là, un commerce épistolaire avec les villes confédérées, les chefs des armées, et avec les partisans de la République. Il y avait sous sa plume une grande puissance morale de persuasion ; le champ d'action était immense, car il avait à traiter avec un grand nombre d'esprits et de sentiments divers. Une noble pensée l'animait : « Sa cité, son peuple, lequel ne hait et ne déteste pas seulement la tyrannie pour son propre compte, mais est encore prêt à défendre de toutes ses forces la liberté d'autrui[3]. » D'un autre côté il entretenait une haine légitime contre l'ennemi, haine qui datait de l'époque où il était au service de la Curie avignonaise. Les machinations de celle-ci se traduisirent par le soulèvement du parti populaire dans les États de l'Église, et le chancelier répondit à

1. S. Antoninus, *Chronicon*, P. III, tit. XXII, cap. 9, § 1.

2. Cf. Papencordt, *Geschichte der Stadt Rom im Mittelalter*, p. 438, où, à la vérité, l'état des choses du côté romain est dépeint d'une tout autre manière que du côté florentin.

3. Lettre à Franc. Guinigi, légat de Lucques, dans Corniani, *I secoli della litterat. Ital.*, t. I, p. 107. *Epistolario di Col. Sal.*, éd. Novati, I, p. 190.

ses censures et excommunications avec une noble énergie de langage. En effet, il venge l'honneur de la République du reproche de combattre contre la sainte Église ; elle ne veut, dit-il, que protéger sa propre liberté et chasser l'étranger, que le Pape, pour le malheur de l'Italie, a appelé dans le pays. Mais en même temps il n'hésite pas à dire de cruelles vérités, qui devaient créer entre lui et la Papauté un abîme infranchissable. Avec l'Église, dit-il dans une de ses lettres, il ne faut pas songer à une paix durable ; « parce que son chef peut et, je le dis avec un profond respect, a coutume, de sa propre autorité, de rompre les accords, de déchirer les traités, de délier les serments, et ainsi de suite. » Le Pape se repose sur les discordes intestines, sur les divisions de la ville de Florence ; mais plus le danger menace, plus ces discordes finiront vite, et tous les Florentins marcheront comme un seul homme contre l'ennemi[1]. — « Nous savons que l'Église est très puissante. Nous savons aussi que le Pape, guidé par la vengeance, ne pense qu'à la ruine de l'Italie. Mais le Seigneur confond les desseins de l'iniquité et les fait retomber sur la tête de ceux qui les inventent. — Pour nous, nous aimons mieux une liberté absolue, quoique entourée de périls, qu'une tranquille servitude. Quelles que soient les menaces, les ressources et la puissance de l'ennemi, nous opposerons la force à la force et nous montrerons que, si l'on peut attaquer la liberté de Florence, il n'est pas si facile de la détruire. Et enfin, comme cette affaire est au-dessus des forces de l'homme, nous la remettons entre les mains de Dieu. Il jugera la cause de son peuple et, dans sa miséricorde, protégera notre indépendance et celle de nos neveux[2]. »

Autrefois, Pétrarque avait applaudi à l'entreprise de Cola et avait adressé de loin, d'Avignon, un chaleureux, mais impuissant appel au peuple de Rome. Maintenant, c'était le chancelier d'une république voisine et précisément d'une république sous les armes, qui, au nom de son gouvernement, poussait à la révolte Rome et les autres villes des États de l'Église, et excitait l'Italie à la concorde et à la liberté. Dieu, écrivait-il aux Romains, a eu enfin pitié de l'Italie opprimée, gémissant sous le joug d'une honteuse servitude. Qu'elle se soulève donc, qu'elle invoque la liberté et sache la conquérir avec l'épée. Ici la première place appartient aux Romains comme aux fondateurs des libertés publiques, qui renversèrent autrefois la tyrannie des rois et des décemvirs. Ils ne doivent pas se laisser tromper par les prêtres,

1. *Ibidem*, p. 213.
2. *Epist.* I, 78, éd. Rigacci.

qui leur persuadent de maintenir la puissance sacerdotale. Ils ne doivent pas rester plus longtemps spectateurs indifférents des cruels affronts qu'on fait à la noble Italie, qui devrait commander aux autres nations; ni supporter les incursions des barbares dans le malheureux Latium et les brigandages des Français qui rêvent la conquête de l'Italie. Telles étaient les paroles qui attirèrent sur Florence l'excommunication et l'interdit, sous sa forme la plus rigoureuse : les biens et les personnes des Florentins furent déclarés hors la loi, tous les Florentins chassés d'Avignon. Toutefois les Romains repoussèrent avec horreur cette invitation à se mettre à la tête de la ligue pour l'affranchissement de l'Italie. Et lorsque, plusieurs années après, ils la pressèrent de former une ligue du même genre, Florence était désormais épuisée et trop faible, pour continuer vigoureusement la lutte[1].

Ces sentiments, qui attestaient en réalité que « l'antique valeur n'était pas encore éteinte dans les cœurs italiens », n'apparaissent pas seulement dans les passages ci-dessus, mais se font jour dans toutes les lettres de Salutato, comme le souffle et l'aspiration habituelle de sa vie. A l'époque du grand schisme, Salutato reparaît sur la scène avec un autre écrit patriotique, qui, sortant du cœur indigné d'un profond penseur et rédigé au nom d'une puissante république, laisse loin derrière lui les déclamations de Pétrarque et les stériles condoléances des moines[2]. L'abus scandaleux de toutes les choses saintes entretenait sa haine et son dédain. Dès lors, on ne s'étonne plus qu'il cherchât à leur donner un libre cours, non seulement en sa qualité de chancelier d'État, mais surtout lorsqu'il lui arrivait de parler de la Curie. Alors la colère et le sarcasme débordaient comme naturellement de sa plume. On ne dira pas qu'il se contente simplement de plaisanter, lorsque, par exemple, il appelle avec ironie « vénérable père en Jésus-Christ » son jeune protégé, Leonardo Bruni, qui était allé à Rome pour obtenir un poste dans la Curie[3] : c'était le sang gibelin qui bouillonnait dans ses veines. Comme

1. Les lettres florentines, du 4 janvier et du 1er février 1376, et les autres indiquées par Gregorovius, *Geschichte der Stadt Rom im Mittelalter*, vol. VI, p. 455, 457, sont certainement l'œuvre de Salutato. La première, à laquelle Gregorovius donne à tort la date du 6 janvier, a été insérée tout entière par Pastor dans son ouvrage, *Gesch. d. Päpste*, I, p. 625. Celle du 27 mai 1380, dans le *Paradiso degli Alberti*, vol. I, P. 1, p. 302, passe sans difficulté sous son nom.

2. *Epist.* I, 9, aux cardinaux français; dans le même sens, I, 10, au cardinal Corsini, et I, 51, éd. Rigacci, au Margrave Josse de Brandebourg et de Moravie, du 20 août 1397.

3. *Epist.* I, 1, éd. Rigacci.

Pétrarque, il n'avait pas le cœur à déplorer la corruption de l'Église et à serrer la main aux prélats; la trempe inflexible de son caractère ne le lui permettait pas.

Nous citerons encore un autre écrit d'un caractère polémique, que l'indignation patriotique inspira à la plume du chancelier, lorsqu'il avait déjà dépassé l'âge de 72 ans. Jusqu'alors il ne s'était jamais abaissé à l'invective littéraire et n'avait attaqué personne quand il écrivait en son nom, et non pour le compte de la république. Mais l'offense avait été faite à sa chère Florence : il ne pouvait la laisser sans réponse. L'attaque venait de la part de Visconti de Milan. Comme préliminaire de cette lutte, un opuscule avait paru, manifestant publiquement l'intention de soulever contre la République les « populations soumises aux Florentins », comme si elles n'eussent attendu que l'armée milanaise pour secouer le joug de la servitude. Salutato savait à n'en pas douter que l'auteur était le jeune poète Antonio Loschi, dont il avait été le protecteur et l'ami, à Florence, et qui était alors au service de Visconti. Il avait accusé les Florentins de vanité et de stupide aveuglement. Il avait tourné en ridicule leur prétention à descendre des anciens Romains, prétention que Salutato caressait tout particulièrement. Il avait annoncé que l'orgueilleuse République serait soumise, à la grande satisfaction du monde entier. Tant d'audace indisposa le vieux chancelier. Il feignit d'ignorer le nom du libelliste pour pouvoir tomber sur lui plus librement, pour lui donner toute sorte de titres injurieux, l'appelant grenouille sans dents, vil esclave, méchant animal, pour lui reprocher sa sotte et impudente loquacité, continuant de la manière dont en usait Pétrarque dans ses invectives. Puis il se mit à réfuter le pamphlet de point en point, avec cette prolixité, il est vrai, qui est le défaut des vieillards, mais avec un ton d'amour enthousiaste pour la cité dont l'honneur avait été blessé. Avec quelle ardeur il vantait la magnificence de ses églises, de ses palais, de ses portiques, de ses places, la richesse et la culture de sa population, et les noms glorieux de Dante, de Pétrarque, de Boccace! Et avec quelle érudition il soutint que la fondation de Florence remontait aux Romains, comme Dante l'avait cru avant lui et comme le prétendait avec fierté tout Florentin ! Jusque sur son épitaphe, l'un des mérites principaux qu'on lui donne, est d'avoir renvoyé à Loschi ses propres injures[1].

1. L'épitaphe porte : *patriæ ius fasque tuetur,*
Et cynici calamo perimit convicia Lusci.
Salutati Invectiva in Ant. Luschum, éd. Moreni, Florence, 1826. La lettre au chancelier

L'activité politico-littéraire de Salutato se révéla surtout par les innombrables lettres officielles ou semi-officielles qui furent expédiées de la chancellerie dans les diverses provinces d'Italie et même au-delà des Alpes. Il semble qu'il imitât de préférence dans son style pompeux, ampoulé et figuré, les lettres de Pierre des Vignes, qui fut le premier à introduire dans les documents politiques un ton passionné et les artifices de la rhétorique. Il y ajouta les allusions et les citations classiques, le style épistolaire de Sénèque et de Pétrarque. Cicéron, dont il introduisit les lettres dans la littérature, n'exerça pour ainsi dire aucune influence sur sa manière d'écrire. Mais ce fut précisément le ton élevé, et souvent même solennel, qui donna aux lettres de Salutato cette popularité que n'avaient pas d'ordinaire de semblables documents officiels. On s'empressait de les lire et de les copier, on admirait cette nouvelle manière d'entourer les affaires politiques de toute la splendeur de l'éloquence[1]. Bientôt

Pietro Turco, du 11 sept., dans laquelle Salutato dit qu'au mois de février il est entré dans sa 73e année, prouve que l'Invective fut écrite en 1403 (p. XLIV). Le libelle de Loschi n'est pas imprimé à part, mais inséré paragraphe par paragraphe dans l'écrit de Salutato, et a été conservé encore dans le *Catal. codd. lat.* de Bandini, t. III, p. 551. La réponse de Cino Rinuccini, dont on n'a qu'une traduction italienne et qui révèle dans l'auteur un homme de la vieille école, a été imprimée dans l'édition de Moreni, p. 199, etc. Elle semble contemporaine de l'écrit de Salutato, car elle ne parle point de lui, ni lui d'elle.

1. Lucas de Scarperia, *l. c.* Manetti dans Mehus, *l. c.*, p. 288 : *epistolas privatas et publicas pene infinitas ita egregie dictavit, ut in hoc epistolari genere solus consensu omnium regnare diceretur*. Nous avons déjà parlé de l'édition des lettres choisies faite par Rigacci. Celle de Mehus (*Colucii P. Salutati Epistolæ rec. Mehus*, P. I, Florence, 1741, imprimerie P. C. Viviani) semble être devenue très rare par suite des intrigues de l'éditeur Rigacci qui se brouilla avec Mehus. Elle devait se composer de cinq volumes, mais le premier seul parut ; il renferme 31 lettres. Chose étrange, Mehus lui-même fut le premier à condamner à l'oubli sa propre édition. Dans la *Vita Ambros. Travers.*, p. 304, il parle de l'*illustris anonymus*, et de l'*eruditissimus editor* de l'autre (Lami), sans dire un mot de la sienne. Mais les deux éditions contiennent des lettres différentes et se complètent ainsi l'une l'autre. Les *epist.* 27 et 30 de l'édition Mehus sont dans celle de Rigacci. Après bien des recherches dans les principales bibliothèques allemandes, j'ai pu obtenir enfin l'édition Mehus de la bibliothèque communale de Hambourg. Une édition complète des lettres et des œuvres de Salutato est un devoir d'honneur qui s'impose aux érudits florentins si actifs et animés de sentiments patriotiques. Novati vient de commencer la publication de ses lettres : *Epistolario di Col. Salutati*, vol. I, Rome, 1891 ; l'éditeur a donné une liste des lettres complètes dans le *Bullettino dell' Istituto Storico Italiano*, IV, 1888, p. 64. Cf. Mazzuchelli sur les *Vite* de Villani, p. 23, note 7, et p. 77, note 50. De petits recueils de lettres se trouvent dans Pez, *Thesaurus Anecd. noviss.* t. V, p. III, dans le *Miscell.* de Baluze, liv. IV, p. 510, 511, 516, dans les *Epist. principum*, etc. (éd. par Hier. Donzelino), Venise, 1574, p. 208, dans Martène et Durand, *Vet. script. ampliss. Collect.*, t. III, et 983, dans la *Bibliothèque de l'école des Chartes*, XL, *année* 1879, p. 536, etc., plusieurs écrits italiens dans les *Commissioni di Rinaldo degli Albizzi*, vol. I, depuis 1399, etc. Pour les recueils manuscrits, v. Lami, *Catal. bibl. Riccard.*, p. 135,

elles devinrent, pour le commerce épistolaire des États d'Italie, ce qu'étaient les formulaires chez les autres peuples, c'est-à-dire le modèle d'un nouveau style de chancellerie orné des fleurs de l'éloquence et de pensées philosophiques. Les formes de la diplomatie en général changèrent. Aux ambassades succédèrent de plus en plus les négociations par lettres, et non seulement l'élégance de leur style, mais aussi la courtoisie des Florentins devint à la mode. Dès les premières années du XVe siècle, les républiques et les princes d'Italie sentirent le besoin d'avoir des chanceliers d'État aussi instruits qu'habiles dans les procédés du style. C'est ainsi encore qu'à Venise, à Gênes et à Sienne, à Naples et à Milan, et jusque dans la Curie romaine, les plus célèbres Humanistes trouvèrent une position stable et souvent même de riches émoluments, qui les consolèrent du peu de faveur dont ils jouissaient dans les universités.

Ces horizons politiques ouverts désormais à l'ambition littéraire allaient avoir sur la littérature et sur la politique une influence incalculable.

Il est certain que l'art de persuader a toujours été aussi celui de tromper. Salutato en était convaincu : « Qu'y a-t-il de plus efficace pour tromper qu'une mélodie étudiée et artificielle ? Qu'y a-t-il de plus doux et de plus agréable qu'une manière de raisonner adroite et polie ? Qui attire, émeut et subjugue mieux l'esprit humain qu'un discours suave et plein d'artifices[1] ? » Néanmoins on ne saurait dire que Salutato ait été le père de la politique mensongère, plus que ne le fut cent ans après Machiavel, qui lui succéda dans sa charge. Seulement le premier profita de ce que le système de tromper par de belles paroles était encore nouveau, que « la dignité de l'éloquence, la gravité des pensées et la majesté du style » qu'on admirait dans ses lettres, n'avaient guère été mises à l'épreuve et n'en avaient par là même que plus de poids. On répétait volontiers un mot, attribué à Jean-Galéas Visconti, duc de Milan : que Salutato par ses écrits lui avait fait plus de mal que mille cavaliers florentins[2].

La République récompensa les services du grand chancelier d'une

130, 191, Mehus, *Vita Ambros. Travers.*, p. 303, Bandini, *Bibl. Leop. Laurent*, t. I, p. 429, *Tabulæ codd. msc. bibl.*, Vienne, vol. II, p. 202. Novati, *Bull. d. Ist. stor.* IV, p. 86. Lami, *l. c.*, p. 141, cite encore un *Ars dictaminis s. de conscribendis epistolis*, qu'on attribue à Salutato.

1. Pez, *l. c.*, p. 80.

2. Je trouve ce mot cité, quoique sans nom d'auteur, d'abord dans une lettre de Vergerio à Zabarella du 8 oct. 1406 (*Epistole di P. P. Vergerio*, p. 170), puis dans l'*Europa*, ch. 54, d'Æneas Sylvius ; *Pii II Comment.*, p. 50.

manière vraiment splendide. Il était mort le 4 mai 1406; malgré ses 76 ans, il avait, plein de vie et de force, rempli sa charge jusqu'au dernier jour. Le lendemain, ses restes furent publiquement exposés sur la place des Peruzzi. Les principaux magistrats de la ville, les Prieurs et le Gonfalonier de la justice se pressaient autour du cercueil; puis, après eux, vinrent les docteurs de l'université, l'élite des citoyens et des lettrés, et une grande multitude de peuple. Viviano Neri de' Franchi, notaire des *Riformagioni* et par conséquent collègue du défunt, s'avança et prononça son oraison funèbre; puis, en vertu d'un décret des Prieurs et du Gonfalonier, il lui ceignit le front du laurier des poètes. Les bannières et les enseignes de la ville et de toutes les corporations s'abaissèrent devant lui. La dépouille mortelle du chancelier fut transportée à S. Liparata[1], où la ville fit élever ensuite un superbe mausolée de marbre à ses frais. Puis on enjoignit aux citoyens de ne le désigner désormais que sous le nom du poète Coluccio, et tous convenaient, dit un chroniqueur, qu'il méritait vraiment un tel honneur[2].

L'activité littéraire de Salutato, en dehors de la chancellerie d'État, semble moins importante que son activité politique, mais suffirait encore à appeler sur lui notre attention. Malheureusement, il ne nous en reste que de rares et faibles témoignages. Nous avons de lui un sonnet dans le genre de Pétrarque, adressé à une dame Hélène, mais ce n'est certainement pas le seul qu'il ait écrit[3]. On cite encore huit Églogues modelées aussi sur celles de Pétrarque, et une élégie ou consolation à Phyllis[4]. C'étaient probablement des compositions de sa jeunesse, mais, à en juger par ses autres essais en hexamètres, il n'y a pas lieu d'en regretter la perte[5]. A ses jeunes années appartient encore un commencement de poème épique sur la guerre de Pyrrhus, roi d'Épire, contre les Romains, qui, évidemment, lui avait été inspiré par l'*Africa* de Pétrarque. Mais il n'en fit guère que le plan général; l'œuvre ne fut jamais publiée. L'écrit *De fato et for-*

1. C'est ainsi que le peuple désignait alors la célèbre cathédrale de S. Maria del Fiore.

2. D'après le *Priorista* (tableau des Prieurs) de ce Viviano (Gioviano) Neri et d'après la *Chronicon* de Lucas de Scarperia dans Rigacci, *l. c.*, XIV, XV, XXI, et dans Mehus, *Præfat. ad Epist.*, p. LXXVI. Une courte notice bibliographique sur ce sujet dans Valentinelli, *Bibl. ms. ad S. Marci*, Venise, t. IV, p. 202. Buoninsegni, *Hist. Fiorent.*, p. 796.

3. Imprimé dans le *Paradiso degli Alberti*, vol. I, P. II, p. 320.

4. Filippo Villani, éd. Galletti, p. 19. *Epistolario*, éd. Novati, I, p. 157.

5. Cf. cette longue et insipide poésie dans Zacharias, *Iter. litt.*, p. 333. La Phyllis est d'ailleurs conservée en manuscrit. *Epistolario*, p. 41, avec notes de Novati.

tuna était un poème didactique et philosophique en hexamètres, destiné, avant tout, à combattre la science prétendue des astrologues. Mais il y avait des passages tellement empreints de paganisme, que le dominicain Giovanni di Domenico lui opposa son *Lucula noctis*[1]. Parmi les traités proprement dits, dont il semble que cette poésie n'était que le trait-d'union, celui *De Religione et fuga sæculi* paraît avoir eu beaucoup plus de succès. Le chancelier avait visité un jour le cloître des Camaldules de S. Maria degli Angioli, à Florence, où vivaient alors un grand nombre d'amateurs de la nouvelle éloquence, comme auprès des Augustins du Santo-Spirito; il avait promis au frère Girolamo de Uzano un travail qui servît à l'affermir dans l'amour de la vie claustrale. Voilà comment on lui attribue un écrit, dont Filippo Villani déclare qu'il est capable d'inspirer à plus d'un le désir de la vie solitaire et religieuse. Peut-être, à l'exemple de l'ouvrage de Pétrarque « Sur l'oisiveté des religieux », renferme-t-il plutôt une invitation à la contemplation solitaire des poètes, qu'un engagement à la pénitence et à la mortification des anachorètes[2]. D'autres traités philosophiques, comme celui *De Verecundia*, et un autre sur les travaux d'Hercule, dont il donne une interprétation allégorique, ne sont connus que de nom ou à peu près[3]. Le motif qui fit oublier toutes ces œuvres est évident : elles ne répondaient plus aux exigences d'un goût plus délicat ni aux formes perfectionnées du style, et elles furent surpassées par une littérature beaucoup plus achevée.

Quelle que fût la haute réputation personnelle de Salutato, il n'en fut pas moins obligé plusieurs fois de défendre ses études préférées, la lecture des poètes anciens, la poésie et la rhétorique, jugées alors inséparables, contre les attaques passionnées, qui, la plupart du temps, émanaient des moines. Même dans les dernières années de

1. Un passage de la poésie de Salutato a été imprimé dans les *Carmina ill. poet. Ital.* t. VIII, p. 293, et dans l'*Epistolario*, éd. Novati, p. 281. Cf. Bandini, *Catal. codd. lat.*, t. II, p. 614. Lorsque Salvi publia la *Regola del governo di cura familiare di Giov. di Domenico* (Florence 1860), il avait cherché en vain dans les bibliothèques le *Lucula noctis*. Il fut trouvé plus tard par Anziani à la Laurentienne. Cf. Janitschek, *Die Gesellschaft der Renaissance in Italien und die Kunst*, Stuttgard, 1879, p. 105. La dédicace polie de cet écrit à Salutato n'empêche pas que le contenu ne tende à le combattre dans son paganisme. Il n'est pas rare de rencontrer chez les moines de semblables avis présentés sur le ton de l'onction la plus tendre. Pastor, *Gesch. der Päpste*, I, p. 44, note 1, cite un manuscrit plus important.

2. Lami, *Catal. bibl. Riccard.*, p. 135. Bandini, *l. c.*, p. 602. Villani, éd. Galletti, p. 19.

3. Un tableau des œuvres de Salutato se trouve au commencement de l'édition des lettres de Rigacci, p. XXXIV, et dans celle de Mehus, p. LXXVIII.

sa vie, il eut à soutenir une polémique contre le camaldule Giovanni de San Miniato, avec lequel il avait eu de fréquentes disputes et échangé plusieurs écrits sur ces matières[1]. Le moine avait dissuadé le jeune Agnolo de' Corbinelli, que Salutato aimait comme un fils, de l'étude des poètes païens, l'excitant au contraire au culte des ouvrages ecclésiastiques. Il avait qualifié de vaines futilités toutes les élégances des poètes anciens, affirmant que, dans la bouche d'un chrétien, c'étaient des blasphèmes d'idolâtre et qu'elles corrompaient les mœurs comme une peste, etc. Le vieux chancelier prit la plume et écrivit pour les défendre le dernier de ses travaux littéraires. Il provoque à un défi formel le théologien, montre que l'Écriture sainte elle-même se sert de l'allégorie comme la poésie, que le sens symbolique des anciens poètes s'accorde merveilleusement avec les vérités théologiques et que, de plus, la Bible même contient, comme ceux-ci, des passages obscènes et répréhensibles[2]. Telle est la doctrine qui avait été soutenue jadis, même dans les réunions du Santo Spirito. Un défi aussi osé, aussi net, n'avait été lancé ni par Pétrarque, ni par Boccace; ils s'étaient bornés à se tenir simplement sur la défensive en faveur de la poésie et des anciens poètes. Toutefois l'Église ne molesta jamais Salutato ; il était protégé par l'esprit gibelin de sa République.

Comme Pétrarque, Salutato nous apparaît comme un zélé collectionneur de livres, préoccupé sans cesse d'accroître et de compléter les écrits des anciens Romains, que renfermait sa bibliothèque. Si le premier profita de sa renommée pour nouer des rapports littéraires de toute sorte, la position officielle du second lui fournit mainte occasion de se procurer des livres, ou tout au moins des copies. Il se donne lui-même pour un amateur de livres, qui ne laisse rien lui échapper des mains et dont les désirs sont insatiables. Sur ce point, disait-il, il ne connaissait pas de mesure : s'il était le maître de

1. Salutato, *Epist.* 26, éd. Mehus, d'après laquelle je rapporterai au liv. 7e d'autres choses adressées au même Giovanni ; elle est en même temps une défense de la poésie et une attaque contre les hauteurs des moines. Giovanni répondit par l'écrit cité dans Mittarelli, *Bibl. codd. ms. S. Michaelis*, Venise, p. 537.

2. Mehus donne un extrait de l'écrit de frà Giovanni et de celui de Salutato, *Vita Ambros. Travers.*, p. 292. Là, comme dans Bandini, *Catal. codd. lat.*, t. III, p. 560, l'écrit de Salutato porte la date du 25 janvier 1406. L'édition *Epistola del Salutato al reverendo D. Giovanni Dassaminiato* (!) *tradotta di latino da Niccolò Castellani*, éd. Stolfi, Bologne, 1867, ne porte que la traduction italienne. — Salutato écrivit-il une apologie de Pétrarque, après invitation reçue ? nous ne le savons. *Epist.* 19, éd. Mehus. Mais l'*epist.* 23 de cette édition est une apologie de Virgile contre ses détracteurs. [La lettre 15 du livre III, dans l'éd. Novati, I, p. 178, est une véritable apologie de Pétrarque.]

tous les autres biens de la fortune, des livres il était esclave[1]. A l'exemple de Pétrarque, il pressait habituellement ses amis à l'étranger de rechercher les classiques encore inconnus, spécialement les livres perdus de Tite-Live et même de Trogue-Pompée, qu'il connaissait par Justin, ou un Quinte-Curce complet[2]. Mais, comme lui, il dut se résigner à subir des déceptions. Pendant quelque temps il se flatta de pouvoir trouver un Quintilien qui fût acceptable — Pétrarque lui-même ne le connaissait que sous une forme très incomplète — mais ses espérances ne se réalisèrent pas. Un jour on lui dit avec beaucoup d'assurance que Gonzague de Mantoue possédait les Annales d'Ennius, mais elles ne virent jamais la lumière[3]. Le gendre de Pétrarque lui écrivit qu'entre les mains de Jean-Galéas Visconti, et provenant de l'héritage de son beau-père, était un livre de Varron : *De mensuris orbis terrae*, d'écriture très ancienne et avec des figures géométriques; mais on ne le retrouva jamais, et encore Loschi soutenait-il que c'était le livre : *De lingua latina*[4]. Le margrave Josse de Moravie l'informa qu'il avait découvert un Tite-Live complet et qu'il prendrait soin de lui en faire tenir une copie. Salutato ne voulait pas croire à cette nouvelle, mais plus tard il apprit du chancelier du prince qu'il existait, en réalité, dans un couvent de Bénédictins du diocèse de Lubeck, un Tite-Livre complet ou à peu près, mais en caractères si anciens que personne n'était capable de le lire. Salutato demanda instamment communication du manuscrit et se faisait fort de le déchiffrer. Mais on n'en parla plus, et, plusieurs autres fois dans la suite, la nouvelle de la découverte d'un Tite-Live dans le nord vint tromper les amis de l'antique littérature[5].

Pétrarque avait réuni bien des ouvrages, qui n'étaient guère, généralement parlant, accessibles aux autres. Selon toute apparence, il était peu porté à donner communication de ses trésors, soit qu'il ne pût se détacher de ses livres, soit qu'il fût jaloux des raretés et curiosités que lui seul possédait. Il est vrai qu'il fit un jour connaître à Lapo da Castiglionchio le discours de Cicéron *pro Archia*, en retour de plusieurs autres que ce dernier lui avait communiqués. Mais, en dehors de cela, on ne connaît aucun cas où il se soit prêté à laisser

1. Lettre à Pasquino de' Cappelli du 24 sept. 1390 dans les *Opuscula* de Haupt, vol. II, p. 114, 115.
2. *Lettera ad uno sconosciuto*, Mehus, *Vita Ambros. Travers.*, p 296, au maître d'école Domenico d'Arezzo, dans l'*Epistolario*, éd. Novati, I, p. 260.
3. Salutati, *epist.* II, 19, éd. Rigacci.
4. Son écrit à Cappelli du 24 sept. 1390, *l. c.*
5. Le postscriptum de l'*epist.* I, 51, de Salutato, éd. Rigacci, a été publié par Haupt, *Berichte der k. Sächs. Ges. d. Wiss.*, vol. II, 1850, p. 16.

sortir un livre quelconque de sa bibliothèque. Il possédait les poésies de Catulle et de Properce, probablement aussi celles de Tibulle. Salutato le savait et désirait depuis longtemps faire connaissance avec ces poètes dont le nom seul était parvenu jusqu'à lui. Mais, loin de s'adresser directement à Pétrarque, il écrivit à Gasparre de' Broaspini, de Vérone, car c'était sans doute de la Bibliothèque capitulaire de cette ville que provenaient les copies de ces poètes alors complètement ignorés[1]. Il reçut Catulle, de Vérone. Properce fut plus tard copié pour lui sur l'exemplaire que possédait Pétrarque, après la mort de celui-ci. Il possédait encore Tibulle, comme nous le montre son exemplaire qui nous a été conservé[2].

Après la mort de Pétrarque, Salutato put avoir accès à son héritage littéraire grâce à Brossano, gendre du défunt, et à Lombardo da Serico, ami de la famille. Ce fut par eux, nous l'avons dit, qu'il fut mis en possession de l'*Africa*. Mais il put encore se faire copier plusieurs ouvrages du grand poète, qui étaient demeurés inachevés, le livre « Des hommes illustres » et celui « Des choses mémorables ». Il put aussi connaître quelques discours de Cicéron qu'il ignorait, ou dont il n'avait que des exemplaires défectueux. Probablement, il put contenter son désir de connaître le livre des « Académiques » du même auteur. Par contre, dans la succession de Pétrarque, on ne retrouva point plusieurs écrits de Cicéron, qu'il semble avoir possédés, suivant certaines indications contenues dans ses œuvres[3]. Par exemple, on est tout étonné qu'en cette occasion il ne soit nullement question des *Lettres* de Cicéron, de l'exemplaire que Pétrarque copia de sa main à Vérone, en 1345, et dont on n'a plus généralement entendu parler.

C'étaient précisément les lettres de Cicéron que Salutato eût voulu posséder, dès le jour où plusieurs citations, qu'en avait faites Pétrarque dans ses écrits, lui en avaient inspiré le désir. Il savait encore que Pétrarque les avait trouvées à Vérone, et c'est pourquoi

1. Pour Catulle et Tibulle, nous en avons la preuve dans la mention qu'en fait Guglielmo da Pastrengo, *De originibus rerum libellus*, fol. 18, par qui, certainement, l'attention de Pétrarque fut appelée sur le manuscrit des lettres de Cicéron. Pour Properce, Salutato s'adressa directement à Vérone. [Toutes ces questions sont traitées à fond par P. de Nolhac, *Pétr. et l'humanisme*, p. 138-145. Le prétendu manque de libéralité de Pétrarque n'est pas admissible. V. p. 71 et *passim*.]

2. Trois lettres de Salutato à Broaspini et à Benvenuto d'Imola, du 25 juillet 1374, du 20 juillet et du 17 octobre (ou 16 novembre) 1375, dans l'*Epistolario*, éd. Novati, I, p. 176, 204, 218. En outre, la lettre à Lombardo da Serico du 13 juillet 1379, *ibid.*, p. 330. *Tibulli Eleg.*, éd. Baehrens, *Proleg.*, p. VII, X. [L'exemplaire de Salutato est le célèbre *Sangermanensis* de Paris. Novati, p. 222 n.]

3. Lettre de Salutato à Lombardo, *l. c.* P. de Nolhac, p. 76, 209, 402.

il s'adressa d'abord à Brossano ; mais il n'obtint de ce dernier qu'une soixantaine de lettres choisies, qui ne firent qu'augmenter en lui la passion de les posséder toutes. Toutefois, vers l'année 1389, il vint à apprendre que Jean-Galéas de Milan avait reçu en présent, de la bibliothèque de Vérone et de Verceil, un certain nombre de livres anciens, et que parmi eux se trouvait le manuscrit véronais des Lettres de Cicéron et un autre de Verceil qui, autant qu'on le pouvait croire, renfermait les mêmes lettres[1]. Immédiatement il se mit en mouvement pour arriver à obtenir, par une autre voie, le trésor si convoité. Il était en relation avec le chancelier milanais Pasquino de' Cappelli, et avec le jeune poète Antonio Loschi, qui alors — c'était avant son libelle contre Florence — n'avait pas encore rompu avec lui et était en même temps l'hôte assidu de la cour de Milan. Capelli fit en effet transcrire les Lettres pour son collègue florentin ; mais, malgré les instances réitérées et les protestations d'amitié de celui-ci, il ne put nouer avec lui un commerce épistolaire, parce que Milan était alors en guerre avec la République florentine. Enfin l'exemplaire parvint à Florence. Salutato, qui cherchait de l'argent, trouva de l'or. Il reconnut de tout autres lettres de Cicéron que celles auxquelles il s'attendait, d'après le recueil des soixante premières et les citations de Pétrarque. On n'avait pas copié le manuscrit de Vérone, mais celui de Verceil, et ce dernier contenait les Lettres familières dont, ni Pétrarque, ni les autres, n'avaient encore soupçonné l'existence. Si quelqu'un les avait vues pendant le moyen âge, alors seulement elles entraient dans le domaine courant de la littérature, et le style épistolaire allait recevoir du plus éloquent des Romains une impulsion extraordinaire. Salutato reconnut tout le prix de sa découverte et considéra le livre non seulement comme une source nouvelle d'éloquence ; mais, comme Pétrarque avait fait, une génération avant lui, il porta ses regards sur les sentiments intimes de l'illustre orateur romain. Il apprit alors à connaître dans Cicéron que, jusqu'à ce jour, il n'avait admiré que dans ses écrits et ses discours, l'homme politique et l'homme privé, toujours perplexe et indécis dans les dangers et dans le malheur. De là, la reconnaissance infinie qu'il témoigne à son ami pour ce don « venu du ciel » : il ne se serait jamais cru digne d'une si grande fortune ; il était heureux et satisfait au-delà de toute expression. Il ne fit pas moins d'instances pour obtenir qu'on lui donnât sur le manuscrit de Vérone une copie des

1. Cette indication de Schio (*S. vita e s. scritti di Ant. Loschi*, Padoue 1858, p. 74), laisse d'ailleurs place à plus d'un doute. L. Mendelssohn s'étend plus longuement sur les Lettres de Cicéron dans les *Neuen Jahrb. f. Phil.*, 1884, p. 852.

autres lettres de Cicéron à Atticus, à Quintus son frère et à Brutus. Mais plusieurs années s'écoulèrent, pendant lesquelles, la guerre ayant éclaté entre les deux États, le chancelier Milanais ne répondit pas à la demande de Salutato. Cependant celui-ci finit par obtenir une copie. Peut-être y avait-il un millier d'années que les deux groupes des lettres de Cicéron ne s'étaient trouvés réunis comme maintenant dans les deux antiques manuscrits de Milan et dans les deux copies que possédait Salutato[1].

Toutefois Salutato était tout autre qu'un simple collectionneur et un dilettante. Nous l'entendons souvent se plaindre de l'ignorance et de la mauvaise foi des copistes, qui tantôt suppriment des passages tout entiers, tantôt intercalent des notes dans le texte et le gâtent. On sait qu'il mit en ordre les lettres de Cicéron, les enrichit de sommaires et d'annotations, et se fit expliquer par Chrysoloras les mots grecs qu'elles renferment. Il confronta plusieurs exemplaires des œuvres de Sénèque et de saint Augustin et en améliora le texte. Il fit la même chose pour les autres livres qu'il possédait. Tant d'activité surprendra d'autant plus, si l'on considère le temps que devait lui prendre son emploi de chancelier. Sa critique ne manquait pas d'une certaine finesse. Ainsi il s'aperçut de suite qu'on ne pouvait attribuer à Cicéron le *De differentiis*, qui circulait sous son nom[2].

Même dans ses entretiens avec les jeunes beaux esprits, qui grandissaient à l'ombre de sa protection, Salutato garda toujours la rigide austérité de son caractère. Il leur prodiguait ses conseils et son appui, leur ouvrant spécialement sa bibliothèque, qu'il considérait comme une propriété commune. Pour eux, c'était tout à la fois un bienfaiteur, un maître, et un père sévère. La légèreté et la vanité de la génération contemporaine ne passaient pas inaperçues à ses yeux. Au jeune Poggio, qui avait vécu pauvrement à Florence et qui jouissait alors de riches émoluments auprès du pape, il rappelle qu'il ne doit pas cette fortune à ses services et à ses talents, mais à la

1. Pour de plus grands détails, voir mon travail sur la tradition manuscrite des lettres de Cicéron, *Berichte der k. Sächs. Ges. d. Wiss.*, 1879. A mon avis, Viertel a mis dans un meilleur ordre les lettres de Salutato, *Jahrbücher für klass. Philol.*, 1880, p. 242. [Cf. un mémoire plus complet d'O. E. Schmidt, *Abhandlungen der k. Sächs. Ges. d. Wiss.*, cl. phil.-hist., X, 1887.]

2. Deschamps, *Essai bibl. sur Cicéron*, p. 154. Son opinion, d'après laquelle le philosophe Sénèque ne peut être l'auteur des tragédies qu'on lui attribue (*Epistolario*, éd. Novati, p. 150) est inutile à citer, puisque Pétrarque lui-même (*Epist. rer. famil.*, XXIV, 5) exprime sur le même sujet des doutes dont il n'est pas l'auteur, P. de Nolhac, p. 311. Mais que l'on compare dans l'*Epist.* 23, éd. Mebus, son jugement si impartial sur la poésie connue sous le nom de Caton.

grâce divine et à l'intercession d'un certain membre de la Curie; une autre fois, il l'avertit de se tenir éloigné des discussions et des insultes, de ne se mêler de quoi que ce soit, sans y être appelé[1]. Quand nous connaîtrons mieux ce dernier, nous verrons que de tels avertissements n'étaient pas tout à fait superflus, et que Salutato était le seul homme de la bouche duquel il consentît à les entendre. Leonardo Bruni, qui devait tout à Salutato et en avait reçu un jour une pareille admonestation, s'emporta d'abord légèrement dans un premier accès de colère contre son bienfaiteur, mais lui fit ensuite amende honorable[2]. Le respect dont ces jeunes gens entourèrent toujours le vieux chancelier a quelque chose de touchant. Lorsque Bruni apprit sa mort, il lui échappa de dire qu'il ne pourrait jamais revoir sans pleurer la Piazza, la Seigneurie, les églises de Florence, où il s'était trouvé tant de fois avec un aussi grand homme[3]. Et Poggio, en recevant cette nouvelle, écrivait : « Nous qui cultivons les lettres, nous avons perdu un père, qu'il nous sera difficile de remplacer. Nous avons perdu le port et l'asile, où venaient se réunir tous les nobles esprits, la splendeur de la patrie, l'honneur de l'Italie[4]. » Enfin Loschi, que le défunt avait écrasé sous les traits de sa polémique, déclara spontanément qu'il l'avait toujours aimé et le proclama le prince de l'éloquence latine parmi ses contemporains[5]. Si donc, ceux-ci ne craignirent pas de le compter au nombre des premiers et des plus illustres fondateurs de l'Humanisme, nous n'hésiterons pas à lui accorder une place parmi les grands hommes de son temps.

1. *Epist.* I, 6, 76, éd. Rigacci.
2. Léon Bruni, *Epist.* I, 10, X, 5, éd. Mehus.
3. *Epist.* I, 12, éd. Mehus.
4. Sa lettre à Niccoli du 15 mai 1406, Poggius, *Epist.*, éd. Tonelli, vol. I, p. XIII; Bandini, *Catal. codd. lat.*, t. III, p. 647, et Bandini, *Bibl. Leop. Laurent.*, t. II, p. 451, où la lettre est faussement attribuée à Bruni.
5. Sa lettre du 25 oct. 1406, dans Schio, p. 161.

CHAPITRE TROISIÈME

Obstacles à la diffusion de l'Humanisme. Les Maîtres errants. Giovanni Malpaghini de Ravenne. Gasparino Barzizza. Manuel Chrysoloras.

Florence, qui avait chassé Dante de son sein, a fait oublier largement sa faute. Après Boccace et Salutato, elle est restée pendant des siècles la métropole de la nouvelle culture ; l'immense majorité des représentants de celle-ci avait du sang toscan dans les veines.

L'exemple de ces grands esprits put, certes, éveiller chez plusieurs le désir de voir refleurir l'âge d'or de la littérature latine. Toutefois, si l'on tient compte de l'ardeur avec laquelle on se mit à l'œuvre, les progrès nous semblent médiocres et leur développement d'une lenteur extrême. Il fallut un siècle pour arriver à un résultat qu'on obtiendrait, de nos jours, en dix ans. Les ressources et les communications d'alors étaient rares et défectueuses. Celui qui ne pouvait dépenser beaucoup d'argent pour acquérir des livres, ou qui ne se trouvait pas dans une situation favorable pour les emprunter à un possesseur complaisant, devait sans doute se contenter d'un Virgile ou de quelques écrits de Cicéron et ne pouvait augmenter que très lentement ses trésors en prenant lui-même des copies. Les vieux manuels de grammaire et de rhétorique étaient hors de service ; il n'en existait pas de nouveaux : les lectures répétées, le travail de mémoire, les exercices d'imitation devaient continuer à remplacer l'instruction systématique et ne la remplaçaient naturellement que très imparfaitement. Le cercle d'amis, que Pétrarque, Boccace et Salutato avaient groupé autour d'eux, était imposant, mais toujours restreint, comparé aux centaines et aux milliers de personnes qui auraient étudié volontiers, si elles en avaient eu les moyens. Avant que l'imprimerie eût donné des ailes à la pensée, il fallait à celle-ci un autre levier pour hâter sa marche.

Ainsi les premières années de la Renaissance furent suivies d'une seconde génération, celle des Maîtres errants, des écoles nomades. De même, la fondation des Universités italiennes avait été précédée d'un va-et-vient de maîtres et de disciples et, précisément comme alors, c'étaient surtout encore les grammairiens et les rhéteurs qui erraient, en qualité de maîtres privés, de ville en ville[1]. L'expression classique de *ludi litterarii* devint à la mode. Tantôt on voyait se presser aux pieds des maîtres fameux des jeunes gens et des vieillards, des pauvres et des riches, indigènes et étrangers pêle-mêle, et comme les maîtres passaient d'une chaire à une autre, souvent les écoliers les suivaient dans leur marche vagabonde pour apprendre ici la finesse du style, là l'interprétation d'un auteur, ailleurs la morale antique, et en d'autres lieux les éléments de la langue grecque. L'enseignement varié, le mouvement et l'expérience multiplièrent les ressources intellectuelles et offrirent un intérêt toujours plus vif et plus général.

Le premier des Maîtres errants est une création immédiate de Pétrarque. En 1364, son ami Donato lui recommande un jeune homme pauvre dont les aptitudes s'étaient révélées dans son école de Venise, en qualité d'écrivain. Il s'appelait Giovanni di Conversino et était originaire de Ravenne[2]. Quoique à peine sorti de l'enfance, il se

1. Cf. Wilh. Giesebrecht, *De litterarum studiis apud Italos primis medii ævi sæculis*, Berlin, 1845, p. 15 sqq.

2. Les difficultés chronologiques, qu'on rencontre dans le récit de sa vie, font le désespoir des écrivains, qui ont déclaré la question « presque insoluble ». Salutato affirme dans sa lettre à Carlo Malatesta, que Giovanni était demeuré auprès de Pétrarque *ferme trilustri tempore*, et Giovanni lui-même dit dans la dédicace de son histoire des Carrare : *octo propre lustris atrii verna Carrigerum... fui...ego iuvenis et pauper aulam adii*, etc. De cette manière on a de longues périodes de temps, qui ne laissent point de place aux autres emplois que Giovanni occupa dans sa vie. A cela on a cherché un remède. Mehus, dans sa préface des Lettres de Salutato, admet d'abord un retour de Giovanni après son second voyage à la maison de Pétrarque, auprès duquel il serait resté jusqu'à la mort de ce dernier, version qui ne trouve aucun appui dans les sources et qui n'a aucune probabilité de fait. Plus tard Ginanni (*Memorie degli scrittori Ravennati*, t. I, p. 214-226) met en avant l'idée de diviser les renseignements entre deux Giovanni de Ravenne contemporains, dont l'un aurait appartenu à la famille Ferretti. Son assertion manque de preuve. Toutefois, elle a été suivie par Tiraboschi, t. V, et par Fracassetti, *Lettere di F. Petrarca*, vol. V, p. 91-110. Au contraire, Baldelli (*Petrarca*, p. 249-252) soutient l'existence d'un seul Giovanni et tâche d'expliquer autrement les données apparemment contradictoires, mais vraiment avec peu de succès. Colle (*Storia dello Studio di Padova*, vol IV, p. 85, etc.) est mieux fondé, quand il continue à accumuler les preuves pour soutenir l'existence d'un seul individu, mais sans arriver à résoudre les difficultés, comme lui-même l'avoue. Il est aussi forcé de faire violence aux dates, en reportant avec Baldelli la lettre de Pétrarque à Boccace de l'année 1365 (*Epist. rer. famil.*, XXIII, 19) à l'année 1361 et avec Mehus il admet le retour de Giovanni auprès de Pétrarque et ainsi il arrive avec peine à gagner 13 ans. Il explique les 40 années passées à la cour de Carrare en admettant que le jeune secrétaire y fut introduit de très bonne heure par Pétrarque et en tenant compte, d'ailleurs, de toutes les interruptions. Dans la seconde édition de ce livre, Georg Voigt cherche à lever la difficulté, en faisant observer que dans les passages cités plus haut le mot *lustrum* ne signifie pas l'ancien cycle romain, mais, suivant la coutume du moyen âge, simplement une année, comme

distinguait non seulement par une belle calligraphie, mais encore par une application extraordinaire, par le zèle, l'intelligence et un amour enthousiaste pour la littérature, autour de laquelle le maître le tenait occupé.

Ainsi il parvint à réunir le recueil des lettres de Pétrarque à ses amis, qu'il dut classer sur une multitude confuse de copies et d'ébauches, comme l'avaient essayé avant lui pendant des années quatre autres écrivains, et cela à la pleine satisfaction de son protecteur. Il était pour ce dernier un hôte non seulement agréable et cher, mais encore très utile. Pour se l'attacher entièrement, Pétrarque le fit entrer, au moyen de son ami, l'archevêque de Ravenne, dans l'état ecclésiastique : il avait en vue même une prébende pour lui. Cela devait contribuer à le décharger lui-même d'autant, car jusqu'alors il avait dû pourvoir le pauvre jeune homme d'habits et de toutes les choses les plus nécessaires. Avec son égoïsme habituel, il était persuadé que le jeune homme ne pouvait mener une vie

Du Cange, *Glossar. med. et inf. lat.*, en donne quelques exemples. Il ne se dissimule pas que Salutato, *Epist.* 18, éd. Mehus p. 81, sait aussi calculer *lustrum* à la manière des Romains et que la divergence, dans les actes officiels, du nom du père de Giovanni reste invariable. C'est qu'en effet ce que nous savons de Giovanni de Ravenne peut s'appliquer à deux personnes, Giovanni di Conversino et Giovanni Malpaghini, comme on le voit par les lettres jusqu'ici inédites de Pier Paolo Vergerio et les documents de l'Université de Florence, Sabbadini, *I due maestri Giovanni da Ravenna* dans le *Giornale storico d. lett. ital.*, V, p. 156, et Th. Klette, *Beiträge zur Geschichte u. Litteratur der italienischen Gelehrtenrenaissance*, I. Greifswald, 1888. Le *ferme trilustri tempore* doit être pris dans le sens proposé par Voigt ou comme une simple erreur de Salutato. Car l'identité du chancelier de Carrare avec le jeune disciple de Pétrarque, identité que conteste Klette, ressort jusqu'à l'évidence du passage suivant d'une lettre du premier à Donato degli Albanzani : *me quoque fateor viri huius (Petrarcae) decessu haud leviter ictum, eius quippe summa virtus et humanitas me, quem te largiente suscepit, suavis etiam familiaritas, quam in dies auctam iri videbam, causant, ne queam siccare lacrimas.* Rački, *Rad jugoslavenske Akademije znanosti i umjetnosti*, vol. 74, 1885, p. 135, qui se sert d'un manuscrit de l'Académie d'Agram contenant plus de cent lettres de Giovanni, et soutient positivement encore dans sa biographie l'unité de personne. Cf. M. Lehnerdt, *Zur Biographie des Giovanni di Conversino von Ravenna* im *Programm des Kneiphöfischen Gymnasiums zu Königsberg i. P.*, 1893. Suivant l'indication donnée par Pétrarque, *Epist. rer. famil.*, XXIII, 19, il faudrait placer la naissance de Giovanni vers 1347. Klette, *l. c.*, p. 4. Son père est appelé, dans un document de l'Université de Florence de l'année 1368 (*Gherardi Statuti della Univ. e Studio fiorent.*, p. 333), *magister conversinus.* Dans les actes notariés de la commune de Padoue (Colle, *l. c.*, p. 96), notre professeur est appelé *filius ser mag. Convertini physici de Tregnano* (l. Frignano) et précisément en 1382. Dans Facciolati (*Gymnas. Patav. Synt.*, XII, p. 167) il est dit : *q.* (*quondam*) *mag. Convertini* (1399). Ajoutons à cela l'adresse de 7 lettres de Salutato à G. Conversini chez Novati, *Epistolario di Col. Salutati* dans *Bull. dell' Istituto storico ital.*, IV, 1888, p. 64, dont une seule est imprimée (*ep.* 14, éd. Mehus). Le nom de Ferretti a été pour la première fois et arbitrairement ajouté au chancelier de Padoue par l'évêque Giampietro Ferretti, au XVIe siècle [Novati se réserve de reprendre la question].

plus heureuse et plus honorée, qu'en grandissant dans le temple de la sagesse et dans des rapports journaliers avec le prince du savoir, en qualité de dévoué serviteur, et en demeurant à ses côtés jusqu'à ce que la mort vînt les séparer. Mais, s'il reconnaissait volontiers les bienfaits reçus, Giovanni n'en avait pas moins l'esprit inquiet et avide de mouvement. Il se fatigua de n'être qu'un simple secrétaire, un satellite autour du soleil de la sagesse; il sentait bouillonner son sang à la pensée de passer ses plus belles années dans un repos forcé, en compagnie d'un homme déjà vieux. Ses rêves l'emportaient à Naples, à Byzance et vers la langue grecque; il voulait voir Avignon, voir Rome; en un mot, il voulait se faire par lui-même une position et un nom. Aussi un jour — le 21 avril 1366 — alla-t-il trouver son maître, lui déclarant qu'il ne pouvait ni ne voulait rester davantage auprès de lui, et, prié d'en dire le motif, il avoua, au milieu des larmes que lui arrachait la reconnaissance, qu'il n'en avait aucun, sinon celui de ne pouvoir écrire plus longtemps, de ne vouloir plus être le secrétaire de qui que ce fût. Pétrarque ne voulait pas le croire : il soupçonnait que le jeune homme, qui le servait presque gratuitement, s'attendait à une augmentation de salaire. Comme il voulait aller à Naples, le maître se mit à plaisanter sur le nouveau Virgile de Ravenne, quand ce dernier déclara son vif désir d'étudier la langue et la littérature grecques; celui qui avait eu autrefois le même désir lui remontra qu'il était encore très éloigné de connaître suffisamment le latin. Toutefois, lorsqu'après quelques hésitations, Giovanni se décida tout à fait à partir, il lui remit plusieurs lettres de recommandation et un peu d'argent, tout en déplorant son inconstance et en lui prédisant qu'il mènerait une vie inquiète et vagabonde. En effet, il eut la satisfaction de voir peu après la misère, la faim et les dangers, lui ramener affamé, en haillons et tout honteux, le jeune Ravennate qui n'était pas allé au-delà de Pise.

Mais la réconciliation dura à peine assez de temps pour laisser s'évanouir le souvenir des pénibles impressions du premier voyage. Au bout d'une année, il n'était plus possible de retenir Giovanni. Il voulait aller directement à Constantinople et, Pétrarque lui représentant qu'il y aurait là bien peu à apprendre pour lui, visiter au moins la Calabre pour s'y rencontrer avec des hommes tels que Barlaam et Pilate. Pétrarque n'osa plus blâmer son désir de voir Rome et d'apprendre le grec, quoiqu'il le regardât toujours comme un aventurier inconsidéré. Mieux équipé et muni de recommandations pour Rome et pour Naples, Giovanni partit pour se jeter dans une vie pleine de vicissitudes, de souffrances et de déceptions[1]. Il est le type d'une génération inquiète et bruyante, qu'on retrouve chaque fois que les maîtres de la science ou des arts ont découvert une nouvelle route à parcourir, animée d'un désir infini d'apprendre et aspirant courageusement au plus noble idéal, mais pleine aussi d'instincts vagues et indéterminés et confiante, comme la jeunesse, dans ses propres forces.

Giovanni semble s'être rendu tout d'abord à Florence, où nous le retrouvons encore, en 1368, comme notaire et professeur de rhétorique à l'Université[2]. Nous apprenons alors, que la destinée le jeta violemment çà et là, que dans une circonstance il put s'arrêter, peut-être en qualité de secrétaire, auprès d'un protecteur, mais qu'il ne tarda pas à changer de situation, mécontent de tout et de tous. Il vit Rome et obtint même le diplôme de maître, sans jamais réussir cependant à apprendre la langue grecque. Il ne cessa d'entretenir une correspondance épistolaire avec Pétrarque et d'en recevoir de nouvelles admonestations de se procurer enfin une vie stable et d'apprendre à savoir vivre avec les hommes[3]. Toutefois en 1375 il commença une vie régulière en qualité de maître de latin à Bellune ; mais, son engagement terminé, quatre ans après, il fut congédié sous prétexte qu'il avait des prétentions trop élevées et n'était pas apte à

1. Giovanni serait cité pour la première fois dans l'*Epist. rer. famil.*, XXIII, 19, de Pétrarque à Boccace, si l'on admet le calcul de Fracassetti, qui lui assigne la date du 28 oct. 1365. Mais, d'après celle-ci, Giovanni aurait quitté Pétrarque *jam ante biennium*, et cela me ferait préférer l'année 1366, c'est-à-dire le temps postérieur au retour de Giovanni. Car les deux lettres à Donato (*Epist. rer. senil.*, V, 5, 6), du 22 avril et du 11 juillet, ne peuvent être que de l'année 1366, parce que les deux lettres de recommandation (*Epist. rer. senil.*, XI, 8, 9) tombent en 1367. En effet, dans la première, Pétrarque recommande à son ami Francesco Bruni, secrétaire papal, le jeune Giovanni qui voulait voir Rome. Mais la Curie d'Urbain V n'était pas à Rome avant 1367. Dans d'autres lettres à Ugo di S. Severino, Pétrarque dit avoir cherché pendant toute une année à réprimer, par tous les moyens possibles, la manie de voyager de Giovanni, qui avait déjà fait une première excursion. En tenant compte des circonstances, j'ai cru ces rectifications nécessaires. [Sur Giovanni comme copiste, v. P. de Nolhac, p. 101].

2. Gherardi, *Statuti della Università e Studio forent.*, p. 333. Lettre de Giovanni, Račkі, p. 152.

3. Pétrarque, *Epist. rer. senil.*, XV, 12, adressée dans les différentes éditions *Vago cuidam* ou *Ad inconstantissimum vagumque hominem quemdam*, en l'année 1373, qui passe depuis longtemps et avec raison pour avoir rapport à Giovanni. Ses lettres dans Račkі, p. 153, le montrent après son départ de Florence, à Trévise, à Conegliano, puis auprès de son oncle, le Patriarche de Grado, Tommaso da Frignano. Ce dernier, investi de sa charge en 1372, est probablement le protecteur dont il s'agit dans la lettre de Pétrarque citée plus haut (Lehnerdt, *l. c.*, p. 4). Après un court séjour à Padoue, il fut alors appelé à Bellune.

l'instruction des petits enfants[1]. Il était intimement convaincu qu'il était appelé à quelque chose de grand, et ses amis le croyaient avec lui. Nous avons une lettre qui lui fut adressée et qui semble appartenir à cette époque. L'auteur y déplore, comme l'avait fait jadis Pétrarque pour Zanobi, de le voir contraint de s'abaisser aux modestes fonctions de maître d'école[2]. Ce fut là le motif, qui, après l'expiration de ses engagements à Bellune, conduisit Giovanni à Padoue, où il s'ouvrit finalement une sphère d'activité plus élevée dans l'Université[3]. Il se lia en même temps d'une étroite amitié avec François, l'aîné des Carrare, dont il se concilia tout particulièrement les bonnes grâces; il écrivit vers cette même époque l'histoire des Princes de cette illustre maison[4]. Mais, quelques années après, les troubles politiques le chassèrent de Padoue; après un court séjour à Venise, nous le trouvons, en 1384, à Raguse comme chancelier et notaire de la Commune. Les trois années qu'il y passa furent les plus malheureuses de sa vie : ses lettres ne sont qu'une plainte sur l'insuffisance de ses ressources et le pays barbare, où l'étude des sciences était négligée et où il lui fallait conduire toutes ses négociations au moyen d'un interprète[5]. Aussi accepta-t-il en 1388 l'offre qu'on lui fit d'aller enseigner le latin à Udine; mais, là encore, le nombre des élèves et le salaire étaient maigres, quoique la Commune lui eût voté 84 ducats « en considération de son mérite et de la profondeur de son savoir[6] ». Alors nous le retrouvons à Padoue, comme chancelier de Francesco Novello de Carrare[7]. En même

1. *Magister Johannes de Ravenna licentiam habuit a comuni eo quod esset nimium valens et in multo maioribus quam professor grammaticae, et non bene aptus ad docendum pueros.* Déclaration existant aux Archives de Bellune, dans Colle, *l. c.*, p. 95.

2. *Johanni de Ravenna viro excellentis ingenii*, Georg Voigt, *Die Briefsammlungen Petrarca's und der venetianische Staatskanzler Benintendi, Abhandlungen der k. bayer. Akademie der Wiss.* III. Cl., vol. XVI, ch. III, p. 91.

3. Dans les actes notariés de la Commune, 22 mars 1382, il figure comme *artis rhetoricae professor*, lorsqu'il désigne un procurateur pour la vente de ses biens à Bellune (Colle, p. 96) et, au mois de mai de la même année, comme témoin au palais du prince, Gloria, *Monumenti della Università di Padova*, 1. § 1044. Il vint directement de Bellune à Padoue, nous le voyons par sa lettre, Račkî, p. 154.

4. Račkî, p. 155. La préface de l'ouvrage, Klette, p. 16.

5. Extrait des Archives de Raguse et de ses lettres, Račkî, p. 162, etc. Il faut placer à cette époque la composition de l'histoire de Raguse, qui figure au nombre de ses œuvres.

6. Extrait des documents, que Tiraboschi a empruntés aux Archives d'Udine. On voit que Giovanni y séjourna jusqu'en 1392.

7. Giovanni est cité comme chancelier de Carrare dans les lettres (Račkî, p. 177), dont la première est datée de 1394, puis dans les lettres de Vergerio de 1395, dans les documents du 18 février 1398 et du 17 mai 1399 (Facciolati, *l. c.*). Dans Andrea Gataro,

temps il enseignait à l'Université la rhétorique et l'éloquence, faisait des cours sur les anciens poètes et sur Cicéron. Sicco Polentone, qui avait été son disciple, loue en lui le maître distingué, qui enseignait la vertu moins par l'exemple des anciens que par le sien propre[1]. Si un excellent élève prouve en faveur de son maître, il n'est pas inutile de rappeler ici que Vittorino de Feltre et Guarino, les deux maîtres les plus fameux de l'époque suivante, fréquentèrent les leçons du Ravennate. C'est à cette époque qu'il convient de placer une quantité d'ouvrages, qui devaient le rendre agréable à son maître, partisan zélé de la nouvelle littérature, comme les deux traités « Sur son entrée au service de la cour » et « Sur la fortune des cours », une nouvelle édition de l'Histoire de la maison de Carrare et un épisode de l'histoire de Padoue. Mais la fortune des Carrare était déjà depuis longtemps sur son déclin et se trouvait fortement ébranlée par les difficultés de la guerre contre Venise ; en 1405, Padoue et son seigneur tombaient devant l'avidité conquérante de la République. L'habile chancelier, parvenu au seuil de la vieillesse, se vit obligé de reprendre sa vie errante ; enfin nous le trouvons en 1406 à Venise, où il paraît demander à l'enseignement le pain de chaque jour[2].

Giovanni était doué d'une mémoire vraiment extraordinaire ; autrefois même il avait fait l'admiration de Pétrarque, en apprenant en onze jours et en lui récitant couramment ses douze Églogues. Il savait en outre communiquer aux autres l'ardeur dont il était animé et semblait être né pour instruire les jeunes gens d'avenir. Mais le peu qui nous reste de ses écrits, dépourvus de goût et à peine intelligibles, explique suffisamment leur peu de succès et comment Biondo put dire, quarante ans après lui, que, du moins à sa connaissance, il n'avait rien écrit[3]. De tels hommes ne tardent pas à

Istoria Padovana (Muratori, *Script.* t. XII, p. 874 C), Messer Giovanni de Ravenne conclut le 27 mars 1404 un traité entre Francesco Novello et Guiglielmo della Scala.

1. Dans le 7e liv. de son travail manuscrit, *De illustribus latinae linguae scriptoribus* (Mehus, *Vita Ambros. Travers.*, p. 349, et dans Rosmini, *Vittorino da Feltre*, p. 32). Cf. Lehnerdt, p. 7.

2. Lettre de Vergerio à celui-ci dans ses *Epistole*, p. 128. Cf. Klette, p. 36. Francesco Barbaro l'appelle son maître dans le titre d'un livre (Agostini, t. II, p. 29) où des extraits de Valère Maxime avaient été insérés sous sa direction.

3. En réalité, le Ravennate a beaucoup écrit, même en dehors des travaux historiques et des traités au titre étrange déjà cités : il ne paraît pas avoir abordé la poésie. Ginanni, p. 225, énumère ses ouvrages d'après un manuscrit du Vatican ; Colle, p. 101, cite les mêmes d'après un manuscrit d'Oxford et d'autres d'après un manuscrit de Paris. Cf. Klette, p. 41. Ferretti (dans Ginanni, p. 224) lui en attribue encore d'autres. Il n'y a d'imprimés que les avant-propos de la nouvelle latine, *Elysiae historia*, et du récit historique

tomber dans un oubli fâcheux, parce que la parole du maître, même la plus puissante, ne laisse après elle aucune trace visible. Toutefois ses contemporains lui donnèrent un nom honorable, que la postérité lui conserve : ils le surnommèrent *Johannes Grammaticus*, le maître d'école.

Assurément il doit partager ce nom avec son compatriote Giovanni Malpaghini, dont la personne se confondit de bonne heure avec celle de Conversino[1].

Nous ne savons rien de la vie de Malpaghini avant son arrivée à Florence, à l'exception de son séjour à Muggia pendant l'année 1395[2]. En 1397, sans doute, grâce à l'influence de Salutato, il fut appelé à enseigner les belles-lettres à l'Université de Florence[3]. C'était l'époque où Chrysoloras lui-même était invité à accepter la chaire de grec et où l'on caressait le projet de fonder définitivement à Florence le nouvel enseignement humaniste. Malpaghini y trouva enfin l'activité, le milieu et le climat, pour lesquels il était fait. Avec un succès toujours croissant, il enseigna pendant plusieurs années de suite la rhétorique et l'éloquence, expliqua les auteurs de l'ancienne Rome et à certains jours le livre de Dante, et il obtint en retour, de la ville, un traitement de huit florins par mois[4]. Salutato était et demeura son meilleur ami et protecteur, et Giovanni l'aida à défendre la poésie et les poètes anciens contre le fanatisme de leurs adversaires[5]. « Comme par une faveur particulière du ciel, » avait coutume de répéter l'un de ses élèves, Lionardo Bruni, il avait le don d'exciter ses auditeurs au culte des belles-lettres. De son école sortit une pléiade d'hommes illustres, qui par leurs travaux et leur enseignement répandirent dans le monde la nouvelle culture : les nobles flo-

dialogué : *Historia Lugi et Conselicis*, dans les *Quirini Cardinalis Epistolae, coll. Coleti*, Venise, 1756, p. 568, et l'histoire de la maison de Carrare, Kleile, p. 16.

1. Déjà chez Biondo, Lehnerdt, p. 3.

2. *Epistole di P. P. Vergerio*, p. 123, 207, cf. Sabbadini, *Giornale storico d. lett. ital.*, V, p. 161.

3. La lettre d'invitation dans Gherardi, p. 369. Cf. le document, p. 374, du 13 août 1401, par lequel il lui est permis d'acquérir le droit de propriété sur le territoire florentin, le renouvellement du droit d'enseigner du 26 septembre 1402, p. 376, le décret de nomination du 10 juin 1412, p. 388, grâce auquel il enseigna *privatim* pendant la fermeture de l'Université, et la prorogation du droit d'enseigner du 4 avril 1417, p. 393. Dans tous ces documents il est nommé *Johannes magistri Jacobi de Malpaghinis* ou *Johannes de Malpaghinis de Ravenna*.

4. Arrêté du 10 juin 1412, *l. c.*

5. Par ex. : en 1406, contre Giovanni da San Miniato, comme Salutato l'insinue dans son écrit contre ce dernier, p. 174 ; *lasciati alle riprensioni del mio nobile nomo Giovanni da Ravenna*.

rentins Palla Strozzi, Giacomo d'Angelo da Scarparia, Roberto de' Rossi, trois chanceliers de la République, Lionardo Bruni, Carlo Marsuppini et Poggio Bracciolini, des hommes tels que Pier Paolo Vergerio, Francesco Barbaro, Ambrogio Traversari[1]. Toutefois cette jeune génération, qu'il avait mise sur la voie et qu'il avait enthousiasmée, ne tarda pas à surpasser la gloire du maître, qui, même de son vivant, — on présume qu'il mourut en 1417[2], — demeura presque oublié. Son caractère inquiet, défiant et susceptible, semble aussi l'avoir éloigné de ses anciens amis. Il avait coutume de se plaindre de son sort; il se croyait poursuivi et attaqué, et alors il abandonnait Florence pendant quelque temps et se retirait dans la solitude. C'est ainsi qu'il allait disparaissant peu à peu du monde, et l'on comprend que ses contemporains parlent à peine de lui[3].

Quelques dix ans plus tard, Gasparino Barzizza se jetait dans la même voie. Son surnom lui vient du village où il naquit; comme cette localité dépend du territoire de Bergame, on désigne aussi souvent ce savant sous le nom de « Bergomate » ou Bergamasque. La première impulsion lui vint de Cicéron, qui demeura toujours le centre principal de ses études, lesquelles, du reste, étaient consacrées à la grammaire, au style et à la rhétorique. Mais il resta longtemps inconnu, surtout pendant qu'il tenait école à Bergame, sa patrie. Ce ne pouvait être qu'une école de latin pour les enfants, à l'imitation de celles que nous voyons, même au temps de Pétrarque, dans toute cité de quelque importance. Son ambition ne pouvait longtemps borner là ses désirs. Mais il ne se déplaçait pas avec autant de facilité que le Ravennate Conversino, lequel, autant qu'on le sait, resta toujours sans enfants. Barzizza se vit bientôt entouré d'une nombreuse suite, et il dut traîner avec lui de ville en ville une famille tout entière. Au commencement du XVe siècle, il tente la fortune à Milan, mais n'y trouve pas d'emploi. Alors il se fixe pendant plusieurs années à Pavie, puis quelque temps à Venise. Un horizon plus favorable sembla s'ouvrir devant lui, lorsqu'en 1407 il fut nommé officiellement professeur à l'Université de Padoue, aux appointements de 120 ducats, position que Giovanni de Ravenne n'avait jamais pu

1. Biondo, *Italia illustr.*, p. 346, 347, où l'énumération des disciples est incomplète. Il cite confusément les noms des élèves des deux maîtres. Bruni même, au jugement duquel se rapporte Biondo, ne fait mention de Giovanni que dans l'*Epist.* X, 19, éd. Mehus.

2. Klette, p. 32.

3. Salutato, *epist.* 19, éd. Mehus. Dans cette dernière se trouve un passage caractéristique d'une lettre authentique de Malpaghini. Cf. une seconde lettre encore inédite de Salutato à ce dernier dans Novati, *Epistolario*, n° 79. (*Bull. d. Istit. stor.*, IV, p. 93.)

obtenir. C'est là pour la première fois qu'il eut l'occasion de mettre à profit son grand savoir, en donnant des conférences sur la rhétorique, sur les anciens écrivains et sur la philosophie morale, les premières peut-être qui aient été faites par un humaniste, d'après la nouvelle méthode. Mais lorsqu'il dut, en 1410, recueillir huit autres enfants, que son frère avait laissés en mourant dans la plus profonde misère, il ne crut plus possible de rester à Padoue, où la vie était trop chère, et il passa en 1411 à Ferrare; mais il revint bientôt à Padoue, pour en repartir de nouveau et aller chercher une situation meilleure à Venise[1]. On sait qu'il y eut parmi ses disciples des hommes de grand mérite, tels que Francesco Barbaro et Antonio Beccadelli[2]. Mais là encore il se trouva réduit à une telle indigence, qu'il se vit contraint de vendre ses livres aux enchères, pour se procurer de quoi vivre. En 1412, il retourna de nouveau à Padoue et chercha l'aisance en offrant le vivre et le couvert dans sa maison à plusieurs écoliers, comme le faisaient tant de maîtres pauvres. Il garda cette position jusqu'à ce que Philippe-Marie Visconti l'invitât, en 1418, à se transporter à Milan, pour y ouvrir une école. En sa qualité de sujet milanais, il dut obéir, et voilà comment nous le trouverons plus tard parmi les savants de la cour des Visconti[3]. Ainsi ce ne fut qu'après de longues années remplies d'agitation, de privations et de misères, que Barzizza trouva enfin un asile pour se reposer.

L'activité littéraire de Barzizza, sur laquelle nous aurons l'occasion de revenir plus d'une fois, frappe d'autant plus si l'on considère la situation malheureuse qui attrista les plus belles années de sa vie. Mais nous devons faire ressortir dès maintenant son mérite principal. Il a donné, le premier, une grande impulsion à l'étude de Cicéron, spécialement en ce qui concerne le style épistolaire. Le système qu'il employait était tout à fait nouveau. Dans les lettres, selon lui, il ne s'agit plus de chercher la profondeur des pensées, comme chez Pétrarque, ni la pompe oratoire, comme chez Salutato. Elles doivent avoir un certain laisser-aller naturel : on devrait écrire comme on parle dans l'habitude de la vie. Mais on a remarqué, d'ailleurs, dans Gasparino lui-même, que sa manière d'écrire, quoique élégante, manque de nerf et de vigueur.

1. Biondo, *Italia illustr.*, p. 346 : *Venetiis meliori solito doctrina nonnullos erudivit, plurimos ad ea imitanda studia incitavit.*

2. Barbarus, *Epist.* 118.

3. La vie dont Furietti fait précéder l'édition des *Gasp. Barzizii Opera*, est en grande partie composée d'après les lettres. Mazzuchelli, *Scrittori d'Italia*, vol. II, P. 1, p. 498 sqq. Il semble toutefois ne s'être rendu à Milan que vers la fin de 1421. Sabbadini, *Archivio storico lombardo*, XIII, 1886, p. 378.

Avec Barzizza nous entrons déjà dans un autre groupe de lettrés, qui ne s'inspirent plus immédiatement de Pétrarque, secouent le joug de son autorité et cherchent d'autres voies. L'arbre a déjà notablement poussé et commence à étendre ses rameaux dans toutes les directions. On demeure persuadé avant tout qu'il faut, de la littérature latine, remonter à celle qui lui servit de modèle, à la langue dont les trésors sont encore cachés dans l'empire byzantin. Pétrarque et Boccace y avaient à peine songé, ni l'un ni l'autre n'ayant jamais été en mesure de lire un auteur grec. Pétrarque ne faisait que tomber dans l'ignorance du jour, en déclarant que la littérature hellénique avait entièrement péri à Constantinople et en renvoyant son disciple Ravennate en Calabre, parce que de là lui étaient venus Barlaam et Pilate. Pourtant plusieurs jeunes gens, avides d'apprendre, entreprirent le voyage de Byzance, dont Pétrarque, satisfait de lui-même, croyait pouvoir se passer, et pour lequel le jeune écolier de Ravenne avait manqué de ressources. De plus, l'empire de Byzance, dont l'existence était de plus en plus menacée, envoya peu à peu en Occident des hommes pourvus de goût littéraire et d'une vaste érudition, pour y prendre part au nouveau mouvement intellectuel, pour enseigner et pour apprendre.

Le premier de ces apôtres, esprit de beaucoup supérieur, par le talent et le caractère, à Barlaam et à Pilate, fut le byzantin Manuel Chrysoloras[1]. Même dans son pays, il passait pour un savant distingué, comme rhéteur et philosophe. Au bruit de sa renommée, le jeune Guarino de Vérone s'était rendu à Constantinople et non seulement s'était fait son disciple, mais avait été même accueilli comme serviteur

1. Il n'est pas facile de refaire le récit chronologique de sa vie, parce que nous n'avons que des données rares et tout à fait accidentelles. L'*Oratio funebris* d'Andrea Giuliano, Lenfant, *Poggiana*, t. II, p. 327, Boerner, *De doctis hom. græcis*, p. 25, et Hody, *De græcis illustr.*, p. 32, est simplement un éloge sans le précis ordinaire de la vie. Guarino se hâta d'en donner une biographie, mais n'y réussit pas. Celle de Pontico Virunio, dans son édition de la grammaire de 1509, est absolument nulle. Giorgi, *Osservazioni int. a Em. Crisolora*, publia des documents nouveaux et précieux, et parmi eux le discours de Giuliano, mais non un tableau vraiment clair de sa vie. Hody, Börner et Jacobs, *Allg. Encyclopädie der Wiss. und Künste*, part. XXI. Les appendices ajoutés au mot *Chrysoloras* sont faits sur des matériaux trop restreints. On discute d'abord sur l'époque de son premier voyage en Italie. La plupart, et même Rosmini, *Vita di Guarino*, vol. I, p. 6, soutiennent qu'il fut envoyé (dès 1393) en Italie par l'empereur Manuel Paléologue, pour implorer l'appui des puissances catholiques en faveur de l'empire menacé. Mais je n'en trouve nulle part la preuve, et l'on peut contester qu'il ait commencé dès lors à enseigner. De travaux récents ont fait la lumière sur les principaux points de sa biographie : cf. Legrand, *Bibliographie hellénique*, t. I, Paris, 1885, p. XIX. Sabbadini, *Notizie di alcuni umanisti*, *Giorn. stor. d. lett. ital.*, vol. V, 1885, p. 148. Klette, *Beiträge*, I, 1888, p. 47. [Sabbadini, *L'ultimo ventennio della vita di M. Cris.*, *Giorn. ligust.*, XVII, 1890].

dans sa maison. Sous sa direction, il avait bien vite possédé la langue grecque et s'était par là même ouvert les trésors de sa littérature. Les relations, qu'il envoyait en Occident, remplies sans doute de cette vénération dont il ne cessa de l'entourer jusqu'à l'âge le plus avancé, avaient publié partout le nom de Chrysoloras et la renommée de son mérite[1]. Ce fut alors que le bruit se répandit à Florence qu'il était débarqué à Venise, avec le vieux Demetrios Kydonios, qui passait également pour un savant de premier ordre, afin d'y traiter plusieurs affaires politiques au nom de l'empereur. Ils devaient implorer son assistance contre les Turcs. Leur appel ne fut nulle part entendu, mais, en raison de leur culture personnelle, beaucoup allèrent les visiter. Deux nobles florentins, Giacomo d'Angelo da Scarparia et Roberto de' Rossi, se hâtèrent d'accourir à Venise, pour faire la connaissance des deux savants grecs et profiter de leurs leçons. Giacomo accompagna ensuite les ambassadeurs à Constantinople, pour se faire le disciple de Kydonios. Quant à Rossi, il retourna à Florence, après s'être déjà fait initier à Venise aux premières notions du grec par Chrysoloras et après avoir ouvert avec lui des négociations préliminaires. Il publia avec zèle la renommée de son maître et éveilla dans les meilleurs esprits de la cité un vif désir de le retenir à Florence et de l'attacher à son Université. Le plus zélé de tous fut Salutato : quoique âgé déjà de 65 ans, il sentit, à la pensée que la langue et la science grecques allaient être transplantées à Florence et qu'il pourrait s'en rendre maître, le sang généreux de ses jeunes années bouillonner de nouveau dans ses veines. Il se souvint de Caton, qui apprit le grec dans un âge avancé. Il aimait à se figurer l'ardeur avec laquelle il presserait de questions le maître, et les rires de ses condisciples, quand ils entendraient le vieux chancelier bégayer les syllabes grecques. Il pria, en attendant, Giacomo da Scarparia de ne revenir que chargé de livres grecs : il lui recommanda surtout de se procurer tous les historiens, un Plutarque, tous les poètes, et un Homère écrit en caractères nets sur parchemin, et le plus de vocabulaires qu'il pourrait[2].

Ce fut encore Salutato, qui, aidé de quelques amis tels que Palla

1. D'après Sabbadini, *Vita di Guarino Veronese* (*Giornale ligustico*, XVIII, 1891, p. 10), Guarino arriva en 1403 à Constantinople. Malheureusement là, comme dans tout l'ouvrage, les pièces justificatives font défaut.

2. La première lettre de Salutato à Kydonios dans Mehus, *Vita Ambros. Travers.*, p. 356, est datée du 20 février et certainement de 1375, car Salutato y déclare qu'il entre le lendemain dans sa 65e année. Alors donc les deux ambassadeurs se trouvaient à Venise, d'où, autant que nous le voyons, ils retournèrent directement à Constantinople.

Strozzi et Niccolò Niccoli, obtint que Chrysoloras fût appelé à l'Université de Florence. Le document officiel porte à chaque ligne l'empreinte de sa main. Il avait depuis peu perdu sa femme, mais la pensée que la jeunesse de Florence pourrait désormais se désaltérer aux sources de la civilisation grecque et latine lui fit oublier son deuil et parut le rajeunir. Plein d'impatience et d'ardeur, il prie en personne Chrysoloras de venir le plus tôt possible, l'assure à l'avance de son amitié et lui promet une existence honorée. Kydonios et le florentin Giacomo sont priés, eux aussi, de presser son départ. Il était appelé pour dix années, et avec un traitement annuel de 100 florins d'or : il devait enseigner la grammaire à quiconque voudrait apprendre le grec, mais il avait la permission d'accepter des honoraires extraordinaires. La République voulait ainsi rendre la langue grecque accessible même aux étudiants pauvres[1].

Chrysoloras arriva à Florence, vers la fin de 1396, et dans les premiers jours de l'année suivante commença ses leçons. Il n'avait appris le latin que très tard, et dans les livres. Mais il avait poussé ses études assez loin, non seulement pour être en état d'enseigner cette langue, mais encore pour pouvoir aborder la philologie nouvelle, quoiqu'il paraisse n'avoir presque jamais écrit de lettres en latin[2]. L'affluence de ses écoliers à Florence fut dès le commencement fort considérable. Il y avait parmi eux des hommes d'un âge mûr et de grande distinction, et des jeunes gens qui ne tardèrent pas à acquérir une haute célébrité. Toutefois le vieux chancelier ne se décida pas à entreprendre la lutte avec les lettres de l'alphabet grec. Mais Giacomo da Scarparia et Roberto de' Rossi continuèrent leurs études dans leur pays ; le premier se mit à traduire en latin la Cosmographie de Ptolémée[3], le second, les œuvres d'Aristote. A eux se joi-

1. Le procès-verbal de la nomination du 23 février 1396, Gherardi, *l. c.*, p. 364. Cf. les lettres de Salutato à Chrysoloras du 8 mars, à Kydonios et Giacomo, Mehus, *l. c.*, et dans Bandini, *Catal. codd. lat.*, t. III, p. 571. La lettre d'invitation de la République du 28 mars 1396, Giorgi, *l. c.*, p. 250, reproduite par Oncken dans *Verhandlungen der* XXIII *Philologenversammlung*, p. 72, Gherardi, p. 365, [Legrand, p. xxi]. Le contrat définitif fut passé le 11 déc. 1397, avec des conditions en partie variables (pour 5 ans moyennant les appointements de 150 florins d'or). Il entra en possession de son emploi le 2 février 1397. En mars 1398 ses appointements étaient élevés à 250 florins. Gherardi, p. 367, 368, 370.

2. *Andreæ Juliani Oratio funebris*. L'unique lettre en latin connue jusqu'ici de Chrysoloras à Uberto Decembrio, Sabbadini, *Giorn. stor. d. lett. ital.*, V, p. 153.

3. Cet ouvrage avait été peu auparavant apporté de Constantinople en Italie pour Palla Strozzi. Les tables furent dessinées par le Florentin Francesco di Lapacino ; il y inséra aussi les noms latins et grecs, lesquels furent reproduits ensuite sur les copies et les imprimés. Vespasiano lui a consacré une petite biographie. Cf. Vespasiano, *Alessandra de' Bardi*, éd. Bartoli, p. 540.

gnit le noble Florentin Palla de' Strozzi, qui, de concert avec ses amis, réunit une somme considérable pour faciliter à Florence l'étude du grec, et dans un âge plus avancé fit à son tour quelques traductions de cette langue[1]. Niccolò Niccoli assistait fréquemment aux leçons de Chrysoloras, mais n'arriva jamais à une connaissance approfondie du grec. Parmi les jeunes écoliers, les plus zélés et les plus capables furent Lionardo Bruni, Carlo Marsuppini et même Ambrogio Traversari[2]. Bruni étudiait depuis quatre ans le droit civil, mais il y avait longtemps que le nouveau genre de stylistique et de rhétorique exerçait sur lui un charme puissant. L'arrivée du Byzantin le plongea dans l'incertitude. Il se dit à lui-même : Tu as la possibilité de connaître Homère, Platon, Démosthène et tous les poètes, philosophes et orateurs, dont on raconte tant de merveilles. Dois-tu laisser échapper une occasion si favorable? Depuis sept cents ans personne n'a compris le grec, en Italie, et cependant nous reconnaissons que tout savoir vient de la Grèce. Les professeurs de droit civil ne manquent pas, et tu peux l'apprendre quand tu voudras. Mais pour le grec, il n'y a qu'un maître ! — Sa décision était prise. Pendant deux années consécutives, Bruni suivit assidûment les leçons du docte Byzantin : ce qu'il apprenait le jour, dit-il, il le « ruminait » la nuit pendant son sommeil[3]. Chrysoloras avait raison d'être fier de celui-ci, plus que de tous ses écoliers florentins. L'un de ces derniers, qui ne vinrent à Florence que dans le but d'y apprendre le grec, fut Pier Paolo Vergerio, qui jouissait déjà à Padoue de la réputation d'un maître distingué. Il ne laissait passer aucun jour, dit-il lui-même, sans lire de grec. Assurément il perdit son maître trop tôt pour en avoir une connaissance approfondie, mais il entretint toujours une correspondance affectueuse avec lui. Cependant l'enthousiasme des disciples avait considérablement baissé. Le plus grand nombre s'effrayaient des difficultés de la nouvelle langue et s'éloignaient à mesure que s'évanouissait le prestige de la nouveauté[4].

1. Vespasiano, *Nic. Niccoli*, 7, et *Vita della Alessandra de' Bardi*, *l. c.*

2. Pour Traversari, nous ne saurions pas autrement où il pourrait avoir appris le grec. Ses *Epist.* VI, 4, 5, indiquent Chrysoloras. Puis Vespasiano (*Frate Ambrogio*, 1, et *Guerino Veronese*, 1) dit qu'il fut élève de Chrysoloras. — Une quantité de données fausses relatives aux élèves de ce dernier ont été mises en circulation par Biondo, *Italia illustr.*, p. 347, et par Jac. Phil. Bergomas (fol. 264) qui le copie. En outre, ni Poggio, ni Barbaro, ni Philelphe ne furent disciples immédiats de Chrysoloras, et Guarino ne l'avait été qu'à Constantinople.

3. Leonardi Aretini, *Rerum suo tempore in Italia gestarum Commentarius*. Muratori, *Script.*, t. XIX, p. 920

4. Dans la lettre à Zabarella, que Bernardi a publiée dans l'*Archivio stor. Ital.*, 3e série,

Cet abandon des écoliers peut fort bien avoir contribué à rendre pénible à Chrysoloras sa situation à Florence. Toutefois on ne voit nulle part qu'il se soit plaint; au contraire, il était heureux de l'attachement, de la reconnaissance, que lui témoignaient ses fidèles élèves, et il se trouvait satisfait de sa mission. On a répété que Niccoli lui retira son ancienne faveur, l'abreuva d'outrages et le chassa loin de lui. Mais ces détails tiennent de l'invective. Il peut se faire que Niccoli l'ait appelé « barbe pouilleuse », car il n'épargnait ses pointes à qui que ce fût et il tournait souvent en ridicule la longue barbe et le large manteau des Grecs en Italie[1]. Mais la cause la plus naturelle du départ de Chrysoloras de Florence, dès le commencement de l'année 1400, et bien avant l'expiration de son engagement décennal, fut l'arrivée en Occident de l'empereur Manuel Paléologue, qui l'appela près de lui à Milan[2]. Il est possible aussi que la terrible peste qui éclata en l'année 1400, à Florence, lui ait fait quitter cette ville[3]. On dit encore que Jean-Galéas Visconti exprima à l'empereur le désir d'obtenir ce savant professeur pour son Université de Pavie[4]. Toutefois il ne semble pas que Chrysoloras soit demeuré longtemps à Milan, encore moins qu'il y ait enseigné le grec[5]. De plus il n'est pas vraisemblable qu'il ait accompagné l'empereur dans ses voyages à Paris et à Londres, en qualité d'interprète et d'intermédiaire. Le peu d'intérêt que l'on prenait aux besoins de l'empire byzantin s'évanouit entièrement, lorsque, à la suite de la journée d'Angora, on crut le danger immédiat écarté.

Bien plus, quelques lettres de Pier Paolo Vergerio indiquent que Chrysoloras exerça aussitôt son activité à Pavie[6]. Nous l'y trouvons

1. XXIII, Florence, 1876, p. 177 (*Epistole di P. P. Vergerio*, p. 101), il parle des *pauci, qui usque ad extremum discendo perseverarunt ; nam multos, qui ab initio convenerant, alios discendi labor deterruit, alios discendi desperatio.*

1. Leonardus Aret., *Oratio in nebulonem maledicum* (Niccoli) dans Bandini, *Catal. codd. lat.*, t. II, p. 549. Lettre de Philelphe à Cosme de Médicis du 1er mai 1433. Bruni lui-même, avant l'éclat de ses démêlés avec Niccoli, appelle les raisons de ce différend avec Chrysoloras, *leves et ineptae*. Lettre à Niccoli de 1407, Sabbadini, *Giorn. ligustico*, XVII, 1890, p. 324.

2. Leonardus Aret., *l. c.*, et d'après lui Manetti, *Orat. funebr. in Leonardum Aret.*, en tête des *Epist.*, éd. Mehus, p. XCIV.

3. En vertu d'un rescrit du 31 oct. 1399, il lui est permis, à cause de l'épidémie, de quitter Florence en toute saison et pour tout le temps qu'il voudra. En mars de l'année suivante il fait usage de cette permission. Gherardi, p. 372.

4. D'après une lettre inédite de Giambattista Guarino, Giorgi, *l. c.*, p. 280.

5. La dernière chose n'est racontée, ce semble, que par Philelphe dans la lettre à Laurent de Médicis du 29 mai 1473. Il songeait peut-être au temps de Pavie.

6. Sabbadini, *Giorn. stor. d. lett. ital.*, vol. V, p. 149. *Epistole di P. P. Vergerio*, p. 110, 173, 201.

encore au commencement de l'année 1402, et précisément avec un double emploi. Il était tout à la fois commissaire et procurateur de son souverain, pour publier dans le territoire Milanais l'indult du pape et recueillir des subsides pour la guerre contre les Turcs, et il enseignait à l'Université, à laquelle le duc Jean-Galéas, qui le comptait au nombre de ses familiers, l'avait attaché par de riches honoraires[1]. Ce fut là qu'il traduisit la République de Platon, mais mot à mot, n'osant pas se risquer à en donner une traduction libre et courante. Son disciple préféré, Uberto Decembrio, retoucha plus tard son travail. Mais nous ne saurions citer, pendant son séjour à Pavie, aucun autre de ses élèves qui ait eu quelque importance. Le fils d'Uberto, plus tard le célèbre Pier Candido Decembrio, était alors encore un enfant; mais il garda pour le savant grec un souvenir plein de vénération[2]. Quand celui-ci quitta-t-il Pavie, nous ne le savons. En tout cas, l'activité qu'il y déploya ne saurait être comparée à celle dont il fit preuve à Florence. Le terrain n'était guère préparé et le bon vouloir du duc ne suffisait pas. Aussi Chrysoloras reprit-il la route de Byzance.

Lorsque le danger redevint plus pressant du côté des Turcs, les demandes de secours et les négociations pour l'union des deux églises recommencèrent encore une fois et avec elles l'ancien légat rentra dans la lice. A la fin de l'année 1407, Chrysoloras était de nouveau à Venise; de là il salua, en passant à Florence, ses anciens élèves et se rendit à Rome, auprès de la Curie[3]. Il n'y resta pas longtemps; il visita, les années suivantes, les principales cours d'Europe et, en 1410, il était de retour à Rome[4]. Là encore, outre

1. Ici vient fort à propos la détermination du temps, que nous obtenons au moyen de l'ordonnance du duc à ses fonctionnaires ecclésiastiques et civils, datée de Pavie le 20 février 1402, dans Osio, *Documenti*, vol. I, n° 245 : c'est l'un des rares documents qui aient une date sûre et puissent nous servir de base. Autrement, nous devrions admettre avec Paolo Giovio, *Elogia doct. viror.*, que Chrysoloras enseigna d'abord à Rome et finalement à Pavie.

2. *Epist. nuncupat.* ajoutée à la traduction d'Uberto Decembrio dans Sassi, *Hist. lit. typ. mediol.*, p. 299, dans Bandini, *Catal. cod. lat.*, t. III, p. 314. Il y appelle explicitement Chrysoloras *meum graecae litterae famosissimum praeceptorem*. — Lettre de Candido Decembrio à Ambrogio Traversari dans l'*Epist.* XXIV, 69, de ce dernier.

3. V. sur les courts voyages d'ambassade en Italie avant 1407, Sabbadini, *Giorn. ligust.* XVII, 1890, p. 329. Une lettre citée là même et inédite, de Bruni, le montre à la fin de 1407, à Venise, où il est attendu lors de son voyage de Rome à Florence. D'après *Leonardi Bruni Epist.* II, 15, il est encore à Venise en 1408.

4. Il était en France en 1408, Legrand, *l. c.*, p. xxv; il est supposé en Espagne dans *Leonardi Bruni, Epist.*, III, 14; qu'il ait été à Londres deux ans auparavant, il l'assure dans la Σύγκρισις παλαιᾶς καὶ νέας Ῥώμης (Codinus, *Excerpta de antiquit. Constant.* ed

les affaires de sa mission, il s'occupa d'enseignement, mais là aussi, comme à Pavie, nous ne lui connaissons qu'un élève de quelque importance, le poète Agapito Cenci de' Rustici. Bruni vivait alors en qualité de secrétaire papal à la Curie, toutefois sans pouvoir communiquer beaucoup avec son ancien maître. Une épidémie chassa la plus grande partie de la Curie de Rome; Chrysoloras lui-même s'enfuit à Bologne. De retour ensuite à Rome, il ne manqua pas de déplorer sommairement, dans une lettre à Bruni, qu'on n'y goûtait guère l'étude du grec, qu'on n'y trouvait pas des amateurs zélés et enthousiastes comme à Florence[1]. En 1410, il était de nouveau envoyé par le pape au patriarche de Constantinople, pour traiter de l'union des deux églises[2]. On croit qu'il se réconcilia de lui-même entièrement avec la confession romaine. En 1413, il se rendit avec les cardinaux en Allemagne, pour se concerter avec l'empereur sur le lieu du futur concile. Ensuite, suivant l'étoile du pape Jean XXIII, il accompagna le cardinal Zabarella à Constance, mais y mourut le 15 avril 1415, d'un accès de fièvre, bien avant l'arrivée de l'ambassade grecque, à laquelle il devait servir d'interprète. Ainsi, fidèle à sa mission, il termina sa vie sur la terre étrangère. Mais ceux qui le pleurèrent vraiment, ce furent ses disciples, auxquels il avait ouvert les trésors de la littérature hellénique, ce furent les champions et les promoteurs des études humanistes. Son corps fut enterré dans l'église des Dominicains; l'inscription de son tombeau, qui nous a été conservée jusqu'à ce jour, malgré la transformation du couvent en auberge, fut dictée par Pier Paolo Vergerio, son disciple à Florence. Poggio et Cenci assistèrent à ses obsèques[3].

Comme écrivain, Chrysoloras est très inférieur même à Giovanni di Conversino. Dans le cercle de ses admirateurs, on l'excusait en disant que les affaires ecclésiastiques ne lui laissaient pas le temps

opera P. Lambecii, Paris, 1655, p. 107 sqq. et *Byzant. historiae script. ed. Veneta*, t. XVIII, p. 81 sqq.), qu'il envoya en 1411, de Rome, comme ouvrage nouvellement paru, à Guarino. L'empereur Jean, auquel il l'adressa, est le prince héritier Jean VII, âgé d'environ vingt ans. Sabbadini, *Giorn. stor. d. lett. ital.*, vol. V, p. 155.

1. La lettre de Chrysoloras à Bruni du 29 décembre, datée de Bologne, dans Cyrillus, *Cod. Græci*, t. II, p. 213, est précisément de l'année 1410, dans laquelle Bruni est invité pour la première fois à Florence. La lettre de Bruni du 27 décembre 1412, *Epist.* IV, 1, éd. Mehus, n'est-elle pas plutôt de 1411? je n'ose le décider, vu l'incertitude du commencement de l'année. Lui et Chrysoloras y figurent toujours à Rome.

2. Legrand, *l. c.*, p. xxv.

3. L'épitaphe tirée du recueil de Guarino, auquel Vergerio l'envoya, a été rapportée par Giorgi, p. 316, et par Mabillon et Germain, *Museum Ital.*, p. 181. V. Hefele, *Conciliengeschichte*, vol. VII, p. 108. Legrand, *l. c.*, p. xxviii.

de s'occuper de travaux littéraires. Sa grammaire, qu'il avait intitulée *Erotemata*, a cela d'important, qu'elle est la première qui ait été composée pour l'usage des nations latines; mais elle ne renferme que les plus pauvres et les plus maigres rudiments de la langue grecque. Nous avons déjà cité sa traduction de la République de Platon; il prit également part à plusieurs travaux semblables de ses élèves. Outre cela, il ne nous reste de lui qu'un certain nombre de lettres, dont quelques-unes peuvent être considérées comme des dissertations. Telles sont le parallèle entre Rome et Byzance, ou la lettre à Guarino dans laquelle il répond fort au long à ses questions sur le sens du mot θεωρικὸν, chez Démosthène, et du mot νάρθηξ, chez Plutarque, ou encore la lettre à Traversari sur la question de savoir si les amis peuvent se louer réciproquement. Dans les simples lettres à ses amis il est prolixe à l'excès, délaye ses pensées et contourne ses phrases de mille manières. Lui-même semble persuadé de l'enflure excessive de son style, de sa πολυλογία. Il ne paraît pas avoir attribué une grande valeur à ce qu'il écrivait. En revanche, il est beau et touchant de voir à quel point il aimait ses élèves, s'intéressait à leurs progrès et encourageait leurs efforts pour imiter l'éloquence latine[1].

Chez un tel homme l'affection de ses disciples reconnaissants est plus élogieuse et vaut mieux que la gloire littéraire. Cette gratitude s'est conservée de génération en génération jusqu'à notre époque. Mais, si ce qu'il a fait au profit de la civilisation en Occident demeure encore aujourd'hui attaché à son nom, l'admiration qu'on lui rendait alors était un hommage à la pureté et à la dignité de son caractère personnel, qui détruisait la méfiance qu'on professait naturellement et non sans raison à l'égard des Grecs apostats. Poggio, qui vécut longtemps avec lui, à Rome et à Constance, et qui avait un regard si pénétrant pour découvrir les défauts des hommes, loue la douce humanité de Chrysoloras, sa libéralité à mettre toujours sa science à la disposition des autres, sa tempérance et la complète

1. Quelque chose de ses lettres dans Bandini, *Catalogus cod. graec.*, p. 139 (la lettre de consolation citée là à Palla Strozzi est imprimée dans Φιλίστωρ, vol. IV, Athènes, 1862, p. 232), dans Rosmini, *Vita di Guarino*, vol. III, p. 181, 187, 192, et, suivant le manuscrit de Naples, dans Andres, *Anecdota graeca et lat.*, Naples, 1816, p. 46. Trois autres, dans Cyrillus, *l. c.*, p. 213 sqq. Là aussi, p. 259, la lettre à Traversari, à laquelle celui-ci fait allusion, *Epist.*, IV, 4, tandis que la lettre à Palla Strozzi *de mensibus* n'a pas encore été publiée. Les documents publiés par Lambecius et Sabbadini ont été cités plus haut. P. de Nolhac, *La bibliothèque de Fulvio Orsini*, p. 145, cite deux lettres à Salutato dans un manuscrit de la Vaticane.

intégrité de sa vie. Rien que la dignité de son maintien, dit-il, et la gravité de ses discours, où perçait toujours le philosophe, auraient suffi pour inspirer l'amour de la vertu. Le zèle avec lequel les esprits s'appliquèrent à l'étude des lettres grecques fut uniquement son œuvre. Ainsi il parut sur la terre comme un modèle pour les autres et comme une voix descendue du ciel[1].

Guarino professa pour son maître une sorte de culte, non seulement tant que celui-ci vécut, mais encore tant qu'il vécut lui-même. Presque dans toutes ses œuvres et dans ses nombreuses lettres, il en parle avec une admiration enthousiaste et sincère. Pour lui, il n'y avait personne au monde, auquel il dût autant qu'à celui qui avait été en même temps son maître et son modèle. De plus, tous les savants seront ses obligés, aussi longtemps que les études humanistes seront en honneur en Italie et dans le monde entier. Il le compare à un rayon de soleil, qui a lui sur l'Italie et en a dissipé les ténèbres épaisses. A ses yeux, c'est un philosophe dans toute l'acception du terme, un homme vraiment divin. Toujours guidé par la reconnaissance, il donna le nom de Manuel à son second fils, inculqua ses propres sentiments à ses élèves, et se considéra comme uni avec les autres disciples de Chrysoloras par une sorte de parenté spirituelle[2]. Lorsque parvint à Venise la nouvelle de sa mort, Guarino fit donner lecture de la lettre dans son école et invita alors l'un de ses élèves, le patricien Andrea Giuliano, à écrire et à prononcer publiquement l'oraison funèbre, l'éloge du défunt. L'excès de la douleur, s'écria le disciple, en apprenant la perte de son maître et père tout à la fois, ne permettait pas à Guarino de prendre lui-même la parole[3]. Malheureusement alors il ne fut pas question de biographie, et pourtant, mieux que personne, Guarino eût été capable de la faire. Il déclina cette charge comme étant trop lourde pour ses épaules, et la confia à Vergerio qui, de son côté, ne s'en acquitta pas[4]. A Constance, Poggio avait l'intention de composer l'éloge du défunt ; mais Cenci, son élève immédiat, ne voulait se laisser devancer par personne. Poggio se retira, et Cenci ne rem-

1. Poggius, *Epist.*, I, 4, du 15 mars 1416, et encore de même, XIII, 1, de l'année 1455.

2. Je me borne à signaler ici ses lettres rapportées dans Giorgi, p. 293, 297. Cf. les lettres de Guarino, dans Hodius, p. 45 sqq.

3. La soi-disant *Oratio funebris* est citée ci-dessus. Cf. les lettres de Guarino, dans Giorgi, p. 297, 314. 318. D'après une lettre de Gasp. Barzizza (*Op.*, éd. Furietto, P. I, p. 210) à Andrea Giuliano, il reçut la nouvelle vers le 23 septembre 1415.

4. Lettre de Guarino à celui-ci, dans Bernardi, *l. c.*, p. 179. *Epist. de P. P. Vergerio*, p. 218.

plit pas sa promesse. La vie antérieure de Chrysoloras était peu connue de Guarino, et les années suivantes, passées en Occident, furent si agitées, que personne n'était probablement en mesure de les retracer. Toutefois Guarino ne perdit jamais complètement de vue son dessein. Même 40 ans après la mort de Chrysoloras, lorsqu'il en comptait lui-même 85, il conçut l'idée d'élever au moins un monument littéraire à l'homme que l'Italie, à son gré, aurait dû honorer avec des arcs de triomphe et des statues d'or. Il recueillit tout ce qui avait été écrit par les disciples et amis de Chrysoloras en son honneur, soit en prose, soit en vers, et intitula ce recueil *Chrysolorina*[1].

Jusqu'alors nous ne nous sommes occupés que des premières écoles qui donnèrent l'exemple et des premiers maîtres qui, levant le drapeau des études humanistes, éveillèrent le feu sacré de l'enthousiasme dans les cœurs. Or, comme il fallait s'y attendre, après de si heureux débuts, les disciples de ces grands hommes marchèrent pour la plupart sur leurs pas et ouvrirent des écoles; les Grecs affluèrent en nombre toujours croissant et même superflu en Italie, et beaucoup de jeunes humanistes italiens se rendirent à Constantinople pour étudier et rapporter à leurs compatriotes les connaissances acquises à l'école des Grecs et les monuments de leur littérature.

1. Hodius, p. 61. Giorgi, p. 285, qui en donne un passage. De son temps, le manuscrit était aux Camaldules. L'époque est précisée par la lettre de Guarino à Poggio, du 26 mai 1455, dans Shepherd, *Vita di Poggio, trad. Tonelli*, t. II, app. n. XXIX, et la réponse de Poggio, dans les *Epist.*, XIII, 1, éd. Tonelli. Deux lettres aussi dans le *Spicilegium Romanum*, t. X, p. 353. *Epist.*, 81, 82.

CHAPITRE QUATRIÈME

Développement de l'Humanisme au commencement du XVe siècle. Les classiques perdus et retrouvés. Boccace au Mont Cassin. Les secrétaires du pape à Constance, Poggio et ses amis. Excursion à Saint-Gall. Quintilien complet. L'Argonautique de Valerius Flaccus, Asconius Pedianus, les Silves de Stace, Manilius, Priscien, Vitruve, Végèce, Festus Pompeius, Silius Italicus, Lucrèce, Ammien Marcellin, Columelle. Excursion de Poggio en France : il trouve à Cluny et à Langres de nouveaux discours de Cicéron. Efforts ultérieurs de Poggio pour découvrir les autres écrits de Cicéron. Le manuscrit des Lettres de Cicéron entre les mains de Capra. La découverte de Lodi. Poggio en Angleterre et à Cologne. Pétrone. Nonius Marcellus. Encouragements que donne Poggio de Rome. Fanatisme livien. Les Annales et les Histoires de Tacite. La Germanie. L'Agricola et le Dialogue des Orateurs. Nicolas de Trèves. Douze nouvelles comédies de Plaute. Le livre de Frontin sur les Aqueducs de Rome. Aurispa trouve les *Panegyrici veteres*. L'ensemble des classiques latins. Accroissement de la littérature ecclésiastique. Translation des reliques littéraires de la Grèce en Italie. Bruni et Pietro Miano. Guarino, Aurispa et Philelphe reviennent de Byzance avec des livres grecs.

Avec le quinzième siècle commence en Italie une vie littéraire et active, dont notre mouvement industriel peut seul aujourd'hui donner une idée. Le signal, venu de Pétrarque, trouve un écho dans une foule d'esprits. De toutes parts on est à la recherche des vieux manuscrits, et, bientôt aussi, à l'étranger, on les compare et on les améliore, on les copie et on les répand. Le savant ne travaille plus solitaire, au fond de sa cellule, mais se présente hardiment dans la carrière littéraire, avec ses découvertes et avec ses productions. Des chaires sont fondées, qui n'ont d'autre but que de faire connaître l'antiquité et ses deux langues classiques. Dans les républiques et dans les cours, les Humanistes acquièrent une autorité toujours croissante et y trouvent des récompenses et des encouragements. Ce sont les héros applaudis de l'époque. Ils vivent entre eux dans une communauté qui se partage en une foule de branches, dans une république savante, dont le talent et l'amour de l'étude ouvrent l'accès. Une nouvelle classe sociale se forme, exempte de tout préjugé de caste, libre et indépendante, et toutefois hautement appréciée et recherchée des grands du monde. Ces hommes concentrent tous leurs efforts et leurs travaux sur l'antiquité : ses écrits, ses médailles, statues et pierres précieuses, sont recueillis et traités avec un saint respect ; ses palais, temples, cirques et monuments funèbres revivent pour parler de sa grandeur passée et en témoigner.

Lorsque l'enthousiasme éclata et qu'on se mit à l'œuvre, tous, comme Pétrarque, éprouvèrent le désir de sauver des restes de l'antiquité ce qui était encore susceptible de l'être. Il ne fut plus question que de dégager les anciens monuments de la rouille dont le temps les avait couverts. Ses livres, conservés dans les cloîtres et au dehors de l'Italie, paraissaient destinés à une ruine inévitable par la barbarie de leurs gardiens : il fallait s'en rendre maître ou au moins en prendre copie. Si parfois les craintes et le zèle des chercheurs exagéraient le danger, ils étaient guidés au fond par un judicieux instinct : l'expérience déjà faite de la perte de plus d'un trésor de la littérature latine était plus que suffisante pour donner l'éveil et hâter les recherches. Boccace raconte volontiers ce qui lui arriva chez les Bénédictins du Mont Cassin. Curieux de visiter leur ancienne bibliothèque, il pria l'un des moines de la lui ouvrir. Celui-ci, lui montrant un escalier en échelle, ajouta d'un ton sec : « Montez, elle est ouverte. » Et en effet il n'y avait ni cadenas, ni portes. Quand Boccace se mit à examiner de près quelques manuscrits, l'un avait les marges coupées, l'autre manquait de plusieurs feuillets tout entiers, et un grand nombre avaient été mutilés de mille manières. Il descendit, en pleurant de dépit, et demanda au premier religieux qu'il rencontra, pourquoi l'on gardait avec si peu de soin de si magnifiques trésors. Deux de ses confrères, repartit celui-ci, pour gagner de deux à cinq sous, s'étaient servis des parties déchirées et des rognures du parchemin pour en faire des psautiers et des bréviaires, qu'ils vendaient ensuite aux femmes et aux enfants[1]. S'il en était ainsi dans cet asile fameux de l'érudition, on devine ce qui devait se passer ailleurs.

Ce furent précisément ces jeunes gens et ces hommes, qui, à Florence, avaient assisté aux leçons de Giovanni de Ravenne et de Chrysoloras, qui poursuivirent avec un zèle infatigable ce genre de recherches et obtinrent de glorieuses découvertes. Les trésors cachés en Italie furent bientôt remis au jour. Pour les recherches dans les pays étrangers, le concile de Constance offrit une occasion favorable, de même que les deux grands conciles eurent alors une influence considérable pour resserrer de plus en plus les rapports entre les peuples. La plupart du temps, les légats et les nonces de la Curie, envoyés pour étudier la situation du clergé séculier et régulier, étaient encore des explorateurs littéraires. Plusieurs

1. *Benvenuti Imolensis Comment. in Dantis Comœd.*, éd. Lacaita, vol. V, p. 301. Muratori, *Antiq. Ital.*, t. I, p. 1296.

d'entre eux, tels que les cardinaux Branda et Cesarini, avaient une culture suffisante pour rechercher eux-mêmes, dans les bibliothèques des couvents d'Allemagne, les œuvres de l'antiquité; d'autres comptaient des secrétaires humanistes dans leur famille ecclésiastique. A l'époque du concile de Bâle, des légats, tels que Cesarini et Albergati, s'occupaient autant de la recherche des livres que des affaires politiques.

En outre, il y avait, parmi les secrétaires du pape à Constance, un nombre assez imposant d'esprits versés dans les études classiques, qui, pour la plupart entraînés par l'exemple de Salutato et du Ravennate, se trouvaient alors sur un terrain encore inexploré par les collectionneurs de livres. Jusqu'alors on attendait peu de chose des couvents et des bibliothèques allemandes; car les partisans de la littérature classique ignoraient que les Bénédictins de ce pays fussent des hommes de grande culture. Aussi s'étonnaient-ils de rencontrer chez eux de vieilles collections, voire même des manuscrits classiques. Alors ils espérèrent y trouver ce qu'ils avaient vainement cherché en Italie, de nouveaux écrits de Cicéron, de nouveaux livres de Tite-Live, les œuvres de Varron et tant d'autres, après lesquelles avait déjà soupiré Pétrarque. La suppression des affaires de la Curie, puis la cessation complète de leurs fonctions par la déposition du pape, leur laissaient des loisirs suffisants pour aller à la recherche des livres dans les cloîtres voisins, pour entreprendre de petites excursions et s'assurer la possession des trésors découverts en les copiant de leur propre main. De plus, au milieu du concile et des prélats, se pressait une multitude de savants, de maîtres, de chanceliers et de secrétaires, venus de toutes les parties de la chrétienté latine, au moyen desquels on pouvait se renseigner sur les trésors des contrées les plus éloignées.

Le premier qui se fit un nom sur ce terrain fut Poggio Bracciolini. Il était venu à Constance en qualité de secrétaire papal; mais, quand les prélats et les docteurs s'embarquaient dans de longues expositions et discussions sur le schisme ou sur l'hérésie des Hussites, il se contentait de sourire. Puis, la situation critique du pape ne touchait guère un homme qui avait vu la déposition de plusieurs autres. Aussi se désintéressait-il volontiers de ces questions et regardait-il cette époque agitée comme très favorable à ses recherches littéraires, encouragé dans cette voie par ses amis de Florence et de Venise, qui le considéraient comme une sorte de missionnaire littéraire sur le territoire allemand. Il avait grandi à Florence, parmi les collectionneurs de livres les plus passionnés, et était lui-même de ce nombre. Il savait parfaitement ce qu'on avait déjà et ce qu'il importait de chercher. Il avait une calligraphie soignée et facile, et s'en était fait pendant sa jeunesse un moyen de subsistance; à Constance, il parvint à se donner en outre un copiste. Son habileté personnelle et ses découvertes, les hautes protections dont il jouissait, l'avaient mis tout à fait à la hauteur de sa mission. De plus, il était loin de se réserver les nouveautés qu'il découvrait, comme sa propriété; tout son empressement et toute sa joie étaient de les communiquer à ses collègues d'Italie et de les faire ainsi entrer dans le patrimoine commun[1].

Si, dans la recherche des livres, Poggio avait le rôle principal, il trouvait, parmi ses collègues et amis, des collaborateurs dont l'activité ne le cédait guère à son zèle. Tel était surtout le secrétaire Bartolommeo da Montepulciano. Juriste habile et très versé dans les affaires, ancien élève de Chrysoloras et auteur de quelques poésies, il faisait aussi ses délices des études classiques. Quoiqu'il se crût au-dessus de ce qu'il était en réalité, il ne montra pas moins d'ardeur que Poggio à la recherche des livres, et en copia même plus d'un, à Constance, de sa propre main[2]. En troisième lieu, venait Agapito Cenci, poète et disciple de Chrysoloras, qui profita des loisirs que lui laissait le concile pour faire des traductions du grec et cultiver les belles-lettres. A ces trois amis vint s'ajouter encore Zomino (Sozomeno) de Pistoie, jeune ecclésiastique qui avait étudié le droit canon, à Florence, et qui, en 1416, avait été appelé à Constance par l'évêque de Pistoie. Sans doute ce n'était pas un esprit aussi distingué que les autres, témoin le style peu châtié de la chronique universelle, qu'il écrivit plus tard, devenu chanoine de la cathédrale de Pistoie. Mais il comprenait quelque peu le grec; nous le rencontrons, à Florence, dans la maison de Niccoli; il fit, sur la grammaire et la rhétorique, un cours auquel assistaient Lionardo Dati et Matteo Palmieri. Quand il mourut, en 1458, il laissa à sa ville natale, pour être mise à la disposition du public, une belle collection de 116 manuscrits latins et grecs. Il y avait travaillé même à Constance[3].

1. Il s'en vante lui-même, *Epist.*, VIII, 3 : *Fuit quondam tempus, cum omnes ferme elegantia litterarum superarem.* On connaît encore quelques-uns de ses manuscrits. Loin de cacher ses trésors littéraires, il dit, *Epist.*, III, 12, à Niccoli : *Absit ut aliquid vellem non esse commune eorum, quæ omnibus scripta sunt.* Il pouvait à bon droit se rendre ce témoignage.

2. Selon ses notes bibliographiques, dans Bandini, *Catal. cod. lat.*, t. III, p. 573, 574, il se trouvait à Constance, le 16 décembre 1414 et le 6 février 1416, mais aussi avant et plus tard.

3. Vespasiano : *Zembino Pistolese*. Zacharias, *Bibliotheca Pistoriensis*, p. 29 sqq.

Là se rencontrèrent encore un grand nombre d'autres amateurs de littérature classique, quoiqu'on ne dise pas qu'ils aient remué la poussière des bibliothèques. Tel était Magister Bartolommeo de Regno, ainsi nommé, parce qu'il était originaire d'Apulie, savant distingué et commentateur des auteurs classiques. Citons encore le poète Benedetto da Piglio, qui fit ses études à Bologne et était venu à Constance au service du cardinal Annibaldi. Mais il fut bientôt entraîné dans les orages de la politique et enfermé dans une tour, où il pouvait bien composer des vers, mais non rechercher des classiques.

Pétrarque ne pouvait apercevoir de loin un couvent sans penser immédiatement aux trésors littéraires qu'il renfermait peut-être. De même les beaux esprits italiens de Constance dirigèrent leurs excursions vers les abbayes bénédictines de Reichenau et de Weingarten, d'où quelques beaux manuscrits, qui ne furent jamais rendus, avaient été apportés au concile, pour l'usage des Pères[1]. Ni les rigueurs de l'hiver, ni la neige qui recouvrait les chemins, ne les arrêtèrent. Un jour Poggio, Cenci et Bartolommeo, concertèrent une promenade en commun à Saint-Gall. Ils trouvèrent l'abbé et les religieux de ce sanctuaire, autrefois si célèbre par sa science, indifférents à toute étude littéraire, une bibliothèque très riche, mais reléguée dans une sombre tour du couvent, en proie à la poussière, à l'humidité, aux mites, à tout ce qui peut gâter et pourrir les livres, dans une horrible prison, dit Poggio, où l'on ne jetterait pas un condamné à mort. Nous ne pûmes que pleurer et gémir, raconte Cenci, quand nous vîmes à quel point la langue latine avait perdu ses plus beaux ornements; en vérité, si cette bibliothèque eût pu prendre une voix, elle nous eût dit : O vous qui aimez la langue latine, ne me laissez pas par incurie périr misérablement, retirez-moi de cette prison. Cenci s'emporte contre la barbarie du peuple allemand, mais reconnaît, toutefois, que ses compatriotes, les Romains, ont porté des coups plus terribles encore à son ancienne littérature. Poggio, en général, ne parle jamais des Allemands sans les appeler barbares; il flétrit les bibliothèques de leurs couvents du nom de prisons (*ergastula*), et, dans ce sens, il croit sérieusement

Asconius Pedianus, éd. Kiessling et Schoell, p. XXIX. Sur sa chronique universelle en partie imprimée dans Muratori, *Script.*, t. XVI, p. 1063, cf. Bandini, *Bibl. Leop. Laurent.*, t. III, p. 95. Sur ses rapports avec Niccoli, Mehus, *Vita Ambros. Travers.*, p. 367.

1. Pregiser, ap. Von der Hardt, *Magn. œcum. Constant. concilium*, *Proleg.* au t. I, p. 13. Weidmann, *Geschichte der Bibliothek von St. Gallen*, Saint-Gall, 1846, p. 36.

faire un acte hautement recommandable, en enlevant, quand il le peut, quelques-uns de ces nobles prisonniers à leur malheureux sort et en les rendant à leur patrie d'au-delà des Alpes[1].

En réalité, les premières découvertes mêmes que ses amis firent à Saint-Gall, suffisaient et étaient assez surprenantes pour justifier pleinement cet air de triomphe avec lequel elles furent annoncées et accueillies en Italie. Tout d'abord on trouva plein de poussière et de mites un exemplaire complet de l'Institution oratoire de Quintilien. Ce n'est pas cependant que ce livre ait été entièrement inconnu au moyen âge. Wibald de Stavelot l'avait connu et jugé excellent pour apprendre l'art oratoire, et Pierre de Blois ne l'avait pas ignoré davantage[2]. Mais, en Italie, il était depuis longtemps comme perdu. Lorsque Pétrarque, en décembre 1350, reçut en don de Lapo Castiglionchio, à Florence, un Quintilien, le livre ne renfermait que la moitié de l'ouvrage; encore le texte était-il plein de lacunes et hors de service. Néanmoins, il ne put s'empêcher d'adresser une lettre à Quintilien par delà le tombeau, exprimant le désir que quelqu'un plus heureux que lui parvînt à retrouver l'œuvre complète, et en lui recommandant de savoir apprécier le trésor qu'il aurait entre les mains[3]. Ensuite Salutato reçut à faux la nouvelle que, de la France, arriverait bientôt un Quintilien complet[4]. Le désir était sincère, mais on désespérait déjà de le voir se réaliser. Gasparino Barzizza assuma l'aride labeur de compléter de mémoire ce qui manquait[5]. Ainsi Poggio savait parfaitement quel trésor il avait

1. Poggius, *Epist.*, I, 5, du 15 déc. 1417, raconte à Guarino la visite au monastère de Saint-Gall et les choses qu'on y a trouvées, mais beaucoup plus tard. En outre la lettre de Cenci à son maître Francesco de Fiano à Rome, qui est rapportée par Quirinus, *Diatribà ad Franc. Barbari Epistolas*, p. 8, n'est que du temps où les auteurs trouvés avaient déjà été copiés, quoiqu'il place la visite comme ayant eu lieu *his proximis diebus*. Mais Lionardo Bruni, *Epist.* IV, 5, éd. Mehus, répond à Poggio encore le 13 sept. 1416, à la première nouvelle des découvertes de Saint-Gall. A ces documents essentiels s'ajoute la lettre de Francesco Barbaro à Poggio du 6 juillet 1417, dans Pez, *Thesaur. anecd. nov.*, t. VI, P. III, p. 165, et dans les *Epist. Barbari. rec. Quirino, epist.* 1.

2. Wibaldi, *Epist.*, 167, éd. Jaffé, *Monum. Corbel.*, p. 284. *Ciceronis Op. rec. Orelli*, ed. alt., vol. III, p. VIII.

3. *Epist. rer. famil.*, XXIV : *Oratoriarum Institutionum liber heu discerptus et lacer venit ad manus meas.... Et fortasse nunc apud aliquem totus es.... Quisquis in te reperiendo fortunatior fuit, sciat se rem magni pretii possidere, quamque si noverit primas inter divitias locet.* L'exemplaire de Pétrarque se trouve actuellement à Paris. Cf P. de Nolhac, *Pétrarque et l'humanisme*, p. 284.

4. Sa lettre dans Mehus, *Vita Ambros. Travers.*, p. 386, entièrement dans A. Thomas, *De Johannis de Monsterolio vita*, Paris, 1883, p. 110. Une autre, dans *Epistolario*, éd. Novati, I, p. 255.

5. Blondo, *Italia illustr.*, p. 346 : d'après lui, ceci arriva bien avant (*diu antea*) la

découvert dans cette bibliothèque monacale; il en informa ses amis de Florence, Niccoli et Bruni. Il obtint d'emporter avec lui le manuscrit à Constance, et là il le copia de sa main en 53 jours d'un travail assidu[1]. Ainsi il put se vanter que, grâce à ses soins, le livre du rhéteur romain avait été rétabli dans sa forme et dignité primitives, sans quoi il eût été bientôt perdu sans ressource. « O trésor immense, ô joie inattendue! » s'était écrié Bruni, se rappelant les paroles de Pétrarque, quand il reçut la première nouvelle de la découverte[2].

On retrouva de même à Saint-Gall l'*Argonautique* de Valerius Flaccus, non pas tout entière, mais les trois premiers livres, et la moitié du quatrième. Poggio transcrivit encore cette œuvre de sa main, mais non sans exprimer le désir que d'autres pussent trouver le reste : « J'ai fait tout ce que j'ai pu », ajouta-t-il. En effet, plus tard l'Italie fut mise en possession d'un manuscrit complet[3].

Un autre riche butin, fait dans la vieille bibliothèque du monastère, fut un manuscrit du IXe siècle, contenant les Commentaires d'Asconius Pedianus avec cinq discours de Cicéron et le Commentaire d'une partie des Verrines, œuvre d'un scoliaste ignoré d'une époque ultérieure. On l'accueillit avec joie comme tout ce qui regardait Cicéron, quoique, à Florence, les amis de Poggio ne le

découverte de Lodi (1422). Cependant Jac. Phil. Bergomas, fol. 274-275, confond les faits, en admettant que Barzizza ait plus tard (*postea*), au prix de grandes fatigues, corrigé l'exemplaire tout à fait gâté, trouvé par Poggio.

1. Le fait ressort de sa lettre à Guarino et de la note jointe à la copie. On peut voir cette dernière chez Reifferscheid, *Die Quintilianhandschrift Poggio's*, dans *Rhein. Museum f. Phil. N. F.*, 23e année (1868), p. 145. D'après elle, Poggio écrivit *sede apostolica vacante*, c'est-à-dire entre le 24 mai 1415 et le 11 nov. 1417. Sa copie, selon le catalogue de 1495, était entre les mains des Médicis (*Arch. stor. Ital.*, série III, t. XX, p. 60). Barzizza obtint une seconde copie envoyée de Constance, cf. Sabbadini, *Studi di Gasp. Barzizza su Quintiliano e Cicerone*, Livourne, 1886, p. 4. Que le manuscrit de Saint-Gall ait été porté en Italie et que le manuscrit cité par Mehus, *Vita Ambros. Travers.*, p. 34, et Bandini, *Catal. cod. lat.*, t. II, p. 382, soit du XIe siècle, Reifferscheid le nie, mais vraisemblablement ce manuscrit est identique à un second trouvé plus tard par Poggio (d'après une lettre de Guarino, dans Sabbadini, *l. c.*, p. 6. *Rivista di filol.*, XX, p. 309, 337). Que Poggio ait trouvé le manuscrit *in salsamentarii taberna*, comme l'affirme Jovius, *Elogia doctor. viror.*, 10, c'est une assertion qui n'a pas besoin d'être démentie. On est surpris toutefois que Cenci, dans sa lettre, ne parle pas de Quintilien. Poggio prétend le contraire, *Oratio in funere Nic. Niccoli* (*Op.*, p. 272), *De infelicitate principum* (*Op.*, p. 394).

2. Ainsi il dit encore, dans la lettre du 13 sept. 1416 : *Quintilianus, prius lacer atque discerptus*, etc.

3. Cette découverte n'est mentionnée que par Poggio et Cenci. Le désir exprimé dans son manuscrit peut se voir dans Tycho Mommsen, *Rhein. Museum f. Philol. N. F.*, 6e année (1848), p. 628. Cf. *Valerii Flacci Argonaut. rec. Thilo*, Halle, 1863, *Proleg.*

jugeassent pas aussi important que le Quintilien complet. Mais Poggio trouva que c'était ce dernier précisément que cite Asconius. Comme lui, Bartolommeo et Zomino de Pistoie, qui avaient été également à Saint-Gall, copièrent le manuscrit, à Constance[1], et, en cette occasion, Poggio, toujours ingénieux, prit sur lui de combler les lacunes, à force de conjectures, et d'aplanir les difficultés à l'aide de sa mémoire. Tous, en effet, étaient persuadés de n'avoir sous les yeux qu'une partie de l'ouvrage, et encore sous une forme défectueuse; même relativement à Asconius, Poggio exprimait le désir qu'on pût le trouver un jour complet. Mais la découverte et les copies des trois amis furent ce qui sauva l'ouvrage, car l'original de Saint-Gall disparut bientôt sans retour et l'on ne trouva jamais d'autre texte. La révision de Poggio fut vite répandue en Italie et dans d'autres contrées, et inspira les travaux par lesquels on essaya de suppléer à ce qui manquait[2]. — A cela vinrent s'ajouter les *Silves* de Stace, qui ne furent transmises à la postérité que par le manuscrit que Poggio porta en Italie, et le livre de Manilius sur l'astronomie, qui, jusqu'à cette époque, ne paraît pas avoir été connu en Italie[3]. Le petit ouvrage de Priscien, dans lequel il explique quelques vers de Virgile, ne fit guère de bruit, et un manuscrit contenant Vitruve n'avait aucun prix comme nouveauté[1]. Toutefois de l'un et de l'autre on fit une copie.

On ne peut pas toujours préciser exactement ce qui provenait de Saint-Gall ou des autres monastères du voisinage de Constance. Ainsi sur les *Puniques* de Silius Italicus, qui étaient

1. Zomino termina sa copie le 23 juillet 1417. Zacharias, *l. c.*, p. 48, où la souscription est considérée à tort comme venant de la copie de Poggio.

2. Cf. *Q. Asconii Pediani orationum Ciceronis quinque enarratio*, éd. Kiessling et Schœll, Berlin, 1875. La copie originale de Poggio, qui semble perdue maintenant, resta six années et plus chez Niccoli. Poggius, *Epist.* IV, 2, 4.

3. Cf. Statius, *Silvæ*, éd. Baehrens, Leipzig, 1876, præfat., où l'on cite encore la souscription du Florentin Asconius, dans laquelle il est dit avoir été trouvé par Poggio à Saint-Gall avec Valerius Flaccus, Manilius et Stace. Toutefois, en parcourant les manuscrits dans *M. Manilii Astronomicon libri quinque rec. Jacob.* et dans Bechert, *De M. Manilii emendandi ratione*, Leipzig, 1878, on ne trouve aucune trace de la découverte de Poggio. Mais M. G. Löwe trouva, dans la *Biblioteca nacional* de Madrid, les manuscrits autrefois réunis de ces quatre auteurs, qui, à partir de Poggio, furent copiés ensemble. Vespasiano (*Poggio*, 3) mentionne expressément aussi Manilius parmi les découvertes de Poggio, et de même les *Silvæ* de Stace.

4. Les deux sont cités par Cenci. Cf. *Vitruvii de Architectura libri decem.*, éd. Rose et Muller-Strübing, Leipzig, 1867, p. IV. — De plus, l'ouvrage de Végèce, *Epitome rei militaris*, et Festus Pompeius furent trouvés à Saint-Gall et copiés par Bartolommeo. La lettre à Traversari, *Epist.* éd. Canneto, XXIV, 9.

demeurées inconnues pendant tout le moyen âge, nous ne savons rien, si ce n'est que Bartolommeo da Montepulciano les apporta de Constance et qu'elles y avaient été transcrites par un copiste allemand[1]. Pour le poème de Lucrèce *De Natura rerum*, on prétend savoir, il est vrai, que l'original était du IVe ou du Ve siècle, mais on ignore d'où Poggio tira la copie qu'il envoya en 1417 à Niccoli. Nous voyons seulement qu'en 1427 Bartolommeo da Montepulciano travaillait à enlever par une voie détournée l'original de sa cachette allemande[2]. On ne sait pas davantage où Poggio découvrit les histoires d'Ammien Marcellin, ni comment il parvint à emporter avec lui le vieux manuscrit. Il passa entre les mains du cardinal Odon Colonna, qui, après son élection à Constance, prit le nom de Martin V; puis dans celle de son neveu, le cardinal Prosper Colonna, et finalement dans la bibliothèque Vaticane. On croit qu'il provenait de Fulda. Mais Poggio s'exprime de manière à laisser croire qu'il l'a soustrait lui-même. A-t-il été jamais à Fulda? on l'ignore[3]. C'était toutefois un exemplaire incomplet et très défectueux, que Niccoli transcrivit de sa main, en 1423; un copiste moins intelligent n'y eût pas réussi. Quelques années plus tard, on découvrit, à Hersfeld, un manuscrit en meilleur état et plus complet, mais Poggio fit d'inutiles efforts pour l'avoir; on ne put s'en servir que cent ans plus tard[4]. Parmi les classiques qu'il découvrit, Poggio mentionne encore le livre de Columelle sur l'agriculture. Ce qu'on

1. Lettres de Philelphe à Tranchedino, du 25 juillet 1460, à Perrisio, du 31 octobre, et à Barbadoro, du 1er nov. 1464. Philelphe dit expressément que le manuscrit de Bartolommeo, qu'il vit à Florence, était l'unique qui existât en Italie et qu'il servit pour les autres. Cf. Blass, *Die Textesquellen des Silius Italicus*, dans *Jahrbücher für klass. Philol. Suppl.*, vol. VIII, p. 162, 164.

2. De l'*Epist.* III, 12, de Poggio à Niccoli, du 17 mai (1427), il ressort que de cette cachette on désirait tirer autre chose. *Epist.* IV, 2, 4, des 13 et 27 décembre 1429, Poggio invite Niccoli à lui rendre son Lucrèce, qu'il avait depuis 12 ans (depuis 1417). Or la copie autographe de Niccoli est celle qui représente un groupe tout entier de manuscrits. Cf. Polle, *Die Lucrezliteratur*, dans *Philologus*, vol. XXV, 1867, p. 517. Pétrarque et Boccace ne connurent ce poète vraisemblablement que d'après Macrobe, P. de Nolhac, *l. c.*, p. 134. Même Jean de Montreuil, *Epist.* 70, dans Martène et Durand, *Ampliss. collectio*, t. II, p. 1442, le cite de seconde main.

3. Lettre de Poggio à Francesco d'Arezzo (entre août 1448 et juillet 1449) dans le *Spicilegium Romanum*, t. X, *epist.* 48 (outre les notes de mai), *Epist.* IX, 32, éd. Tonelli : *Ammianum Marcellinum ego latinis Musis restitui, cum illum eruissem e bibliothecis... Germanorum. Cardinalis de Columna* (Prosper) *habet eum codicem, quem portavi, litteris antiquis*, etc.

4. Poggius, *Epist.* II, 7, à Niccoli du 6 nov. 1423 et III, 12, au même du 17 mai (1427). Cf. Urlichs dans *Eos*, 2e année (18[illegible]), p. [illegible]. Kiessling, dans les *Neue Jahrbücher für Philol. und Päd.*, 1871, p. 481. Vespasiano, *Nic. Niccoli*, 2.

sait, c'est qu'il existait autrefois à Corbie un manuscrit de cet auteur. Si de là venaient les manuscrits des Médicis, qui doivent se rapporter à la découverte de Poggio et à la copie de Niccoli, on aurait une explication suffisante à ce sujet[1]. Mais, vu la multiplicité de ces découvertes, il convient de poser ce principe, que nos Italiens regardaient comme nouvellement découvert et sauvé tout ce qui leur était inconnu ainsi qu'à leurs amis de Florence.

Les excursions que Poggio fit de Constance sur le territoire français paraissent antérieures à ses visites aux monastères allemands. Si le mérite des découvertes qu'il fit dans ces derniers lui est commun avec plusieurs autres, en France, autant qu'on le sait, il n'eut de compagnons d'aucune sorte. Ce fut précisément dans les monastères français qu'il parvint à compléter intégralement les écrits de Cicéron, qu'on avait recherchés, depuis Pétrarque, avec un soin tout particulier. Ainsi, à Cluny, il trouva un vieux manuscrit à moitié gâté, qui, entre autres discours de Cicéron, contenait encore le *Pro Sexto Roscio Amerino* et le *Pro Murena*. L'un et l'autre avaient été ignorés jusque-là, et tous deux semblent n'avoir été sauvés que par l'heureuse intervention de Poggio. Il arracha ces manuscrits à une ruine certaine, en les emportant secrètement et en les faisant parvenir à Florence, où Guarino et Barbaro se chargèrent de déchiffrer les passages déjà effacés par l'humidité[2]. Poggio fit encore une autre découverte beaucoup plus riche de huit autres discours de Cicéron, deux années plus tard, à Langres sur la Marne, l'ancienne ville des *Lingones*. Il est vrai qu'alors il ne put s'approprier le vieux manuscrit; mais la copie, qu'il en prit, servit pour les manuscrits de ses amis de Florence et de Venise, et par lui nous ont été conservés plusieurs des écrits de Cicéron, pendant que les autres ne furent trou-

1. Cf. *Scriptores rei rusticæ veteres latini*, *cur. Gesner*, t. I, Leipzig, 1735, *Præfat.*, p. IX.

2. Cet état de choses résulte de l'ensemble de tous les renseignements, car nous n'avons aucune allusion à l'époque de ces découvertes. Léon. Bruni, *Epist.*, IV, 4, du 2 janvier 1415, parle de deux nouveaux discours de Cicéron, que Poggio avait « récemment » découverts en France. Il faut en conclure qu'il ne trouva les autres que plus tard. Poggio lui-même, *Epist.* VI, 7, les désigne comme *illas* (*orationes Tullii*), *quas detuli ex monasterio Cluniacensi*, et, II, 26, il les appelle *orationes meas Cluniacenses*; là même nous apprenons qu'outre ceux de Cluny et les autres, il y avait dans le manuscrit ceux *pro Roscio* et *pro Murena*. Selon l'*Epist.* IV, 2, Decembrio, en 1429, devait reporter à Florence, à Niccoli, le *volumen antiquum* des Discours de Cicéron. C'est toujours le même volume gâté, dont Guarino, dans son exposé du discours *pro Roscio Amerino* (cf. *Ciceronis Op. rec. Orelli*, éd. alt., vol. II, P. I, p. 66. P. II, p. 111), dit : *Quod factum est situ et exemplaris vetustate decrepita, quod vir doctissimus Poggius ex Gallis ad nos reportaverat, qui et huius orationis et alterius pro Murena repertor hac ætate fuit.*

vés que plus tard dans d'autres manuscrits. Toutefois le vieux manuscrit de Langres a disparu [1].

Reste à dire un mot des dernières tentatives de Poggio pour découvrir les autres écrits de Cicéron, quoiqu'elles n'aient pas été couronnées d'un succès égal à celui des jours de son activité juvénile, alors qu'il faisait en personne ses recherches. Même en Italie, il ne perdit point de vue le but qu'il poursuivait et profita de toutes les occasions qui s'offrirent à lui, dans la Curie romaine, pour entrer en relation avec les monastères allemands et autres. Ainsi, en 1427, se présente à la Curie un certain Nicolas de Trèves, qui prétendait posséder, entre autres trésors, le livre de Cicéron sur la République, le traité des Lois, celui du Destin et d'autres, dont on n'avait que des exemplaires défectueux et incomplets. Mais le livre de la République se trouva n'être que le Songe de Scipion, tel que l'avait conservé Macrobe, et l'on ne put tirer aucun profit des autres écrits de Cicéron. Pourtant, nous le verrons, Nicolas n'était pas un imposteur[2]. D'Utrecht, Poggio reçut une liste de discours de Cicéron, sur laquelle figurait une cinquième Catilinaire. Celle-ci n'excita pas d'abord l'attention de Poggio, parce que Cicéron lui-même ne parle que des quatre discours contre Catilina qu'il avait publiés, et les autres discours étaient les mêmes que ceux que l'on possédait déjà en Italie[3]. Les déceptions n'étaient pas rares. Toutefois Poggio ne se rebuta pas, et il fit chercher jusqu'en Portugal les ouvrages de Cicéron *De Gloria*, *De Consolatione*, *De Legibus* et les autres lettres et discours[4]. Rien d'étonnant que son nom se soit identifié avec

1. Les discours, dont il est question, sont désignés par Bandini, *Catal. cod. lat.*, t. II, p. 431, comme ayant été trouvés *in silvis Lingonum*. Sur l'époque, nous avons quelques indications par Ambros. Traversari, *epist.* IV, 8, à Barbaro, du 3 oct. 1417 : *Ex litteris, quas ad Guarinum proxime dedi, quid Ciceronis orationum Poggii nostri diligentia reparatum sit, scire poteris.* D'après l'*Epist.* IV, 14, qui est de la même année, Niccoli avait expédié à Barbaro tous les discours envoyés par Poggio. Un manuscrit de l'Ambrosienne, qui les contenait tous, notamment ceux *pro Murena* et *pro Roscio Amerino*, est cité par Baiter et Halm, *Ciceronis Op.*, *l. c.*, *P. II*, *Præf.*, p. III. Mais ce n'est pas l'exemplaire envoyé à Barbaro; car, ce dernier, Poggio l'avait écrit de sa main, et il en parle (*Epist.*, II, 2 et 6), pour protester contre Barbaro qui le gardait depuis trop longtemps. Cf. la lettre de Barbaro dans Sabbadini, *Centotrenta lettere di Fr. Barbaro*, Salerne, 1884, p. 84. Le manuscrit indiqué par Mittarelli, *Bibl. cod. ms. monast. S. Michaelis Venet.*, p. 255, ne contient que la seconde découverte de Poggio. Vespasiano (*Poggio*, 2) apprit, de Poggio même, qu'il avait découvert six discours de Cicéron sous un tas d'ordures. Sur les discours connus de Pétrarque, v. P. de Nolhac, chap. V.

2. Poggius, *Epist.* III, 12, 29.

3. Poggius, *Epist.* X, 23. La cinquième Catilinaire devait commencer par ces paroles : *Si quid precibus apud deos immortales*, etc. Cf. Teuffel, *Gesch. d. röm. Lit.*, § 351, 5.

4. Poggius, *Epist.* VIII, 24.

celui d'*inventeur* des écrits de Cicéron, et que plus tard on lui ait attribué des découvertes qu'il n'avait jamais faites[1].

En Italie, on ne recherchait guère les écrits de Cicéron ; on regardait ce champ d'exploration comme épuisé, dès le temps de Pétrarque. Ce qu'on y découvrit fut absolument l'œuvre du hasard, lorsque Lionardo Bruni, en 1409, était avec la Curie, à Pistoie. Bartolommeo Capra, évêque de Crémone, lui montra un manuscrit très ancien, qui contenait les Lettres de Cicéron à Brutus, à Quintus Cicéron, et sept livres de celles à Atticus. S'il ne renfermait pas tout ce que l'on connaissait par le manuscrit véronais de Pétrarque, il vint à point pour permettre de comparer et corriger le texte, et servit même à compléter une lacune, car, dans le manuscrit de Vérone, manquaient deux des lettres à Atticus[2]. Toutefois le manuscrit de Capra était-il de provenance italienne, ou avait-il été trouvé à l'étranger, on ne le sait.

Une surprise beaucoup plus grande fut causée par un incident survenu à Lodi, en 1422, à l'époque où Poggio était encore à Londres. Pendant qu'on cherchait certains privilèges dans un coffre fermé depuis longtemps et conservé dans la vieille cathédrale, l'évêque de la ville, Gerardo Landriani, découvrit un très ancien manuscrit des œuvres de Cicéron, composé de différentes parties. Outre les deux livres de la rhétorique, déjà connus, outre le livre à Herennius, qu'on attribuait alors généralement à Cicéron, et les deux livres *De Inventione*, il contenait les trois livres complets *De Oratore*, le *Brutus* ou *De claris oratoribus* et l'*Orator* adressé à Brutus. Il n'y avait que le *De Oratore* seul dont Pétrarque et ses contemporains eussent possédé des fragments très mutilés[3], et, comme auparavant, pour l'Institution de Quintilien, Gasparino avait déployé toute sa science pour les compléter. Quoique l'évêque Landriani fût lui-même digne d'être compté parmi les humanistes les plus distingués, le manuscrit de Lodi, avec sa vieille écriture, demeura, pour lui et pour les savants de Milan auxquels il fut mon-

1. Selon Vespasiano, § 2, Poggio aurait trouvé à Constance les lettres à Atticus ; selon Jovius, *Elog.* 10, il aurait trouvé en Allemagne les traités *De Finibus* et *De Legibus*, ce qu'a répété Deschamps (p. 96), en ajoutant qu'il surveilla probablement encore leur « impression » !

2. Lionardo Bruni, *Epist.* III, 13. Cf. Viertel, *Jahrb. für klass. Philol.*, 1880, p. 243.

3. Pétrarque, *Epist. rer. famil.*, XXIV, 4, range cet écrit, comme les *Academica* et les *Libri Legum*, parmi ceux, *qui ita truncati fœdatique evaserunt, ut proprie melius fuerit periisse. Epist. rer. senil.*, XVI, 1 (édit. de Bâle, XV, 1) : *libri de Oratore... imperfecti ut semper inveniuntur.* Même sur le catalogue de Gautier Burley (†1337), manquaient déjà le *Brutus* et l'*Orator*. Selon Secco Polentone, dans Hortis, *Cenni di Gior. Boccacci intorno a T. Livio*, p. 89, on désespérait de trouver ces trois livres. P. de Nolhac, p. 210 sqq.

tré, comme un livre aux sept sceaux, devant lequel on ne savait que se prosterner dans une muette admiration. Le premier qui déchiffra le livre *De Oratore* fut, paraît-il, un certain Cosimo de Crémone. Puis Gasparino, comparant les fragments déjà connus jusqu'à ce jour avec le manuscrit récemment découvert, en fit la première révision, qui, aussitôt reproduite, obtint un vrai triomphe en Italie. Le *Brutus* fut transcrit par Flavio Biondo de Forli, qui avait été par hasard envoyé à Milan pour les affaires de sa ville natale et qui se mit au travail « avec une ardeur et un entrain admirables », comme il dit lui-même. Il l'envoya d'abord à Guarino, à Vérone, puis à Lionardo Giustiniani, à Venise, et bientôt l'on eut des exemplaires du nouveau livre dans toute l'Italie[1]. Poggio, une fois de retour à Rome et réintégré dans sa charge de secrétaire, était heureux d'employer tous ses moments libres à transcrire lui-même, et avec tout le soin possible, les trois nouveaux ouvrages[2]. Le livre *De claris oratoribus* semble avoir été collationné plus tard et mis sous une forme lisible par Guarino[3].

Cependant le manuscrit de Lodi ne tarda pas à disparaître, et ce qu'il contenait ne nous est parvenu que par les copies et les révisions qui en furent faites : elles sont dues à la diligence et au zèle des Humanistes d'alors. Si l'on jette un regard sur le nombre des vieux manuscrits, qui furent, pendant ces dix années, remis au jour, pour périr ensuite et disparaître sans retour, et qui constituent la plupart du temps les derniers restes d'un monument littéraire, on pourra se faire une idée des services éminents rendus par ceux qui les ont découverts et sauvés. Au fond, nous ne sommes pas éloignés

1. Les détails principaux de cette mémorable découverte sont donnés par Biondo, *Italia illustr.*, p. 346. Cf. la lettre de Gasperino Barzizza (*Op.*, éd. Furietto, p. 215), à l'évêque de Lodi, malheureusement sans date. Sur ces deux détails, Jac. Phil. Bergomas, fol. 274, fit honneur du premier à son compatriote Gasparino. L'époque de la découverte ressort d'une lettre de Guarino à Barzizza, du 18 juin (Sabbadini, *Rivista di filol.*, XIV, p. 427) et des *Epist.* I, 21, 22, du 10 et 25 juin (1422) de Poggio. Il reçut la nouvelle à Londres de Niccoli. Avec cela concorde le renseignement du légat milanais à Florence, dans Vespasiano (*Nic. Niccoli*, § 2), sur lequel Urlichs avait déjà appelé l'attention, *Eos*, IIe année (1866), p. 351. Cf. Masius, *Flavio Biondo*, Leipzig, 1879, p. 10. Le Brutus, tel qu'il fut copié par Biondo en octobre, se conserve encore dans le ms. Ottobonianus 1592. Cf. Heerdegen, *Neue Jahrb. f. Philol.*, 1885, p. 106. Sur Cosimo (Raimondi) de Crémone, cf. Fr. Novati et G. Lafaye, *l'Anthologie d'un humaniste italien*; *Extrait des Mélanges d'archéol. et d'hist.*, t. XII, Rome, 1892, p. 39.

2. Ambros. Travers., *Epist.* VIII, 39 et al.

3. Il l'eut de Niccoli. Poggius, *Epist.* II, 2, 22, 23, 26, 27. Son exemplaire est signalé par Bandini, *Catal. cod. lat.*, t. II, p. 516, *cod.* XXXI. Il porte jusqu'à trois fois sa signature.

de penser que plusieurs ouvrages de Cicéron ne périrent qu'à une époque très avancée du moyen âge. De ces mésaventures naquit le désir de conserver tout ce que l'on pouvait, pendant qu'il en était encore temps[1].

Mais nous revenons au Poggio, dont le nom se rattache à bon droit à l'histoire de ces tentatives de sauvetage. On sait que les vicissitudes de sa vie le conduisirent du Concile de Constance en Angleterre. Quoiqu'il ait continué ses recherches dans ce pays et qu'elles aient été tout à fait infructueuses, il en fut cependant récompensé par la découverte, à défaut de classiques, de la *Chronique* de Sigebert de Gembloux et par les renseignements qu'il en tira[2]. Du reste, que les bibliothèques des cathédrales, des monastères et des collégiales d'Angleterre, aient été aussi pauvres en manuscrits classiques que nous les dépeint Poggio, nous ne pouvons le croire facilement en présence d'un Jean de Salisbury, d'un Gautier Burley et d'un Richard de Bury; et Niccoli lui-même ne le croyait pas davantage. Poggio se trouvait à contre-cœur en Angleterre et pensait à tout autre chose qu'à transcrire des livres. Si nous ne nous trompons, ce fut à son retour qu'il passa par Cologne et par Paris, et qu'il enrichit de quelques nouvelles perles l'écrin de la littérature. A Cologne, il trouva le *Petronii Arbitri Satyricon*, mais incomplet, tel que d'autres avant lui l'avaient connu au moyen âge. Toutefois pour l'Italie, il était entièrement nouveau, et Niccoli, pendant sept années entières, garda chez lui la copie que son ami s'était fait faire à Cologne[3]. De Paris fut envoyé à Niccoli le *Lexicon* de Nonius Marcellus avec plusieurs autres choses de peu de valeur, ce semble[4].

Après son retour à la Curie, Poggio voyait aboutir à lui tous les renseignements relatifs aux nouvelles découvertes et encourageait toutes les tentatives faites en vue de les continuer. Rome était le but de tous ceux qui, de toutes les contrées du monde latin, avaient

1. De cela je ne connais qu'un témoignage, mais contemporain, d'Angelo Decembrio (*De politia lit.*, Bâle, 1562, lib. I, P. IV : *de claris oratoribus ad Brutum nuper a Veronense publicatum*). Le livre fut écrit vers 1450.

2. Poggius, *Epist.* VIII, 9.

3. D'après Poggius, *Epist.* II, 3, du 28 mai 1423, il reçut vers cette époque la copie commandée à Cologne, *cum illac iter feci*; les *epist.* IV, 2, 4, des 13 et 27 déc. 1429 contiennent les réclamations à Niccoli.

4. Poggius, *Epist.* II, 22 (1425), dit du livre de Nonius : *quem ad te misi una cum aliis rebus ex Parisio, scriptum litteris antiquis.* Mais on n'en peut conclure que le manuscrit fût ancien, car un homme tel que Poggio savait parfaitement écrire *litteris antiquis*. Cf. l'*epist.* IV, 2.

des affaires à régler, des suppliques à présenter et des procès à soutenir. De cette manière, un secrétaire papal souple et habile à traiter avec les hommes, tel qu'était Poggio, avait d'excellentes occasions de prendre des informations, de fureter, et de tâter le terrain sans en avoir l'air. La piste indiquée était quelquefois trompeuse, mais souvent aussi elle était sûre.

D'abord on vit apparaître de nouveau le fantôme livien, qui avait tant obsédé Pétrarque et ennuyé Salutato, quand on prétendit avoir trouvé, à Cismar, dans un couvent de bénédictins du diocèse de Lubeck, un Tite-Live très ancien et complet[1]. Malgré toutes les déceptions, ce désir n'est pas sans quelque espérance, même à notre époque. Pourquoi, songeait alors en lui-même Secco Polentone, ne trouverait-on pas les Décades perdues, puisqu'on a trouvé complets et bien conservés l'Institution de Quintilien et les ouvrages de rhétorique de Cicéron, dont on avait tant désespéré[2]? Un dominicain, Giovanni da Colonna, vit la quatrième décade dans les archives de la cathédrale de Chartres; le manuscrit était si ancien qu'on aurait trouvé difficilement quelqu'un qui fût en état de le lire[3]. Quoique ce fût une des décades connues, la réapparition soudaine de tels manuscrits anciens entretenait toujours l'espérance de retrouver enfin les autres. Comme il arrive ordinairement avec les fantômes, il y avait toujours des gens qui, trompés eux-mêmes ou voulant tromper les autres, prétendaient avoir vu ce qu'on était si impatient de posséder. Ainsi, au commencement de l'année 1424, se présentait à la cour de Martin V un Danois du nom de Nicolas, lequel, en présence de Poggio, du cardinal Giordano Orsini et d'autres, affirma énergiquement avoir vu dans l'abbaye cistercienne de Sore, près Röskilde, trois énormes volumes, qui, d'après le titre de l'un d'eux, devaient contenir dix décades de Tite-Live, dont il avait parcouru la table des matières[4]. L'écriture des manuscrits devait être la lombarde, entremêlée de caractères gothiques. Le Danois, qui

1. V. ci-dessus, p. 203.

2. De son livre inédit, *De illustr. scriptoribus linguæ latinæ*, dans Hortis, *Cenni di G. Boccacci intorno a T. Livio*, p. 89.

3. De son livre inédit, *De viris. illustr.*, dans Valentinelli, *Bibl. ms. ad. s. Marci Venet.*, t. VI, p. 53 : *Vidi ego tamen quartam decadam* (sic) *in archivis ecclesiæ Carnotensis, sed littera adeò erat antiqua, quod vix ab aliquo legi poterat*, etc. L'époque où cela se passait ressort de ce qui suit : *Paduæ decessit* (Tite-Live) *cuius sepulchrum nostra ætate... repertum est* (1413).

4. *Decem Livii decades, quarum capita ipse legisset.* N'étaient-ce pas, si la chose est vraie, les *Periochæ* ? Du reste, il semble que Nicolas, comme Poggio lui-même, considérait l'œuvre de Tite-Live comme complète avec les dix décades.

avait beaucoup voyagé dans le monde et avait l'air d'un joyeux compère, paraissait encore suffisamment instruit et n'avait aucun motif de faire un mensonge aussi impudent. Le cardinal Orsini voulait, sur les instances de Poggio, envoyer tout de suite un exprès en Zélande : Poggio s'adressa encore à Niccoli, et, stimulé par celui-ci, Cosme de Médicis chargea son agent à Lubeck de se rendre immédiatement sur les lieux et de vérifier la chose. Or, on ne trouva dans le monastère indiqué aucun livre de ce genre[1]. De semblables nouvelles se répétèrent coup sur coup. Poggio devint bientôt si défiant qu'il répondit avec dépit au cardinal Cesarini, qui avait été envoyé contre les Hussites et lui avait chaudement recommandé de continuer la recherche de Tite-Live, qu'il lui laissait volontiers ce soin[2]. Mais lorsqu'il se trouva, cette fois à Mantoue, un second témoin, qui prétendit avoir vu dans un autre monastère du Danemark « toutes les décades » de Tite-Live, l'enthousiasme de Poggio ne se contint plus. Là encore il envoya quelqu'un, mais inutilement. Poggio vécut assez pour voir, bien des années plus tard, un troisième témoin du même genre ; mais, pour le coup, il considéra le Tite-Live du nord comme une fable et regarda le témoin comme un imposteur[3]. Nous verrons cependant le pape Nicolas V ordonner un nouveau voyage d'exploration à la recherche de ce Tite-Live.

Le nom de Tite-Live n'avait jamais été oublié pendant le moyen âge, et il avait trouvé, à toutes les époques, des lecteurs qui professaient pour lui une sorte de culte et de vénération. La perte d'une grande partie de ses œuvres est dûe à leur grande extension et aux abrégés qui en furent faits pour plus de commodité. Au contraire, Tacite dut être tiré de l'oubli complet où il était tombé. Ce fut évidemment par un des hasards les plus singuliers qu'il survécut parmi nous, semblable à une ombre légère qui se serait insinuée comme à la dérobée dans l'histoire de la littérature. S'il parut un jour, au neuvième siècle, relever la tête et se montrer à Rodolphe de Fulda, il ne tarda pas à disparaître de nouveau ; et seuls, les chercheurs intrépides en rencontrèrent çà et là quelque trace. Pétrarque ne le connut et ne le cita jamais ; son ami Guglielmo da Pastrengo n'en eut à son tour qu'une idée vague et indéterminée[4]. Celui qui

1. Poggius, *Epist.* II, 9, à Niccoli, du 8 février 1424, V, 18, XI, 12.
2. Poggius, *Epist.* IV, 20, du 7 mai 1431.
3. Poggius, *Epist.* V, 18, XI, 12.
4. *De orig. rerum*, fol. 18 : *Cornelius Tacitus, quem Titus imperator suæ præfecit bibliothecæ, Augusti gesta descripsit atque Domitiani.* D'où pouvait venir cette idée ? De

découvrit, copia et mit à profit les Annales et les Histoires, ce qui existait du moins en Italie, fut Boccace. Mais sa modestie était telle, que c'est dans ces dernières années seulement qu'on a pu apprécier la part considérable du mérite qui lui en revient[1]. On suppose qu'il trouva l'antique manuscrit au Mont-Cassin, dans cette bibliothèque dont il dépeint le piteux état. On sait que c'est resté l'unique texte original pour les livres des Annales et des Histoires. Boccace le porta-t-il lui-même à Florence, ou n'y fut-il connu qu'au temps de Salutato? Ce qui est certain, c'est qu'il était entre les mains de Niccoli et que celui-ci avait des scrupules de conscience sur la manière dont il l'avait acquis. Il y avait sur ce point une sorte de mystère, dont Poggio lui-même était exclu. Ce dernier dut se donner beaucoup de peine pour obtenir le manuscrit à Rome, afin de le faire copier, et il ne réussit qu'avec la promesse du silence le plus absolu. On craignait toujours sans doute que l'ancien propriétaire n'en découvrît la trace[2]. Poggio excepté, le prudent Niccoli ne permit d'en prendre copie qu'à un très petit nombre d'amis, parmi lesquels était Francesco Barbaro. Ce fut plus tard, sur l'exemplaire de ce dernier, que le cardinal Bessarion dut faire prendre une copie, car, lorsqu'il eut entendu parler de Tacite, il ne put résister au désir de

simples citations de Tacite, comme dans Pierre de Blois, peuvent encore se trouver ailleurs, mais ne permettent pas de conclure que l'on connaissait ses écrits. Cf. Cornelius, *Quomodo Tacitus in hominum memoria versatus sit*, etc. Programme de Wetzlar, 1888.

1. Hortis, *Le Additiones al De remediis fortuitorum di Seneca*, etc., Trieste, 1879, p. 27, et *Studj s. opere lat. del Boccaccio*, p. 424. Körting, *Boccaccio*, p. 393. P. de Nolhac, *Boccace et Tacite. Extrait des Mélanges d'archéol. et d'hist.*, t. XII, Rome, 1892. Là est la preuve que Boccace connut les livres 13-16 des Annales et les 2e et 3e des Histoires, et que, probablement, il les possédait transcrits de sa main, d'après sa lettre à l'abbé N. de Montefalcone. Mais ensuite il connut tout le contenu du manuscrit du Mont-Cassin. Ainsi s'explique comment le jeune ami de Boccace, Benvenuto Rambaldi d'Imola, dans son Commentaire sur l'*Enfer* de Dante, c. IV (vol. I, p. 152, 179, éd. Lacaita), cite Tacite et précisément les *Ann.* XV, 56 sqq. Dans le *Liber Augustalis* (Freher, *German. rer. script.*, t. II, Francfort. 1637, p. 1), il le cite, mais la prétendue citation de Tacite dans le Comm. sur l'Enfer, c. V (vol. I, p. 201, éd. Lacaita, cf. Nolhac, p. 26), ressemble à une méprise et provient peut-être de Boccace, *De claris mulieribus*, ch. 86. Rambaldi a pu connaître Tacite au moyen de Boccace, Domenico d'Arezzo également. V. P. de Nolhac, *l. c.*

2. Poggius, *Epist.* III, 5, à Niccoli, du 23 oct. 1426 : *gratissimum vero erit, si miseris Cornelium Tacitum*, III, 14, au même, du 27 sept. 1427 : *Cornelium Tacitum, cum venerit, observabo penes me occulte. Scio enim omnem illam cantilenam, et unde exierit, et per quem, et quis eum sibi vindicet; sed nil dubites, non exibit a me ne verbo quidem*, III, 15, du 21 oct. 1427 : *Misisti mihi..... Cornelium Tacitum*, etc., III, 17, du 5 juin 1428, il annonce le renvoi de Tacite avec cette note : *in tuo Cornelio deficiunt plures chartæ variis in locis*. Ce manuscrit est le ms. *Mediceus* II, qui, après la mort de Niccoli, passa dans la bibliothèque de San-Marco et, de là, dans la Laurentienne.

le posséder[1]. On comprend par cet ensemble de choses pourquoi les Annales et les Histoires restèrent ignorées de la majeure partie des humanistes pendant plus de cent ans, jusqu'à la découverte de l'imprimerie, pourquoi le petit nombre de ceux qui en avaient connaissance ne les citaient point, et comment enfin ces œuvres n'exercèrent aucune influence sur le développement de l'historiographie humaniste[2].

Mais d'où venaient les six premiers livres des Annales; d'où venait le fameux manuscrit des Médicis, qui est toujours l'unique source de nos textes? C'est là encore une question des plus obscures. Pour nous, nous ne croyons pas nous tromper en attribuant encore une fois à Poggio cette découverte. Ce Nicolas de Trèves, dont nous avons parlé, et qui fréquentait assidûment la Curie pour une raison ou pour une autre, esprit cultivé et, au dire de Poggio, très positif, lui parla d'un ouvrage historique de Pline passablement étendu, qu'il avait vu ou — n'en voulant pas dire davantage — qu'il saurait trouver, en Allemagne. Poggio lui répondit que ce pouvait bien être « l'Histoire naturelle ». « Non, » dit l'Allemand, « je la connais aussi, et ce n'est pas d'elle que je parle : le livre contient la guerre contre la Germanie. » Nul doute qu'il ne désignât les premiers livres des Annales de Tacite, qui alors, comme de récentes découvertes le confirment, étaient séparées de ses écrits moins importants et ne portaient plus de nom d'auteur[3]. Alors on

1. Sa lettre à Barbaro, du 8 mai 1453, dans les *Epist.*, éd. Quirini, *epist.* 230. Le ms. de Bessarion, qui, après sa mort, passa à Venise, est décrit par Valentinelli, *Bibl. ms. ad S. Marci Venet*, t. VI, p. 21. Naturellement, il ne contient rien de plus que le *ms. Mediceus* II. La signature du cardinal est du mois d'oct. 1453.

2. Je ne trouve que dans Leonardi Aretini *De studiis et litteris tractatulus*, Leipsig, 1496, Tacite recommandé à côté de Tite-Live, de Salluste, de Quinte-Curce et de César; que Bruni en ait eu connaissance, cela ressort de la citation des *Histor.*, I, 1, dans *Laudatio Florentinæ urbis* (Klette, *Beiträge*, II, p. 94, écrit vers 1400. Sabbadini, *Museo di antichità class.* vol. III, 1890, p. 339 sqq.) montre que Valle, Tortelli, Decembrio et Secco Polentone connaissaient le contenu du *Cod. Med. II* ou en possédaient une copie. Dans les œuvres de Leonbattista Alberti, ces livres de Tacite sont cités çà et là, ouvertement, et principalement dans l'*Architettura*, p. 38 (Venise, 1565), où il se reporte aux *Histor.*, II, 49; mais, suivant Palmieri, il présenta cet ouvrage au pape vers 1452. Cette incertitude, qui règne sur Tacite, a rendu possible un livre étrange : *Tacitus and Bracciolini. The annals forged in the XV ch. century*, Londres, 1878. D'après cela, Poggio aurait, moyennant une riche récompense, écrit les Annales de 1422 à 1429! L'auteur de ce roman, qui est une mauvaise action, s'appelle Ross, et un M. Howorth s'est donné en Angleterre la peine de le réfuter. Du reste, P. Hochart a de nouveau tenté de reprendre la folie de Ross (*Rivista di filol.*, XIX, 1891, p. 302)

3. Comme Nicolas de Trèves était un homme versé dans la littérature classique, on

entama des négociations avec ce Nicolas au sujet des différents livres, qu'il devait faire venir de son pays, et la chose se fit suivant les sages conseils de Poggio : « Il faut aller doucement, disait-il, car il s'agit de traiter avec des barbares, et ils sont défiants. » Nicolas eut à subir des mauvais traitements de la part de la Curie, n'obtint pas du pape l'issue qu'il avait rêvée pour son affaire, menaça de s'en aller et ne se hâta nullement de faire venir les livres. Mais nous verrons bientôt quel butin splendide on obtint par son entremise. On ne parla plus de l'Histoire de Pline ; toutefois il n'est pas probable que Poggio et Niccoli y aient renoncé[1]. Ce silence ne s'expliquerait pas davantage, si le manuscrit était venu en Italie par des voies secrètes. L'opinion, si répandue, qu'il ne fut envoyé que peu de temps avant l'année 1509, d'Allemagne à Rome, au cardinal de Médicis, n'est ni mieux prouvée, ni plus vraisemblable en elle-même[2].

Mais peut-être peut-on éclaircir la chose par d'autres données et au moyen d'une autre combinaison. On sait que le *codex Mediceus*, qui contient les six livres des Annales de Tacite, était joint à un autre célèbre manuscrit *Mediceus*, qui nous a conservé seul les neuf livres des Lettres de Pline le jeune et constitue toujours la meilleure base de leur texte. Tous les deux sont de la main du même copiste, et le chiffre des cahiers va de Pline à Tacite. Au moyen âge, on n'avait connu très anciennement que cent lettres de Pline, et, en 1420, pour la première fois, apparaissent des manuscrits qui en contiennent huit livres[3]. Or Vespasiano raconte que Niccoli — et nous pouvons sans scrupule ajouter encore Poggio — avait été informé qu'il existait dans un monastère de Lubeck un Pline plus complet. Il ne

pourrait supposer qu'il a déduit son hypothèse, touchant l'auteur du livre, de cette phrase de Pline le jeune, *Epist.* III, 5, concernant son oncle : *Bellorum Germaniæ viginti quibus omnia quæ cum Germanis gessimus bella collegit*. Nous verrons bientôt combien il était facile de là de penser à Pline.

1. Vespasiano, *Nic. Niccoli*, § 1, dit de lui : « *S'egli sapeva libro ignuno o in latino o in greco, che non fusse in Firenze, non perdonava nè a spesa nè a cosa ignuna per averlo ; e sonci infiniti libri in Firenze, nella linga latina, che tutti s'ebbono col mezzo suo.* § 2 : *E quelli (libri) che sapeva che fussino in luogo ignuno, usava ogni mezzo che poteva per avergli.* »

2. Poggius, *Epist.* III, 12, à Niccoli, du 17 mai (1427) : et outre cela, III, 13, 14, 19. V. les lettres d'Urlichs sur Tacite dans l'*Eos*, année II (1866), p. 227. Les indications comme celles de Beroaldo, qui veut que le manuscrit ait été trouvé *in saltibus Germaniæ*, ou de Beatus Rhenanus, qui le dit découvert à Corbie, ne sont que des traditions confuses et incertaines.

3. Cf. *Plini Epist.* éd. Keil, Leipzig, 1870, *Præfat.*, où les groupements des manuscrits sont remarquablement démontrés.

cite pas les Lettres, mais il ne peut certainement pas être question de l'Histoire naturelle. Immédiatement Cosme chargea l'un de ses parents, qui avait affaire en cette ville, d'ouvrir des négociations avec les religieux du monastère. Le livre fut acheté pour cent florins rhénans. Nous savons aussi comment il devint la propriété des Médicis. Du reste, ce contrat fut la cause de bien des ennuis pour les moines et pour Cosme lui-même; mais il ne laissa pas pour cela sortir de sa maison le splendide manuscrit. Seulement celui-ci, comme il arrive dans de semblables acquisitions, fut tenu soigneusement caché; on n'en fit aucune copie dans le xve siècle, et il ne fut connu qu'à l'occasion de la seconde édition de Cataneo, en 1518. Les choses étant ainsi, est-il téméraire de supposer qu'avec le Pline furent aussi apportées de Lubeck, dans la bibliothèque de Cosme, les Annales de Tacite[1]?

A cette question s'en rattache une autre : à quelle époque et comment vinrent en Italie les écrits secondaires de Tacite, la Germanie, Agricola, le Dialogue de l'éloquence? Ce qui est certain, c'est qu'ils y apparurent tous ensemble et avec l'ouvrage de Suétone sur les Grammairiens et sur les Rhéteurs. Là encore, si je ne m'abuse, une note positive en apparence, qui attribue la découverte ou l'acquisition à Énoc d'Ascoli, a induit bien des gens en erreur. La première trace de ces écrits semble plutôt avoir été découverte par Bartolommeo Capra, alors archevêque de Milan, prélat distingué, qui savait aux missions politiques joindre les recherches des manuscrits classiques et qui, nous le voyons, parvint encore à exhumer un vieux manuscrit des Lettres de Cicéron. Poggio était à Londres, lorsqu'il apprit de Niccoli la découverte de Capra; il ne voulait pas y croire;

1. Vespasiano, *Poggio*, § 2. *Niccoli*, § 3. Il dit : « *Plinio intero non era in Firenze, se non uno frammenta.* » Il indique encore qu'il y avait *uno grandissimo inconveniente*. Il ne parle pas de Tacite, il ne connaît de lui que ce qu'il y avait à Florence. Dans le *Proem. della vita d'Alessandra de' Bardi*, on lit : *Scrive Cornelio Tacito una istoria; si trova frammentata; èvvi la vita di Nerone e d'altri imperatori*. Angelo Decembrio, *De politia lit.*, *Lib.* I. P. IV, parle des *Plinii minoris epistolæ, quarum nuper* (son livre fut écrit vers 1450) *centum et viginti quatuor cum prioribus inventæ*. Ceci ne répond à aucun des groupes traditionnels signalés par Keil. Ce *nuper* a souvent une extension très arbitraire. C'est l'opinion de Cataneo, lorsqu'il parle dans la préface de 1518 du *codex pontificius, qui cum libris quinque Cornelii Taciti nuper inventis coniunctus fuerat*, et il conclut que le *Cod. Mediceus* n'était connu que depuis peu. L'hypothèse ci-dessus sur l'origine du *Medic.* I ne peut plus se soutenir après les travaux de A. Viertel et de K. Welzhofer, (*Neue Jahrb. f. Philol.*, 1881, p. 423, 805. Cf. Carl Curtius, *Ueber Pliniushandschriften in Lübeck in den Hist. u. philol. Aufsätzen, E. Curtius gewidmet*, Berlin, 1884, p. 338.

il était persuadé que Capra, vu la dignité de son rang et le crédit dont il jouissait auprès de l'empereur, se serait en ce cas rendu maître de ce trésor, ou s'en serait fait faire au moins une copie et aurait proclamé hautement sa découverte. Que prétendait-il avoir découvert? Nous ne le savons au juste ; mais c'étaient les œuvres de grands historiens, et elles avaient été trouvées en Allemagne. Dès lors la pensée se porte tout naturellement sur Tacite et sur Suétone, dont on pouvait seulement trouver là les ouvrages non encore connus. Le prélat jaloux faisait mystère de son trésor ; mais il ne parvint pas à le faire oublier. Peut-être en cela fut-il prévenu par les remuants et actifs Florentins[1].

Parmi les nombreuses connaissances que Poggio fit à la Curie, se trouvait encore un moine de Hersfeld, qui y poursuivait un procès de son couvent et qui, pour cette affaire, dut, comme il arrive toujours avec les tribunaux de la Curie, aller et venir durant de longues années. Poggio en fit son ami, le sonda sur les livres existants en Allemagne et chercha même à le prendre au filet avec son procès. Au mois de novembre 1425, il reçut de lui une liste de livres qu'on était disposé à échanger contre la *Novella* de Giovanni d'Andrea ou contre un *Speculum* juridique. Sur cette liste figuraient plusieurs ouvrages de Tacite jusqu'alors ignorés en Italie[2], apparemment ceux dont nous avons parlé ci-dessus. Un second inventaire, qui contenait les poètes, fut apporté par le moine en personne ; mais on n'y trouva rien de nouveau. A quel monastère allemand appartenaient ces vieux livres? on ne le sait positivement. Était-ce celui de Fulda, notoirement le berceau des écrits de Tacite[3] ? Était-ce celui de Hersfeld, où l'on avait plus besoin de livres de droit que de classiques? Mais l'échange proposé n'eut pas lieu, quoique Poggio eût mis tout en œuvre pour l'obtenir, en eût déjà entretenu Niccoli et Cosme de Médicis, et se fût entendu avec ce dernier pour la somme d'argent nécessaire. Toutefois, il ne se rebuta point, et il espérait toujours, d'une manière ou de l'autre, arriver par le moine à

1. Poggius, *Epist.* I, 21, à Niccoli, datée de Londres, le 10 juin (1422). Poggius dit : *Est enim res digna triumpho, inventio tam singularium auctorum, sed mihi non fit verisimile. Si tales historicos reperisset, personasset ipsemet buccina nihil occultans*. Il s'agit de la Germanie, cela résulte de l'intervention impériale et des *onagri barbari*. Mais malheureusement, je n'ai pu trouver aucune donnée sur la légation de Capra en Allemagne.

2. *Aliqua opera Cornelii Taciti nobis ignota*. Une autre fois il dit de l'inventaire : *in quo describitur volumen illud Cornelii Taciti et aliorum quibus caremus, qui cum sint res quædam* (quemquam ?) *parvulæ non satis magno sunt æstimandæ*.

3. Ainsi pense Reifferscheid, *Suetoni Reliquiæ*, Leipzig, 1860, p. 410.

posséder le manuscrit tant désiré[1]. Le moine revint à Rome au mois de mai 1427, mais n'apporta point avec lui le manuscrit; il promit cependant de l'apporter dans un prochain voyage ou d'en procurer l'envoi par l'un de ses confrères. Il était de retour à Rome, en février 1429, et cette fois encore sans le livre, qu'il promit quand il reviendrait. A partir de ce moment, il n'est plus question de rien dans les lettres de Poggio à Niccoli. Nous savons seulement que Poggio continua à nourrir l'espérance d'avoir le Tacite, pour lequel il s'était donné tant de peine pendant plus de trois ans; car le monastère traînait son procès en longueur, le moine s'était montré à bout de ressources et désirait obtenir beaucoup d'autres choses; mais Poggio avait déclaré ouvertement qu'on ne ferait rien avant d'avoir obtenu le manuscrit[2]. Cette pression étant donnée et l'argent des Médicis aidant, on a peine à douter qu'il ne soit

1. Il écrit à Niccoli, qui le pressait, en date du 14 sept. 1426 : *Quod si quidam* (le moine de Hersfeld) *prout spero fidem servaverit, liber ad nos veniet vel vi vel gratis* (*gratia ?*).

2. Poggius, *Epist.* II, 34, 36, 38, III, 1, 12, 13, 14, 19, 29. Le contenu respectif de ces lettres se trouve commodément résumé dans la préface du livre *Taciti Dialogus de oratoribus recogn. Michaelis*, Leipzig, 1868, p. XIX sqq. — L'opinion, d'après laquelle les écrits secondaires de Tacite et le fragment de Suétone auraient été *portés en Italie par Énoc d'Ascoli*, ne repose que sur la signature de Gioviano Pontano dans le *codex Perizonianus* de Leyde, dont a longuement parlé Urlichs, *l. c.*, p. 227-232. Elle n'est pas exempte d'incertitudes et de contradictions. Dans la signature apposée à la *Germania* et datée du mois de mars 1460, il est dit qu'elle a été trouvée *nuper* par Énoc; dans celle apposée au livre de Suétone, on dit qu'il était venu à la lumière peu après (*paulo post*) la mort de Bart. Fasio (1457), et qu'Énoc avait été au temps de Nicolas V (m. le 25 mars 1455) envoyé *in Galliam* (ce dont nul autre ne parle) et *inde in Germaniam* pour y chercher des livres. Mais nous montrerons dans le cinquième livre qu'Énoc, avant tout, fut envoyé à la recherche du Tite-Live danois, que, le 13 mars 1453, il était déjà de retour et qu'alors on connaissait l'inventaire de ce qu'il avait apporté, mais qu'on en faisait si peu de cas que l'on ne peut penser aux écrits de Tacite et de Suétone. Supposer un second voyage d'Énoc me semble un expédient tout à fait injustifiable; il est même improbable après le mince résultat du premier. Pontano vivait à Naples et demeura toujours étranger aux cercles florentins et romains, lesquels seulement étaient informés de ces affaires littéraires. Ainsi il se laissa encore conter, à Padoue, par Secco Polentone, la fable répandue parmi les érudits, d'après laquelle aurait été brûlé le fragment de Suétone *de oratoribus ac poetis* (cf. Reifferscheid, *l. c.*, p. 364). Pour lui, Énoc est toujours le chercheur au nom duquel on inscrivait toutes les découvertes, quoique Poggio dût avoir trouvé quelque chose « dans les derniers confins de la Germanie ». Le terrain spécifique d'Énoc semble avoir été le Danemark; c'est là qu'il doit avoir trouvé l'Élégie sur Mécène (v. Tycho Mommsen, *Rhein. Museum. N. F.* VIe année, 1848, p. 627) et l'*Historia Papirii*, qui est une pure falsification (v. Th. Mommsen, *Hermes*, vol. 1, 1866, p. 135). Des données de Pontano, une seule est exacte, c'est que les écrits de Tacite furent connus entre 1457 et 1460. Si la découverte avait été faite seulement alors, sans aucun doute Enea Silvio Piccolomini et autres en diraient quelque chose.

finalement venu à Rome ou à Florence. Autrement, les humanistes, amis de Poggio, ne se seraient plus donné de repos. Mais les voies difficiles et tortueuses, par lesquelles on était arrivé à l'avoir, expliquent suffisamment pourquoi le livre fut tenu caché, pendant toute une génération, pour en dissimuler la propriété, comme celle des deux parties des Annales. Étrange, mais non inexplicable destinée, qui condamna Tacite, même après qu'il eût été découvert, au silence du tombeau !

Lorsque l'acquisition se faisait par des voies directes et honnêtes, il n'était pas besoin de la tenir cachée. Ainsi il semble que Nicolas de Trèves possédait réellement les livres dont il envoya la liste à Rome en février 1429. Malheureusement, on ne le connaît guère lui-même. C'était sans doute l'un des nombreux agents ou chargés d'affaires, qui allaient et venaient continuellement au dedans et au dehors de la Curie. On ne voit pas davantage comment ni d'où cet homme put se procurer, en Allemagne, un si grand nombre de manuscrits classiques. On ne saurait douter qu'ils provinssent de quelque bibliothèque conventuelle ou capitulaire insuffisamment gardée[1]. Nicolas était bien intimement lié avec Poggio ; mais pour

Précisément Piccolomini est le premier qui, après tant de siècles, revient à parler de la *Germania* de Tacite. Mais non dans les livres et dans les lettres, qu'il écrivit, quand il était encore en Allemagne. Comme il s'en serait servi, s'il l'avait connue ! Or, dans la lettre envoyée à Martin Mayer, du 1er février 1438, datée de Rome, et après un long séjour dans cette ville, à la description des anciens usages allemands, faite d'après César et Strabon traduit par Guarino, il ajoute ces paroles : *Illis similia de Germanis scribit Cornelius Tacitus, quem in Hadriani tempore incurrisse perhibent*, et suivent des passages qui ne peuvent être empruntés qu'à la *Germania*, mais qui révèlent une lecture superficielle et de vagues réminiscences. Cf. Gengler, *Ueber Æneas Sylvius*, etc. Erlangen, 1860, p. 90. Pour les autres écrits de Tacite, Pie II ne paraît pas en avoir jamais eu connaissance. La lettre à Mayer n'a reçu le titre, approprié seulement à une petite partie, de *Tractatus de ritu, situ, moribus et conditione Germaniæ* ou *Germania*, que dans les éditions imprimées de 1496 et de 1515. — Si les classiques nouvellement découverts ont été copiés, puis imprimés ensemble, et si de cette manière les écrits de Tacite et de Suétone figurent à côté d'Apicius et de Porphyrius trouvés par Énoc, comme à côté de Frontin, apporté par Poggio du Mont Cassin, il n'y a rien de surprenant. Les manuscrits commencent avec l'année 1460. Celui de Padoue est de 1464 (Tomasinus, *Bibl. Patav. Ms.* p. 16), celui de Vienne écrit à Rome est de 1466 (Huemer, *Zeitschr. f. österr. Gymnasien*, 1878, p. 801). Celui de Cesena dans Muccioli (*Catal. cod. ms. Malatest. Cæsen. bibl.*, t. II, p. 103) n'est sûrement pas du commencement du XIVe siècle, ce qui peut seulement se rapporter au Mela.

1. Il est sans doute le même homme, dont Ambros. Traversari, *Epist.* III, 48, écrit, de Bâle, le 24 octobre 1435 : « *Nicolaus Treverensis, homo studiosissimus et librorum copia insignis.* » Alors il avait obtenu du pape une prévôté. Le Nicolaus mentionné dans l'*Epist.* III, 60, comme envoyé impérial au Concile de Bâle, est bien un autre personnage.

le trafic des livres, il s'était mis en rapport avec un personnage plus considérable et plus riche, le cardinal Giordano Orsini. Son catalogue renfermait d'excellentes choses : les œuvres de Cicéron, un Aulu-Gelle complet, un Quinte-Curce, auquel il paraît n'avoir manqué que le premier livre, vingt écrits de saint Cyprien, etc., et surtout un volume contenant vingt comédies de Plaute, la plupart avec des titres qui jusqu'alors étaient tout à fait inconnus. Lorsque, en compagnie de Poggio, on examina l'inventaire, arrivé à Plaute, il s'écria aussitôt que cette acquisition était hors de prix. Ensuite il pria le cardinal d'envoyer sur le champ quelqu'un prendre ces livres. Mais Nicolas fit des difficultés : il fallait patienter et il les porterait lui-même à Rome. L'attente était immense. A Florence, la nouvelle parut si extraordinaire à Niccoli, qu'il soupçonna une plaisanterie de la part de son ami Poggio. Mais, vers le moment de Noel, Nicolas était arrivé à Rome avec son trésor, renfermant quatre des comédies déjà connues et douze nouvelles[1].

Cette découverte produisit aussitôt une petite révolution dans les cercles littéraires, et chacun voulut en avoir une copie. Le vieux manuscrit, qui est aujourd'hui l'un des trésors de la bibliothèque Vaticane, était altéré et à peine lisible, les mots n'étaient pas distincts et séparés, et la distribution des feuilles incertaine. Poggio se crut l'unique savant de Rome capable d'en donner un texte lisible. Mais le cardinal faisait difficulté de confier le manuscrit; il parut contrarié lorsque Poggio le lui demanda, de sorte que celui-ci, après plusieurs tentatives, de guerre las, résolut de ne plus faire aucune démarche. Poggio ne savait pas que le cardinal voulait s'essayer lui-même dans ce genre de travail et se réservait la gloire de publier Plaute, avec quelques vers de la composition d'Antonio Loschi[2]. Ainsi, même les amis de Florence durent attendre. Le pre-

Cf. M. Herrmann, *Deutsche Schriften des Albrecht von Eyb. II*, Berlin, 1890, p. XII. Urlichs pense que Nicolas de Trèves pourrait être le même que le célèbre Cusa, et les données de Traversari semblent accréditer cette hypothèse. Deux lettres de Francesco Picciolpasso, de 1437, me paraissent concluantes, Sabbadini, *Museo di antich. class.*, III, 1890, p. 412. Malheureusement, nous ne savons presque rien de la jeunesse de Cusa. Toutefois des documents allemands du 15 septembre 1430 et du 7 sept. 1431 (Goerz, *Regesten der Erzbischöfe zu Trier*) l'appellent *Magister et Doctor*, doyen de St Florian, à Coblenz, et toujours Nicolas de Cusa.

1. Poggius, *Epist.* III, 21, 29, 38, 31, 32, 39, IV, 4. Vespasiano, *Poggio*, § 2, assigne encore à Lionardo Bruni, qui alors était à Florence, un rôle dans l'acquisition des 12 comédies, mais à tort. V. Ritschl, *Uber die Kritik der Plautus*, dans *Opusc. philol.*, vol. II, Leipzig, 1868, p. 5 sqq.

2. Poggius, *Epist.* IV, 4, 11, 17.

mier d'entre eux qui adressa une prière au cardinal fut le camaldule Traversari : il n'obtint pas de réponse[1]. Ensuite vinrent le duc Philippe-Marie de Milan, le marquis Lionello d'Este et Laurent de Médicis. Le premier était probablement poussé par Gasparino Barzizza, le marquis par Guarino[2]; mais, derrière Laurent de Médicis, étaient encore Niccoli, Poggio et Traversari. On ne pouvait refuser au prince d'en prendre une copie. Cependant, lorsque Laurent de Médicis se rendit à Rome pour jurer obéissance au nouveau pape Eugène IV, au nom de la République, il parvint à arracher des mains du cardinal et à emporter le manuscrit à Florence, où Niccoli et Traversari se mirent immédiatement à le transcrire. Niccoli trouva bien dur de rendre le précieux volume, après s'en être servi, pour qu'il fût réexpédié à Rome[3].

Telle fut la dernière découverte retentissante de Poggio au profit de la littérature classique. Cependant, deux fois encore, il réussit à soustraire à la poussière des couvents d'autres auteurs des temps anciens. On savait que la bibliothèque du Mont Cassin possédait le livre de Frontin sur les Aqueducs de Rome. Poggio en parla à l'administrateur du monastère, qui était venu à Rome : celui-ci promit d'envoyer le livre, si on le trouvait, car, depuis plusieurs années, beaucoup de livres du couvent avaient été perdus. On devine, par ce qui s'était produit au sujet de Tacite, l'attente anxieuse de Poggio. En effet, on lui écrivit peu de temps après, que, malgré toutes les recherches, le Frontin n'avait pas été retrouvé. Mais il était persuadé qu'il suffirait pour cela de la présence d'un savant. Au mois de juillet 1429, il partit lui-même, en compagnie du cardinal Branda. Il trouva alors le livre et put l'emporter pour un certain temps à Rome et le copier. Toutefois, le monastère en exigea la restitution, au temps marqué[4].

1. Ambros. Travers., *Epist.* VIII, 35, 36.

2. Ses lettres au cardinal Orsini et à Lionello d'Este, Pez, *Thesaur. anecd. nov*, t. V, P. III. *Epist.* 14, 8. Lettre de Lionello au cardinal dans Sabbadini, *Guarino e gli archetipi di Celso e Plauto*, Livourne, 1886, p. 46. [Sur la première recension de Plaute complet, due à Panormita, v. Legay, *Revue de philologie*, année 1892, p. 39].

3. Ambros. Travers., *Epist.* VIII, 2, 37, 41. La lettre de Poggio à Niccoli, *ibid.*, XXV, 44. Malgré cela, la diffusion des 12 comédies fut assez lente. Philelphe cherchait à en avoir encore, vers 1452, une copie, comme on le voit par sa lettre du 22 janvier de la même année. Par Vespasiano, *Poggio*, § 2, nous apprenons encore à qui l'on doit la revision du texte : *Pure per diligenza di Messer Lionardo e di Messer Poggio si trovorono le dodici ultime Comedie di Plauto; e Messer Gregorio Corraro Viniziano e Messer Poggio e altri l'emendorono, e misonle nell' ordine ch'elle si trovano.*

4. Poggius, *Epist.* II, 26 (de 1425), 27, 29, 34, 35, III, 37, IV, 2, 4. On trouva encore joint à Frontin les *Matheseos libri* de Firmicus Maternus, que Poggio ne copia point.

Maintenant, si l'on jette un regard en arrière, sur la magnifique série de découvertes et de sauvetages, désormais inséparables de son nom, on voit que Poggio sut atteindre son but avec un tact, une finesse et une énergie vraiment extraordinaires. Son mérite paraît plus grand encore, si nous le comparons avec les résultats obtenus par les autres, qui cherchèrent à imiter son exemple et qui ne manquaient ni d'adresse, ni de savoir. Traversari lui-même appartient à ce fameux groupe d'explorateurs : il parcourut l'Italie, l'Allemagne et la Hongrie; en sa qualité de général des Camaldules, il n'était dépourvu ni de relations, ni de ressources. Toutefois, à l'exception de quelques livres ecclésiastiques, il ne trouva rien[1]. Plus heureux fut Aurispa, qui, à l'époque du Concile de Bâle, entreprit plusieurs excursions à Cologne et à Mayence, dont il explora les bibliothèques. A Mayence, il trouva, en 1433, les panégyristes latins, notamment le panégyrique de Trajan, par Pline le jeune, et un commentaire de Donat sur Térence[2]. Pour les Panégyriques, on ne devait plus retrouver aucun manuscrit ancien, et comme, en pareil cas, la perte de cet unique exemplaire aurait privé sans retour la postérité d'un ouvrage classique, il est vrai de dire que celui qui le découvrit mérite à bon droit le nom de sauveur[3].

Vers l'année 1430, on possédait à peu près la collection des classiques latins, telle qu'elle est restée depuis. Les épis, glanés à l'époque de Nicolas V et plus tard, étaient peu de chose en comparaison de ce qu'avait recueilli le siècle inauguré par les premières excursions de Pétrarque. Il manquait encore un catalogue des tré-

Dans sa *Descriptio urbis Romæ* (*Op.*, p. 136), il cite cette découverte. Sur l'époque (1429), Ambros. Travers., *Epist.* VIII, 43, n'est pas d'accord, car cette lettre doit porter la date du 12 avril 1432. Le manuscrit du Mont Cassin, l'unique source du texte, est connu aujourd'hui. Cf. *Julii Frontini de aquis urbis Romæ*, éd. Buecheler, Leipzig, 1858, p. V. Le Frontin cité par Guarino, en 1422, n'est pas l'ouvrage *De aquis*, comme le croit Sabbadini, *Museo di antichità class.*, II, 1889, p. 415, mais les *Strategemata*, déjà connus de Pétrarque. Nolhac, p. 295.

1. Ainsi, selon l'*Epist.* VII, 4, il était à Ratisbonne, en route pour la Hongrie (1435) : *Illic monasterium* (de St Emmeran), *miræ pulchritudinis et antiquitatis offendimus, voluminaque antiqua permulta, sed nihil peregrinitatis habentia.*

2. Ce pourrait être le manuscrit, qui était entre les mains de l'archevêque de Milan Francesco Picciolpasso, et que Pier Candido Decembrio enrichit de notes explicatives. Cf. Dziatzko, *Jahrbücher f. class. Philol. Suppl.*, vol. X, p. 691. Sabbadini, *Museo di antich. class.*, III, 1890, p. 421.

3. La lettre d'Aurispa à Jacobino Tommasio, écrite de Bâle, en 1433, qui fut remarquée pour la première fois par Fabroni, *Magni Cosmi Medicei vita*, vol. II, p. 297, a été publiée avec des notes par Keil, *Index scholar.*, de Halle, pour le semestre d'été, 1870, p. III. En outre, v. *Plinii Epist.* éd. Keil, 1870, *Præf.*, p. XXXVIII.

sors littéraires existants, ou il n'était encore que dans la pensée de Niccoli, dans ses répertoires, dans sa collection de livres et dans les trésors que possédaient ses amis florentins. Mais on commençait à regarder les débris de la littérature latine comme un tout, à les respecter comme des reliques, qui avaient été ravies à la force destructrice du temps. Ce qui les rendait chers et précieux, c'était la peine qu'on avait eue à les réunir, même sous une forme fragmentaire et imparfaite. Alors commencèrent le travail de la collation et de l'amélioration des textes, leur explication et leur application à la grammaire et au langage, à la rhétorique et à la poétique, à la philosophie, à l'histoire et aux autres branches du savoir. L'enthousiasme pour l'antiquité amena peu à peu à l'étudier scientifiquement.

La littérature ecclésiastique n'était regardée par ces collectionneurs de livres que d'une manière secondaire, on le comprend sans peine. Mais elle ne fut cependant ni mise de côté, ni considérée avec mépris. Les écrivains surtout de l'ère chrétienne, qui, par la pensée et le style se rapprochaient des anciens poètes et des philosophes, furent mis volontiers au nombre des auteurs préférés. Ainsi même cette littérature fut appelée à s'enrichir. Parmi les trésors que Poggio et ses amis trouvèrent à Saint-Gall, figurait un ouvrage de Lactance[1]. Traversari, pendant son séjour à Rome, découvrit 39 homélies d'Origène, qu'on ne connaissait alors que de nom. Sa joie n'eût pas été plus grande s'il avait découvert les trésors de Crésus, et celle de son ami Niccoli ne fut pas moindre, quand il en apprit la nouvelle[2]. Lorsque Aurispa, au moment du Concile de Bâle, furetait dans les bibliothèques allemandes, on vit arriver en Allemagne le cardinal Albergati, comme légat du pape, et avec lui son maître d'hôtel, Tommaso Parentuccelli, plus tard Nicolas V. Ce fut alors que ce dernier, membre du cercle des savants florentins, trouva un exemplaire de toutes les œuvres de Tertullien, qui fut immédiatement envoyé à Niccoli[3]. Ainsi le fondateur de la bibliothèque Vaticane eut une part personnelle et honorable dans ce travail de recherches et

1. *De utroque homine*. V. la lettre de Cenci, *l. c.* La poésie du Phénix, attribuée à Lactance, doit avoir été trouvée à Strasbourg. Aless. Macinghi, *Lettere*, éd Guasti, p. XVI.

2. C'étaient les Homélies sur saint Luc et sur trois psaumes. Ambrosius, *Hodoeporicon*, p. 10.

3. Lettre d'Aurispa, *l. c.* Albertus a Sarthiano, *epist.* 25, à Niccoli, en date du 27 janvier 1433 : *quem* (Tertullien) *in Alamannia repertum de Basilea Theutonicum* [illegible] *te perlatum dicis.*

de conservation. De même, le vénitien Gregorio Corraro porta, du Concile de Bâle en Italie, l'œuvre de Salvien *De gubernatione Dei*, etc., découverte en Allemagne[1]. En somme, la littérature ecclésiastique se répandait également dans tous les pays de la chrétienté, pendant que les lettres classiques se concentraient seulement dans ceux où elles trouvaient momentanément des partisans.

Le mouvement qui avait entraîné Poggio et Niccoli à recueillir les trésors de l'ancienne Rome amena également la transmigration des restes littéraires du monde grec en Italie. Depuis que Chrysoloras y avait paru et avait suscité des admirateurs enthousiastes de l'antique Hellade, on éprouvait le besoin d'avoir des livres grecs. Ce qu'on en retrouvait sur le sol italien ne faisait que rappeler à la mémoire que cette littérature y avait fleuri jadis, autant que dans la Grèce elle-même. Il s'agissait peut-être d'une couple d'exemplaires d'Homère, de quelques ouvrages de Platon et d'Aristote et de certains Pères de l'Église. Mais, par contre, il était facile d'obtenir ces livres à peu de frais et sans beaucoup de peine, dans la Grèce même, surtout à Byzance et dans les îles, tantôt par l'entremise d'un savant, tantôt par l'intermédiaire des nombreux agents du commerce florentin et vénitien. Lionardo Bruni, qui, du moins on le pense, fut le premier à faire collection de livres grecs, les recevait, tantôt par le moyen de Chrysoloras, ou grâce aux transactions commerciales avec Chypre et autres pays[2]. Ce qui lui servit le plus, ce furent ses relations avec le Vénitien Pietro Miano. Homme instruit et grand collectionneur de manuscrits grecs, ce dernier les achetait en Orient dans ses voyages et les cédait volontiers au savant Bruni. Ce fut ainsi que celui-ci apprit à connaître Thucydide, les biographies de Plutarque et divers écrits de Xénophon[3]. Ce ne fut que par ces voies indirectes qu'il devint possible à Rome de se procurer les moyens d'étudier la langue grecque.

Mais on ne tarda pas à voir revenir les Italiens, qui étaient allés à Byzance puiser à la source du savoir grec et se procurer des livres grecs. Ils rapportèrent avec eux de riches trésors. A leur tête était Guarino, quoiqu'il n'eût pas les moyens d'acheter à pleines mains[4]. Mais son exemple et ses descriptions séduisantes, ce semble,

1. Sa lettre à Cecilia Gonzaga, du 5 août (1433), dans Mabillon, *Museum Ital.*, t. I, p. 198, et dans Martène et Durand, *Vet. Script. Collect.*, t. III, p. 838.

2. Leon. Bruni, *epist.* II, 15. Ambros. Travers., *epist.* VI, 7.

3. Deux lettres de Bruni à Niccoli et à Miano, qu'il appelle *homo doctissimus*, dans Bandini, *Bibl. Leop. Laurent.*, t. II, p. [illegible].

4. L'unique témoignage est le *Panegyricus*, dans les *Poemata Jani Pannonii*, P. 1,

inspirèrent à Niccoli l'idée de faire, avec Guarino qui parlait le grec, et avec Poggio, une excursion en Grèce pour se procurer des livres en commun. Toutefois, ce projet ne se réalisa pas. Guarino prit femme; Poggio aurait dû d'abord revenir de Londres; puis il manquait quelqu'un pour payer les frais de l'expédition[1]. Cosme de Médicis, sur lequel on avait compté, préféra en confier la charge à ses agents commerciaux.

Mais, sur ce terrain, le mérite principal revient à Giovanni Aurispa. Ce que Poggio avait été pour la littérature latine, il le fut pour les lettres grecques. Connaisseur suffisamment instruit, habile explorateur, accoutumé à faire des voyages et à traiter avec toute sorte de personnes, Aurispa avait, en outre, un talent particulier pour les acquisitions et le commerce. Toutefois, quoiqu'il voulût avant tout passer pour un savant, il achetait et vendait avec tant d'adresse, qu'on l'eût pris facilement pour un libraire de profession. Comment et d'où reçut-il ses manuscrits? c'était un secret dont il se montrait fort jaloux. En 1417, lorsqu'il se rencontra à Pise avec Niccoli, il lui vendit un Thucydide en caractères très anciens[2]. Avait-il antérieurement voyagé en dehors de l'Italie? on ne le sait. En 1422 et jusque vers la fin de 1423, il était à Constantinople, achetant indistinctement une foule de livres grecs, profanes et sacrés. Mais il semble aussi avoir étendu ses relations jusque dans le Péloponèse et dans les îles. Le vieil empereur Manuel II lui donna lui-même plusieurs volumes : le grand ouvrage historique de Procope et l'opuscule de Xénophon sur l'art de l'équitation. Les livres ecclésiastiques, Aurispa les envoya d'abord en Sicile, sa patrie, en partie, parce que, comme il l'avoue lui-même, ils lui étaient moins à cœur, en partie aussi, parce que le retard eût été dangereux. En effet, il était accusé auprès de l'empereur d'avoir dépouillé Constantinople « des livres sacrés ». L'enlèvement des classiques païens, ajoute-t-il, n'était pas aussi répréhensible. Mais ses acquisitions lui avaient créé à Byzance une si mauvaise réputation, qu'un envoyé grec, étant venu à passer par Florence, l'y qualifia de fripon. En réalité, il ne reparut plus sur ce terrain.

Lorsque Aurispa arriva à Venise, à la fin de l'année 1423, il appor-

p. 300 : *et urbem Ingrederis Venetam spoliis orientis onustus*. Qu'il ait perdu en mer une partie de ses manuscrits grecs et qu'il en ait blanchi de chagrin, le premier à le savoir est Pontico Virunio.

1. Poggius, *Epist.* I, 8, 9, 10, 11, 13. Tout ceci paraît se passer en 1420; mais le retour de Guarino, de l'Orient, eut certainement lieu vers 1410.

2. Ambros. Travers., *Epist.* VI, 8.

tait, dans ses caisses ne contenant pas moins de 238 volumes, une véritable bibliothèque, composée exclusivement de classiques païens. Il avait non seulement dépensé tout son avoir, mais il avait vendu jusqu'à ses habits pour satisfaire sa soif de livres grecs[1], et il dut emprunter 50 florins d'or pour éteindre une dette contractée à Constantinople et pour payer le fret. Laurent de Médicis intervint volontiers, et il fut convenu avec lui que, à titre de gage, on déposerait un certain nombre équivalent de livres chez Francesco Barbaro; il en coûta beaucoup à celui-ci, dans la suite, de restituer tous ses trésors. Aurispa eût préféré se rendre immédiatement à Florence, mais il en fut empêché par la guerre et la peste. Florence avait toujours été l'objectif de ses pensées; c'était à Florence qu'il adressait ses rapports, spécialement à Niccoli et à Traversari, comme faisait Poggio, de Constance et de Londres.

Depuis longtemps, les Florentins désiraient une liste des livres qu'Aurispa avait réunis à Constantinople. Mais il la fit attendre; il savait piquer la curiosité et faire valoir le prix de sa marchandise. Une fois seulement, il expédia de Constantinople à Niccoli un magnifique volume, très ancien, bien conservé, et de grande valeur, qui renfermait sept tragédies de Sophocle, six d'Eschyle et, en outre, l'Argonautique d'Apollonius. C'est le célèbre manuscrit de la Laurentienne, qui a le pas sur tous les autres pour l'antiquité et l'excellence du texte. Traversari en était dans le ravissement : il était persuadé que le livre devait avoir été écrit avant le sixième siècle, — on le croit aujourd'hui du dixième siècle, — et affirmait n'avoir jamais vu un manuscrit plus beau de poètes grecs; Aurispa lui avait rendu là un vrai service d'ami. Celui-ci était alors de retour avec plusieurs caisses remplies de joyaux littéraires. Il espérait ainsi se procurer une situation honorable et tranquille. Cosme se montra disposé à l'aider en cette circonstance. Aurispa lui avait raconté qu'il avait apporté avec lui 300 volumes, et il n'y avait là rien d'exagéré, si l'on compte les Pères de l'Église expédiés à Messine. Niccoli et le camaldule ne négligèrent rien pour attirer à Florence le Crésus des libraires, désireux de voir ses trésors et d'en profiter. Aurispa se contenta d'envoyer à Florence une courte liste

1. V. la lettre au vice-roi de Sicile, Niccolò Speciale, de 1423, dans Vincenzo di Giovanni, *Filol. e letter. Siciliana, Nuovi studi*, Palerme, 1879, p. 198, et, dans Sabbadini, *Biografia documentata di G. Aurispa*, Noto, 1891, p. 72. *Ego omnem industriam, omne argentum, vestimenta sæpe pro libris dedi. Nam memini Constantinopoli Græculis illis vestimenta dedisse, ut codices acciperem; cuius rei nec pudet, nec pœnitet.*

de ses volumes les plus précieux, faite seulement de mémoire : il possédait presque tous les discours de Démosthène en un volume très ancien, toutes les œuvres de Platon et de Xénophon existant encore, Diodore et Strabon, Lucien, Dion Cassius, etc. Pour beaucoup d'ouvrages, comme ceux de Platon et de Plutarque, il y avait plusieurs exemplaires. En réalité, c'était une littérature tout entière qui était transplantée sur un nouveau et fertile terrain[1].

Le 10 octobre 1427, François Philelphe, de retour à Constantinople, toucha de nouveau le sol de la patrie, à Venise. Toutefois, il avait envoyé avant lui bon nombre de livres grecs, qui restèrent là, à titre de gage, pendant une dizaine d'années, entre les mains de Giustiniani. Il en apportait d'autres avec lui. Il avait acquis plusieurs exemplaires rares et précieux; mais sa collection ne pouvait rivaliser en aucune manière avec celle d'Aurispa[2].

Nous ne nous arrêterons pas ici à examiner davantage comment, à mesure qu'ils venaient s'établir en Occident, les Grecs y étaient suivis de plus en plus par les chefs-d'œuvre de leur littérature. Par une sorte de providence, on eût dit que ceux-ci se hâtaient de chercher un asile en Italie, à l'heure où l'empire de Byzance était menacé de l'invasion des Turcs, et qu'ils y trouvaient des cœurs avides et heureux de les y recevoir. Ce fait fut véritablement ce qui les sauva. Ce qui n'échappa pas de cette manière périt sans exception et entièrement sous la domination du croissant[3].

1. Ambros. Travers., *Epist.* V, 34, VIII, 1, 7, 8, 28, 39. Lettres d'Aurispa, *ibid.*, xxiv, 88, 53. Toutes ces lettres portent la date du jour, et non celle de l'année. Il faut partir du fait que l'*epist.* VIII, 1, de Traversari est certainement du 16 mars 1424 (d'après le style florentin, 1423), car le discours d'Alberto da Sarteano, qu'elle mentionne, est assigné, dans ses *Œuvres*, à l'année 1422. De cette manière, on peut établir avec une exactitude suffisante la liste successive des lettres.

2. Lettres de Philelphe, du 12 oct. 1427, à Barbaro, et du 3 août 1448, à Guarino.

3. A Byzance, Ciriaco d'Ancone vit encore, vers 1418, *bibliothecas plerasque græcis sacris et gentilibus litteris auro imaginibusque insignes* (Scalamonte, dans Colucci, *Antich. Picene*, t. XV, p. 65). Bien peu de ces trésors devaient survivre à l'occupation des Turcs.

CHAPITRE CINQUIÈME

Les monuments, les statues, les inscriptions, les pierres précieuses et les monnaies. Les ruines et les inscriptions de Rome. L'Anonyme d'Einsiedeln, Pétrarque, Cola, Signorili, Dondi, Poggio. Ciriaco de' Pizzicolli d'Ancone. Sa vie et ses voyages. Son mérite pour les inscriptions. Ciriaco poète et érudit. Son originalité et son importance.

Comme les livres, — les ruines, les monuments, les inscriptions, les pierres précieuses, les médailles et les monnaies des temps anciens, prirent à leur tour une véritable importance. Depuis des siècles, personne ne s'était occupé de ces restes de l'antiquité. Bien plus, quand ils n'avaient pas par eux-mêmes une valeur réelle, à titre de métal ou d'ornement, on les laissa périr entièrement, du jour où l'on ne sut plus apprécier la civilisation du passé, dont ils étaient comme autant de témoins. A Rome même, la ville antique était presque tombée dans l'oubli. Les maîtres spirituels de la capitale du monde et la noblesse ne voyaient, dans les plus augustes monuments de l'antiquité, que des pierres, dont ils pouvaient se servir pour élever des édifices et des fortifications, ou des marbres propres à être réduits en chaux. Le bas peuple du moins montrait un sentiment confus de l'importance des constructions impériales, quand il se figurait qu'elles étaient l'œuvre d'esprits malfaisants. Sur les anciens monuments et les ruines, la fable ourdissait sa trame avec une sorte de mystérieuse terreur du paganisme, dont ils étaient inséparables. Celui qui visitait Rome et la parcourait, en suivant le guide des *Mirabilia*, ne voyait en elle que la cité des martyrs et des papes, et jetait à peine en passant un coup d'œil fugitif sur les restes de l'époque antérieure. Les anciennes inscriptions n'évoquaient ni respect, ni souvenirs dans les cœurs. Il y avait bien eu autrefois un pèlerin, qui avait visité Rome et l'Italie, probablement au IXe siècle, ébauché un guide de Rome et réuni quelques inscriptions, l'Anonyme d'Einsiedeln, comme on a coutume de l'appeler, du lieu où l'on trouva un exemplaire de son livre. Mais, quoique contemporain de l'impulsion variée qui distingua l'époque carolingienne, il n'en resta pas moins ignoré et isolé. Sa collection, oubliée pendant des siècles, ne reparut qu'au temps des Humanistes.

Pétrarque vit Rome comme un rêveur, qui est en proie aux

caprices de son imagination; pour lui, cette ville était une terre consacrée par les grandes figures de Tite-Live, et où tout, à chaque pas, lui rappelait combien elle était déchue de sa grandeur passée. Mais il avait, ce semble, laissé de côté, avec ses livres, l'esprit d'investigation et de curiosité. Il accepta sans contrôle tout ce qu'on lui raconta d'après la légende populaire. Il se laissa indiquer la colonne de Trajan comme le monument funéraire de cet empereur, la pyramide de Cestius comme le tombeau de Rémus, sans avoir même la pensée de chercher, dans les inscriptions, des renseignements plus sûrs. Il ne considéra pas davantage les monnaies impériales comme d'utiles auxiliaires pour la science, mais seulement comme des marques de glorieux souvenirs[1]. D'ailleurs, les habitants ont coutume de passer inattentifs à côté des monuments habituels des temps anciens, et le visiteur étranger s'arrête saisi d'un respect religieux. Cola, originaire de Rome, fut le premier, qui, pénétré du même enthousiasme que Pétrarque, quoique son inférieur sous le rapport du savoir, chercha l'ancienne Rome dans la nouvelle et s'efforça d'expliquer et de décrire les monuments et les ruines, de lire les inscriptions, de les copier et d'en faire un recueil. Et tout cela sans modèle, sans encouragement, sans participation d'aucun autre à ces essais. Il semble même que Pétrarque n'en sut absolument rien, ou du moins qu'il n'en fit aucun cas. Mais il est probable que, du jour où il entreprit de jouer le rôle de tribun, Cola laissa de côté ces études si pacifiques. Elle ne furent pas tout à fait perdues cependant; car, sous le pontificat de Martin V, on les vit renaître, grâce au zèle de Nicola Signorili, secrétaire du Sénat romain.

Un autre ami de Pétrarque, Giovanni Dondi, célèbre médecin et astronome, qui visita Rome vers 1375, s'occupa également de cette branche de l'archéologie. Il releva les dimensions de la basilique de Saint-Pierre, du Panthéon, de la colonne Trajane, du Colisée, et une douzaine d'inscriptions copiées dans diverses églises, sur les arcs de triomphe et autres édifices de Rome. Ainsi se manifestait, quoique sur une petite échelle et dans un cercle restreint, la tendance à faire entrer ces restes de l'antiquité dans le domaine de la science, des collections et des recherches[2].

1. [V. toutefois quelques notes relevées par P. de Nolhac, *Pétr. et l'Humanisme*, p. 226 et 430.]

2. Sur Cola di Rienzo, sa *Descriptio urbis Romæ eiusque excellentiarum* et sa collection d'épitaphes, v. ci-dessus, p. 54. J.-B. de Rossi, *Le prime raccolte d'antiche iscrizioni compilate in Roma tra il finir del secolo XIV ed il cominciar del XV*, dans *Giornale Arcadico*, t. 127, Rome, 1852. Le même, dans le *Bullettino dell' Istituto di corrispondenza archeologica per l'anno* 1871, p. 1 sqq. De même, dans les *Inscriptiones christianae urbis Romae*, vol. II, P. I, p. 316, 1888.

Mais ces tentatives demeurèrent isolées et n'exercèrent aucune influence sérieuse sur les générations suivantes et sur la science. C'est encore à Poggio que revient l'honneur d'avoir appelé ces études à faire partie de la littérature. A peine fut-il arrivé, tout jeune, à Rome, qu'il tourna son attention de ce côté et se proposa précisément, à l'instigation du vieux Salutato, de faire un recueil des anciennes inscriptions romaines[1]. Ensuite il trouva dans une bibliothèque allemande, assurément celle de Saint-Gall, le petit livre du soi-disant Anonyme d'Einsiedeln[2], soit le texte original, soit une copie; il la fit disparaître dans une manche de son habit, et l'emporta. Il faut convenir, toutefois, qu'il sut tirer parti de sa découverte : il reconnut immédiatement la valeur de ces monuments pour l'histoire de l'antiquité, et, dès son retour en Italie et à Rome, il ne cessa d'avoir l'œil ouvert, de faire des recherches, et ainsi, dès le pontificat de Martin V, il sut réunir personnellement une collection, dont celle du vieux moine allemand constitua la première partie. Consulta-t-il aussi celles de Cola et de Signorili? le fait n'est pas certain. Pour l'exactitude des textes, le moine du IXe siècle dut lui servir de modèle. Mais il surpassa celui-ci, sous le rapport de la méthode. Le moine avait copié les inscriptions en lettres minuscules; Poggio écrivit en majuscules celles qu'il relevait sur les originaux, et n'emprunta pas au premier recueil ce qu'il pouvait lire lui-même sur les pierres. Il travaillait avec ardeur et ne reculait devant aucune fatigue, comme nous le dirons plus tard, en racontant sa vie à Rome. Sur ce point, comme pour les livres anciens, il était persuadé qu'il importait de sauver tout ce qui, autrement, serait perdu peut-être pour toujours[3]. En publiant son recueil, il contribua à faire naître même chez d'autres le désir de l'imiter, et ainsi fut fondée une science nouvelle. Si l'original de sa Sylloge a été perdu, parce que, l'ayant prêté, on ne le lui rendit plus, il en resta cependant une copie, qui a été retrouvée dans ces derniers temps par De Rossi[4].

1. Salutatus, *epist.* I, 76, éd. Rigacci : *Video quidem te pauco tempore nobis urbem totam antiquis epigrammatibus traditurum.*

2. Ordinairement il parle d'un *Quaternio* (quatre feuilles), mais une fois aussi d'un *Quinternio* (cinq feuilles).

3. *Ut si, quod persæpe vidimus, ea Romani everterint, saltem titulorum extet memoria.*

4. Ambros. Travers., *epist.* XI, 27, du 11 avril 1432. Là, pour la première fois, on parle du manuscrit soustrait : *quaternionem præterea solum ac vetustissimum, in quo plura epigrammata Romanæ urbis scripta sunt, non maiusculis, sed communibus litteris.* Évidemment, Poggio se servit alors du manuscrit pour réunir sa *Sylloge*. Poggius, *Epist.* X, 16, 17, éd. Tonelli, janvier 1451, dans les passages relatifs à un manuscrit de Paris, *Rhein. Museum für Philologie*, N. F. IVe année (1846), p. 467. Poggius, *Dialogus de varie-*

Mais l'archéologie, dans la plus large acception du mot, trouva, parmi les contemporains de Poggio, son vrai génie, son créateur, dans l'Anconais Ciriaco de' Pizzicolli. Tous ceux qui, jusqu'à ce jour, ont pénétré dans le monde ancien, ont pris pour point de départ les livres dans lesquels il a transmis à la postérité la meilleure partie de son esprit, et tourné ensuite leur attention même sur ces restes de pierre et de métal. Il fallait encore un homme qui, s'appuyant sur la vie réelle et pratique, eût comme le pressentiment instinctif de l'importance des ruines et des décombres et alors seulement cherchât la voie pour les livres qui les expliquaient. Nous devons par conséquent chercher la clef du développement du travail intellectuel et du mérite de cet homme dans les vicissitudes extérieures de la vie, plus qu'on ne le fait communément dans l'histoire des savants et des lettrés[1].

tate fortunæ, éd. Georgio, p. 9. A l'aide de ces données, de nouveaux investigateurs ont pu ordonner avec sécurité la tradition de la matière des inscriptions. L'impulsion a été donnée par Th. Mommsen, *Epigraphische Analekten*, dans *Berichten der K. sächs. Ges. d. Wiss.*, 1850, p. 287, etc. Ensuite de Rossi a trouvé, *Giornale Arcad.*, t. 128 (1852), une copie de la *Sylloge* de Poggio. L'état actuel de cette recherche a été résumé par Henzen, dans le *Corp. inscript. Lat.*, vol. VI, P. I. Berlin, 1876. (*Appendices*, dans De Rossi, *Inscriptiones christianae urbis Romae*, vol. II, P. I, p. 359). Les traces qu'on trouve des vieilles collections sont assez obscures. Ainsi Cosme de Médicis, d'après l'inventaire de sa bibliothèque, Bandini, *Bibl. Leop. Laurent.*, t. III, p. 519, possédait un *Liber epigrammatum ubique repertorum*, et, d'après Lami, *Catal. bibl. Riccard.*, p. 176, on attribue encore à Joannes Siculus, c'est-à-dire à Aurispa, plusieurs *Epitaphia*, à moins que l'on n'entende par là ses poésies.

1. Notre principale source pour l'histoire de sa vie est Franciscus Scalamontius, *Vita Kyriaci anconitani*, dans Colucci, *Delle antichità Picene*, t. XV, p. 50, etc. Il était l'ami et le compatriote de Ciriaco; mais il lui survécut de beaucoup, car, d'après une lettre de Philelphe, du 22 juin 1468, il mourut tout au plus cette année, à Ancone, de la peste. Ses notes, qu'il dédia à Lauro Quirini, pour servir à une grande biographie, ne vont que jusqu'à 1435. La dédicace se trouve encore dans Agostini, *Scritt. Venez*, t. I, p. 227. Les matériaux en grande partie sont empruntés aux commentaires de Ciriaco même, en mettant seulement la première personne à la troisième; v. p. 63, où sont restées les formes primitives *vidimus* et *convenimus*, et p. 93, 94. A cela s'ajoutent les indications contenues dans les lettres de Ciriaco (p. 84). Néanmoins, sa manière emphatique de s'exprimer est toujours reconnaissable. Sur cette base repose encore la narration étendue de Tiraboschi, t. VI, p. 263, 297, qui a été suivie par la plupart des modernes, tels que Théod. Mommsen, *Corp. insc. lat.*, V, III, en attendant la publication entière de tous les matériaux, par Giamb. Rossi. Celui-ci s'en est déjà servi dans le second volume des *Inscriptiones christianæ urbis Romæ*, P. I, 1888, p. 356, sqq. — L'année de la naissance de Ciriaco était indiquée dans la lacune du ms. de Scalamontius. Suivant les autres données, on peut accepter la date de Tiraboschi, qui la place vers 1391. — Le nom de famille Pizzicolli est assez clairement expliqué par Ciriaco lui-même, lequel, plaisantant sur son origine picentine, dans l'épitaphe de sa mère (Colucci, *l. c.*, p. 19), s'appelle *Kyriacus Ph. F.* (Philippi Filius) *Picenicolles*, et appelle également (p. 56) l'un de ces parents, *Cincius Picenicolles*, et finalement, dans la lettre citée par Bandini, *Catal. cod. lat.*, t. III, p. 742, il s'appelle de nouveau *Kyriacum Anconitanum Picenicollem*.

Ciriaco descendait d'une famille de marchands ; il grandit dans un milieu où les affaires commerciales et les expéditions maritimes faisaient la conversation de tous les jours. Aussi loin que le reportaient ses souvenirs, il avait toujours été animé d'un désir insatiable de voyager et de voir de nouveaux pays. Dès l'âge de neuf ans, avant même d'avoir reçu une instruction convenable, il eut le bonheur de pouvoir accompagner un marchand à Venise ; ensuite son grand-père, marchand également, l'emmena à Padoue et, à l'âge de douze ans, dans le royaume de Naples. Ce fut là qu'il commença à tourner son attention vers les monuments de l'antiquité, sans pouvoir certainement encore en deviner l'importance. Mais pour connaître les pays lointains, il n'y avait d'autre moyen que d'entreprendre des voyages commerciaux, et il fallait s'y préparer d'avance. Aussi entra-t-il, à quatorze ans, comme apprenti, chez un riche négociant, son parent, avec l'engagement d'y rester sept années. Médiocrement instruit jusqu'à ce jour, il apprit alors le calcul, la tenue des livres et le maniement des affaires sous toutes ses formes, sans direction, uniquement par la pratique. Cette tendance à ne se laisser ni conduire ni aider, à tout faire par lui-même, influa sur la formation générale de son esprit. Il avait coutume de dire qu'il n'avait rien appris d'aucun maître. Il fut et resta lui-même, avec tous les défauts d'une éducation ainsi faite, mais aussi avec cet esprit d'initiative, avec cette énergie, ce désir d'apprendre et cette versatilité, qui sont le propre de ceux qui préfèrent se tracer à eux-mêmes leur propre voie. Habile et honnête dans les affaires, il jouissait d'une grande considération parmi les commerçants.

Mais, son apprentissage terminé, le jeune Ciriaco ne tarda pas à reprendre la mer « en qualité de pro-secrétaire » de l'un de ses parents, propriétaire d'un vaisseau, pour gagner à travers la Méditerranée Alexandrie d'Égypte ; pendant le retour, où il devint « premier secrétaire » ou chargé de la tenue des livres, il visita la Cilicie, la Bithynie, Rhodes, Chio et Samos. Ensuite il se rendit en Sicile et sur les côtes de la Dalmatie. Il alla au même titre à Byzance ; là, il visita les anciens édifices, les églises et les couvents, voire même les livres grecs dans les bibliothèques, mais s'occupant toutefois beaucoup plus des gravures et des lettres d'or que de leur contenu. Plein des impressions qu'il rapportait du monde oriental, il revint à Ancone, où le légat, le cardinal Condolmiere, plus tard Eugène IV, le nomma expert-comptable de la gestion des fonds pour les travaux de réparation du port.

Cette sorte de repos, pendant lequel il parut oublier jusqu'à un certain point son ancien goût pour les voyages, fit naître dans l'esprit inquiet de Ciriaco une autre pensée. A ses heures de loisir, il se délectait dans la lecture des poètes italiens, Dante, Pétrarque et Boccace, et, dans ses réunions journalières avec ses amis, il composait, suivant l'usage du temps, des sonnets et des canzones, des tercets et des sixains. Alors, pour bien comprendre la Divine Comédie, il conçut le vif désir de lire le sixième livre de l'Énéide, où sont racontées les scènes du Tartare, et, pour cela, voulut apprendre le latin. Il ne commença pas par étudier la grammaire, comme font les écoliers, mais, suivant le rapport de son biographe, d'une manière vraiment distinguée et virile, se faisant expliquer immédiatement Virgile par Tommaso Seneca, qui enseignait alors le latin à Ancone, et lui expliquant Dante à son tour. Toutefois, comme des circonstances particulières ne tardèrent pas à appeler le maître ailleurs, Ciriaco essaya seul de comprendre Virgile. Ainsi le poète antique devint, sans autre intermédiaire, son maître de latin. Mais à peine le goût de l'antiquité se fut-il réveillé en lui, qu'il lui vint d'autres pensées et d'autres projets. Dante avait excité en lui le désir de connaître Virgile : celui-ci le fit songer à Homère, que Dante estime « le premier des poètes ». L'arc de triomphe, élevé autrefois en l'honneur de Trajan qui avait restauré le port d'Ancone, lui apparut, alors qu'il s'occupait lui-même d'un travail semblable, sous un tout autre aspect : il en lut l'inscription, et celle-ci forma le point de départ des collections qui le rendirent si célèbre dans la suite. Plus tard il aimait à raconter qu'elle fit naître en lui le désir de chercher encore ailleurs et d'étudier les vénérables monuments de l'antiquité.

Dès lors il ne put résister au désir de voir Rome, où, sa mission terminée, était retourné son protecteur, le cardinal Condolmiere. Il y arriva, le 3 décembre 1424, et séjourna quarante jours auprès du cardinal, chevauchant çà et là tous les jours sur la monture blanche de ce dernier, pour rechercher et dessiner les anciens temples, les théâtres, les palais, les thermes, les obélisques, les arcs de triomphe, les aqueducs, les ponts, les colonnes et les statues, et copier les inscriptions. Mais ce n'était plus un amateur vulgaire de ces antiquités ; il avait déjà le pressentiment de leur valeur au point de vue de la science. Il trouvait que ces restes, ces pierres recouvertes d'inscriptions expliquaient, aussi bien que les livres eux-mêmes, la vie des anciens Romains[1]. On ne saurait douter qu'il n'ait fait alors la

1. *Maiorem longe quam ipsi libri fidem et notitiam præbere videbantur.*

connaissance de Poggio, lequel avait déjà appliqué son esprit d'investigation aux ruines et aux inscriptions et avait trouvé la vieille collection du moine suisse. La valeur et l'utilité de telles collections lui parurent évidentes, et ainsi il profita des travaux de Cola et de Poggio, pour les ajouter à ses propres découvertes [1].

Ces heureux résultats obtenus, dès le commencement, à Ancone et à Rome, joints à son désir insatiable de voir de nouvelles terres, développèrent chez Ciriaco ce qui fit la passion irrésistible de sa vie, la pensée de rechercher des ruines jusque dans les contrées les plus lointaines du monde civilisé et de les enregistrer, avant que le temps, l'ignorance et la barbarie, eussent accompli leur œuvre de destruction[2]. A peine de retour dans sa patrie, il visite Sutri, Viterbe et autres villes du Patrimoine de Saint-Pierre. Ciriaco se plaît à constater qu'il a mis ses connaissances commerciales au service de la science; qu'il n'a pas accepté les missions qui eussent été les plus lucratives, mais celles où il espérait satisfaire sa passion pour les découvertes archéologiques. Animé du désir d'étudier Homère et la langue grecque, il se tourne alors vers l'Orient grec. Puis, se mettant en route, il commence à chercher des antiquités à Chio, à recueillir des inscriptions grecques et latines, et à acheter des livres grecs, entre autres, un Nouveau Testament dans le texte original, pour 20 ducats. Il explore les îles de la mer Égée, Rhodes, puis Beyrouth et Damas. Il achète partout non seulement des anciennes monnaies, des bronzes, des pierres précieuses et des livres, mais encore des objets d'art et des antiquités de toute espèce, à Damas, des vases splendides de bronze avec ornements artistiques d'or et d'argent. Tous les monuments et les ruines qui ne sont pas d'un transport facile, il se les approprie au moins en ce sens qu'il les mesure, les dessine, les décrit et ainsi les insère dans ses souvenirs de voyage. Il ne semble pas s'être attaché à un itinéraire déterminé, au point de ne pas faire des excursions sur terre et sur mer, pour satisfaire sa curiosité et sa passion d'archéologue. Ayant appris, à Damas, d'un riche marchand, Musalach, qu'il envoyait souvent, pour affaires, ses fils en Éthiopie et dans les Indes, il conçut immédiatement l'idée de se joindre à eux pour faire ce voyage, mais ne réalisa point son projet. Au contraire, à Leucosie,

1. Difficilement toutefois pendant son premier séjour à Rome. Cf. Henzen, dans *Monatsberichten der Berliner Acad.* de 1866, p. 231, 244, 758-780.

2. *Litteris mandare, ut ea, quae in dies longi temporis labe hominumque iniuria* (incuria) *collabuntur, et memoratu digna visa sunt, penitus posteris* (posteritas) *abolita non sentiat.*

dans l'île de Chypre, il put contenter son désir le plus cher : pendant qu'il cherchait, suivant son habitude, des livres dans un couvent, il trouva une vieille Iliade, laissée de côté depuis longtemps, et l'acheta heureusement d'un moine. Alors elle devint son guide préféré dans l'étude du grec, comme Virgile avait été son maître, à Ancone, pour le latin. Il trouva encore, à Leucosie, une Odyssée et les tragédies d'Euripide. A Rhodes, il vit, dans la capitale et dans l'île, çà et là, une quantité de vieilles ruines, murs, colonnes et soubassements, statues, inscriptions en « lettres doriques », bustes de marbre, une statue de Vénus et une figure plastique de Bacchus, des objets d'art, qui venaient d'être exhumés par le grec Kalogeras, et qu'il acheta pour les expédier à Ancone. Probablement, dans ce voyage, il toucha encore Halicarnasse pour voir le Mausolée. Qui donc avait avant lui éprouvé le besoin de visiter le berceau du monde classique et d'en interroger les ruines, pour faire revivre en soi-même l'image d'une civilisation depuis longtemps disparue ?

Ce marchand ne manqua pas néanmoins de consacrer ses heures de loisir aux livres grecs achetés à Chypre. Alors nul ne profitait pour apprendre le grec de ses rapports avec les Grecs des îles, et pourtant, on y rencontrait à chaque pas les comptoirs des Vénitiens, des Florentins ou des Génois, qui avaient tout le commerce dans les mains. Ciriaco apprit le grec avec la facilité d'un enfant qui parle l'idiome maternel. Ses progrès furent tels, pendant son voyage, qu'il fut en état de traduire en latin et de dédier à l'un de ses amis de Chio une petite vie d'Euripide, qu'il trouva par hasard dans ses livres. Et comme il dut, pour ses affaires commerciales, séjourner durant tout l'hiver à Andrinople, il se fit expliquer, par le grammairien grec Bolès, l'Iliade et les « Œuvres et les Jours » d'Hésiode, et continua à acheter des livres, parmi lesquels un beau manuscrit de Ptolémée. Toutefois, de temps en temps, se réveillait en lui le désir de voir des pays lointains et d'un accès difficile, l'envie de courir quelque aventure.

Ainsi, il avait projeté avec le génois Niccolo Ceba, un voyage en Perse ; il abandonna cette idée, quand il apprit l'exaltation au trône pontifical de son protecteur, Condolmiere. Mais avant qu'il pût se rendre auprès de lui, ses affaires le conduisirent dans l'ancienne Cyzique, où il trouva tout un monde de ruines et, parmi elles, une inscription grecque ; il obtint du gouvernement turc que, par respect pour l'antiquité et pour l'honneur du sultan, on ne laissât point détruire ces débris ; de là, il passa à Smyrne, où il acquit des monnaies d'or de Philippe, d'Alexandre et de Lysimaque.

Lorsque Ciriaco revint à Rome[1], il était déjà, grâce à ses livres, à ses antiquités et à ses voyages, un personnage important. Qu'attendait-il du pape Eugène, auquel il offrit deux tasses « indiennes » de porcelaine, avec ornements d'or ? on ne le sait au juste. Selon toute vraisemblance, il désirait alors être chargé de quelque mission lointaine dans l'extrême Orient. Il fit encore des propositions pour l'union des deux églises et pour une croisade contre les Turcs. Mais, on le sait, bientôt l'autorité du pape et de sa curie fut tellement ébranlée par le Concile de Bâle, par l'agitation des partis dans la ville et par les guerres d'Italie, qu'il ne fut plus possible de penser à aucune entreprise dans les contrées éloignées. C'est pourquoi Ciriaco s'occupa de faire quelques excursions à Tivoli et à Ostie, pour en étudier les anciens monuments et en recueillir les inscriptions. Mais à la nouvelle qu'on attendait à Rome le roi Sigismond pour le couronner empereur, il se porta à sa rencontre, avec le cardinal Conti, jusqu'à Sienne, où il reçut un accueil favorable ; il offrit au roi une monnaie d'or de l'empereur Trajan, comme Pétrarque avait fait à Charles IV, et lui parla encore d'une grande croisade en commun contre les Turcs[2]. Puis il suivit Sigismond à Rome, où ils entrèrent, le 21 mai 1433, et l'accompagna dans la visite aux monuments et aux restes de l'antiquité. Il signala, non sans amertume, à l'empereur, que les Romains brûlaient chaque jour des marbres, des colonnes et des statues pour les convertir en chaux, de sorte qu'il ne resterait bientôt plus pour la postérité trace des temps anciens[3].

Peu après Ciriaco se rendit pour la première fois à Florence[4] ; la splendide cité moderne ne lui inspira pas moins d'enthousiasme que ses illustres citoyens, dont il fit la connaissance : Cosme de Médicis, Palla Strozzi, Lionardo Bruni, Carlo Marsuppini, et son compatriote du Picenum, Philelphe, si versé dans les choses grecques. Là, il trouva une compagnie d'hommes distingués, qui, dans leurs doctes

1. Selon Ambros. Travers., *Epist.* VIII, 45, du 29 avril 1433, et *Hodoeporicon*, p. 27, il doit avoir été, à cette époque, à Venise, et avoir montré au Camaldule ses trésors. Mais la date de la lettre n'est pas bien prouvée. — Un doute règne aussi sur la date des deux lettres de Philelphe à Barbaro et à Giustiniani, à Venise, dans lesquelles il recommande Ciriaco. Dans les lettres de Philelphe, *ed. Venezia*, 1502, elles portent la date du 30 décembre 1443 ; mais alors Ciriaco n'avait pas besoin d'être recommandé aux deux Vénitiens. Cf. de Rossi, p. 366, n. 3.

2. Et précisément *plerisque orationibus*, comme il s'en vante lui-même. Cf. Bandini, *Catal. cod. lat.*, t. III, p. 294.

3. Scalamontius, p. 89. *Itinerarium*, p. 21.

4. De Rossi croit qu'il avait fait, en déc. 1432, un premier voyage à Florence.

conversations, accueillirent ses tentatives avec le plus vif intérêt ; des collections privées, suffisamment pourvues ; des curiosités qu'il recherchait lui-même, les monnaies et les pierres précieuses de Marsuppini, les vases et les meubles des Médicis, les antiques de Donatello et de Ghiberti. Mais l'homme qui l'attira le plus fut Niccoli, au milieu de sa bibliothèque et de ses antiquités. A Florence, pour la première fois, il fut admis à faire partie de la société des Humanistes.

Pendant les années qui suivirent, lorsqu'il n'était pas occupé à de plus lointains voyages, Ciriaco visita toutes les provinces d'Italie, tantôt les royaumes de Sicile et de Naples, tantôt le Nord jusqu'à Adria et Gênes, ou encore la Toscane et le Picenum. S'il s'arrêtait parfois dans son pays natal, ce n'était jamais pour longtemps. On le voyait tantôt dans une ville, tantôt dans une autre, recueillant des inscriptions, étudiant les antiquités et les choses importantes, écrivant et rédigeant ses commentaires, visitant les antiquaires les plus en renom, se présentant chez les prélats et les princes, leur racontant ses voyages, et leur offrant ses dessins et ses curiosités. Ce qui ressort clairement de toutes ses excursions, c'est qu'il ne voyageait pas dans un but commercial, mais avec des préoccupations d'archéologue, et toujours guidé par les réminiscences qu'éveillait dans son âme la lecture de Virgile et des autres écrivains de l'antiquité. Ainsi, à Naples, il voit le temple en marbre de Dioscore avec son inscription grecque et plusieurs autres choses, dont il remplit ses commentaires, et, avec cela, le lac Averne, Misène, Cumes, Baies, où il crut découvrir les palais de Lucullus et de Néron, Liternum, où il s'imaginait trouver des souvenirs de Scipion[1]. Plus tard il retourna une seconde fois à Naples, sous le règne d'Alphonse : ce dernier lui baisa les pieds de joie, lorsqu'il se vit offrir un morceau d'ambre jaune, dans lequel était enfermé un insecte aux ailes déployées[2]. En se promenant parmi les ruines de l'antique Adria, Ciriaco trouva plusieurs pierres avec des inscriptions, des monnaies de cuivre et des vases antiques[3].

C'est pendant ces années qu'il faut encore placer, ce semble, son second voyage en Égypte, qu'il entreprit uniquement, de son propre aveu, par pure curiosité[4]. Il alla à Alexandrie en passant par Crète,

1. *Itinerarium*, p. 23, 24.
2. Pontanus, *De Magnificentia* (*Op.*, Lib. I, fol. 124).
3. *Itinerarium*, p. 35.
4. Par les divers détails de l'*Itinerarium*, p. 49, 52, où il en parle longuement, on voit qu'il fit son second voyage en Égypte avant d'avoir rédigé ce travail, c'est-à-dire avant

puis il remonta, pendant neuf jours, le Nil jusqu'à Saïs et Memphis, et, à l'époque de l'inondation, visita les Pyramides. Dans la plus grande de ces dernières, il trouva une inscription très ancienne « en caractères phéniciens », qu'il inséra dans ses commentaires et dont il envoya deux copies à Florence, destinées l'une à la ville, l'autre à Niccoli. En réalité, l'idée de pénétrer plus avant dans l'Afrique le séduisait et il ne renonça jamais à cette pensée. Personne avant lui n'avait eu le pressentiment que même le monde si ancien des Pharaons pût être l'objet d'investigations scientifiques.

A partir de l'automne de 1435, nous trouvons de nouveau Ciriaco en voyage dans la Dalmatie, à Corfou, en Épire, sur les côtes de l'Acarnanie, et sur le terrain classique des villes situées sur les deux côtés du golfe de Corinthe. Partout il dessine et recueille, copie les inscriptions, les insère dans ses commentaires et les envoie à ses amis d'Italie, comme des dons précieux[1]. Cette fois il regagna Venise par le même chemin par où il était venu. Mais, au commencement de l'année 1437, il reprit la route de Delphes, traversa la Béotie et l'Eubée, et, le 7 avril 1437, il était à Athènes. Il y resta seize jours, vit avec une émotion profonde l'Acropole, dessina les Propylées, admira le Parthénon dans toute la magnificence de son fronton encore intact alors, les métopes, et le lion qui était encore au Pirée[2]. Au mois de juin, il fit une excursion en Apulie, puis gagna le Péloponèse, visita Argos et les murs des Cyclopes, dessina et mesura ces masses colossales, et, en face des ruines de l'ancienne Sparte, composa un sonnet en langue italienne. Ainsi, là encore, il fut le premier à visiter ces lieux vénérés, avec l'enthousiasme et l'esprit investigateur de la science; quoique pourvu de connaissances faibles et isolées, il eut un regard pour tout ce qui pouvait

1441. Par l'élégie de *Carolus Aretinus*, ibid., p. LXVIII, qui présuppose la réception des inscriptions du voyage de Grèce de 1435 et 1436, et parle des copies faites des hiéroglyphes (*Et legis ignotis scripta notata feris*), on voit que le voyage fut antérieur à 1435. Mais, comme Ciriaco envoya les hiéroglyphes copiés à Niccoli, qu'il ne connut qu'en 1433, il ne reste plus pour le voyage que l'année 1434, et j'inclinerais à placer en cette même année l'*epist.* VIII, 47, du 20 juin, d'Ambros. Traversari : *Cyr. Anc. hinc abiit orientem petiturus.* Que la lettre ne puisse être de 1433, Tiraboschi le remarque lui-même.

1. Les inscriptions de ce voyage en Dalmatie existent encore. Toutefois, je n'ai pas vu l'édition de Carlo Morone, *Inscriptionum Cyriaci*, etc. Un résumé du voyage se trouve dans Mommsen, *Corp. inscr. lat.*, t. III, p. 33. Cf. de Rossi, *l. c.*, p. 363. Il faut y rattacher les lettres imprimées dans l'*Itinerarium*, p. 56-71.

2. Nous possédons encore de la main de Ciriaco un dessin assez net, mais bien sommaire, du Parthénon. V. Michaelis, *Archäol. Zeitung*, vol. XL, 1882, p. 367.

servir à éclairer l'antiquité, même pour les ports, pour les routes militaires, pour les mines, pour les ponts de marbre et pour tous les autres vestiges d'une civilisation, qui ne s'était révélée jusque-là que dans les livres.

Il semble que ce fut précisément ce voyage en Grèce qui fit naître chez le citoyen d'Ancone des projets de plus en plus larges et aventureux. Son biographe entendit plusieurs fois de sa bouche qu'il s'était proposé d'apprendre à connaître encore le reste du monde connu jusqu'aux dernières extrémités de l'Océan et jusqu'à l'île de Thulé[1]. Comme, en Égypte, il n'avait pénétré que jusqu'aux pyramides de Memphis, il était désireux de savoir ce qui restait de l'ancienne Thèbes, de visiter Syène et l'antique royaume sacerdotal de Méroé, d'explorer les montagnes des Éléphants, de se rendre en Éthiopie, auprès du roi Constantin, le soi-disant prêtre Jean, qui avait alors envoyé une députation au Concile de Florence, d'arriver, à travers le désert des Garamantes, à l'oracle de Jupiter Ammon, par la Marmarique au grand Atlas, de revenir par la Gétulie et la Libye Cyrénaïque en Italie. On voit, par les proportions gigantesques de ce projet, à quel point il avait la passion des voyages, passion qu'il ne satisfit que par des courses vagabondes et capricieuses, sans un but déterminé, et pour contenter uniquement sa curiosité personnelle. Pour réaliser ses immenses désirs, il tâcha d'obtenir des ressources et la protection de son ancien Mécène, le pape Eugène, en mettant en avant les idées d'unité religieuse chères à ce dernier. Il fit également d'inutiles efforts pour intéresser à sa cause Cosme de Médicis et le jeune marquis Leonello d'Este[2]. Mais ce fut un vrai bonheur que, des rêves d'un voyage de découvertes, il ait été contraint de revenir à des études plus profitables, auxquelles le rappela son goût pour l'antiquité classique.

1. Scalamontius, p. 51.

2. Ce que Mehus a publié, sous le titre erroné de *Kyriaci Anconitani Itinerarium*, Florence, 1742, n'est, selon son but immédiat, qu'un mémoire de Ciriaco au pape Eugène, qu'il cherche à gagner à son projet, en faisant l'éloge de sa propre personne et des succès obtenus dans ses voyages. Mais l'écrit manque de conclusion. Toutefois, la suite se trouve dans Mehus, *Vita Ambros. Travers.*, p. 24, et dans Bandini, *Catal. cod. lat.*, t. III, p. 740, et elle contient la véritable demande et la date de la lettre : Florence, 18 octobre 1441. Ce mémoire, Ciriaco l'inséra dans la lettre adressée, le 13 nov. 1441, à Cosme de Médicis, en y ajoutant un sonnet et plusieurs cartes géographiques. Colucci, p. 123, ne s'est pas aperçu du lien qui existe entre ces deux documents et a cru que, dans le manuscrit de Trévise, ils n'avaient été réunis que par l'ignorance du copiste. Ce qui suit est de nouveau un envoi du mémoire à L. Pr. (certainement *Leonello princeps*) *ut et sua iuvante clementia rem iam diu a me coeptam exoptatamque tandem expediam*, etc.

Dès le mois d'avril de l'année suivante (1442), nous le retrouvons en Achaïe et en Eubée[1], à Délos et dans les Cyclades, à Constantinople, dans les îles de la mer Égée et en Crète. Il semble s'être promené çà et là, pendant plus de quatre années, avec de courtes interruptions, tout plongé dans ses multiples et fructueuses recherches d'autrefois. A Thasos, l'abbé d'un monastère lui montra les livres de la bibliothèque, et, parmi eux, un vieux manuscrit avec toutes les œuvres de Denys l'Aréopagite. Dans un autre couvent, il trouva les œuvres morales de Plutarque, en 13 livres, et s'empressa d'en faire l'acquisition. Puis il mit de nouveau la main sur des scolies de l'Iliade, sur les œuvres de saint Jean Chrysostôme, de saint Basile, de saint Denys, de saint Grégoire, et sur celles de Platon, d'Aristote, d'Hippocrate, de Galien et d'Hérodote[2]. On ne connaît qu'une petite partie de ses achats, et par des indications isolées. Nul doute qu'il n'expédiât dans des caisses, en Italie, ces trésors littéraires. S'il pouvait ainsi faire de nombreuses acquisitions et les payer généreusement, il le devait avant tout, de son aveu même, à la libéralité et au concours de Cosme de Médicis, qui, vraisemblablement, lui ouvrait de larges crédits auprès des banques florentines[3]. A côté de cela, les agitations politiques entraient encore dans ses goûts. Ami du pape et très versé dans les affaires de la Turquie, il se sentait appelé à prendre part à la grande question orientale, à pousser l'empereur Paléologue, le pape et ses légats, à une croisade générale contre les Turcs et à leur fournir des renseignements politiques[4]. Il visita Éphèse, en 1447, et en étudia les ruines; il découvrit ensuite à Chio une épitaphe d'Homère, qui lui donna la certitude que le poète était né dans cette île; mais ce sont là les dernières données que nous possédions sur ses voyages en terre étrangère[5]. Après ces excursions en Grèce, il ne reprit plus la mer. Nous le trouvons encore en visite chez le marquis Leonello de Ferrare; bientôt après, il meurt et est

1. De Rossi, p. 366 sqq. Sur ce voyage nous avons un passage copié par Hartmann Schedel sur le *Diarium* de Ciriaco, dont parle O. Jahn, *Bullettino dell' Instituto di corresp. archeol. per l'anno* 1861, p. 180 sqq. Une lettre de Chio, du 29 mars 1444 (et non 1447), sur le second séjour à Athènes, dans Wachsmuth, *Die Stadt Athen im Alterthum*, vol. I, p. 728. Le départ de Délos, avant lequel il adresse sa prière à Mercure, est du 11 avril 1445. *Cf.* de Rossi, p. 367, 371.

2. D'après ses commentaires, Colucci, p. 134-136.

3. Un détail sur ce point, dans Fabroni, *Magni Cosmi Medicei vita*, p. 143.

4. Ses lettres de 1443 dans Fabricius, *Bibliotheca lat.*, éd. Mansi, t. VI, *Addenda*, p. 4-18.

5. Cf. de Rossi, *l. c.*, p. 373. Il envoya l'*Eulogium in Homeri sepulchro insculptum* à Philelphe, et celui-ci l'en remercia par une lettre, du 21 nov. 1448.

enterré à Crémone. Pour lui, voyager et étudier, ce fut tout un; il ne devait même pas reposer sur le sol de la patrie [1].

Aujourd'hui, le nom de Ciriaco est presque exclusivement attaché à la gloire d'avoir fait une grande collection d'inscriptions. Il avait coutume, quand il se trouvait en voyage, de joindre ces dernières aux lettres adressées au pays natal à ses savants amis, à titre de souvenirs, ou séparées, ou par petits groupes. Même quand il voyageait en Italie, d'une ville à l'autre, il portait toujours avec lui le dernier butin, titres, esquisses et inscriptions, pour le montrer et en offrir des copies. De ces fragments de ses découvertes une partie a été conservée[2]. Mais ensuite il réunissait ou rédigeait ces fragments sous forme de mélanges, qu'il appelait ses commentaires[3]. C'était en effet un vrai mélange de feuilles volantes et de notices, d'ébauches et de dessins de toute sorte, de titres, d'inscriptions et de légendes de monnaies par centaines, de poésies et de lettres, qu'il avait écrites ou reçues, de petits traités archéologiques, en somme tout ce que le hasard lui mettait entre les mains ou dans l'esprit. Ce fut ce dont se servit Scalamonte, quand il réunit, à l'usage de Lauro Quirini, les documents nécessaires pour écrire la vie de son ami, en trois gros volumes, et ce que vit Pietro Razzano, un autre ami de la famille[4]. Mais ils ne furent jamais rédigés ni préparés pour une édition. Le travail systématique, qui eût été nécessaire pour cela, n'était pas l'affaire de Ciriaco. Ainsi ces précieux volumes, qu'un antiquaire saluerait aujourd'hui comme un trésor de premier ordre, demeurèrent à Ancone et furent bientôt dispersés. Du travail de toute la vie d'un homme qui fit revivre les restes de l'antiquité, on ne conserva que des débris, et,

1. On ne peut fixer qu'approximativement la date de sa mort. Le 8 juillet 1449, le marquis Leonello lui montrait à Ferrare l'œuvre d'un peintre (Colucci, p. 143). D'après une lettre de 1457 (*Ibid.*, p. 154), il était mort *superioribus annis*. Biondo précise davantage l'époque, quand il dit, *Italia illustr.*, p. 339, qu'Ancone avait perdu *nuper* son Ciriaco. Mais les données de ce livre ne vont pas au-delà de l'année 1450. Cf. Masius, *Flavio Biondo*, p. 52. De Rossi oublie ce dernier point, quand il prétend le retrouver encore en 1452 auprès de Mahomet II. La sépulture de Ciriaco à Crémone est attestée par un quatrain anonyme, dans Colucci, p. 151.

2. Parfois aussi sans nom. Ainsi, par ex. : les deux lettres anonymes à Roberto Valturio avec des inscriptions datées de Ravenne et « du voyage du Pont », dans Bandini, *Catal. Cod. lat.*, t. II, p. 374, sont, et pour le style et pour le fonds, sans aucun doute de Ciriaco, identiques peut-être à celles indiquées par Valentinelli, t. V, p. 192.

3. *Antiquarum rerum commentaria*, comme on devrait admettre, d'après le soi-disant *Itinerarium*.

4. Leandro Alberti, *Descrittione di tutta l'Italia*, Venise, 1581, fol. 285 : *tre gran olumi scritti e lineati di propria mano di quello.*

sans aucun doute, une foule de documents, qui avaient déjà été tirés de l'oubli, y furent replongés de nouveau.

Certainement, personne ne voudra reconnaître à Ciriaco le mérite d'avoir été un investigateur critique dans le vrai sens du mot. Il n'avait pour cela ni les matériaux, ni la science. Il était vraiment trop enthousiaste pour douter de ce qui lui était désigné comme antique et original, ou de ce qu'on lui racontait, ou de ce qu'une imagination exaltée lui faisait croire. Mais qu'il ait été un faussaire et qu'il ait donné pour anciennes des inscriptions de son invention, cela n'est prouvé d'aucune manière. Dans plus d'une circonstance, au contraire, on a pu constater la fidélité de ses transcriptions. Les savants modernes lui ont rendu pleine justice [1]. Il a satisfait à plusieurs exigences de la science contemporaine, plutôt peut-être par instinct que par intelligence. Il semble qu'il ne s'est pas contenté de reproduire les titres avec leurs formes vieillies et en écriture carrée, mais encore qu'il a dessiné[2], divisé les lignes, et indiqué exactement le lieu de la découverte. De plus, une pratique de longues années lui avait procuré un certain degré d'instruction.

Si Ciriaco se fût renfermé dans ce rôle, le plus fécond de son infatigable activité, sa mémoire brillerait du plus vif éclat. Mais il eut l'ambition d'être quelque chose de plus qu'un simple collectionneur et qu'un antiquaire. Il voulut prendre place parmi les Humanistes, comme poète et comme érudit. Sous plus d'un rapport, la nature l'avait doué heureusement. Il maniait le pinceau avec une certaine habileté, et savait travailler les pierres et les vases, on le devine, à l'antique[3]. Dans sa jeunesse, il avait composé des canzones et des sonnets à la manière de Pétrarque[4]. Mais il fit

1. Boeckh, dans *Corp. Inscr. Græc.*, v. I, p. IX, l'appelle *vir diligens et verus maleque tanquam falsarius notatus*. Pour les inscriptions latines, v. Henzen, *Corp. Inscr. Lat.*, V, VI. P. I, p. XL. De Rossi, *l. c.*, p. 378.

2. Joannes Cirignanus, dont la poésie, de 1442 ou 1443, est rapportée par Mehus avec l'*Itinerarium*, p. LXIV, le chante en ces termes :

Quid de litterulis græcis dicam atque latinis,
Quas mira novitate modis mirisque retexis,
Quarumque antiquas reparas renovasque figuras ?

3. Du moins il aimait à être loué sur ce point. Ainsi Aurispa (*Carmina ill. poetarum Ital.*, t. I, p. 489, 492) dit de lui :

Pingenti formas rerum concedit Apelles,
Cedit sculpenti Phidia Cyriaco.

4. Il en reste quelque chose, principalement les sonnets échangés avec Leonardo Giustiniani, dans Agostini, *Scritt. venez*, t. I, p. 154, et Palermo, *I manoscritti Palat.*, V, I, p. 400. Lamius, *Catal. bibliot. Riccard.*, p. 127. Bandini, *Catal. cod. lat.*, t. V, p. 434. Scalamontius, p. 73. On cite aussi quelquefois une poésie sur l'amitié.

encore des vers latins, quoiqu'il ne connût que médiocrement cette langue, et, comme il s'était familiarisé avec les inscriptions, il en composa lui-même plusieurs en latin et en grec, surtout comme épitaphes[1]. Il nous serait difficilement resté quelque chose de toutes ces compositions, s'il n'avait pourvu lui-même à leur conservation, soit en les insérant dans ses commentaires, soit en les envoyant constamment à ses protecteurs et à ses amis. Ce procédé explique aussi la diffusion de quelques-unes de ses lettres. Pour avoir traduit deux bagatelles du grec, il croyait pouvoir prendre place dans la société privilégiée des savants hellénistes. Même son opuscule si souvent cité sur les Sept Merveilles du monde n'est que la traduction de Grégoire de Cappadoce[2]. Le récit de la bataille navale près l'île de Ponza, dans laquelle les Génois, le 5 août 1435, firent prisonnier le roi Alphonse d'Aragon, suffit à Ciriaco pour prétendre au titre d'historien[3]. De son ouvrage « Sur les familles nobles des Romains », on ne connaît que le titre ; probablement il reporta leur arbre généalogique jusqu'à la plus lointaine antiquité, comme le nom « Ursinus » trouvé dans une inscription, à Corfou, lui rappela tout de suite à la mémoire les Orsini de Rome et son protecteur le cardinal Giordano Orsini. En sa qualité de cosmographe, il était surtout séduit par l'antiquité des villes et alors, son imagination aidant, certaines données confuses le conduisaient aux fables les plus absurdes. C'est ainsi qu'il procéda à l'égard des origines de Mantoue et de Raguse[4]. Mais, lorsqu'il s'occupa de sa ville natale, Ancone, qu'il appelait toujours Ankon, de même qu'il avait coutume d'écrire à moitié en grec son nom Kyriacus, il s'abandonna aux plus étranges falsifications : il inventa pour son usage deux écrivains anciens, un grec et un latin, et poussa l'impudence jusqu'à attribuer ses pauvres vers à Tibulle[5].

1. Ainsi pour sa mère, pour Leonello d'Este sur le monument de son père, pour le roi Janus de Chypre, pour le prince Gattalusio de Thasos. Cf. Colucci, p. 80, 125, 137.

2. Publié par Omont, *Bibl. de l'École des Chartes*, vol. 43, 1882, p. 58.

3. Sous le titre : *De Pontiano Taraconensium regis conflictu navali Commentarium*, ou *De Naumachia regia*, dans Colucci, p. 100. Cf. Bandini, *Catal. cod. lat.*, t. III, p. 394.

4. Sur Mantoue, dans les commentaires, Colucci, p. 94 ; sur Raguse, lettre à un habitant de Raguse, 1440, dans Fabricius, *Bibl. lat.*, t. VI, *Add.*, p. 18.

5. Ce traité sur Ancone, certainement d'origine ancienne — nous le trouvons, pour la première fois, dans la lettre mentionnée chez Fabricius, de 1440 — et ensuite inséré dans la lettre au pape Eugène IV, de 1441, dans le soi-disant *Itinerarium*, p. 33. Il y est dit : *Clitomachus vero, græcus et ipse, auctor haud ignobilis multum ante suis in commentariis hæc de Ancone scripta reliquit, ut et latine habetur ex* [illegible] (*auctore præclaro* est ajouté dans la lettre à Eugène). Les vers de *Tibullus poeta haud ignobilis* sont ainsi conçus

Toutefois, là encore, plus qu'ailleurs, se montrent la légèreté et la vanité de son amour-propre. C'est un trait caractéristique de tous les hommes de culture moyenne, qu'ils ne s'aperçoivent point de ce qui leur manque et ont au contraire une haute idée d'eux-mêmes. Si les Humanistes affectaient de regarder avec mépris la grammaire et la logique des maîtres de latin du vieux style, du moins, sur ce point, ils étaient inférieurs et laissèrent une grande lacune. Les langues classiques ne pouvaient pas s'apprendre avec quelques poètes et quelques prosateurs, et en voyageant, comme la *lingua franca*. Cicéron et Tite-Live, l'idéal des autres, furent toujours des inconnus pour le citoyen d'Ancone. Il avait lu et étudié ce que le hasard lui avait mis sous la main. Il avait quelques connaissances détachées; mais son savoir manquait d'unité et de critique. Il demeura toujours un dilettante et un enthousiaste; son latin barbare mais prétentieux, entremêlé de mots grecs et de citations des anciens poètes, trop souvent lourd et inintelligible dans son emphase, est véritablement l'image de sa culture insuffisante et de son manque de goût.

De même, là où il se montrait en personne, c'était un hâbleur importun et un ridicule matador, qui vantait ses voyages, ses trésors d'antiquité et son bagage d'érudition classique, comme eût fait un voyageur de commerce, mais qui facilement devenait ridicule à cause de ses défauts. Quoique la vanité fût ordinaire chez les Humanistes, on n'en saurait trouver un autre qui ait recueilli et mis en évidence les éloges en prose ou en vers que lui adressaient ses amis, qui ait exalté ses mérites, avec la naïveté puérile de l'Anconais, dans son mémoire au pape Eugène. Il n'avait pas le sentiment de l'exagération et du ridicule. Ainsi, il s'était imaginé d'annoncer que sa mission scientifique consistait à rappeler les morts à la vie : ce qui était oublié depuis longtemps, il savait le faire revivre au moyen de « son art ». Il rappelait, avec une complaisance marquée, qu'un jour, cherchant des antiquités dans une église de Vercelli, il confondit un prêtre ignorant, qui lui demandait ce qu'il faisait là, par cette réponse : « Mon art consiste à rappeler de temps en temps les morts du tombeau ; je l'ai appris des oracles pythiques. » Quand il trouva

Fides fixa tuo sancto de nomine dixit,
Quæ tumidos illyris fluctus depelleret Ancon.

Mais un autre exemple des inconséquences de Ciriaco est certainement le fait que, dans une lettre de 1435, *Itinerar.*, éd. Mehus, p. 18, il décrit une chasse en Épire, presque avec les mêmes termes que, dans l'*Itiner.*, p. 29, il raconte une autre chasse dans le voisinage de Padoue. Il considérait ce récit, à ce qu'il semble, comme un thème libre pour la poésie de chasse.)

une inscription, d'après laquelle les habitants de Recanati ne devaient pas s'appeler *Recanatenses*, mais, plus justement, d'après l'antique colonie Helvia Ricina, *Ricinatenses*, il annonça d'un air de triomphe à un prélat originaire de Recanati, que son art lui enseignait à tirer des enfers les vrais noms des villes[1]. Mais il ne s'aperçut pas qu'on se moquait de ces résurrections merveilleuses et qu'on le comparait, par dérision, à Orphée ; il prit même cette plaisanterie pour un éloge des plus flatteurs[2]. Il en fut de même de la vénération qu'il professait pour Mercure. En effet, il avait choisi le dieu du commerce, le rapide et ailé messager des dieux, pour patron de ses voyages, et même de ses élucubrations intellectuelles, et il s'attachait à ce culte avec une affectation puérile. Comment lui était venue cette idée, on ne le sait ; peut-être d'une pierre précieuse, qu'il avait vue à Florence dans la collection de Marsuppini[3]. Plus tard il offrit à ce dernier une effigie de Mercure peinte en couleurs, dont il prétendait avoir trouvé l'original en Grèce et que le destinataire loue comme une excellente œuvre d'art ; elle nous est connue, du reste, par les dessins de Hartmann Schedel et d'Albert Dürer[4]. C'est à son cher Mercure qu'il adressait, en avril 1442, lorsqu'il naviguait de Délos à Mycènes, une étrange prière, comme à un saint protecteur, pour qu'il le conduisît heureusement sur la mer, « accompagné de la troupe des nymphes et des néréides. » Assurément, il ne priait pas comme un Grec antique ; mais il inséra la prière dans ses commentaires à côté d'autres documents relatifs à Délos. A partir de ce moment, il mettait toujours à la voile avec son « auguste génie, Mercure » et considérait son jour, le mercredi, comme un jour qui por-

1. *O magnam vim artis nostræ ac penitus divinam!* ajoute-t-il. La lettre à l'archevêque de Raguse, Johanni Ricinati, dans Mabillon et Germain, *Museum Ital.*, t. I, p. 44, et dans *Kyriaci Itinerarium*, éd. Mehus, p. 53.

2. Ainsi Philelphe, dans la lettre de recommandation à Barbaro, loue sa *diligentia, qua in suscitandis mortuis unus omnium primus utitur.* Cirignano, *l. c.*, chante de lui :

Orphei nec fuerit maior Proserpinæ ab umbris
Cura reflectendæ superasque reducere ad auras,
Quam tibi, Kyriaco, deletam nobilitatem
Antiquam in lucem curæ est revocare novellam.

Le *deleta nobilitas*, du reste, appartient encore aux phrases préférées de Ciriaco. Blondo, *Ital. illustr.*, p. 339, dit de lui : *Qui monumenta investigando vetustissima mortuos, ut dicebat, virorum memoriæ restituebat.*

3. Scalamontius, p. 92 : *falerati aenea Mercurii agalmate.* Il compte cette effigie parmi les *imagines.*

4. C'est sans doute la même effigie, que Marsuppini loue vivement dans les vers adressés à Poggio, *Carm. ill. poet. ital.*, t. VI, p. 278. Cf. O. Jahn, *Cyriacus von Ancona und Albrecht Dürer*, dans la collection *Aus der Alterthumswissenschaft*, Bonn, 1868, p. 346.

tait particulièrement bonheur[1]. Rien d'étonnant donc, si ses amis l'appelaient en riant le nouveau Mercure d'Ancone, le peintre de Mercure, « notre Mercure » ou « l'immortel avec son Mercure[2]. »

Il n'était donc pas difficile de trouver le côté faible et ridicule de Ciriaco, et c'est pour cette raison que le jugement porté sur lui est demeuré si incertain. A cela contribuèrent encore plusieurs de ses contemporains. Ainsi, Pier Candido Decembrio raconte que Philippe-Marie Visconti, duc de Milan, chassa de sa cour l'Anconais, comme un rodomont vaniteux[3]. Mais c'est là un mensonge d'ennemi; Ciriaco lui-même déclare qu'il avait fait présenter au duc ses discours relatifs aux Turcs, qu'ils ne produisirent aucune impression sur ce dernier, mais que Philippe ordonna de montrer à son hôte les édifices et les antiquités de Pavie et de Milan[4]. Poggio l'avait loué autrefois comme un homme zélé et instruit. Il est vrai que, plus tard, lorsque Ciriaco eut l'idée de s'immiscer dans la controverse sur Scipion et sur César, Poggio l'attaqua avec sa violence accoutumée et le présenta au public comme un personnage ridicule; toutefois il se garda bien de lui contester son mérite dans les questions d'archéologie. Les plus grands érudits et les hommes les plus considérables pour la plupart purent regarder avec une certaine pitié ce vantard inoffensif, mais ne méconnurent pas pour cela la situation exceptionnelle qu'il occupait dans la science[5] : à Florence, Marsuppini et Niccoli, Leonardo Dati, Bruni et Traversari; à Venise, Barbaro et Leonardo Giustiniani, et avec eux, Guarino, Vegio et Biondo, et beaucoup d'autres qui ne le louèrent que pour lui faire plaisir. Bruni lui avait dit tout à fait accidentellement : « Pour vous, mieux vaudrait savoir moins que vous savez. » Mais il continua d'être son ami et ne savait jamais se contenter des inscriptions et des antiquités que Ciriaco lui envoyait[6]. Celui qui, plus que

1. La prière, publiée par O. Jahn, *Bull. dell' Instit. di corr. arch. per l'anno* 1861, p. 183, commence ainsi : *Artium mentis ingenii facundiæque pater alme Mercuri, viarum itinerumque optime dux*, etc. Et à côté figurait dans les commentaires l'image de Mercure aux pieds ailés. Il fait ses voyages et ses recherches archéologiques *cum nostro sanctissimo genio Atlantiadui* (!) *Mercurio* (Colucci, p. 128), ou *optimo iuvante Deo, necnon genio sanctissimo nostro favitante Mercurio*, comme il écrivait à l'empereur de Byzance (Fabricius, *l. c.*, p. 13).

2. Le malicieux Cirignano s'exprime de même, *l. c.*

3. *Vita Phil. Mariæ*, dans Muratori, *Script.*, t. XX, chap. 63.

4. *Itinerarium*, p. 32; Scalamontius, p. 93. Selon la préface du récit de la bataille navale de Ponza, cette visite eut lieu en 1433.

5. Poggius, *Epist.* VII, 9, éd. Tonelli. De même dans les *Facetiæ* (*Op.*, p. 62 et ailleurs).

6. Bruni, *Epist.* VI, 9, VII, 3, IX, 5, éd. Mehus.

tous les autres, reconnut loyalement les services signalés que son infatigable ami rendait au monde des érudits, ce fut Philelphe. Recevant continuellement de lui de nouveaux envois, il le loua comme le premier et l'unique savant qui eût voyagé pour recueillir les inscriptions et les restes du monde antique, et qui les eût apportés en Italie, préférant cette occupation à toutes les autres[1]. Il y eut jusqu'aux barbares, enfin, à qui Ciriaco sut inspirer un sentiment de respect pour l'antiquité : témoin le sauf-conduit qu'il obtint du sultan Murad II, et avec lequel il put voyager en sûreté, et sans payer aucune taxe, à travers toutes les villes, bourgades et villages de l'empire ottoman[2].

1. V. les lettres de recommandation déjà citées à Barbaro et à Giustiniani, et les lettres à Ciriaco, des 21 déc. 1427, 11 juillet 1440, 31 octobre 1444.
2. Colucci, p. 154.

TABLE DES MATIÈRES

LIVRE PREMIER

FRANÇOIS PÉTRARQUE, SON GÉNIE ET SON INFLUENCE

LIVRE DEUXIÈME

LES FONDATEURS DE LA RÉPUBLIQUE LITTÉRAIRE DE FLORENCE
LES MAITRES ERRANTS
EXHUMATION DES AUTEURS CLASSIQUES DES BIBLIOTHÈQUES MONASTIQUES

MACON, PROTAT FRÈRES, IMPRIMEURS

www.ingramcontent.com/pod-product-compliance
Lightning Source LLC
Chambersburg PA
CBHW070752170426
43200CB00007B/750

* 9 7 8 2 0 1 2 5 9 9 1 7 8 *